歐·洲·史·

你一定想看的

乾乾脆脆的，把一次給理清楚！

每個事件都與中國、世界歷史對照
一目瞭然，給記憶一個重要的位置

European history you must know

作者/楊益

前言

　　歐洲既是當代最發達的一個大洲，也是數千年來人類文明密集發展的地域。歐洲的歷史發展路線，與其他幾個大洲都有所不同。

　　它不同於美洲、非洲，雖然其本土也有歷史悠久的文明，但被強大的外來力量征服，於是重新洗牌，開始一段新的歷史，前後歷史截然不同（美洲在15、16世紀地理大發現時期成為殖民地，非洲在19世紀被列強瓜分）。它也不同於亞洲的「兩種模式」，東亞的中國、日本、朝鮮這幾個國家長期保持較為穩定的模式，雖然有改朝換代，但也是一脈相承地維繫著國家。北亞、中亞、西亞、南亞等廣大地區，則是在本土勢力和外來勢力的爭奪中反覆重組，時而建立起一個曇花一現的龐大帝國，時而又被周邊的力量征服、瓜分。它們的歷史「與其說是國家史，不如說是地區史」。

　　相對其他幾個大洲，歐洲地域狹窄，人口密集，國家數量眾多。很多國家的歷史能夠追溯上千年。雖然這些國家之間一直爭鬥不休，但也沒有出現過「一統天下」的局面。可是在這種「折騰」中，歐洲偏偏又能在近代的數百年裡成為近現代文明先驅。文藝復興運動、啟蒙運動、工業革命首先發生在歐洲。美國和日本都可以說是「歐洲化」的國家。歐洲人還表現出很強的擴張性。歷史上遠距離的征服者不乏其人，東方也出現過匈奴大遷移、突厥西征、蒙古西征等事件，但他們即使能打下廣闊領土，終

究要嘛煙消雲散，要嘛被當地同化。只有歐洲人不但把足跡留在亞洲、非洲、美洲，而且對這些地區日後的發展產生了極大的影響。

要把歐洲大小幾十個國家、縱橫幾千年的歷史講清楚，並不是很容易；而要在薄薄一本書中「通俗生動」地講出來，更是個艱鉅的任務。本書將歐洲歷史大致按時間分為十章（相鄰章可能有小範圍的時間重疊），每一章中再分若干節，每一節的內容或是傳承，或是並列，一節講一個話題或一件事，用「閒聊」的方式，把重要的事情、「好玩」的人物講出來，讓讀者們能夠輕鬆閱讀。

大致來說，歐洲國家的歷史發展，可以按「主體文明」進行階段劃分。第一階段是古希臘文明時期（包括同屬愛琴海範圍的克里特文明），其核心在歐洲東部的愛琴海沿岸。這一階段持續2000多年，往前可追溯到西元前30世紀的新石器時代，但真正繁榮則是從西元前8、9世紀開始，此時古希臘地區城邦林立，科學、文化、政治、軍事均有了很大成就。這一階段，古希臘文明在義大利、法國、西班牙、北非和小亞細亞等地都有擴散，同時也遭到外部的挑戰。北非的迦太基人是強大的競爭者，更大的威脅則來自中亞、西亞的波斯帝國，與古希臘進行了持續多年的波希戰爭。在西元前4世紀後期，馬其頓國王亞歷山大的東征是古希臘文明的巔峰。亞歷山大消滅了古希臘的宿敵波斯帝國，建立了一個地跨歐、亞、非的龐大帝國。雖然這個帝國在亞歷山大去世後立刻瓦解，但古希臘文化傳播到這些地區，影響達300多年。後來，隨著古羅馬的崛起，古希臘時代告終。

第二階段是古羅馬文明時期，持續時間約700多年。古羅馬最初建立是在西元前8世紀，也就是古希臘文明的繁榮時期，但直到西元前3世紀才基本統一義大利，開始對外擴張，滅亡了北非的迦太基人，征服了西邊的高盧人，打敗了東邊的古希臘、小亞細亞、西亞等國家。古羅馬在西元前2

世紀成為地跨歐、亞、非的強大國家，也是整個西方文明的絕對領導。因為官僚腐敗、民眾起義、軍隊干政，古羅馬帝國從西元3世紀開始走向衰敗，西元4世紀末正式分為東羅馬和西羅馬兩個部分。同時日爾曼等「蠻族」開始源源不斷地入侵，最終西羅馬帝國在西元5世紀末滅亡了。古羅馬文明從此失去了對歐洲的領導地位。在古羅馬帝國時期，誕生了基督教，基督教從此從一個被帝國鎮壓的教派，升級為古羅馬帝國的國教。本書第一章主要敘述以上兩個階段的故事。

第三階段是日爾曼人統治時期，持續時間約600年。發源於北歐、中歐的彪悍日爾曼人在西元3—5世紀大舉進軍羅馬，在大半個歐洲建立了不少日爾曼國家。最後，日爾曼人中的法蘭克人成為勝利者。西元8—9世紀，查理曼大帝建立了一個龐大的法蘭克帝國。之後法蘭克帝國分裂為三部分，對應為今日的法國、德國、義大利。同時，在今天的英國、俄羅斯、北歐等地，也建立了以日爾曼人為統治者的國家。這些日爾曼國家以武力征服了羅馬，而在文化上積極吸收、靠攏羅馬文明。法蘭克帝國的歷任統治者均與羅馬教會合作密切，藉著教會力量為自己披上「羅馬繼承人」的外衣。當然，兩者合作的主導者還是日爾曼的君王們，教皇只是他們的傀儡和工具。羅馬文明的另一分支——東羅馬帝國（拜占庭帝國），在數百年中則不斷衰敗，東邊有亞洲勢力（先是波斯王國，隨後是阿拉伯帝國）的蠶食，西邊則受西歐日爾曼各國的擠壓，還有東歐的斯拉夫人、保加利亞人不斷起事。東羅馬帝國的地盤日漸萎縮，也逐漸失去歐洲「共主」的地位。基督教教會在這一階段也逐漸分裂成東西兩支。東邊的希臘正教是東羅馬帝國的御用教會，西邊的羅馬公教也樹立了自己的權威。這一階段，阿拉伯帝國成為歐洲文明的最大對手，它在東邊從東羅馬帝國手中搶走了西亞和小亞細亞，包括聖城耶路撒冷；在西邊它取道北非佔領

了西班牙，威逼法國，還參與了各勢力對義大利的爭奪。到西元11世紀左右，歐洲各國君主統治的日爾曼人遺風漸漸淡去，但從廣義上講，也可以說歐洲至今依然受日爾曼文明的影響，比如說英國是盎格魯－撒克遜人、德國是本土日爾曼人、法國是法蘭克人……等等。本書第二章主要描寫這一階段的故事。

第四階段我稱為「西歐統治階段」，持續時間400多年。羅馬教皇擺脫了君主（尤其是德意志皇帝）的制約，建立了凌駕於世俗王權之上的神權。同時，東西方教會在西元11世紀正式分裂，也使得羅馬教皇徹底把東正教大主教在西歐的影響力消滅了。於是教皇的勢力空前壯大，他們一面和各國封建帝王周旋，一面號召發動了多次對阿拉伯地區的入侵，在西班牙則發動了收復失地運動。不過，隨著封建騎士制度漸漸消亡，歐洲各國建立起了強大的君權國家，對教權形成挑戰。而隨著各國生產力的發展，資產階級開始出現，加上文藝復興和地理大發現，人們的眼界逐漸開闊，思想逐漸活躍，教會對大家思想的禁錮也漸漸無力了。這一時期，東羅馬帝國繼續走下坡路，最終被東邊新崛起的鄂圖曼土耳其帝國所滅。不過，東正教這一支也沒有因此垮台，歐洲最東邊的莫斯科公國推翻了蒙古統治者，建立起一個強國，延續了東羅馬的遺風。本書第三、四章主要講述這一階段。

第五階段持續了200多年。伴隨著對天主教廷統治的反思和反抗，歐洲各國煥發出新的生機。最著名的當然是16世紀初馬丁‧路德的宗教改革，使基督教中的第三個教派──新教正式在歐洲立足，產生了一大批新教國家（北歐各國、英國、普魯士、荷蘭等）。新教和天主教的分歧在許多國家都引發了戰亂，而最慘烈的是發生在全歐的「三十年戰爭」。此戰後，天主教廷影響力急劇下降，歐洲各國不管是否信奉天主教，都開始

了打破封建禁錮的過程，「封建君主」的力量又達到高潮。英國發生了資產階級革命，建立了君主立憲國家；法國有「太陽王」路易十四的霸業；德意志有普魯士腓特烈大帝和奧地利特蕾莎女大公這對表兄妹的抗爭。信仰東正教的俄羅斯也出現了伊凡四世、彼得一世、凱薩琳二世等雄主。在這一階段，歐洲列強稱霸世界，啟蒙運動更是為下一個階段提供了思想動力。本書第五、六章主要講述這一階段。

第六階段為「革命時期」，持續了100多年。從18世紀末法國大革命揭開序幕開始，經過掃蕩全歐的拿破崙戰爭，各地的封建枷鎖被打得七零八落，各國被迫或自願地進行了改革。拿破崙帝國被摧毀後，儘管歐洲的封建君主們紛紛復辟，但依然擋不住革命步伐。西班牙、葡萄牙、義大利有19世紀20年代革命，法國、義大利、比利時有19世紀30年代革命，1848年革命更是席捲全歐。到19世紀下半葉，勢不可擋的浪潮終於席捲一切，德意志統一了，義大利獨立了，各國都建立起程度不等的近代化政權，現代歐洲格局初步形成。這一階段，工業革命帶來了深刻的變化，工人運動從自發到自覺，科學社會主義、共產主義出現。這一階段也是歐洲在全球力量最強大的階段——東方的中國清王朝已然淪落，西邊的美國尚未取得霸權，歐洲列強殖民亞洲，瓜分非洲，美洲各國也頗受其制約。

第七階段就是現代和當代階段，諸如「一戰」、「二戰」、「冷戰」等。

目錄

第一章：風流千秋——古希臘、古羅馬時代
（史前到西元5世紀）

　　古希臘人創建了璀璨的科學、文學、政治財富。波希戰爭與希臘內戰的烽煙削弱了文明的力量，亞歷山大大帝的遠征雖然開創了一個空前的大帝國，但終究難逃分裂的命運。希臘人之後，羅馬人接著建立起地跨亞、非、歐的偉大國家。但因內部腐敗、動盪，加上外部日爾曼人的入侵，這個帝國在數百年後也土崩瓦解。

1. 芬蘭	11. 德國	21. 匈牙利	31. 義大利	41. 冰島
2. 瑞典	12. 荷蘭	22. 奧地利	32. 西班牙	
3. 挪威	13. 英國	23. 列支敦士登	33. 葡萄牙	
4. 愛沙尼亞	14. 愛爾蘭	24. 瑞士	34. 馬其頓	
5. 拉脫維亞	15. 烏克蘭	25. 法國	35. 科索沃	
6. 立陶宛	16. 摩爾多瓦	26. 保加利亞	36. 蒙特內哥羅	
7. 俄羅斯	17. 斯洛伐克	27. 塞爾維亞	37. 阿爾巴尼亞	
8. 丹麥	18. 捷克	28. 波斯尼亞	38. 梵蒂岡	
9. 白俄羅斯	19. 比利時	29. 克羅埃西亞	39. 希臘	
10. 波蘭	20. 羅馬尼亞	30. 斯洛維尼亞	40. 盧森堡	

璀璨！古希臘文明

　　歐洲，面積1016萬平方公里，在地球七大洲中位列倒數第二。

　　北邊靠著北極，東邊與亞洲（以烏拉山、烏拉河、裡海、高加索山、黑海）為界，南邊隔著地中海與非洲遙遙相望，西邊與北美洲相隔北大西洋。

　　很早以前，歐洲大陸上就有古人類生存，目前在歐洲發現的最早的人類遺址，大約可以追溯到三、四萬年前的舊石器時代。距今近一萬年前，人類進入新石器時代。距今五、六千年前，也就是中國的三皇時代，歐洲人學會了冶煉銅器，進入青銅時代。當時，歐洲大陸已經遍佈人類，比如在今天的巴爾幹一帶有古希臘人；在義大利半島有拉丁人；在法國、英國有凱爾特人；在北歐、中歐有日爾曼人。這其中，最發達的是古希臘人，他們開創的古希臘文明，是全歐洲乃至整個西方文明的鼻祖。

　　古希臘瀕臨地中海，與亞洲的兩河文明、古波斯文明，非洲的古埃及文明距離較近，一直是歐洲文明的燈塔。最早的叫克里特文明，發源於古希臘邊上的克里特島。這個文明持續了好幾千年，從新石器時代就稱霸當地，一直到西元前15世紀衰亡。古希臘神話中還專門有關於這個國家的傳說，說克里特國王叫米諾斯，是天神宙斯和情婦歐羅巴的兒子。米諾斯的老婆和公牛通姦，生了個牛頭人身的怪物「彌諾陶洛斯」，米諾斯就蓋了個迷宮把「彌諾陶洛斯」關在裡面，逼迫古希臘人進貢少男少女給怪物吃。可惜他女兒阿里阿德涅愛上了前來做貢品的古

BC

埃及第一王朝形成
古印度興起
— BC2000

巴比倫第一王朝

愛琴文明
亞述擊敗巴比倫
— BC1000

羅馬王政時代
第一屆奧林匹克

佛陀誕生
羅馬共和時代
蘇格拉底出生
柏拉圖出生
亞里士多德出生

— 0　耶穌基督出生

基督教為合法宗教
君士坦丁統一羅馬

回教建立

神聖羅馬帝國開始
— 1000
第一次十字軍東征

英法百年戰爭開始

哥倫布發現新大陸

美國南北戰爭開始
第一次世界大戰
— 2000

希臘王子忒修斯，她幫助情郎殺死「彌諾陶洛斯」，並逃出迷宮。這些當然都是神話。據考證，克里特文明是遭遇了海底火山爆發，又被古希臘本土的兄弟國家趁火打劫才衰亡的。

克里特文明之後是邁錫尼文明。古希臘人大約在西元前2000年在伯羅奔尼撒半島定居，在西元前16世紀形成了若干個城邦國家，最強大的是邁錫尼王國，後來取代克里特成為歐洲老大。邁錫尼繁榮了幾百年，到西元前13世紀左右達到巔峰。這些古希臘國王們仗著自己的強大武力，在巴爾幹、小亞細亞一帶到處打仗。其中最著名的就是圍攻特洛伊（在小亞細亞靠近歐洲的地方）。長年征戰，使古希臘的國力消耗不少，正打得興起的時候，北邊來了一大群更彪悍的猛人——多利安人。邁錫尼等城邦筋疲力盡，擋不住這群人，於是被滅了。

多利安人打仗雖猛，文化方面卻比較落後，他們在征服古希臘之後的兩百年裡，古希臘出現了文明倒退，被稱為「黑暗時代」。等到幾百年後文化水準又起來了，再考證邁錫尼時代的事，都覺得恍如隔世。於是，古希臘神話中的大部分故事，都被安在了邁錫尼文明時期。其中最著名的當然就是邁錫尼文明末期的特洛伊戰爭。邁錫尼國王阿伽門農的弟媳婦海倫被特洛伊王子拐走了，為了搶回海倫，阿伽門農組織了古希臘聯軍10萬人遠征特洛伊，雙方各有大批幹將助陣，整整打了十年，最終阿伽門農用木馬計攻下特洛伊城。然而，阿伽門農於凱旋回國後不久，就被自己的老婆及其姦夫聯手害死了。

在西元前9—8世紀（中國西周時期），古希臘地區的文明終於進入了新的巔峰。古希臘地區的城邦建設得如火如荼，海上貿易繁榮昌盛，非洲、亞洲和歐洲內陸的各種產品都到古希臘市場交易，古希臘的海船縱橫地中海。物質文明豐富了，大家覺得應該有點競爭，打仗成本太高，不如來玩體育，於是從西元前776年開始，古希臘各城邦在奧林匹亞這個地方舉辦體育競技盛會。大會每四年舉行一次，前後持續千餘年，

夏

BC2000 —

BC1800 —

商

BC1600 —

BC1400 —

BC1200 —

周

BC1000 —

BC800 —

BC600 —

BC400 —

秦
漢

BC200 —

0 —

三國
晉

200 —

400 —

南北朝

隋朝
唐朝

600 —

800 —

五代十國
宋

1000 —

1200 —

元朝
明朝

1400 —

1600 —

清朝

1800 —

中華民國

2000 —

到西元4世紀才停止。這就是現代奧運會的起源。

古希臘文明的一個特點是「小國寡民」，在這塊巴掌大的土地上，建立了約200個城邦。其中最大的城邦也不過幾千平方公里和幾十萬人口（包括奴隸）。這些城邦的政治體制各不相同，有的是君主制，國王獨掌大權；有的是寡頭制，極少數幾個權貴執政；有的是貴族制，從少數貴族中選拔掌權人；有的是僭主制，帶兵的軍頭憑藉武力搞獨裁；還有的是民主制，全體公民都有權利決定國家大事。當然，這裡的公民也是有限制的，女人、孩子、外邦人和奴隸都不算公民。

古希臘各邦國中最強大的有兩個，一個是西邊的雅典，一個是東邊的斯巴達。雅典最初也是君主制、寡頭制，但從西元前594年梭倫當選執政官開始，逐漸變為民主制度，而且是民主化程度最高的「直接民主制」。每隔幾天，雅典城就要舉行一次公民大會，所有公民都能夠在會上暢所欲言，一切重要問題由全民投票表決，少數服從多數。在休會期間，就由「五百人團」管理日常事務，而五百人團是從全體公民中選出來的，選擇方法絕對公平——抽籤。各級官員、法庭陪審員也都是抽籤決定。為了防止少數精英威脅到民主制度，雅典還有一種「陶片放逐法」。就是每年開一次大會，會上由公民們把他們心中「公敵」的名字寫在陶片上。誰得票最多，誰就得流放十年。由此可見，雅典的民主制度是比較完善的。不過從這種形式也可以看出，古希臘的邦國確實不可能太大，必須局限在一個城內。要是疆域稍微大一點，開個公民大會還得跋山涉水去另一座城。雅典巔峰時期人口大約4萬人，其中自由民約1萬人，而有權參加公民大會的男性成年公民不過2萬多人。2萬多人的大會，廣場倒還勉強塞得下。

儘管雅典的民主現在看來有種種的局限，有時候會變成暴民群氓的鬧劇，或者讓少數野心家有機會操縱民意，然而其中蘊含的民主和法治精神是寶貴的。在一次實施「陶片放逐法」的公民大會上，素有正直之

BC

埃及第一王朝形成
古印度興起
— BC2000

巴比倫第一王朝

愛琴文明
亞述擊敗巴比倫

— BC1000

羅馬王政時代
第一屆奧林匹克

佛陀誕生
羅馬共和時代
蘇格拉底出生
柏拉圖出生
亞里士多德出生

— 0 耶穌基督出生

基督教為合法宗教
君士坦丁統一羅馬

回教建立

神聖羅馬帝國開始
— 1000
第一次十字軍東征

英法百年戰爭開始

哥倫布發現新大陸

美國南北戰爭開始
第一次世界大戰
— 2000

名的政治家阿里斯提德到會。忽然有一個不認識他的公民把瓦片遞給他道：「老兄，我不識字，你幫我寫上阿里斯提德這傢伙吧。」阿里斯提德不動聲色地問：「這傢伙做了什麼壞事嗎？是不是坑害過你？」那文盲大大咧咧回答：「沒有，我不知道這傢伙做了什麼壞事，但老聽人家說他正直、清廉，耳朵都聽到起繭了，真煩，還是放逐了清淨！」阿里斯提德無言以對，端端正正地寫下了自己的名字，最後果然遭到了公民大會的放逐。大學者蘇格拉底被雅典法庭以侮辱神明、腐蝕青年思想的罪名判處死刑。其實蘇格拉底是有機會逃走的，但他選擇服毒自盡，因為他認為，儘管這次判決是不公正的，但如果他在被判有罪後逃亡，則會進一步破壞雅典法律的權威。

　　雅典是一個海上強國，擁有強大的艦隊，其文明程度也相當高，文學、藝術、哲學、科學都頗為發達。

　　古希臘另一個強國是斯巴達。斯巴達就是由滅掉邁錫尼文明的多利安人建立的國家，他們更自稱是神話傳說中大力神「赫拉克勒斯」的後代。這個國家和雅典恰是相反的極端，雅典是民主制度，斯巴達是君主制度。斯巴達的總人口也有幾十萬，分為三個等級。第一等級是統治者「斯巴達人」。第二等級是歸順斯巴達的「邊民」，屬於自由人，但是沒有政治權利，他們種地、做手工業，需要納稅。第三等級是被征服的奴隸「黑勞士」。整個斯巴達人民裡絕大部分都是奴隸黑勞士，邊民占20%左右，而斯巴達人只有不到10%。為了維護統治地位，斯巴達人不從事任何生產勞動，也不搞任何文藝創作，專門負責打仗，整個斯巴達社會就是一個大兵營。所有斯巴達嬰兒生下來就要洗冷水澡，體質弱的直接淘汰掉，活下來的都是強壯的。男孩7歲就離開父母住進軍營訓練，12歲就編入少年隊參加軍事行動；女孩子也要天天跑步鍛煉，為的是婚後生強壯的孩子。在這種嚴酷的軍國主義體制下，斯巴達人成為全古希臘乃至整個歐亞大陸罕見的壯士。儘管斯巴達人的全部壯丁不過萬

夏

BC2000

商　BC1800

BC1600

BC1400

BC1200

周　BC1000

BC800

BC600

BC400

秦
漢　BC200

0

三國
晉　200

南北朝　400

隋朝
唐朝　600

800

五代十國
宋　1000

1200

元朝
明朝　1400

1600

清朝
1800

中華民國
2000

人左右，但這支兵馬卻足以稱霸一方。

　　倉廩實而知禮節。古希臘的繁榮為人類留下了寶貴的文化遺產。古希臘的建築獨樹一幟，哲學、數學、科學等方面更是取得不少成就。泰勒斯、阿那克西曼德、畢達哥拉斯、赫拉克利特、色諾芬尼、德謨克利特、普羅泰戈拉等人都是赫赫有名的大師，而蘇格拉底更是創立了「倫理學派」，使古希臘哲學從單純研究自然轉向研究人類本身。他採用的「蘇格拉底式對話」，就是一問一答，刨根問底，對西方的思維方式有極為重要的貢獻。蘇格拉底的學生柏拉圖以及柏拉圖的學生亞里斯多德，更是青出於藍，影響了整個西方思想界。在文學藝術方面，除了著名的《荷馬史詩》、《伊索寓言》之外，其他戲劇、詩歌、神話故事，以及音樂、舞蹈、油畫、雕刻，都是各有輝煌。

歐羅巴的來歷

　　「歐羅巴」這個名字來自古希臘神話。一說是穀物女神狄蜜特的別名是歐羅巴，因此人們將這個大洲命名為歐羅巴洲。另一說是宙斯看上了西亞腓尼基國的公主歐羅巴，於是變成一頭牛將公主騙到手，然後跨越大海來到今天歐洲的所在地逍遙快活，於是人們將這塊大陸命名為「歐羅巴」。

BC

埃及第一王朝形成
古印度興起
— BC2000

巴比倫第一王朝

愛琴文明
亞述擊敗巴比倫

— BC1000

羅馬王政時代
第一屆奧林匹克

佛陀誕生
羅馬共和時代
蘇格拉底出生
柏拉圖出生
亞里士多德出生

— 0　耶穌基督出生

基督教為合法宗教
君士坦丁統一羅馬

回教建立

神聖羅馬帝國開始
— 1000
第一次十字軍東征

英法百年戰爭開始

哥倫布發現新大陸

美國南北戰爭開始
第一次世界大戰
— 2000

遠征！亞歷山大大帝

夏

BC2000 ──

BC1800 ──

商

BC1600 ──

BC1400 ──

BC1200 ──

周

BC1000 ──

BC800 ──

BC600 ──

BC400 ──

秦
漢

BC200 ──

0 ──

三國
晉

200 ──

南北朝

400 ──

隋朝
唐朝

600 ──

800 ──

五代十國
宋

1000 ──

1200 ──

元朝
明朝

1400 ──

清朝

1600 ──

1800 ──

中華民國

2000 ──

西元前6世紀，古希臘文明達到巔峰，不但古希臘本土繁榮昌盛，還跨過海洋朝外擴張，建立了許多殖民地，拉攏了許多同盟者。這些古希臘人揚帆鼓浪，往東邊跨過愛琴海，到今天小亞細亞的西部沿海地區拓土開疆；往西邊跨過亞得里亞海，到今天義大利半島的南部安營紮寨，還有的繼續往西，在法國、西班牙沿海圈地；往南邊不但佔據了地中海上的諸多島嶼，而且跑到北非沿海殖民。這樣，在地中海沿岸便形成了一個強大的「古希臘帝國」。

不過，古希臘人並不是當地唯一的老大。在南邊的非洲，還有另一個海上強國迦太基，都城在今天的突尼西亞，是西亞的腓尼基人跑到北非建立的殖民國家。迦太基跟古希臘為了爭搶地中海的霸權大打出手。在東邊的亞洲，西元前6世紀中葉更是崛起了古波斯帝國，領土廣袤，人口眾多，欲向西問鼎歐洲。古波斯軍隊很快打到小亞細亞，衝進了古希臘的勢力範圍。兩個大塊頭得要分個高下了，曠日持久的「波希戰爭」爆發。兩國各自的優劣很明顯：古波斯的軍隊數量較多，看上去更嚇人；但是古希臘軍隊的裝備、訓練更好，戰鬥力更強。尤其是古希臘步兵方陣的長矛，幾排一起衝過去，古波斯人的小圓盾牌根本擋不住。古希臘人的戰船也比古波斯人更先進。所以戰爭之初，古波斯雖然氣勢洶洶，卻連挨了當頭悶棍。西元前490年，古波斯3萬大軍登陸古希臘，在雅典城東北的馬拉松平原，被雅典傾國之兵1萬人擊敗。雅典兵斐力庇第斯一路狂奔40多公里回城報告勝利消息，說完一句「歡呼吧，我們勝利

了」就倒地累死。為了紀念他，長跑項目「馬拉松」誕生。

西元前480年，古波斯數十萬大軍（當時號稱300萬）、上千艘戰艦再度殺奔古希臘，斯巴達王列奧尼達親率300精兵及古希臘諸邦盟軍7000人在溫泉關阻擊了古波斯軍數日，殺敵上萬。雖然最終寡不敵眾全軍覆沒，卻大挫古波斯軍的銳氣。此後，雅典率領的古希臘海軍聯合艦隊在薩拉米斯灣海戰中殲滅古波斯艦隊主力，古波斯王薛西斯害怕後路被斷，只好狼狽撤軍。西元前479年，以斯巴達為主力的三萬古希臘聯軍，在布拉底擊敗古波斯陸軍。

此後，古希臘聯軍轉入反攻，逐步奪取愛琴海上的島嶼和沿岸要地。經過三十年征戰，古希臘和古波斯在西元前449年簽訂《卡里阿斯和約》，古波斯放棄對愛琴海及赫勒斯滂和博斯普魯斯海峽（黑海出口）的控制，承認小亞細亞西岸古希臘城邦的獨立地位。波希戰爭以古希臘的勝利而告終。

然而外敵剛退，內訌便起。曾在波希戰爭中並肩作戰的雅典和斯巴達，為了爭當古希臘老大又對抗起來。雅典組織了提洛同盟，斯巴達組織了伯羅奔尼薩聯盟，在西元前431年正式開戰。古希臘各邦紛紛被捲入戰爭，古希臘人的戰士相互砍殺，古希臘人的戰艦彼此衝撞。斯巴達為了戰勝雅典，竟不惜和古希臘的宿敵古波斯帝國結盟。這場古希臘內戰，史稱「伯羅奔尼薩戰爭」。經過二十多年慘烈的內鬥，斯巴達終於打垮了雅典，在西元前404年迫使雅典簽訂和約。

軍國主義的斯巴達成為古希臘霸主，一時之間風光無二。但是，內戰把整個古希臘糟踐得滿目瘡痍，而且在各邦之間播撒了仇恨的種子。這樣的戰爭實際上沒有真正的勝利者。之前為了得到古波斯的支持，斯巴達同意把小亞細亞的古希臘城邦割讓給古波斯。如今斯巴達想要反悔，還打敗了來犯的古波斯人。古波斯人也不著急，現在的古希臘早就不是鐵板一塊了，有很多辦法達到目的！他們反過來支持雅典、底

BC

埃及第一王朝形成
古印度興起
— BC2000

巴比倫第一王朝

愛琴文明
亞述擊敗巴比倫

— BC1000

羅馬王政時代
第一屆奧林匹克

佛陀誕生
羅馬共和時代
蘇格拉底出生
柏拉圖出生
亞里士多德出生

— 0 耶穌基督出生

基督教為合法宗教
君士坦丁統一羅馬

回教建立

神聖羅馬帝國開始
— 1000
第一次十字軍東征

英法百年戰爭開始

哥倫布發現新大陸

美國南北戰爭開始
第一次世界大戰
— 2000

上古時期　BC

夏

BC2000 —

BC1800 —
商
BC1600 —

BC1400 —

BC1200 —

周
BC1000 —

BC800 —

BC600 —

BC400 —

秦
BC200 —
漢

0 —

三國　200 —
晉

400 —
南北朝

隋朝
600 —
唐朝

800 —

五代十國
宋
1000 —

1200 —
元朝
明朝
1400 —

清朝　1600 —

1800 —
中華民國

2000 —

比斯、科林斯等古希臘城邦繼續和斯巴達開戰，於是古希臘世界的戰火再度燃起。等到斯巴達被雅典各城邦打得筋疲力盡時，古波斯又翻手為雲，反過來支持斯巴達，條件依然是割讓小亞細亞。斯巴達此時再也不敢違逆，只得乖乖答應。這樣，當初曾精誠團結打敗古波斯的古希臘各邦，如今卻在古波斯的挑撥下自相殘殺。幾個強國朝三暮四，一會兒雅典聯合底比斯打斯巴達，一會兒雅典又和斯巴達聯合對付底比斯。他們在內戰中，兵力、財力耗盡，眼看再這麼下去，就要淪為古波斯人桌上的一盤菜了。

這時候，在古希臘北邊崛起了一個新的強國，它就是馬其頓王國。馬其頓位於古希臘邊緣，原先較為落後，被古希臘各邦看作「蠻國」。在古希臘內戰期間，馬其頓學習了南邊的先進經濟制度和文化，遂成為一個舉足輕重的大國。西元前359年，腓力二世成為馬其頓國王，他勵精圖治，加強中央集權，改革軍制，創建了著名的馬其頓方陣，接著他開始擴張勢力，一手武力，一手外交。古希臘各邦早已在內戰中打得筋疲力盡，不少人都希望腓力二世領導古希臘對抗古波斯。那些心懷不滿的勢力，在馬其頓方陣面前也無力抵抗。西元前338年，腓力二世殲滅了反對派雅典─底比斯聯軍，成為古希臘霸主。在西元前337年的科林斯大會上，腓力二世建立了「泛古希臘同盟」，通過了以下條款：1.古希臘各邦保持獨立，馬其頓為盟主；2.古希臘各邦不得內戰；3.組織古希臘聯軍，往東去與古波斯開戰，搶亞洲的金銀財寶！

這個會議一開，全古希臘擰成了一股繩，準備跟古波斯算帳。古波斯帝國這些年也是內亂頻繁，早已不復當年威猛。聽說腓力二世要率領古希臘來打他們，驚慌失措，趕緊派出刺客把腓力二世給暗殺了。

正所謂機關算盡太聰明，古波斯人殺死了腓力二世，卻把另一個更可怕的對手推上了台，他就是腓力二世的兒子亞歷山大。亞歷山大當時年僅20歲，卻已然是一位出類拔萃的青年俊傑。他文武雙全，武能上馬

提槍，更得父親腓力二世的親自培訓，其軍事作戰指揮能力頗高；文則拜亞里斯多德為師，學習科學和哲學。他的軍事才華超過腓力二世，而且政治手段更高明，為人也更加寬宏大量。腓力二世在世的時候，亞歷山大曾經去科林斯拜訪哲學家第歐根尼，詢問道，我能幫您做點什麼？第歐根尼不客氣地回答，讓開，你擋住陽光了。圍觀群眾或訕笑、或憤怒，年輕的亞歷山大卻凝重地說，我若不是亞歷山大，那麼也願意做第歐根尼。這份胸襟氣度，世間少有。

　　腓力二世一死，亞歷山大得到了多數舊部的擁戴。他迅速撲滅了宮廷內部的陰謀叛亂，又帶著兵馬把企圖脫離同盟的色雷斯、伊利里亞、雅典、底比斯等邦國打敗。接著，亞歷山大在西元前334年春天率領35000名精兵，開始了東征古波斯之旅。亞歷山大率軍從首都珀拉出發，首先強渡土耳其海峽，踏上了亞洲的土地。古波斯的小亞細亞總督還沒見識過亞歷山大的厲害，居然派兵出戰。結果在達格勒奈克斯河一戰，亞歷山大擊敗數萬古波斯軍，斬殺古波斯十名將領。此後，亞歷山大向東一路推進，對小亞細亞上的邦國恩威並舉，聽話的就幫他們趕走古波斯官兵，扶持他們獨立；不聽話的就打到聽話為止。到西元前333年，亞歷山大把小亞細亞全部佔領，接著向敘利亞一帶挺進。

　　古波斯王大流士三世認為亞歷山大得寸進尺，小亞細亞讓給亞歷山大了，他卻還要繼續往東擴張？於是大流士三世親率10多萬精兵來迎戰。10月，雙方在今天敘利亞北部的伊蘇斯大戰一場。古波斯兵馬雖多，大流士三世卻十分無能，哪擋得住用兵如神的亞歷山大？雙方鏖戰正酣，大流士三世居然害怕了，拍馬而逃，古波斯軍全線潰敗，軍隊損失了十之八九。大流士三世的家眷都被亞歷山大抓去了。

　　此後，亞歷山大不急於往東進攻古波斯帝國的首都，而是先折向南，掃蕩地中海東岸的城市。這些城市聽說了亞歷山大的厲害，很多都不戰而降。西元前332年7月，亞歷山大攻克海港城市泰爾（今黎巴

BC

埃及第一王朝形成
古印度興起
— BC2000

巴比倫第一王朝

愛琴文明
亞述擊敗巴比倫
— BC1000

羅馬王政時代
第一屆奧林匹克

佛陀誕生
羅馬共和時代
蘇格拉底出生
柏拉圖出生
亞里士多德出生
— 0　耶穌基督出生

基督教為合法宗教
君士坦丁統一羅馬

回教建立

神聖羅馬帝國開始
— 1000
第一次十字軍東征

英法百年戰爭開始

哥倫布發現新大陸

美國南北戰爭開始
第一次世界大戰
— 2000

上古時期　BC

夏

　BC2000 —

商
　BC1800 —

　BC1600 —

　BC1400 —

　BC1200 —

周
　BC1000 —

　BC800 —

　BC600 —

　BC400 —

秦
漢　BC200 —

　0 —

　200 —

三國
晉
　400 —

南北朝

隋朝
唐朝　600 —

　800 —

五代十國
宋
　1000 —

　1200 —

元朝
明朝
　1400 —

　1600 —

清朝
　1800 —

中華民國
　2000 —

嫩），殲滅古波斯全部海軍。此後，亞歷山大繼續南下，攻克巴勒斯坦的加薩城，然後直入埃及。埃及人早受夠了古波斯的統治，見亞歷山大威風凜凜地來了，紛紛簞食壺漿迎接「王師」，並尊奉亞歷山大為「法老」。這樣，亞歷山大不但確保地中海水路成為自己的後方交通線，還獲得當時西方世界裡最富庶的國家——埃及，從此軍餉、軍糧都不愁了。在古城格爾迪奧斯中心廣場上，有一個很複雜的繩結，據說誰能解開它，誰就能成為亞洲之王。亞歷山大打到此地後，也來研究了一番，然後拔出寶劍，直接把繩結劈斷：「我解開了。」

　　大流士三世逃到東邊，派人向亞歷山大求和，提出他願意把幼發拉底河西邊的土地全部割讓給亞歷山大，再給他大量的金銀財寶，這個條件確實優厚，亞歷山大的部將帕曼紐忍不住道：「我若是你，我就答應了。」亞歷山大冷笑一聲：「是啊，我若是你，我也同意了。」言下之意，燕雀安知鴻鵠之志！他拒絕了古波斯王的求和，轉戈向東。

　　西元前331年10月，與大流士三世所率的古波斯軍主力在高加米拉（今伊拉克）展開會戰。

　　此戰馬其頓—古希臘聯軍兵力為4萬步兵和7000騎兵，古波斯軍號稱百萬，實際兵力僅30萬。大流士三世使盡渾身解數，欲與亞歷山大決一雌雄。可惜兩者的策略實在相差太遠，而且古波斯軍早已是驚弓之鳥，因為害怕遭到馬其頓軍夜襲，竟然擺好陣勢在戰場站了一夜。次日雙方鏖戰，古波斯軍先以15頭戰象和200輛戰車突擊，均被馬其頓軍擊潰。隨後，古波斯軍兩翼騎兵殺出，將亞歷山大兩翼壓制得喘不過氣來。亞歷山大中央步兵堅強地頂住了古波斯主力的猛攻。正當雙方戰況膠著時，亞歷山大抓住敵軍破綻，親率2000精騎殺出，直闖入大流士三世的中軍。轉眼間，兩位君主近到可以看清對方的面容。亞歷山大大喝一聲，親手投出標槍，戳死了大流士的車夫。古波斯軍頓時大亂，不少人以為大流士三世被殺，士氣跌落，紛紛潰退。古希臘和古波斯之間的

這一次規模最大的會戰，以亞歷山大的全勝而告終。亞歷山大揮師進入巴比倫城，又佔領了古波斯帝國的首都蘇薩、古波斯波利斯和米底亞古都埃克巴坦那等城市，單是繳獲的金銀財寶，據說就用了5000頭駱駝和20000頭騾子來搬運。

古波斯軍主力被摧毀了，首都被佔領了，帝國也就覆滅了。次年，大流士三世被部下殺死。於是亞歷山大娶了大流士三世的女兒，又讓部將紛紛娶了古波斯貴族家的女孩子，從而順理成章地成為古波斯的統治者。接著亞歷山大繼續向東穿越遼闊的中亞，將整個古波斯帝國的領土都收入囊中，建立起地跨亞、非、歐三個大洲的龐大帝國，面積達500萬平方公里。西元前327年，亞歷山大率軍3萬繼續東征，劍指印度。

西元前326年，擊敗印度國王博魯斯。但到此時，八年遠征2.7萬公里的馬其頓軍已成了強弩之末，將士思歸心切。亞歷山大沒法兒違背眾心，只好在西元前325年回到巴比倫。兩年後，這位一代雄主因病去世。他一死，龐大的帝國頓時分崩離析，部將擁兵自重，經過一番相互混戰，最後分裂成幾大塊：佔據古希臘、馬其頓地區的安提柯王朝；佔據中亞地區的塞琉古王朝；佔據埃及地區的托勒密王朝等。

從西元前5世紀初開始的波希戰爭，到西元前4世紀後期的亞歷山大征戰，足足打了一百多年的惡仗，最後以古希臘的完全勝利而告終。這些戰爭一方面造成大量的生命和財產損失，另一方面也促進了東西方的交流融合。尤其在亞歷山大的征服過程中，古希臘軍隊橫掃中、西亞，大批古希臘將領與古波斯貴族結親。儘管亞歷山大的帝國只是曇花一現，其後古希臘文明卻在半個亞洲和非洲的埃及生根發芽。埃及的亞歷山大城，竟然一度成為西方世界的文化中心。因此，史家又把亞歷山大遠征之後的300年時間，稱為「古希臘化時代」。

亞歷山大遠征，是古希臘文明的巔峰時期。隨後，西方的霸權逐漸讓位給其西邊崛起的另一個文明——古羅馬。

BC

埃及第一王朝形成
古印度興起
— BC2000

巴比倫第一王朝

愛琴文明
亞述擊敗巴比倫
— BC1000

羅馬王政時代
第一屆奧林匹克

佛陀誕生
羅馬共和時代
蘇格拉底出生
柏拉圖出生
亞里士多德出生

— 0　耶穌基督出生

基督教為合法宗教
君士坦丁統一羅馬

回教建立

神聖羅馬帝國開始
— 1000
第一次十字軍東征

英法百年戰爭開始

哥倫布發現新大陸

美國南北戰爭開始
第一次世界大戰
— 2000

上古時期　BC

夏

BC2000 —

商

BC1800 —

BC1600 —

BC1400 —

BC1200 —

周

BC1000 —

BC800 —

BC600 —

BC400 —

秦

BC200 —

漢

0 —

三國

200 —

晉

南北朝

400 —

隋朝

600 —

唐朝

800 —

五代十國

宋

1000 —

1200 —

元朝

明朝

1400 —

清朝

1600 —

1800 —

中華民國

2000 —

崛起！羅馬城邦

　　就在古希臘文明如日中天的時候，羅馬人在今天義大利半島的中部也建立了一個小城邦，那是西元前731年的事。羅馬人自稱是被希臘人滅掉的特洛伊人的後裔，還說他們的祖先羅慕路斯兄弟在繈褓中便被拋到河中，是一頭母狼把他們哺育大的。

　　在早期，羅馬只是一個很不起眼的小邦，當時義大利北邊的伊特拉斯坎人，南邊的希臘人，都比他們強得多，就是附近的部族，也不把羅馬放在眼裡。誰也想不到，就是這麼個彈丸小國，在日後一千年中成為西方霸主。

　　古羅馬最早也是有國王的，同時還有一個貴族的「元老院」，整天開會給國王提供建議，也可以批評國王。還有普通老百姓組成的「公民大會」，對於國家大事也有表決權，包括推舉國王。後來，羅馬人推翻了國王，改為每年選兩位執政官，任期一年，共同管理國家。如果遇上緊急情況，就選擇一位獨裁官，大權獨攬，但任期只有半年。

　　從剛剛建立開始，羅馬人就和附近的伊特拉斯坎人、薩賓人、拉丁人等部落打得不可開交，羅馬人內部的制度比較先進，老百姓願意為羅馬而戰，因此捷報連連。每次打贏之後，羅馬人沒有把戰敗者全部殺光或者變成奴隸，而是把他們吸收進自己的國家，讓他們也參加公民大會。靠著這種政策，羅馬雖然經常打仗，死傷不少，但每一戰之後往往擴充了人口，新加入的部族凝聚力也很強。這個小國就這麼逐漸強大起來。到西元前6世紀時，羅馬城區大為擴展，還佔領了外面的大片領

土，總人口已經接近10萬人，算得上是一個比較強大的國家了。

羅馬內部也出現了貧富矛盾。經過多年的抗爭、妥協，羅馬人逐漸制定出一套保護老百姓權益的制度。他們新增一個職位，叫保民官。顧名思義，這個官職就是為了保護平民百姓利益，只有平民才能擔任。保民官可以對執政官的一切法案行使否決權，並且他的權力神聖不可侵犯。老百姓還建立了一個平民大會，只有平民才能參加，貴族不得參加。參會的平民按人頭投票，選舉出保民官，確保其真正代表老百姓的意志。到後來，平民大會的決議對貴族也有約束作用；換言之，平民可以制約貴族了。

後來，平民還逼著貴族把法律明文頒佈出來，把訴訟的程序和法律術語都寫成冊子公佈，避免黑箱操作。再往後，財務官的職務從專屬貴族，改為向平民開放；執政官也可以由平民擔任；檢察官最初是只能由貴族擔任的，其後便改為兩個檢察官中必須有一個平民；高利貸先是被限制，後來限制取消了；新佔領的土地被分配給平民，欠債為奴的制度也廢除了；大祭司和占卜官的名額，在原本的8個貴族基礎上增加了10個平民名額。甚至連獨裁官也開始允許平民擔任。在國家的軍事、政治、宗教、文化權利上，平民和貴族已經大致做到平分秋色。

羅馬的貴族和平民從西元前5世紀初，一路鬥到西元前3世紀初，貴族頻頻反撲，甚至爆發流血衝突。最終，還是平民取得了勝利。這樣一來，古羅馬共和國便有了一大群忠於國家的平民。這個群體有了富家做主的感覺，為羅馬公民身份而驕傲，也願意為了國家上陣殺敵。

所謂「先練內功，再練外功」，正是這個龐大而忠誠的市民階層，使得羅馬的力量日趨強大，從而雄霸義大利乃至整個歐洲。

西元前5世紀，羅馬擊退了周圍許多城邦和種族的進攻，並且反攻了這些敵人。敵人中有的戰敗者淪為奴隸，有的被吸收為羅馬公民或作為羅馬的同盟者。羅馬不要求這些同盟者繳納苛捐雜稅，而是要求他們

BC

埃及第一王朝形成
古印度興起
— BC2000

巴比倫第一王朝

愛琴文明
亞述擊敗巴比倫
— BC1000

羅馬王政時代
第一屆奧林匹克

佛陀誕生
羅馬共和時代
蘇格拉底出生
柏拉圖出生
亞里士多德出生

— 0　耶穌基督出生

基督教為合法宗教
君士坦丁統一羅馬

回教建立

神聖羅馬帝國開始
— 1000
第一次十字軍東征

英法百年戰爭開始

哥倫布發現新大陸

美國南北戰爭開始
第一次世界大戰
— 2000

夏

BC2000 —

商
BC1800 —

BC1600 —

BC1400 —

BC1200 —

周
BC1000 —

BC800 —

BC600 —

BC400 —

秦
漢　BC200 —

0 —

200 —

三國
晉
400 —

南北朝

隋朝
唐朝　600 —

800 —

五代十國
宋
1000 —

1200 —

元朝
明朝　1400 —

1600 —

清朝

1800 —

中華民國

2000 —

在打仗時出兵幫助羅馬，之後平分戰利品。羅馬每打下一個地方，不是吸收一批新的公民，就是增添一批新的同盟者。羅馬的敵人紛紛變成同胞，實力也就越來越大。

西元前4世紀初，原本住在今天法國一帶的高盧人，越過阿爾卑斯山奔義大利而來，橫掃義大利北部地方，蕩滌了伊特拉斯坎文明，接著直撲羅馬，差點打得羅馬亡國滅種，周圍部族也紛紛起來反抗。但羅馬人毫不屈服，他們重建城市，整改軍隊，拿起刀劍，迎著洶湧而來的敵人，再次勇猛出戰。打了幾十年，羅馬的領土恢復到高盧人入侵之前的勢力範圍。接著羅馬向南擴張，經過半個多世紀的血戰，終於擊敗了強大的薩姆尼特人，又將義大利北部的高盧人擊敗，報了一箭之仇。到西元前3世紀初，義大利中部已經盡入羅馬之手。

羅馬的下一個對手，就是佔據義大利南部和沿海地區的希臘城邦。此時亞歷山大大帝已經去世，在義大利的希臘人內鬥嚴重，根本不是羅馬軍團的對手。為了對付羅馬人，希臘人請來了希臘名將、伊庇魯斯國王皮洛士。皮洛士在西元前280年登陸半島，兩次殺得羅馬軍大敗。但是，羅馬人不屈服，他們拒絕了皮洛士的和談，掩埋好父兄的屍體，源源不斷地補充新兵，組成新的軍團，前仆後繼地走上戰場。皮洛士儘管兵精將勇，在羅馬人這種打不死的精神面前，也崩潰了。

西元前275年，皮洛士被羅馬軍擊敗，帶著殘兵退回伊庇魯斯。各希臘城邦眼看連皮洛士都敗了，紛紛向羅馬投降。

羅馬成了義大利的霸主，下一步就要走向海洋。

他們的對手是地中海的霸主迦太基。迦太基當時已經佔據了非洲北部、西班牙地區的大片領土，以及科西嘉島、薩丁島，還有西西里島西部，比羅馬要富得多，而且是一個海軍強國，稱霸地中海。羅馬則幾乎沒有像樣的海軍。但羅馬人沒有因為這些客觀條件而停下來；100多年裡，羅馬和迦太基進行了三次大戰。因為羅馬人稱迦太基為「布匿」，

這幾場戰爭史稱「布匿戰爭」。

西元前264年爆發第一次布匿戰爭，羅馬首先登上西西里島，與迦太基激烈交鋒。沒有海軍，羅馬人就白手起家，拿著在港口繳獲的一艘迦太基戰船作為樣本，硬生生地開始仿造。短短幾個月內，竟然變魔術般拼湊出一支龐大的艦隊！而且，他們還在船頭裝上了一個烏鴉嘴般的吊橋。當雙方艦船接近時放下吊橋，讓善陸戰的羅馬步兵衝上敵艦。靠著這種新式裝備，羅馬海軍數次大敗迦太基海軍，直逼迦太基都城。

接下來羅馬人霉運連連。登陸北非的羅馬軍被迦太基殲滅，執政官被俘。海軍則遭遇大風暴，近乎全軍覆沒，士兵和槳手損失近十萬人！此後，羅馬人咬緊牙關，兩次重建了海軍，卻又兩次在風暴中近乎全軍覆沒！再加上陸地上的拉鋸戰，羅馬全國的青壯年已經損失了三分之一，國庫虧空。

但就是在這種情況下，羅馬人依舊不妥協，他們繼續打下去。富裕階層再度慷慨解囊，第四次組建了龐大的艦隊，重創迦太基艦隊，奪取了地中海的制海權。迦太基比羅馬富裕，戰爭傷亡也比羅馬小，然而他們卻被羅馬的頑強所震撼，無心戀戰。西元前241年，雙方議和。迦太基賠償3200塔蘭特（古代中東和希臘—羅馬世界使用的重量單位，1塔蘭特指1塔蘭重的黃金或白銀，約20公斤至40公斤。），割讓了西西里島等島嶼。羅馬憑藉頑強的鬥志，打贏了這場勝算不大的戰爭，並且把勢力推進到地中海，此後又把薩丁尼亞島和科西嘉島也納入統治範圍。

而迦太基並不甘心失敗，20年後第二次布匿戰爭爆發。

這一次，羅馬的對手是一流名將漢尼拔，他以西班牙為基地，發誓要將羅馬徹底剷除。西元前219年，漢尼拔攻克了羅馬盟邦——西班牙的薩貢杜姆城，引發了戰爭。他帶領大軍翻過阿爾卑斯山，直奔義大利。羅馬派兩位執政官帶兵去堵截漢尼拔。漢尼拔採用機動戰術，聲東擊西，牽著羅馬軍的鼻子團團轉，在特拉西梅諾湖殲滅羅馬軍隊2萬人，隨

BC

埃及第一王朝形成

古印度興起

— BC2000

巴比倫第一王朝

愛琴文明
亞述擊敗巴比倫

— BC1000

羅馬王政時代
第一屆奧林匹克

佛陀誕生
羅馬共和時代

蘇格拉底出生
柏拉圖出生
亞里士多德出生

— 0 耶穌基督出生

基督教為合法宗教
君士坦丁統一羅馬

回教建立

神聖羅馬帝國開始
— 1000
第一次十字軍東征

英法百年戰爭開始

哥倫布發現新大陸

美國南北戰爭開始
第一次世界大戰
— 2000

後又擊潰了另一個集團軍，兵鋒指向羅馬城。

羅馬元老院眼看局勢危急，趕緊把費邊任命為獨裁官，全權指揮作戰。費邊認為和漢尼拔正面交鋒勝算不大，應該慢慢消耗他的部隊和士氣。因此，費邊避免和漢尼拔硬碰硬，而是不遠不近地牽制漢尼拔。這種戰術讓漢尼拔非常苦惱，他就拼命地在羅馬的同盟城市燒殺搶掠，引誘費邊出來決戰。費邊不為所動，羅馬人卻受不了。他們嘲笑費邊膽小如鼠，在費邊獨裁官6個月的任期滿後，就把權力交給了新的執政官，準備和漢尼拔決戰。

西元前216年夏，漢尼拔與羅馬軍主力在坎尼展開大戰。漢尼拔只有步兵4萬人，騎兵1萬人；羅馬則有步兵8萬人，騎兵6000人。漢尼拔採兩翼前進，中央後撤，更用騎兵突襲後方，將羅馬軍完全包圍，殲滅羅馬7萬餘人，還殺了1位執政官、80名元老和大批優秀軍官；而漢尼拔僅僅損失了數千人。此後，漢尼拔挾大勝之威，一面拉攏義大利的城邦，說服他們脫離羅馬，一面和馬其頓國王腓力五世結盟。

西西里島上的敘拉古也脫離羅馬，轉投迦太基陣營。一時之間，羅馬差點遭遇滅頂之災。

生死關頭，羅馬人的頑強又一次展現出來。他們把17歲以上的青年都徵召入伍，國家出錢贖買奴隸，又組建了一支浩浩蕩蕩的大軍。羅馬人重新採用費邊戰略，牽制漢尼拔。同時他們分出兵力，攻打投降漢尼拔的義大利城鎮，攔截從西班牙增援漢尼拔的軍隊，目的就是要讓漢尼拔成為無源之水，逐漸消耗在義大利半島上。

相對於羅馬人的精誠團結，迦太基政府卻坐觀漢尼拔在義大利孤軍奮戰。就這樣，漢尼拔的隊伍越打越少。西元前213年，漢尼拔的盟友敘拉古被羅馬軍攻滅。義大利那些歸降了漢尼拔的城邦，也一個接一個地被羅馬軍收復。漢尼拔的弟弟帶兵從西班牙來增援漢尼拔，半路被羅馬軍殲滅，西班牙也被羅馬軍隊佔領，羅馬軍隊還渡海進攻迦太基本土。

夏

BC2000 —

商

BC1800 —

BC1600 —

BC1400 —

BC1200 —

周

BC1000 —

BC800 —

BC600 —

BC400 —

秦
漢

BC200 —

0 —

三國
晉

200 —

南北朝

400 —

隋朝
唐朝

600 —

800 —

五代十國
宋

1000 —

1200 —

元朝
明朝

1400 —

清朝

1600 —

1800 —

中華民國

2000 —

漢尼拔眼看大勢已去，只得含恨離開義大利，回援迦太基。

西元前202年，羅馬軍在札馬會戰打敗漢尼拔，迦太基被迫求和。這一次羅馬規定迦太基只能保留非洲本部的土地，只許保留10艘戰艦，交出全部戰象，而且不經羅馬允許，不得對外作戰。

歷時16年的第二次布匿戰爭，羅馬沒有一位將軍能和漢尼拔媲美，然而羅馬的國家制度卻最終戰勝了低效率的迦太基。這一次勝利後，羅馬成為名副其實的地中海霸主。

西元前149年，羅馬再次向迦太基宣戰，第三次布匿戰爭爆發。西元前147年，迦太基城淪陷，國民全部被賣為奴隸，城池被夷為平地，還用犁耕出溝來。這個建國600多年的地中海大國，就此徹底滅亡。

在這一個多世紀裡，羅馬不但滅掉了迦太基，還征服了義大利北部的高盧人，統一了整個義大利；向東佔領了衰落的希臘、馬其頓地區和小亞細亞；向西把西班牙、高盧地區變成羅馬的行省；向南在北非扶持了附庸國，佔領了土地。

亞洲的敘利亞、非洲的埃及也都成為羅馬的附庸國。當初那個小小的部落，如今已經成為地跨三洲的超級大國。

羅馬在併吞土地，接收人口的同時，也進一步吸收了希臘等地區的藝術和宗教，充實了本國的文明。西元前2世紀時，古羅馬共和國已經取代了古希臘，成為西方世界的領袖。

BC

埃及第一王朝形成
古印度興起
— BC2000

巴比倫第一王朝

愛琴文明
亞述擊敗巴比倫

— BC1000

羅馬王政時代
第一屆奧林匹克

佛陀誕生
羅馬共和時代
蘇格拉底出生
柏拉圖出生
亞里士多德出生

— 0　耶穌基督出生

基督教為合法宗教
君士坦丁統一羅馬

回教建立

神聖羅馬帝國開始
— 1000
第一次十字軍東征

英法百年戰爭開始

哥倫布發現新大陸

美國南北戰爭開始
第一次世界大戰
— 2000

上古時期　BC

夏

BC2000 —

BC1800 —

商

BC1600 —

BC1400 —

BC1200 —

周

BC1000 —

BC800 —

BC600 —

BC400 —

秦
漢

BC200 —

0 —

三國
晉

200 —

400 —

南北朝

隋朝
唐朝

600 —

800 —

五代十國
宋

1000 —

1200 —

元朝
明朝

1400 —

清朝

1600 —

1800 —

中華民國

2000 —

內戰！從共和到帝國

　　從西元前2世紀後期開始，羅馬共和國成為西方的超級大國，地中海變成了羅馬的「內湖」。正所謂家大業大麻煩多，隨著國土疆域的擴展，人口的增多，羅馬的內外矛盾也越來越激化。北非的努米底亞國王朱古達反叛；中歐的日爾曼人大舉入侵；羅馬同盟國和殖民地發動了「同盟者戰爭」；被羅馬佔領的行省，因為總督橫徵暴斂，也經常激起反抗。西西里島的奴隸曾兩次起義，人數多達20萬人。西元前73年，斯巴達克斯率領的奴隸起義更是震撼整個義大利，羅馬政府費盡九牛二虎之力才將其鎮壓下去。

　　然而最嚴重的問題還是羅馬公民內部的政治抗爭。代表元老貴族、大地主的「共和派」，和代表平民百姓、商人騎士的「民主派」已經爭鬥了200多年。如今，在羅馬發展為世界第一流強國之後，他們的衝突又激化了。權貴在對外擴張中撈取了大量土地財產，富得流油；窮人則被戰爭拖得日趨破產，還欠下債務。

　　西元前133年，平民派的政治家提比略‧格拉古和蓋約‧格拉古兄弟準備進行改革，限制元老貴族霸佔土地的行為，把多餘的公共土地分給平民，緩和階級矛盾。這就得罪了貴族元老。於是貴族元老兩次污蔑他們，帶著大批門客、家奴、私兵衝進會場，殺害了格拉古兄弟及其數千名支持者。這次血腥的大規模屠殺，揭開了「內戰」的序幕。

　　此後，平民派的馬略和貴族派的蘇拉又發生了抗爭。西元前88年，蘇拉直接帶兵攻入羅馬城，宣布馬略等人為「公敵」，他大肆屠殺民主

派人士，還殺死了保民官。這是700多年以來，羅馬軍團第一次把自己的國家當成進攻的對象，也是羅馬共和國歷史上第一次赤裸裸的強權戰勝法律的抗爭。此後馬略等率領軍隊反攻，兩方幾番拉鋸，殺得屍山血海。最後，蘇拉獲得勝利，依靠武力成為「終身獨裁者」。儘管這個梟雄在數年後就宣布放權退隱，但羅馬共和國再也不可能回到過去那種狀態了。

接下來，大名鼎鼎的蓋烏斯・尤列烏斯・凱撒出場。凱撒出身名門，自幼文武雙全，既受過良好教育，又是體育健將。年輕時的凱撒是位堅定的平民派，他娶了平民派大將秦納的女兒，並拒絕了獨裁者蘇拉的威逼利誘。此後，凱撒打過仗，當過律師，隨即進入政壇。依靠家族的人脈，更依靠自己的出色口才和過人魄力，凱撒在政壇上順風順水，接連擔任祭司、副將、財務官、總督助理和市政官等職務。到西元前63年，他已成為大法官和終身祭司長，此後又擔任西班牙總督。40歲的凱撒，已經是羅馬共和國政壇上的一顆耀眼明星了。

西元前60年，作為西班牙總督的凱撒回到羅馬，被選為執政官。這是凱撒第一次站在羅馬共和國的權力巔峰。同時站在巔峰的，還有另外兩個權貴——龐培和克拉蘇。他們以前都是貴族派，是蘇拉的得力助手。他們的年齡比凱撒大一些，資歷也更深。由於龐培和克拉蘇和那些指手畫腳的貴族元老發生了衝突，於是，凱撒、龐培和克拉蘇結盟，共同對抗貴族元老派。這就是「前三頭同盟」。手握重兵的龐培、首富克拉蘇和威望很高的凱撒結為一夥，三人實力均不可小覷。

依靠與克拉蘇和龐培的同盟，凱撒得到了更大的舞台以便發揮自己的才幹。在執政官的任期間，凱撒把很多國有土地分配給老兵和平民，減免貧民欠債，整頓貪官污吏。凱撒獲得了越來越多的支持。執政官到期卸任之後，凱撒又改任山北高盧和伊利里亞的總督。他發動了高盧戰爭，征服了今天法國的廣大地區。他渡過海峽進攻不列顛，打了很多勝

BC

埃及第一王朝形成
古印度興起
— BC2000

巴比倫第一王朝

—

—

愛琴文明
— 亞述擊敗巴比倫

— BC1000

羅馬王政時代
第一屆奧林匹克

佛陀誕生
羅馬共和時代

蘇格拉底出生
柏拉圖出生
— 亞里士多德出生

— 0　耶穌基督出生

—

基督教為合法宗教
君士坦丁統一羅馬
—

回教建立

—

神聖羅馬帝國開始
1000
第一次十字軍東征

—

英法百年戰爭開始

—

哥倫布發現新大陸

—

美國南北戰爭開始
第一次世界大戰
— 2000

仗，扶植起親羅馬的部落首領。他又渡過萊茵河，向日爾曼人進攻，大獲全勝。

　　凱撒在外省打了9年的仗。在這9年裡，他不但攻佔了大片領土，立下了赫赫軍功，而且積累了豐富的戰爭經驗，更鍛煉出一支身經百戰、忠心耿耿的精銳部隊。這時候，克拉蘇東征安息帝國，結果遇害。原本的「三頭同盟」只剩下兩個人，均衡被打破了。龐培眼睜睜地看著凱撒的風頭漸漸超過自己，起了猜忌之心，反過來投靠了貴族派元老陣營。龐培與凱撒雙雄不可並立，勢必有一番爭鬥。

　　西元前49年，凱撒的總督任期期滿。他希望再延長五年，龐培和元老院卻命令凱撒解散軍隊，卸任回羅馬，否則就宣布其為國民公敵！凱撒勃然大怒，當即集合兵馬，直奔羅馬。龐培和大批貴族元老匆忙逃離羅馬，向東逃到龐培的勢力範圍——希臘地區。整個義大利都落入凱撒之手。接下來，凱撒火速趕回高盧，進攻龐培在西班牙的大軍，僅僅幾十天便平定整個西班牙；然後再掉頭向東，在西元前48年進攻龐培的本部。龐培兵力比凱撒強大，還擁有大量本地同盟軍，糧草補給也比凱撒充足得多。然而作為統帥，龐培優柔寡斷，手下的貴族軍官又十分平庸，就這樣凱撒得以在8月9日的法薩盧斯戰役中擊潰龐培主力。龐培逃到埃及，被埃及法老托勒密十三世殺了。

　　凱撒帶兵追到埃及，殺了托勒密十三世。他對托勒密十三世的妻子——埃及豔后克利歐佩特拉七世一見鍾情，很快就在一起，並生下一個兒子，叫凱撒里昂。這段風流韻事並沒有讓凱撒停下征戰的步伐。他繼續東征西討，進軍敘利亞，五天就打贏了戰役，又征服了小亞細亞。接著又打敗了支持龐培的本篤王子。此戰後，他送了封信給羅馬，上面只有簡單的三句話：我來了，我看見了，我征服了！隨後，凱撒轉戈向西，又把西班牙和北非的反對勢力全部打敗，終結了這一次大規模的內戰。西元前44年，凱撒回到羅馬，被任命為「終身獨裁官」。他還擔任

夏

BC2000 —

BC1800 —

商

BC1600 —

BC1400 —

BC1200 —

周

BC1000 —

BC800 —

BC600 —

BC400 —

秦
漢

BC200 —

0 —

200 —

三國
晉

400 —

南北朝

隋朝
唐朝

600 —

800 —

五代十國
宋

1000 —

1200 —

元朝
明朝

1400 —

1600 —

清朝

1800 —

中華民國

2000 —

了終身保民官、大祭司長、檢察官等職位，集各方面大權於一身。他規定自己有權任命元老，所有的官員都要宣誓效忠於他。

凱撒是一位雄才偉略的統帥。他獨攬大權的同時，也施行不少政務改革，比如分給老兵土地、規定老兵的權益、懲治貪官污吏。他把羅馬公民權授予各行省的當地人，又規定羅馬公民有權在行省內擁有完全自主的土地。這樣，行省的地位提高了，各行省和羅馬的關係更加密切。在凱撒的權力巔峰時期，羅馬共和國也默默地完成了向帝國轉化的準備。

凱撒的威望如日中天，讓貴族派大為驚恐，終於鋌而走險。西元前44年3月15日，凱撒在元老院的劇場遇刺。儘管凱撒生前並未稱帝，但他的豐功偉績彪炳千秋，後人稱他為「凱撒大帝」。在之後的羅馬帝國，「凱撒」曾被作為副皇帝的稱號。後來德語中「皇帝」一詞的詞源就是「凱撒」，俄國皇帝的稱號「沙皇」其詞源也是「凱撒」。

貴族派刺殺了凱撒，卻拯救不了自己的命運。凱撒的部將安東尼、養子屋大維、騎兵司令雷必達等人聯合起來（史稱「後三頭同盟」），向貴族派反擊。由於凱撒生前威望極高，貴族派刺殺凱撒犯了眾怒，沒多少日子就被凱撒派殺個乾淨。

凱撒派的三巨頭打敗了貴族派，內部又開始爭權奪利。首先屋大維和雷必達爭奪西西里島的統治權，屋大維收買了雷必達手下的軍官，解除了雷必達的職務。接著屋大維和安東尼的矛盾又尖銳起來。安東尼愛上了凱撒的前任情婦——埃及豔后克利歐佩特拉，和她結為夫妻，為此還跟屋大維的姐姐離婚了。於是兩人徹底翻臉。經過一番激戰，屋大維在西元前31年擊敗安東尼和埃及聯軍主力。次年，安東尼和埃及豔后雙雙自殺，凱撒和埃及豔后的兒子也被屋大維殺死。

打敗安東尼之後，屋大維站到了羅馬共和國的權力巔峰。單論軍事上的雄才大略，屋大維比不上凱撒。但有凱撒的前車之鑒，他可以更

埃及第一王朝形成
古印度興起
— BC2000

巴比倫第一王朝

愛琴文明
亞述擊敗巴比倫

— BC1000

羅馬王政時代
第一屆奧林匹克

佛陀誕生
羅馬共和時代

蘇格拉底出生
柏拉圖出生
亞里士多德出生

— 0　耶穌基督出生

基督教為合法宗教
君士坦丁統一羅馬

回教建立

神聖羅馬帝國開始
— 1000
第一次十字軍東征

英法百年戰爭開始

哥倫布發現新人陸

美國南北戰爭開始
第一次世界大戰
— 2000

上古時期　BC

夏
　　BC2000 —

　　BC1800 —

商　BC1600 —

　　BC1400 —

　　BC1200 —

周　BC1000 —

　　BC800 —

　　BC600 —

　　BC400 —

秦　BC200 —
漢
　　　0 —

三國　200 —
晉
　　　400 —
南北朝
隋朝　600 —
唐朝
　　　800 —
五代十國
宋　　1000 —

　　　1200 —
元朝
明朝　1400 —

　　　1600 —
清朝
　　　1800 —
中華民國
　　　2000 —

圓滑和聰明地處理政治權力。屋大維採取的策略是：對外，面子功夫做足，贏得人民的認可；對內，暗中培養親信，攫取大權。只有獲得人民的廣泛支持，才能確保自己的地位不被動搖。

老百姓想要什麼？經歷了數十年戰亂，老百姓最希望和平，希望恢復過去的安寧。過去羅馬群雄混戰，動不動就滿門抄斬。屋大維反其道而行之。他大赦天下，過去內戰中不管站在哪一派，都不再問罪。他把戰爭中掠來的大批錢財發給士兵，賑濟貧民。這樣，所有的羅馬人都得到了實惠，感激偉大領袖屋大維。

獲得民眾支持後，屋大維以退為進，首先打出「恢復共和制度」的旗號。他裝模作樣，不直接獨攬大權，而是和同僚一起參加執政官競選，共同執政；他在擔任執政官九年後，主動辭去了這個職務……這些都讓羅馬人覺得他沒有野心。可事實上，屋大維在不斷加強自己的權力。他當選為「終身保民官」後，元老院的成員名單都是由他親自確定的。他又任命了一批高官，都是效忠於自己的人，手握大權。

屋大維的稱號不是皇帝，而是「第一公民」。他謙虛地表示，自己的權力都是羅馬人民賦予的，自己聽命於羅馬人民。但實際上，他已經把整個羅馬都握在了自己手裡。西元前27年他被稱為「奧古斯都」（意即至聖至尊，後來成為羅馬帝國皇帝的稱號）。各行省都建立起屋大維的神廟，關於屋大維的種種傳說也開始流傳開來。屋大維已經成為羅馬的無冕之王，共和國實際上已經被徹底埋葬。

為了維護統治，屋大維多管齊下。他繼續對外擴張，開疆拓土。他建立了常備軍制度，軍權都掌握在親信手中。他進行全國人口普查，改革稅制，保護納稅人利益，也防止對行省的過度壓榨。他把元老院變成自己的御用工具，又利用封官晉爵，使騎士階層對他忠心耿耿。他既保證平民的基本權益，又嚴厲鎮壓他們的反抗。他還大力發展文藝事業，供養了一大批詩人，讓他們盡情謳歌屋大維的豐功偉績。屋大維當

權40餘年，在西元14年去世。彌留之際，一群朋友前去探望他，個個哭得一把鼻涕一把淚。77歲的屋大維卻面帶微笑道：「在生活的喜劇裡我演得好不好呢？如果演得好，那就為我鼓掌吧。大家都高興地為我送行吧！」

歷史上通常把西元前27年，也就是屋大維獲得「奧古斯都」稱號的那一年，作為羅馬共和國的結束，也就是羅馬帝國的開始。到西元2世紀左右，羅馬帝國達到鼎盛時期，其疆域東到裡海岸邊的亞美尼亞，西到西班牙，南到北非地區，北到不列顛島，人口約五千萬。

古羅馬時期的文化

古羅馬的文化來自希臘，但其輝煌程度無法與古希臘相比。當時著名科學家包括地理學家斯特雷波、天文學家托勒密、醫學家蓋倫、農學家加圖、政治家瓦羅等。哲學家包括盧克萊修、西塞羅、辛尼加、普羅提諾等。羅馬時期的建築十分雄偉，如萬神殿、羅馬競技場、君士坦丁凱旋門、龐貝古城等都氣勢恢宏，令人震撼。

BC

埃及第一王朝形成
古印度興起
— BC2000

巴比倫第一王朝

愛琴文明
亞述擊敗巴比倫

— BC1000

羅馬王政時代
第一屆奧林匹克

佛陀誕生
羅馬共和時代
蘇格拉底出生
柏拉圖出生
亞里士多德出生

— 0　耶穌基督出生

基督教為合法宗教
君士坦丁統一羅馬

回教建立

神聖羅馬帝國開始
— 1000
第一次十字軍東征

英法百年戰爭開始

哥倫布發現新大陸

美國南北戰爭開始
第一次世界大戰
— 2000

崩潰！日爾曼入侵

夏

BC2000 —

BC1800 —

商

BC1600 —

BC1400 —

BC1200 —

周

BC1000 —

BC800 —

BC600 —

BC400 —

秦
漢　BC200 —

0 —

200 —

三國
晉

400 —

南北朝

隋朝
唐朝　600 —

800 —

五代十國
宋

1000 —

1200 —

元朝
明朝

1400 —

清朝　1600 —

1800 —

中華民國

2000 —

　　天下無不散的宴席。強大的帝國在初期有更集中的力量和更強的統治，但後期卻不可避免地陷入腐敗。羅馬帝國主要依靠奴隸來耕種做工，市民階層尤其是貴族們窮奢極欲，官吏橫徵暴斂，奴隸不斷反抗，造成了經濟的衰退，大批農民和手工業者破產。龐大的羅馬帝國開始走下坡路。

　　這種情況下，帝國內部的政治抗爭也日趨激烈。羅馬本地貴族和義大利貴族，義大利貴族和外地行省貴族之間為了爭奪帝國大權而戰，元老院和騎士階層相互仇視。在西元192年甚至爆發了內戰，各省的軍隊紛紛擁立自己的總督、長官為皇帝，群雄割據，激戰了整整五年。內戰後上台的羅馬皇帝為了鞏固自己的統治，拼命討好士兵，給他們發很高的軍餉。等到後來的皇帝迫於無奈降低軍餉時，士兵們就發動兵變，殺掉皇帝，擁立自己的將軍為皇帝。此後，羅馬帝國的兵變就跟做遊戲一樣，一個接一個的皇帝被嘩變的士兵殺掉，昔日尊榮無比的皇帝寶座，竟然成了高風險職業。

　　外部以日爾曼人為主的「蠻族」也在步步緊逼，甚至攻入義大利燒殺搶掠。外患加劇了內部的抗爭，凡是手握重兵的將領，都試圖造反。從西元235年，皇帝賽維魯被近衛軍殺死的短短40多年裡，羅馬帝國竟然更換了21位皇帝，且大多數都是死於非命。西元3世紀中後期，帝國境內一度有三十個地方長官自稱國王，此外還出現了高盧帝國和帕米拉帝國兩個人的割據勢力，史稱「三世紀危機」。

面對滅頂之災，羅馬各任皇帝費盡心機，對內鎮壓起義、叛亂，對外擊退「蠻族」入侵，終於勉強結束了危機。但是內部矛盾只是被壓制，並沒有消除。帝國經濟已經衰退，財用、軍餉不足，迫使皇帝和帝國政府繼續橫徵暴斂甚至縱容士兵搶劫農民。軍隊已經養成了嘩變弒君的「傳統」，而且「蠻族」佔據多數。

西元284年，戴克里先登上皇位。他採取一連串措施加強羅馬帝國的中央集權，又吸收大批「蠻族」進入羅馬軍團，並將羅馬帝國分為東西兩大部分，由兩個「正皇帝」（奧古斯都）和兩個「副皇帝」（凱撒）分工治理。其繼承者君士坦丁大帝掃平群雄再次統一羅馬，遷都東歐的君士坦丁堡，從而使得羅馬城和義大利失去了原先的獨特地位。

戴克里先和君士坦丁的改革雖然一度強化了羅馬帝國的實力，但這只不過是迴光返照。內憂外患的羅馬帝國已經是日薄西山。西羅馬帝國定都米蘭，東羅馬帝國定都君士坦丁堡，由兩個皇帝分別治理，中間幾度分分合合，到西元395年正式完全分離。這種措施除了分散了帝國的力量外並沒有多大意義。東西羅馬帝國之間還不時內戰，就更沒有力量應對外來入侵了。

古羅馬最嚴重的外部威脅是日爾曼各部族。這些北歐來的彪形大漢們早在共和國時期就曾衝進羅馬燒殺搶掠，後來被羅馬名將馬略趕走。羅馬在西邊征服了高盧，東邊征服了希臘、小亞細亞，南邊征服了北非，唯獨在北邊，日爾曼人盤踞的今德國地區始終不曾歸順。西元9年，日爾曼人還在條頓堡森林殲滅了30000羅馬軍隊，總督瓦魯斯自殺。

後來，邊境的日爾曼人逐漸進入羅馬帝國，有的打零工，有的做農活，有的淪為奴隸，還有的被招募為士兵。這些人加入羅馬軍團後，如魚得水，作戰英勇，很快成為羅馬軍團的中堅力量。隨著羅馬內戰日益頻繁，軍隊中的日爾曼人對帝國的發言權也越來越大，甚至有個別日爾

BC

埃及第一王朝形成
古印度興起
— BC2000

巴比倫第一王朝

愛琴文明
亞述擊敗巴比倫
— BC1000

羅馬王政時代
第一屆奧林匹克

佛陀誕生
羅馬共和時代

蘇格拉底出生
柏拉圖出生
亞里士多德出生

— 0　耶穌基督出生

基督教為合法宗教
君士坦丁統一羅馬

回教建立

神聖羅馬帝國開始
— 1000
第一次十字軍東征

英法百年戰爭開始

哥倫布發現新大陸

美國南北戰爭開始
第一次世界大戰
— 2000

上古時期　　BC
夏
BC2000 —
BC1800 —
商
BC1600 —
BC1400 —
BC1200 —
周
BC1000 —
BC800 —
BC600 —
BC400 —
秦
漢
BC200 —
0 —
三國
晉
200 —
400 —
南北朝
隋朝
唐朝
600 —
800 —
五代十國
宋
1000 —
1200 —
元朝
明朝
1400 —
1600 —
清朝
1800 —
中華民國
2000 —

曼人當上了羅馬皇帝。而帝國境外的日爾曼各部族，也是一波接一波地向帝國衝鋒。在西元3世紀中葉，帝國東部的哥特人攻入羅馬，殺死了羅馬皇帝，迫使羅馬帝國每年上貢。此後，羅馬皇帝雖然採取「以夷制夷」的方法打退了入侵者，但羅馬60萬軍隊中，日爾曼等「蠻族」已占40萬人以上。

到4世紀時，東邊又來了大敵——匈人。匈人的源頭是中國古代的游牧強國匈奴。匈奴被東漢打敗後，一部分歸附漢朝，另一部分大舉向西遷徙。他們一路西行，消滅、併吞了不少部族，成為擁有混合血統的「匈人」。200多年後，匈人殺到了東歐。原本在該地區的日爾曼等部族，雖然是歐洲的一流戰士，卻擋不住這些東方來的彪悍騎兵。他們有的投降匈人成為附庸，有的則向西逃入羅馬帝國境內。

西元376年，幾十萬日爾曼西哥特人逃入東羅馬帝國，不久發生了暴動。許多曾在羅馬軍團服役的「蠻族」士兵，以及大批貧民、奴隸也加入進來。在西元378年的一場大戰中，他們殺死了東羅馬帝國的皇帝瓦倫斯。

西元395年，西哥特國王亞拉里克率軍進攻東羅馬帝國，洗劫了許多大城市。這時的東西羅馬帝國之間正在內訌，打得不可開交。東羅馬皇帝沒有兵力抵擋亞拉里克，只得任命亞拉里克為巴爾幹地區的總督。亞拉里克趁機大批收繳羅馬人的武器，徵集糧食，擴充兵力。等養足精神後，亞拉里克在西元401年直奔義大利，嚇得西羅馬皇帝落荒而逃。幸得西羅馬帝國名將斯提里科（日爾曼汪達爾人）將其擊退。

西元403年，亞拉里克再度進攻義大利，又被斯提里科擊敗。到了西元408年，昏庸的西羅馬皇帝聽信讒言，處死了斯提里科。斯提里科部下士兵紛紛倒戈到西哥特人那邊。亞拉里克趁機又一次進軍義大利，包圍羅馬城。羅馬人交出了5000磅黃金和30000磅白銀的鉅款後，才換得亞拉里克撤軍。但亞拉里克並沒有退出義大利，而是在義大利南北恣意

縱橫。西元410年，亞拉里克又一次進軍義大利，直接攻陷了羅馬城，燒殺搶掠六天。被稱為「永恆之城」的羅馬，自八百年前被高盧人攻陷之後，再一次倒在「蠻族」的腳下。羅馬榮耀的時代結束了。

匈人也開始直接進攻羅馬帝國，東羅馬皇帝被迫每年向匈人進貢350磅黃金。匈奴人首領，史學家稱為「上帝之鞭」的阿提拉繼位後，大舉擴張，幾乎佔領了整個中歐，把東羅馬帝國打得奄奄一息，然後阿提拉轉向對西羅馬帝國進攻。西元451年，匈人攜帶東哥特等部族在特洛伊與西羅馬、西哥特等部族大戰，一日之內，雙方各戰死了七、八萬人，阿提拉退回匈牙利。此後阿提拉出兵義大利，殺得羅馬軍魂飛魄散，最後是羅馬教宗利奧一世出面斡旋，才免除了羅馬的災難。不久阿提拉去世，匈人帝國逐漸瓦解。

匈人的霸權只是曇花一現，日爾曼人的勢力卻在加速擴張。羅馬帝國的邊防線形同虛設，任憑他們進進出出。數十年間，日爾曼各部族在羅馬帝國縱橫馳騁，建立了許多國家。其中，西哥特人4世紀後期進入帝國並一度攻克羅馬城後，在5世紀初穿過義大利，進入高盧（今法國）南部，隨後又越過庇里牛斯山，在西班牙地區建立了自己的王國。

另一支日爾曼部族汪達爾人，在更早的時候就從歐洲北部進入高盧，後來到達西班牙地區。過了幾年，西哥特人也過來了，汪達爾人敵不過日耳曼人，果斷放棄西班牙，渡過直布羅陀海峽到了北非，打敗當地的羅馬軍隊，佔領了整個非洲北部。

原本居住在萊茵河下游的法蘭克人，在5世紀初佔領高盧東北部。勃艮第人佔領了高盧東南部。原本居住在日德蘭半島和易北河下游的盎格魯人、撒克遜人、朱提人渡海進入不列顛，佔領了不列顛島。從匈人統治下獨立的東哥特人，佔領了巴爾幹部分地區……就在僅剩的疆域內，西羅馬皇帝也淪為日爾曼等部族將領的傀儡。

西元475年，日爾曼族的羅馬大將歐瑞斯特發動政變，把西羅馬皇

BC

埃及第一王朝形成
古印度興起
— BC2000

— 巴比倫第一王朝

愛琴文明
亞述擊敗巴比倫
— BC1000

羅馬王政時代
第一屆奧林匹克

佛陀誕生
羅馬共和時代
蘇格拉底出生
柏拉圖出生
亞里士多德出生

— 0 耶穌基督出生

基督教為合法宗教
君士坦丁統一羅馬

回教建立

神聖羅馬帝國開始
— 1000
第一次十字軍東征

英法百年戰爭開始

哥倫布發現新大陸

美國南北戰爭開始
第一次世界大戰
— 2000

上古時期　BC

夏

BC2000 —

商

BC1800 —

BC1600 —

BC1400 —

BC1200 —

周

BC1000 —

BC800 —

BC600 —

BC400 —

秦
漢

BC200 —

0 —

200 —

三國
晉

400 —

南北朝

隋朝
唐朝

600 —

800 —

五代十國
宋

1000 —

1200 —

元朝
明朝

1400 —

1600 —

清朝

1800 —

中華民國

2000 —

帝尼波斯轟走，扶持自己的兒子羅穆路斯登上皇位。次年另一位有日爾曼血統的大將奧多亞塞起兵造反，殺死歐瑞斯特，廢黜了羅穆路斯，自稱「義大利國王」。從這一年開始，「西羅馬皇帝」的稱號永遠消失了。因此有的歷史學家把西元476年作為西羅馬滅亡之年，也有人認為西羅馬在西元475年就滅亡了。一千多年前，羅馬人從義大利中部的一個小城鎮走出來，建立起橫跨歐、亞、非三洲的龐大帝國。如今，這個帝國終於崩潰了。西方世界的歷史，也從羅馬時代進入了由日爾曼法蘭克人主導的時代。彪悍的北歐大漢們，將為這個曾經絢爛輝煌卻也感染了陳腐之氣的偉大文明，注入新鮮的血液和活力。

東西羅馬帝國疆域

　　西羅馬帝國大致包括今天的巴爾幹西部（斯洛維尼亞、克羅埃西亞、波士尼亞與赫塞哥維納）、義大利、奧地利、瑞士、匈牙利、法國、比利時、英格蘭、西班牙、葡萄牙和北非摩洛哥、阿爾及利亞、突尼西亞、利比亞的沿海地區。東羅馬帝國大致包括今天的巴爾幹東部（塞爾維亞、阿爾巴尼亞、希臘、馬其頓、保加利亞）、土耳其、埃及、敘利亞、巴勒斯坦及約旦等地區。

第二章：群雄逐鹿——中世紀前期
（西元5世紀到11世紀）

　　西羅馬帝國滅亡後，東羅馬帝國皇帝查士丁尼力圖恢復羅馬榮耀，最終卻徒然地耗盡了國力。在阿拉伯帝國的不斷打擊下，東羅馬日漸衰敗。與此同時，西歐的法蘭克王國逐漸強大，在查理曼大帝時幾乎恢復了西羅馬的威勢。查理曼死後，法蘭克分為德國、法國、義大利。「諾曼征服」奠定了英格蘭的基礎，而羅馬教皇也開始建立起天主教的神聖權威……

1. 芬蘭	11. 德國	21. 匈牙利	31. 義大利	41. 冰島
2. 瑞典	12. 荷蘭	22. 奧地利	32. 西班牙	
3. 挪威	13. 英國	23. 列支敦士登	33. 葡萄牙	
4. 愛沙尼亞	14. 愛爾蘭	24. 瑞士	34. 馬其頓	
5. 拉脫維亞	15. 烏克蘭	25. 法國	35. 科索沃	
6. 立陶宛	16. 摩爾多瓦	26. 保加利亞	36. 蒙特內哥羅	
7. 俄羅斯	17. 斯洛伐克	27. 塞爾維亞	37. 阿爾巴尼亞	
8. 丹麥	18. 捷克	28. 波斯尼亞	38. 梵蒂岡	
9. 白俄羅斯	19. 比利時	29. 克羅埃西亞	39. 希臘	
10. 波蘭	20. 羅馬尼亞	30. 斯洛維尼亞	40. 盧森堡	

曇花！查士丁尼復興

5世紀末，隨著西羅馬帝國的崩潰，西邊半個歐洲完全成了日爾曼人的天下，建立了若干個日爾曼人國家：英國是盎格魯-撒克遜人；法國東南部是勃艮第人；法國北部是法蘭克人；伊比利半島（西班牙、葡萄牙）是西哥特人；匈牙利是東哥特人；奧地利是倫巴底人；義大利是奧多亞塞的「義大利王國」。日爾曼人原本的中歐地區，由薩克森、巴伐利亞等部族佔領。原羅馬帝國的北非行省則是汪達爾王國。

不過羅馬帝國餘威仍在。東羅馬帝國（又稱拜占庭帝國，因其首都在君士坦丁堡地區，在古希臘時代名為拜占庭）繼續高舉著羅馬的光榮旗幟。而西邊那些日爾曼君主，雖然自己擁有一片江山，在軍事上已經超過羅馬帝國，但在文化上卻依然對羅馬帝國懷有崇敬。他們的首領試圖得到羅馬當地人的承認，為自己披上羅馬帝國繼承者的合法外衣。

比如佔據義大利的奧多亞塞，他滅亡了西羅馬帝國之後，就去找東羅馬皇帝芝諾討要封號，被封為「義大利國王」。後來，芝諾對奧多亞塞不滿，就慫恿另一位日爾曼首領——東哥特國王狄奧多里克出兵收拾奧多亞塞。西元488年，狄奧多里克進攻義大利，經過數年激戰，殺死了奧多亞塞，成為義大利的統治者。他同樣接受了東羅馬帝國的冊封。

5世紀末那段時間，東羅馬四面楚歌，東邊有薩非王朝，成天打個沒完沒了；西邊有日爾曼諸國，雖然表面上聽話，但是隨時可能殺過來；北邊的保加爾人和斯拉夫人都是些刺頭。東羅馬的各位皇帝真是受夠了。

BC

— 0　　耶穌基督出生

— 100

— 200

— 300　君士坦丁統一羅馬
　　　　羅馬帝國分成兩部
— 400

— 500　　波斯帝國

— 600　　回教建立

— 700

— 800

　　　　凡爾登條約
— 900

　　　神聖羅馬帝國建立
— 1000

— 1100　十字軍東征

— 1200
　　　　蒙古第一次西征
— 1300
　　　　英法百年戰爭開始

— 1400

　　　哥倫布發現新大陸
— 1500

　　　英國大破無敵艦隊
— 1600

— 1700　發明蒸汽機

　　　　　美國獨立
— 1800
　　　美國南北戰爭開始
— 1900
　　　　第一次世界大戰
　　　　第二次世界大戰
— 2000

上古時期　BC

漢

　　　— 0

100 —

三國
晉　　　200 —

300 —

南北朝　400 —

500 —

隋朝　600 —
唐朝

700 —

800 —

五代十國　900 —
宋

1000 —

1100 —

1200 —
元朝
1300 —
明朝
1400 —

1500 —

1600 —
清朝
1700 —

1800 —

1900 —
中華民國
2000 —

　　等到西元527年，東羅馬終於換上了一位雄主：查士丁尼一世。查士丁尼一世出身並不好，普通農民家庭而已。他的叔父查士丁原本也是個農民，藉由參軍打仗，勇猛殺敵，當上帝國的禁衛軍司令，又在皇帝死後被推為新君。查士丁尼一世跟隨叔父步步高升。等叔父去世後，這位色雷斯的農民就順理成章當了東羅馬的皇帝。查士丁尼一世野心勃勃，一心要收復西部領土，復興羅馬帝國。為了這個目標，他沒日沒夜地開會，把大臣們都嚇傻了，覺得這位皇帝簡直是個怪物。對於可能構成威脅的人，他極為殘酷無情。他的老婆狄奧多拉出身娼妓，卻也是個七竅玲瓏、果斷毒辣的人，和查士丁尼一世恰成一對。

　　查士丁尼一世在位期間，編纂了《查士丁尼法典》和許多法學文章，加強了統治。他對全國人民敲骨吸髓地徵稅，獲得了大批軍費。他任用一代名將貝利塞留、智謀過人的太監納爾塞斯等人，他還建立了精銳的部隊，擊敗了東邊的波斯王國、北邊的斯拉夫人。在打了勝仗之後，為了盡快實現「恢復帝國光輝」的夢想，查士丁尼一世不惜重金和這兩處敵人講和。然後，他調集精兵，向西邊的日爾曼諸國發動攻勢。

　　西元533年6月，貝利塞留率領2萬精兵，渡海登陸北非，進攻汪達爾王國。汪達爾人的兵力遠勝東羅馬遠征軍，但不如遠征軍精銳，加之貝利塞留用兵如神，以少勝多，9月就攻克了汪達爾首都迦太基城。12月，貝利塞留在特里卡梅倫之戰中大破汪達爾軍主力，生擒汪達爾國王格里梅爾。盤踞北非一個世紀的汪達爾王國就此覆滅。

　　查士丁尼一世一看這麼容易就把汪達爾王國滅了，大喜，趕緊下令，貝利塞留如此厲害，那就把東哥特也滅了吧，收服帝國龍興之地——義大利！西元535年，1萬名東羅馬軍兵分兩路，直奔義大利而去。一開始，貝利塞留勢如破竹，殺得東哥特軍大敗，佔領了義大利中部、南部的大片領土，羅馬教皇也開門迎接。東哥特人眼看情形危急，推舉了一位智勇雙全的新國王維琪提斯，又割讓領土給西邊的法蘭克王

國，請法蘭克協助保衛義大利。於是，東羅馬軍和日爾曼軍在義大利展開了曠日持久的拉鋸戰。

打到西元540年，東哥特人支援不住，乾脆釜底抽薪，請東羅馬主帥貝利塞留來當東哥特國王！貝利塞留將計就計，假裝同意，但要求進城加冕。他趁機率精兵攻入城中，逮捕維琪提斯。哥特人群龍無首，貝利塞留趁勢席捲了義大利北部。眼看查士丁尼一世「恢復帝國光輝」的夢想可以實現了。誰知在這個節骨眼上，查士丁尼卻對貝利塞留產生了猜忌，怕他真的去當哥特人的國王，於是把他調回國內。貝利塞留離開後，東哥特人彷彿搬掉了頭上的大山，立馬大舉反攻，三、四年間，居然把東羅馬帝國在義大利的佔領區打得只剩下幾個城市。

查士丁尼一世見勢不妙，只得搜腸刮肚地調集重兵，以納爾塞斯為帥，進入義大利。

西元552年，足智多謀的納爾塞斯在義大利中部的塔基納殲滅東哥特軍主力，西元553年滅亡東哥特王國殘部，又在西元554年擊敗法蘭克人，佔領整個義大利。同時，查士丁尼一世還利用西班牙的西哥特王國內訌之際，佔領了西班牙東南部地區。地中海上的科西嘉島、薩丁尼亞島、巴利亞利群島等都併入東羅馬版圖，地中海幾乎成為東羅馬的內湖。

然而，東羅馬帝國這種看似勝利的情況，不過是迴光返照。查士丁尼一世在義大利的20年大戰，不但把肥沃富饒的土地弄得滿目瘡痍，也讓東羅馬帝國的國庫見底了。從這以後，查士丁尼一世就再也沒有錢繼續發動戰爭了。而在他佔領的北非、西班牙、義大利等地，官吏橫徵暴斂，很快讓當地老百姓覺得，這「正宗帝國」的統治，怎麼比那些日爾曼「蠻人」還粗暴啊！北邊的保加爾人、斯拉夫人，東邊的波斯王國等，趁著東羅馬筋疲力盡的時候，又開始作亂。查士丁尼一世再也沒有力氣往外打了，只能疲於應付。閒暇之餘，他只好關起門來研究神學，

BC

— 0　耶穌基督出生

— 100

— 200

— 300　君士坦丁統一羅馬
　　　　羅馬帝國分成兩部
— 400

— 500　波斯帝國

— 600　回教建立

— 700

— 800

　　　　凡爾登條約
— 900
　　　　神聖羅馬帝國建立
— 1000

— 1100　十字軍東征

— 1200
　　　　蒙古第一次西征

— 1300
　　　　英法百年戰爭開始

— 1400

　　　　哥倫布發現新大陸
— 1500

　　　　英國大破無敵艦隊
— 1600

— 1700　發明蒸汽機

　　　　美國獨立
— 1800

　　　　美國南北戰爭開始
— 1900
　　　　第一次世界大戰
　　　　第二次世界大戰

— 2000

上古時期　BC

漢

　　　─ 0

　　100 ─

三國
晉　　200 ─

　　300 ─

　　400 ─
南北朝

　　500 ─

隋朝　600 ─
唐朝

　　700 ─

　　800 ─

五代十國　900 ─

宋
　　1000 ─

　　1100 ─

　　1200 ─

元朝
　　1300 ─
明朝

　　1400 ─

　　1500 ─

　　1600 ─
清朝

　　1700 ─

　　1800 ─

　　1900 ─
中華民國

　　2000 ─

排遣鬱悶。

　　西元565年，查士丁尼一世去世。他的乾兒子查士丁尼二世登上皇位，一翻帳本，不禁感歎：「想不到乾爹留下這麼一個爛攤子，國庫裡錢財沒有，欠的債倒不少，這不是坑我嗎？」沒幾年，另一支日爾曼部族──倫巴底人從奧地利殺來，打敗東羅馬軍隊，佔領了義大利北部。十餘年後，西哥特王國重新佔領了東羅馬帝國在西班牙的領土。北邊的斯拉夫人步步進逼，逐漸侵蝕了巴爾幹半島西部，而東邊的宿敵薩非王國，更是一度佔領了東羅馬帝國的亞洲部分領土。查士丁尼一世後面的皇帝們，儘管也都勵精圖治，可實在難以扭轉頹勢，帝國的版圖逐漸縮水。西元602年，東羅馬帝國甚至爆發了一場由軍隊起義引發的內戰，皇帝莫里斯一世上了斷頭台。

　　然而接下來，東羅馬還遇到了另一個更可怕的對手──阿拉伯帝國。

尼卡暴動

　　西元532年，君士坦丁堡爆發大暴動，元老院、大教堂被焚燒，皇宮也被圍困。查士丁尼一世嚇得想要逃走，皇后狄奧多拉怒斥老公：「頭戴皇冠的人不應該在失敗時苟且偷生。如果你想逃，那就祝你好運。我要留下來。紫袍是最美麗的裹屍布。」查士丁尼一世聞言，滿面羞慚，決定留下。此後，狄奧多拉派太監總管納爾塞斯悄悄收買且瓦解了暴徒中的一派，又派大將貝利塞留率軍勤王，在競技場內屠殺了3萬民眾。此後，皇后堅決要求，把許多牽涉暴動的貴族滿門抄斬。

暴風！阿拉伯來襲

阿拉伯人發源於今天西亞的阿拉伯半島，長久以來都是一盤散沙。

從西元610年開始，一位叫穆罕默德的阿拉伯人開始廣泛傳教，吸收信徒。依靠信仰，穆罕默德逐漸把阿拉伯人團結起來，並在西元630年統一了阿拉伯世界。東羅馬帝國乃至整個歐洲，都面臨著強大的挑戰。

阿拉伯統一時，東羅馬帝國和波斯薩非王朝兩個對頭，還在打已經打了幾百年的戰爭。阿拉伯人吶喊著殺進戰團。東羅馬和波斯原本早已打得筋疲力盡，哪裡想到插進來一個第三者？沒多久，東羅馬和波斯就被阿拉伯人打得上氣不接下氣。

西元633年，阿拉伯軍隊在死海南部與東羅馬軍首次交鋒，東羅馬的步兵被阿拉伯騎兵衝得七零八散，打又打不過，跑也跑不掉，很快全軍覆沒。西元635年，敘利亞首府大馬士革守軍投降。西元636年，東羅馬皇帝席哈克略派10萬大軍企圖奪回大馬士革。兩軍在耶爾穆克河谷展開大戰。東羅馬軍隊長途跋涉，十分疲憊；而阿拉伯軍團大將哈立德率領數萬輕騎，以沙暴為掩護，向東羅馬軍隊狂風般衝擊而來。東羅馬軍隊傷亡數萬，統帥戰死，被迫撤離敘利亞。席哈克略皇帝哀歎道，敘利亞的山河如此美麗，從此卻落入敵手！東羅馬帝國永遠失去了西亞領土，耶路撒冷守軍也在西元638年向阿拉伯投降。

阿拉伯軍隊乘勝挺進，又兵分兩路，一路北上小亞細亞，一路南下埃及。北邊一路阿拉伯軍佔領大片沿海土地，而南邊一路在西元642年征服了埃及，東羅馬帝國喪失了最富庶的一個行省。阿拉伯軍又從埃及

BC

— 0　耶穌基督出生

— 100

— 200

— 300　君士坦丁統一羅馬
　　　　羅馬帝國分成兩部
— 400

— 500　波斯帝國

— 600　回教建立

— 700

— 800

　　　　凡爾登條約
— 900

　　　　神聖羅馬帝國建立
— 1000

— 1100　十字軍東征

— 1200
　　　　蒙古第一次西征

— 1300
　　　　英法百年戰爭開始

— 1400

　　　　哥倫布發現新大陸
— 1500

　　　　英國大破無敵艦隊
— 1600

　　　　發明蒸汽機

— 1700

　　　　美國獨立
— 1800
　　　　美國南北戰爭開始
— 1900
　　　　第一次世界大戰
　　　　第二次世界大戰
— 2000

上古時期　BC

漢

— 0

100 —

三國
晉　　200 —

300 —

南北朝　400 —

500 —

隋朝　600 —
唐朝
700 —

800 —

五代十國　900 —
宋
1000 —

1100 —

1200 —
元朝
1300 —
明朝
1400 —

1500 —

清朝　1600 —

1700 —

1800 —

1900 —
中華民國
2000 —

向西，進攻北非地區。最初，東羅馬軍在這一路還能抵擋，因為阿拉伯人越往西打，補給線就越長，而東羅馬軍可以靠強大的海軍，在地中海截斷阿拉伯軍隊的後路，北非本地的柏柏人也幫著一起對付阿拉伯人。可是這種優勢是暫時的。很快，聰明的阿拉伯人也建立起一支強大的海軍，足以和東羅馬海軍一較高低。柏柏人也紛紛加入阿拉伯人的隊伍。於是東羅馬開始節節敗退。西元698年，阿拉伯軍隊佔領北非首府迦太基城。到8世紀初，阿拉伯人完全佔領了從埃及直到摩洛哥的北非沿海地區。東羅馬帝國的非洲領土也全丟了。

這麼一來，東羅馬帝國只剩下巴爾幹東部和小亞細亞的領土，可是就連這一塊也保不了安寧。阿拉伯帝國組建了海軍之後，水陸並進，要把東羅馬全部吞掉。好在東羅馬軍隊還有一款利器，叫「希臘火」，是用石油、硝石、硫黃等製作，可以浮在海上燃燒。西元678年，阿拉伯艦隊進攻君士坦丁堡。突然東羅馬海軍放出了「希臘火」，頓時海上烈焰熊熊，阿拉伯艦隊猝不及防，戰船頓時被燒掉一大半。剩下的阿拉伯戰船調轉船頭撤退，被東羅馬海軍追著燒，幾乎全被燒完了。西元717年，阿拉伯帝國再次水陸並進，企圖圍困君士坦丁堡。東羅馬皇帝利奧三世下令，多多準備「希臘火」，來一艘燒一艘，來十艘燒十艘！9月，一隊阿拉伯艦隊企圖封鎖金蘭灣，被東羅馬艦隊燒掉20艘戰艦，其他的戰艦被俘虜。之後，阿拉伯艦隊不敢再碰東羅馬的戰船了，只能眼睜睜地坐看東羅馬船隊往君士坦丁堡運糧食補給。西元718年春天，利奧三世命令艦隊全線出擊，又一次用火攻消滅了阿拉伯艦隊。加上遭遇寒冷氣候和大風暴，最終阿拉伯的2000多艘船，只剩下幾艘逃了回去。

依靠「希臘火」，東羅馬帝國保住了自己最後的地盤。此後兩、三百年裡，還曾經小規模反攻，收復部分失地。但它的疆域最大的時候也就只剩歐洲的希臘、保加利亞、馬其頓、阿爾巴尼亞和義大利南部地區，以及亞洲的小亞細亞一帶。東羅馬帝國原本核心區域就是希臘人的

地盤，現在更是日趨希臘化，從西方世界「共主」的地位上跌落下來。至於東羅馬帝國的老對手——波斯薩非王朝，僅僅抵抗了不到20年，就在西元651年被阿拉伯人給滅了。

阿拉伯人試圖從東邊入侵歐洲，被東羅馬帝國挫敗，倒也不灰心，反正原本他們就是兩路出兵，東邊一路敗了還有西邊一路。在西元711年，阿拉伯人和北非的柏柏人聚集了一支軍隊，從非洲西北角的摩洛哥跨過直布羅陀海峽，殺奔伊比利半島而來。西哥特王國這時候也立國300年了。300年前他們能夠打敗西羅馬的官兵，能夠趕走日爾曼兄弟汪達爾人，如今在新興的阿拉伯軍團面前卻連吃敗仗，國王也被殺了。西元714年，阿拉伯軍消滅了西哥特殘餘勢力。從此以後，當地人與阿拉伯人展開了長達數百年的戰爭，史稱「收復失地運動」。

西元718年圍攻君士坦丁堡之戰失敗後，阿拉伯帝國就把主攻方向再次放到西邊。他們準備以西班牙為根據地，向東席捲歐洲，先攻佔今天的法國、德國、義大利這些地方，最後從西邊殺入東羅馬帝國！阿拉伯人想，你們歐洲人無非靠著「希臘火」在海上逞威風。這回我們在陸地上打，看你怎麼燒！西元719年，阿拉伯帝國的西班牙總督阿卜杜勒·拉赫曼率領大軍，越過庇里牛斯山，殺奔今天的法國地區。

不幸的是，西邊的這支阿拉伯軍團遭遇到比東羅馬帝國更加強悍的對手，那就是法蘭克王國。法蘭克人是日爾曼諸部族的一支，原本居住在現今德國的法蘭克福一帶。在西羅馬帝國晚期，他們擴張到今天法國地區。西元509年時，克洛維統一法蘭克諸部族，建立了墨洛溫王朝，把鬆散的法蘭克人凝聚成一個王國。此後數百年，法蘭克王國繼續擴張，逐漸併吞了位於今天法國東南的日爾曼兄弟勃民第人等，成為佔據幾乎整個法國和部分德國地區的西歐強國。

阿拉伯人攻來時，墨洛溫王室已經衰敗，大權掌握在宮相（相當於宰相）查理·馬特（外號「鐵錘查理」）的手中。阿拉伯人翻山來犯，

BC

— 0　耶穌基督出生

— 100

— 200

— 300　君士坦丁統一羅馬

羅馬帝國分成兩部
— 400

— 500　波斯帝國

— 600　回教建立

— 700

— 800

凡爾登條約
— 900

神聖羅馬帝國建立
— 1000

— 1100　十字軍東征

— 1200
蒙古第一次西征

— 1300
英法百年戰爭開始

— 1400

哥倫布發現新大陸
— 1500

英國大破無敵艦隊
— 1600

發明蒸汽機
— 1700

美國獨立
— 1800

美國南北戰爭開始
— 1900
第一次世界大戰
第二次世界大戰

— 2000

上古時期   BC

漢

三國

晉

南北朝

隋朝
唐朝

五代十國

宋

元朝

明朝

清朝

中華民國

— 0

100 —

200 —

300 —

400 —

500 —

600 —

700 —

800 —

900 —

1000 —

1100 —

1200 —

1300 —

1400 —

1500 —

1600 —

1700 —

1800 —

1900 —

2000 —

首當其衝的是阿基坦公國（在今法國西南）。公國的公爵歐多趕緊向查理求援，表示願意歸降法蘭克王國。查理便親率大軍前往馳援，他說，阿拉伯人全是騎兵，攻勢相當猛，他們這時來勢洶洶，若是正面迎敵會吃虧。沒關係，先讓他們搶一陣，等他們搶得大包小件，銳氣耗盡，我們再出去和他們戰個高低！於是查理·馬特不急不徐，一面和阿拉伯軍保持一定距離，一面陸續從後方調集援兵，等待敵人疲憊時刻來臨。

阿拉伯統帥阿卜杜勒·拉赫曼也深知己方的弱點。這段日子軍隊在阿基坦地區搶了不少財物，原本疾如風的騎兵等於背上了沉重的包裹，別說進攻，就連撤退都是磨磨蹭蹭。他想下令把財物都扔掉，可部下那群貪財如命的將領哪裡肯聽？沒辦法，阿卜杜勒·拉赫曼只得在南面紮了一座營寨，把財物都存放在營寨裡，然後率領主力部隊，主動向法蘭克軍進攻。西元732年10月，兩軍在普瓦捷展開決戰。

查理不愧是一代名將。他選擇了一條人字形的三岔口河流地區佈陣，把自己率領的法蘭克主力擺放在阿拉伯人的河對岸，組成一個堅固的方陣，後方和兩翼都是河水。這樣看似背水列陣，沒了退路，實際上卻也讓阿拉伯騎兵無法迂迴攻擊自己的後方和兩翼，可以全力正面對敵。歐多公爵等兩支偏師放在左右兩翼，與主力隔河相望。阿拉伯騎兵眼看法蘭克人自己分散兵力，一陣大喜立即拍馬舞刀，潮水般向法蘭克中軍殺來。可是法蘭克正面的精兵一個個身披鐵甲，手握盾牌，阿拉伯人的亂箭對他們不起作用，反之法蘭克方陣中射出來的標槍、弩箭，卻讓阿拉伯騎兵損傷慘重，紛紛落馬。好不容易衝到陣前，法蘭克鐵甲軍彷彿鐵塔一樣矗立成牆，重劍上刺騎兵，下砍馬腿，任憑阿拉伯人如驚濤駭浪般衝擊，仍巋然不動。阿拉伯人的士氣漸漸懈怠了。這時候，查理兩翼的偏師出動，其中一路迂迴到阿拉伯主力的後方夾擊，另一路直撲阿拉伯人的營寨。緊跟著，查理方陣後面的重騎兵也殺了出來。阿拉伯人久攻不下，原本就進退兩難，現在腹背受敵，又擔心存放在營寨

裡的財物被搶走，哪裡還抵擋得住？很快就被法蘭克軍殺得片甲不留，主帥阿卜杜勒・拉赫曼也死於亂軍之中，殘部拋棄了搶掠來的財物，狼狽逃回西班牙去了。這一戰象徵著阿拉伯帝國的擴張巔峰已過去了。此後，阿拉伯帝國內部的權貴爭鬥、王朝更替，阿拉伯人和柏柏人的矛盾開始突顯，帝國很快陷入內亂。儘管他們到9世紀還曾佔領過西西里島，甚至到義大利半島上攻城掠地，但整體上說，已經無法再威脅歐洲了。而勝利者法蘭克王國，則開始進一步擴張，直到統一整個西歐。

BC

— 0　耶穌基督出生

— 100

— 200

— 300
　　　君士坦丁統一羅馬

　　　羅馬帝國分成兩部
— 400

— 500　波斯帝國

— 600　回教建立

— 700

— 800

　　　凡爾登條約
— 900

　　　神聖羅馬帝國建立
— 1000

— 1100　十字軍東征

— 1200
　　　蒙古第一次西征

— 1300
　　　英法百年戰爭開始

— 1400

　　　哥倫布發現新大陸
— 1500

　　　英國大破無敵艦隊
— 1600

　　　發明蒸汽機
— 1700

　　　美國獨立
— 1800

　　　美國南北戰爭開始
— 1900
　　　第一次世界大戰
　　　第二次世界大戰

— 2000

至尊！查理曼帝國

　　查理・馬特擊敗阿拉伯人後，威望日盛。他的兒子丕平不甘心再當一個有實無名的「宮相」了，但想要幹大事，還得披上一張皮。那時候各地日爾曼人還是很信服羅馬的。丕平就派人去問羅馬教皇札哈利亞斯：「教皇大人，您說，應該讓有名無實的人當國王，還是讓有實力的人當國王？還有，聽說現在您給倫巴底人欺負了，您覺得法蘭克國內到底誰能救您？」

　　這些年來，教皇的日子也不好過。義大利半島上，北邊是日爾曼人倫巴底王國，南邊是東羅馬帝國，教皇兩頭受氣。東羅馬帝國的教會總想凌駕在羅馬教廷之上，而倫巴底人更是節節進逼。教皇也迫切需要找到依靠，好維護自己的地位。札哈利亞斯趕緊回答：當然應該讓有能力的人當國王！還有，希望丕平大人幫我對付倫巴底人啊！

　　丕平得到教皇這句話後大為歡喜，當即在西元751年篡位為王，埋葬了墨洛溫王朝，開創了加洛林王朝。教皇史蒂芬二世親自冒著風雪翻越阿爾卑斯山，前往法蘭克王國的首都巴黎，為丕平加冕，還賜給丕平的兒子羅馬貴族的頭銜。投之以桃，報之以李。教皇給了丕平名分上的好處，丕平也要給教皇實質上的回報。倫巴底人進攻教皇，被丕平率領的法蘭克大軍打得大敗。丕平還把義大利中部的20多個城市獻給了羅馬教會，連同羅馬城一起，作為羅馬教皇的直屬領地。這樣，傳承千餘年的「教皇國」誕生了。教皇不但作為宗教領袖，還擁有了自己的世俗領土，甚至能夠徵集軍隊。這件事情，歷史上稱為「丕平獻土」。歐洲最

強大的軍事力量與精神領袖從此聯手，法蘭克王國不但幫教皇對付倫巴底人，還幫他鎮壓那些不聽話的義大利貴族。鐵錘查理、矮子丕平都挺厲害，可是跟查理的孫子、丕平的兒子查理曼（他的名字其實是查理，「曼」是尊號）一比，就稍遜一籌了。查理曼身材高大、姿容雄偉。他生活簡樸，待人熱情，是一個天生的征服者。他在位40多年，率領大軍，東征西討，打下了大片領土。

在西南方向，查理曼併吞了不聽話的阿基坦公國，更翻越庇里牛斯山，進攻西班牙，佔領了巴塞隆納等大片領土。

在西邊，他征服了大西洋沿岸的布列塔尼人。在東南方向，他攻滅了教皇的世仇，義大利北部的倫巴底王國，把義大利北部變成自己的附庸國——義大利王國。在東邊，他進攻日爾曼地區（今德國），征服了巴伐利亞人、撒克遜人等，更進至多瑙河流域，大破斯拉夫人、阿瓦爾人。在北邊，他建立艦隊，抵禦從北歐來襲的維京海盜（留居北歐的日耳曼人）。查埋曼建立了一個龐大的帝國，疆域包括今天法國、德國、荷蘭、比利時、瑞士、奧地利、義大利的大部分地區，以及西班牙、克羅埃西亞、捷克、匈牙利的一部分地區。自從西羅馬帝國崩潰後，歐洲還沒有哪個帝國擁有如此遼闊的領土。

查理曼還是一個霸氣的「傳教者」。他向東征服德國、奧地利地區時，每打下一個地方，就要求當地的日爾曼兄弟皈依羅馬教會，不皈依者格殺勿論！在薩克森，他一次就殺死了4500名不肯皈依的撒克遜人。

眼看查理曼如此威猛，教皇當然更要討好。西元800年的耶誕節，查理曼來到羅馬聖彼得大教堂出席彌撒盛典。教皇利奧三世忽然把皇冠戴在查理曼的頭上，並且宣布英明偉大的查理曼成為羅馬人的皇帝，偉大的奧古斯都！從此，查理曼被稱為「大帝」。

這個舉動，象徵著法蘭克王國和羅馬教皇的合作達到巔峰狀態，也把歐洲的政治格局推到一個新的階段。原本由於西羅馬帝國在西元476

BC

— 0　耶穌基督出生

— 100

— 200

— 300
　　君士坦丁統一羅馬

　　羅馬帝國分成兩部
— 400

— 500　波斯帝國

— 600　回教建立

— 700

— 800
　　凡爾登條約

— 900
　　神聖羅馬帝國建立

— 1000

— 1100　十字軍東征

— 1200
　　蒙古第一次西征

— 1300
　　英法百年戰爭開始

— 1400

　　哥倫布發現新大陸
— 1500

　　英國大破無敵艦隊
— 1600

　　發明蒸汽機
— 1700

　　美國獨立
— 1800

　　美國南北戰爭開始
— 1900
　　第一次世界大戰
　　第二次世界大戰

— 2000

上古時期　BC

漢

— 0

100 —

三國
晉　200 —

300 —

南北朝　400 —

500 —

隋朝　600 —
唐朝

700 —

800 —

五代十國　900 —
宋

1000 —

1100 —

1200 —

元朝　1300 —

明朝　1400 —

1500 —

清朝　1600 —

1700 —

1800 —

1900 —
中華民國

2000 —

年滅亡，繼承羅馬帝國衣缽者只剩下東羅馬帝國（拜占庭），因此歐洲各地封建主都要向東羅馬稱臣。同樣由於東羅馬的「正統」地位，使得羅馬教會有時候還要受君士坦丁堡的氣。如今教皇給查理曼加冕，法蘭克王國就算是繼承了西羅馬帝國的「正統」，成為歐洲西部的合法統治者。而「法蘭克王國、羅馬教皇」，也成為足以和「東羅馬帝國、君士坦丁堡教會」分庭抗禮的政治與宗教實體。

查理曼大帝東征西討，打下好大一片江山，但他的後繼者缺乏維繫的能力。而且按古代日爾曼人的規矩，遺產是要兄弟一起分的。「幸好」查理曼的幾個兒子大多比父親死得早，所以查理曼死後，他的兒子「虔誠者路易」還能獨坐江山。

但「虔誠者路易」的氣場遠不如父親強悍，路易在世時幾個兒子已經開始為爭地盤大打出手。等到「虔誠者路易」死後，三個兒子就在西元843年把帝國分了。三兒子「日爾曼人路易」分得東邊的大片土地「東法蘭克」，在今天德國、奧地利一帶。小兒子「禿頭查理」分得「西法蘭克」，即今天法國和西班牙部分領土。老大洛泰爾雖然保留了「皇帝」稱號，但他的領土只有義大利北部以及亞爾薩斯、洛林等土地，稱為「中法蘭克」。

這次瓜分，基本形成了後來歐洲的三大國格局：西法蘭克就是法國、東法蘭克就是德國、中法蘭克就是義大利。此後，三國之間的恩怨糾葛了千年不斷，直到如今。

東、西法蘭克的風土人情其差別在當時已經非常大。「禿頭查理」管轄的西法蘭克人，與當地的高盧人和羅馬人結合緊密，說的語言也是拉丁語系的古法語。而「日爾曼人路易」管轄的東法蘭克人，則又和當地日爾曼各兄弟部族融合。「日爾曼人路易」和「禿頭查理」聯合出兵進攻洛泰爾時，他們之間的誓言是用古法語和古德語兩種語言寫成，並且用兩種語言當眾宣讀。

歐洲封建制度

　　日爾曼人入主歐洲後，採取了分封制，把征服的大片土地封賞給有功的將領。但這樣分出去的土地就收不回來了。到查理・馬特時期，改革採用「采邑制」，即把土地和上面的農民一起分封給功臣，但接受分封的人要為國家服兵役，而且人死了土地就收回來，不能讓兒孫世襲。到矮子丕平和查理曼大帝時，法蘭克鐵蹄踏遍西歐，土地多了，為了加強管理，遂採用了分封功臣，於是采邑制遍及西歐。除了國王把土地分封給諸侯外，擁有大片領土的諸侯也可以把其中一部分土地再分給下面的臣僚，層層分封。雖然按規定，接受分封土地必須服兵役，且不能世襲，但封建領主們做夢都想把土地變成無條件佔有、世代襲有。後來隨著加洛林王朝的衰敗，查理曼的孫子禿頭查理開始允許採取世襲。到11世紀采邑制基本廢除，世襲分封成為主流。

BC

— 0　耶穌基督出生

— 100

— 200

— 300
君士坦丁統一羅馬

羅馬帝國分成兩部
— 400

— 500　波斯帝國

— 600　回教建立

— 700

— 800

凡爾登條約
— 900

神聖羅馬帝國建立
— 1000

— 1100　十字軍東征

— 1200
蒙古第一次西征

— 1300
英法百年戰爭開始

— 1400

哥倫布發現新大陸
— 1500

英國大破無敵艦隊
— 1600

發明蒸汽機
— 1700

美國獨立
— 1800

美國南北戰爭開始
— 1900
第一次世界大戰
第二次世界大戰

— 2000

上古時期　BC

漢

— 0

100 —

200 —
三國
晉
300 —

南北朝
400 —

500 —

隋朝
600 —
唐朝

700 —

800 —

五代十國
900 —
宋
1000 —

1100 —

1200 —
元朝
1300 —
明朝
1400 —

1500 —

1600 —
清朝
1700 —

1800 —

1900 —
中華民國
2000 —

法蘭西！英雄染指

　　查理曼大帝的三個孫子把帝國分成三塊後，各自遭遇了麻煩。先說西邊的西法蘭克，由於有漫長的海岸線，這裡成為北歐維京海盜——諾曼人（意思是「北方人」）侵襲的最好目標。西法蘭克建立後的幾十年裡，諾曼軍隊來了又走，走了又來，不但在沿海燒殺搶掠，還常常衝進內陸，甚至圍困巴黎。「禿頭查理」欺負自家大哥洛泰爾那是威風八面，可面對這些彪悍的諾曼人就沒什麼好辦法，只知道妥協求和，送出大筆金錢請人退兵。這種「割肉飼虎」的行徑，當然只能助長維京人的氣焰。西法蘭克的貴族們也對這個窩囊國王相當不滿。

　　後來「禿頭查理」去世，其子孫接連早逝，貴族們就請東法蘭克的國王「胖子查理」來當國王。「胖子查理」可非同尋常，他是查理曼大帝的曾孫，「日爾曼人路易」的兒子，「禿頭查理」和洛泰爾的侄兒。當時他不但已經繼承了「日爾曼人路易」的東法蘭克國王的寶座，而且由於洛泰爾的兒子死光了，他還繼承了義大利國王之位，並加冕為法蘭克帝國皇帝。現在他再把西法蘭克王冠戴起來，等於是把之前分裂的法蘭克重新統一。如此一來，法蘭克就是領土廣闊，兵力強大，區區諾曼人難道還敢囂張嗎？西法蘭克貴族們都這麼盼望著。

　　可事實證明，這位「胖子查理」最強的地方在運氣好，叔伯兄弟們都死了，才輪到他戴三頂王冠。論本領，他並不比他的叔叔「禿頭查理」強。西元885年，面對諾曼人再次入侵，他照樣只有重施叔叔「禿頭查理」的故伎，向諾曼人賠款求和。貴族們紛紛大罵，不該推舉這麼個

無能的國王。

相反，巴黎伯爵厄德卻相當英勇。厄德的父親「強人羅貝爾」就死在抵抗諾曼人的戰場上，厄德自己在西元845年曾率200名騎士堅守巴黎，擋住3萬諾曼大軍的圍攻。這次諾曼人入侵，又是靠厄德守住巴黎，才擋住他們的鋒銳。這麼一來，貴族們覺得國王還是讓能幹的人來當比較好。他們就廢黜了無能的「胖子查理」，立厄德為國王。可憐的「胖子查理」西邊丟了西法蘭克的王冠，東邊又被侄兒搶去了東法蘭克王位，南邊的義大利王位也被權臣貝倫加爾（「虔誠者路易」的外孫，「胖子查理」的表弟）廢黜，落得兩手空空，孤家寡人。他這一垮台，當年他曾祖父查理曼大帝創下的雄霸西歐的法蘭克帝國，也算徹底分裂了。

回說厄德伯爵，他雖然被推舉為國王，位置還不穩。因為他不是查理曼的後人，很多貴族並不買他的帳。這些「唯血統論」者推舉「禿頭查理」的孫子「傻瓜查理」為國王，為此還爆發了內戰。兩方一打就是六年，在還沒分出勝敗時厄德就去世了。厄德的弟弟羅貝爾覺得現在還不是一決雌雄的時候，就跟「傻瓜查理」和談。雙方暫時罷兵，「傻瓜查理」在西元896年登基為王，而羅貝爾則受封「法蘭西公爵」。

內戰雖然暫時結束，但西法蘭克的主要問題一點也沒解決，諾曼人還是接二連三地侵擾。「傻瓜查理」當上國王後，同樣一點辦法也沒有。沒幾年，諾曼人甚至跑到巴黎北邊的塞納河口占了一塊土地，堂而皇之地在大陸上定居下來了！「傻瓜查理」急中生智，想出一條高招：他在西元911年和諾曼人首領羅洛簽訂條約，約定羅洛率領諾曼人皈依基督教，向西法蘭克國王稱臣；作為補償，國王把塞納河下游的一大片領土分封給諾曼人，並冊封羅洛為公爵。

從此，法國東北角這塊土地就被稱為「諾曼第」。這些勇敢彪悍的諾曼人定居大陸之後並不安分，此後幾百年，他們繼續大殺四方，內部

BC

— 0　耶穌基督出生

— 100

— 200

— 300　君士坦丁統一羅馬

　　　羅馬帝國分成兩部
— 400

— 500　波斯帝國

— 600　回教建立

— 700

— 800

　　　凡爾登條約
— 900

　　　神聖羅馬帝國建立
— 1000

— 1100　十字軍東征

— 1200
　　　蒙古第一次西征

— 1300
　　　英法百年戰爭開始

— 1400

　　　哥倫布發現新大陸
— 1500

　　　英國大破無敵艦隊
— 1600

　　　發明蒸汽機
— 1700

　　　美國獨立
— 1800

　　　美國南北戰爭開始
— 1900
　　　第一次世界大戰
　　　第二次世界大戰

— 2000

上古時期　　BC

漢

－0

100 －

三國

晉　　　　200 －

300 －

400 －

南北朝

500 －

隋朝　　600 －
唐朝

700 －

800 －

五代十國

900 －
宋

1000 －

1100 －

1200 －

元朝
1300 －

明朝

1400 －

1500 －

1600 －
清朝

1700 －

1800 －

1900 －
中華民國

2000 －

經常為了爭權奪利開戰，對外則在整個歐洲流動，參與了許多地方的戰爭，建立了許多國家。比如義大利的西西里王國、東歐的基輔羅斯（俄羅斯前身），以及英格蘭王國，都是由諾曼人建立的。

　　單說「傻瓜查理」和諾曼人簽約後，自以為不戰而屈人之兵，可國內那些貴族卻憤怒了。好個昏君，之前的幾個昏君，最多也不過送錢給海盜，你倒好，居然割地給海盜（雖然那塊地其實已經被諾曼人占了）！西元922年，他們推舉法蘭西公爵羅貝爾為國王（史稱羅貝爾一世），再度展開了內戰。西元923年，兩軍在蘇瓦松大戰一場，「傻瓜查理」運氣好，羅貝爾一世居然陣亡了！眼看內戰可以結束了，羅貝爾的部將卻不服輸，他們使了一齣詐降計，邀請「傻瓜查理」來和談。「傻瓜查理」果真對得起這綽號，喜滋滋地「單刀赴會」來了。他又不是關羽，這麼孤身犯險，那不是自己找麻煩嗎？剛剛走到敵軍營寨裡，就被綁了起來。

　　一邊老大掛了，另一邊老大被抓了，這內戰怎麼繼續？羅貝爾的弟兄們都很夠義氣，他們推戴羅貝爾的女婿魯道夫當了國王，而可憐的「傻瓜查理」則被軟禁起來，直到六年後死去。魯道夫死後，儘管「傻瓜查理」的幾位子孫又繼續當了幾十年國王，但國家大權卻都掌握在羅貝爾家族手中。加洛林王朝已經日薄西山。

　　西元987年，「傻瓜查理」的曾孫查理五世去世，沒有兒子。這時候，羅貝爾一世的孫子，法蘭西公爵于格・卡佩就仗著手中的大權，登基成為新的國王。至此，「西法蘭克王國」變成了「法蘭西王國」，加洛林王朝也被卡佩王朝所取代。由於在這之前，東法蘭克已經變成了德國，中法蘭克已經變成了義大利，他們的君主也不再是加洛林王朝的後裔，因此，加洛林王朝退出了歷史舞台，曾經威震西歐的法蘭克帝國也是煙消雲散。當然，法蘭西也好，德國也好，依然是法蘭克文化和政治的延續，所以後來大家稱呼這些國家時，有時還是用「法蘭克人」統

稱。

　　于格‧卡佩成為法蘭西國王後，總結了一下過去幾百年間的經驗教訓，發現日爾曼人的傳統太不好了，父親的財產兄弟幾個都有份，這樣只要老頭子一死，兒子們動不動就是手足相爭，砍殺得四分五裂。那麼怎樣才能避免這惡性循環呢？于格‧卡佩想了一招：應該儘早把繼承人確定下來，而且規定只有長子才能繼承全部家產！因此他在西元987年剛剛登基，就立刻召集貴族們開會，「選舉」自己的兒子，15歲的羅貝爾二世為嗣子。于格‧卡佩建立了這麼一種科學的制度，終於能保證封建王權比較穩當的代代相傳了。

　　于格‧卡佩雖然當了國王，但他這國王可有點受氣。當時，法蘭西王國名義上有45萬平方公里的土地，但國王能夠真正有效管理的，其實只有首都巴黎和奧爾良一帶的3萬平方公里。其餘大部分的領土，都由封建貴族割據，比較大的就有諾曼第公國、勃艮第公國、阿基坦公國、布列塔尼公國、加斯科涅公國、佛蘭德伯國、圖盧茲伯國、巴賽隆納伯國、布盧瓦-香檳伯國、皮卡爾迪伯國、安茹伯國、吉恩伯國等。這些大貴族一個個飛揚跋扈，不把國王放在眼裡，甚至有時還公然不聽話。大貴族不給國王面子，他們底下的小貴族也有樣學樣，經常違逆大貴族的命令。用孔老夫子的話說，卡佩王朝初期是一個「君不君，臣不臣」的局面。卡佩王朝的前幾任君主也沒有別的辦法，只能忍氣吞聲。

　　好在卡佩家的人都特別能生，連續十多代，在老國王去世時，都能找到成年的男性繼承人。要知道，這對於封建王室的傳承是相當重要的。就這樣，卡佩家族依靠這一特長，熬過了建國初期的百餘年艱難歲月，並在之後展開了對貴族們的打擊。

BC

— 0　耶穌基督出生

— 100

— 200

— 300
君士坦丁統一羅馬

羅馬帝國分成兩部
— 400

— 500　波斯帝國

— 600　回教建立

— 700

— 800

凡爾登條約
— 900

神聖羅馬帝國建立
— 1000

— 1100　十字軍東征

— 1200
蒙古第一次西征

— 1300
英法百年戰爭開始

— 1400

哥倫布發現新大陸
— 1500

英國大破無敵艦隊
— 1600

發明蒸汽機
— 1700

美國獨立
— 1800

美國南北戰爭開始
— 1900
第一次世界大戰
第二次世界大戰

— 2000

上古時期　BC

漢

　　　― 0

100 ―

三國　200 ―
晉　　300 ―

南北朝　400 ―

　　500 ―

隋朝　600 ―
唐朝

700 ―

800 ―

五代十國　900 ―
宋

1000 ―

1100 ―

1200 ―
元朝　1300 ―
明朝　1400 ―

1500 ―

清朝　1600 ―

1700 ―

1800 ―

1900 ―
中華民國

2000 ―

德意志！中歐霸主

　　說過了西法蘭克（法國），我們再回過來說東邊的東法蘭克（德意志地區）。西元843年分家時，「日爾曼人路易」分得的這塊地方，本來受羅馬文化影響就少，又是最近才打下來的。查理曼大帝手下的將領們瓜分了大片領土，自封為「公爵」，形成新的割據勢力。其中最強大的是五大公國（法蘭克尼亞、薩克森、圖林根、士瓦本和巴伐利亞）。另一方面，德國地區位於中歐，面臨的威脅也更多。北邊的羅曼人、東邊的匈牙利人和斯拉夫人、南邊的阿拉伯人，接二連三進攻邊境。「日爾曼人路易」在世的時候還好，他很厲害，能夠維護統治，抵禦外寇。等他去世後，後繼者就沒這能耐了。這時候，那些諸侯貴族中的強力者就開始站出來，挑起保衛國家的責任，同時也擴張自己的勢力。

　　西元911年，東法蘭克國王「孩童路易」去世，沒有留下子嗣。西法蘭克的「傻瓜查理」想來趁火打劫，東邊五大公爵心想，你連自己的西法蘭克都搞成這樣，還想繼續糟蹋我們東邊？做夢吧！他們開了個大會，推舉五大公爵中的法蘭克尼亞公爵康拉德擔任國王，史稱康拉德一世。可是康拉德一世的實力和才能不足以服眾，薩克森公爵亨利就不斷和他搗亂。康拉德一世實在搞不定他，只好在西元918年臨終前，推薦薩克森公爵亨利擔任下一任國王，史稱亨利一世。

　　亨利一世在西元919年即位後，次年就把國名從「東法蘭克王國」改為「德意志王國」。他比康拉德要能打多了，國內的公爵不服氣？打！打到服氣為止！國外的君主們要惹事？打！惹事就別怕事！在西邊

他打敗了西法蘭克，併吞了洛林地區；在北邊他建設了丹麥邊區；在東南方他挫敗了匈牙利人；在東邊他打敗了斯拉夫人，佔領了大片土地。他還跟後來的于格・卡佩一樣，改變了法蘭克人「兄弟分家」的慣例，立下遺囑，讓自己的兒子奧托一世作為唯一繼承人，免得父親一死國家立刻分崩離析。他還為兒子留下了一支精銳部隊。

西元936年亨利去世，奧托繼位，史稱奧托一世。繼位之初，那些公爵們又不老實了，好在奧托一世比父親還能打，逮一個揍一個。揍完不算，還把原來的公爵撤換了，把自己的親戚封到那塊地去。沒幾年，幾大公爵都換成了國王的兄弟、女婿、兒子之類的，德國不再是一盤散沙了。奧托一世同時繼續對外擴張，往東南他打敗了波西米亞（捷克），迫使波西米亞公爵效忠德國國王；往東他繼續擴張土地，把斯拉夫人逼得連連後退。再往西邊，奧托一世發現西法蘭克又在熱火朝天打內戰，於是趁火打劫，最後把勃艮第地區割占過來。他還趁著義大利內部抗爭，把義大利北方部分領土併入德國。這時，匈牙利人又來了。在過去的數十年裡，匈牙利騎兵如同龍捲風席捲整個中歐，劫掠了許多地區，就連奧托一世的父親亨利一世，也曾被迫向匈牙利求和。這一次，奧托一世能擋住嗎？

西元955年，匈牙利騎兵入侵巴伐利亞和士瓦本，包圍了重鎮奧格斯堡。警報傳到，奧托一世拍案而起：「全國軍隊集合，迎戰！」各大公國紛紛派出主力部隊，集合成一支浩浩蕩蕩的大軍，奧托一世御駕親征，向奧格斯堡奔去。西元955年8月，兩軍在城堡外展開大戰。奧托一世親率王室重騎兵衝鋒在前，德意志各邦將士一看國王這麼英勇，紛紛衝殺過去。一場惡戰，匈軍招架不住，準備撤退，想回去休整幾年再捲土重來。但奧托一世不給他們這個機會。他帶兵連夜搶佔了萊希河渡口，截斷了匈軍的退路。情急之下，匈軍拼死渡河強攻，德軍嚴陣以待，迎頭痛擊。鏖戰多時，匈牙利人幾乎全軍覆沒，德國取得了酣暢淋

BC

— 0　耶穌基督出生

— 100

— 200

— 300
君士坦丁統一羅馬

羅馬帝國分成兩部
— 400

— 500　波斯帝國

— 600　回教建立

— 700

— 800

凡爾登條約
— 900

神聖羅馬帝國建立
— 1000

— 1100　十字軍東征

— 1200
蒙古第一次西征
— 1300
英法百年戰爭開始

— 1400

哥倫布發現新大陸
— 1500

英國大破無敵艦隊
— 1600

發明蒸汽機
— 1700

美國獨立
— 1800

美國南北戰爭開始
— 1900
第一次世界大戰
第二次世界大戰
— 2000

上古時期　BC

漢

　　　— 0

100 —

三國
晉　　200 —

300 —

南北朝　400 —

500 —

隋朝　600 —
唐朝

700 —

800 —

五代十國
900 —
宋

1000 —

1100 —

1200 —

元朝
1300 —
明朝

1400 —

1500 —

清朝
1600 —

1700 —

1800 —

1900 —
中華民國

2000 —

漓的保衛戰勝利。

　　這一戰後，德意志的威名和奧托一世國王的威望都是如日中天。奧托一世順勢東進，奪取了斯拉夫人大片領土，使基督教深入東歐地區。順帶產生的另一個後果是，匈牙利國王帶領匈牙利人定居下來了。從此，原本對歐洲造成嚴重威脅的匈牙利人，轉而成為保衛歐洲的橋頭堡，在未來的幾百年中，對西侵的蒙古人、土耳其人進行了長期的抵抗。後來，匈牙利還被納入了德意志體系中好幾百年。

　　奧托一世打了這麼多勝仗，美中不足的是，他只是個國王，要是能像當初查理曼大帝一樣當皇帝多爽啊！可要當皇帝就得羅馬教皇加冕，為此，奧托一世決定再次進軍義大利。

　　這會兒義大利的情況，比查理曼大帝那時更亂了。南邊還是東羅馬的地盤，北方雖然還有個「義大利王國」的名號，其實也不過是一塊金字招牌罷了，中間則是一個教皇國。各地封建領主紛紛強化自己的勢力，有時候聯合反抗老大，有時候又自相殘殺。阿拉伯人入侵義大利，不但佔領了西西里島，還在義大利南部建立了根據地。各勢力相互混戰，誰也壓不倒誰。甚至就連羅馬城內的市民，都分成了親教皇派、親東羅馬派、親法派、親德派等。

　　正好，這時的羅馬教皇若望十二世被義大利國王蘭貝加欺負得夠慘，他聽說了奧托一世的威名，便向他求救。奧托一世馬上帶兵南下義大利。義大利這些自相殘殺的小諸侯，哪裡擋得住精銳的德軍？很快整個義大利北部都被佔領，德軍耀武揚威地進入了羅馬。

　　奧托一世既然保護了教皇，教皇當然要給回報。西元962年2月2日，奧托一世在羅馬聖彼得大教堂加冕成為皇帝。這種加冕鬧劇，羅馬人是早就習以為常了，但德國人都很興奮。這可是日爾曼尼亞地區走出的第一位皇帝呀！從那以後，「德意志」被稱為「德意志第一帝國」，後來又被稱為「神聖羅馬帝國」。

教皇若望十二世這麼巴結德皇奧托一世，也不是沒有目的的。若望十二世想提升教會的地位，奧托一世則想確立皇帝的威風，兩者的共同對手，是那些世俗的封建大諸侯。這樣雙方一拍即合，開始聯手出擊。奧托一世還扶持大主教們的勢力，給予他們在當地生殺予奪的權力，作為抗衡世俗封建諸侯的力量。

不過兩者的合作並不是平等的，奧托一世皇帝是主角，教皇和教會不過是配角。若望十二世行為不端，奧托一世就嚴厲指責他。在若望十二世跟皇帝耍大牌時，奧托一世一怒之下再度發兵義大利，嚇得若望十二世一溜煙跑了。奧托一世召集教廷人員，審判了若望十二世，廢黜了他，任命利奧八世為新教皇。等利奧八世去世後，奧托一世又用武力扶持若望十三世繼任教皇。

總之，在那段時間，無論是德意志還是羅馬，無論是世俗諸侯還是宗教組織，都完完全全憑奧托一世大帝說了算。東羅馬帝國的後裔們原本對這幫「野蠻人」的行為很看不順眼，但被德軍打敗之後，也只得乖乖承認奧托一世是「羅馬帝國西部的皇帝」，雙方平分義大利。這意味著德意志帝國正式繼承了「西羅馬帝國」的正統地區。

在奧托一世大帝時期，德意志達到極盛，成為歐洲的中心。他在西元973年去世，其子奧托二世繼續擴張，又征服了波蘭，保住了洛林，並且任命若望十四世為教皇，帝國依舊一派欣欣向榮。不過奧托二世南下義大利加冕的光輝歷程，也使得其繼承者們紛紛效仿。此後的多位德國國王，紛紛熱衷於南卜羅馬加冕當皇帝。義大利人不聽話就先打，打服了再進羅馬城加冕。這些帝王把國家的兵力和財力全耗費在這種周而復始的遠征上，最終導致了帝國的衰敗。

而義大利呢，被奧托一世、二世這麼一鬧，就更亂了。每次德王大軍南下時，義大利諸侯都會抵抗一番，然後紛紛投降；等德王大軍一走，他們又紛紛起事，勾結東羅馬帝國，給德王找麻煩。除了前面說的

BC

— 0　　耶穌基督出生

— 100

— 200

— 300　君士坦丁統一羅馬
　　　羅馬帝國分成兩部
— 400

— 500　波斯帝國

— 600　回教建立

— 700

— 800
　　　凡爾登條約
— 900
　　　神聖羅馬帝國建立
— 1000

— 1100　十字軍東征

— 1200　蒙古第一次西征

— 1300　英法百年戰爭開始

— 1400

　　　哥倫布發現新大陸
— 1500
　　　英國大破無敵艦隊
— 1600
　　　發明蒸汽機
— 1700
　　　美國獨立
— 1800
　　　美國南北戰爭開始
— 1900
　　　第一次世界大戰
　　　第二次世界大戰
— 2000

上古時期　BC

漢

－ 0

100 —

三國　200 —

晉　300 —

南北朝　400 —

500 —

隋朝　600 —

唐朝

700 —

800 —

五代十國　900 —

宋

1000 —

1100 —

1200 —

元朝　1300 —

明朝　1400 —

1500 —

清朝　1600 —

1700 —

1800 —

1900 —

中華民國

2000 —

阿拉伯人外，著名的諾曼軍隊也參與到義大利的抗爭中來。他們最初作為僱傭兵參與義大利各派抗爭，後來在教皇支持下發展自己的勢力，攻城掠地。小小的義大利半島上，已經是七雄並列，包括：兩個帝國——德意志帝國和東羅馬帝國，兩個「入侵者」——阿拉伯人和諾曼人，還有本地的封建諸侯（主要是倫巴底大貴族）、教會勢力（教皇為代表）和自治城市（如威尼斯）。在這種情況下，義大利的教會的勢力進一步擴大。奧托一世大帝為了對抗封建諸侯而扶持教會勢力，讓主教們在城市裡獲得了大量的行政權力，在鄉下佔領了大片擁有免稅權的教會土地。在很多地方，主教逐漸取代了原先的封建貴族領主。再後來，教會信心更足了，竟然開始跟他們原先的靠山德國國王抗衡。

神聖羅馬帝國

奧托一世稱帝時，沿用當初查理曼大帝的稱號，即「羅馬帝國奧古斯都」，意在表明自己是查理曼大帝的合法繼承者。這個帝國到西元1034年定名為「羅馬帝國」，西元1157年則改名「神聖帝國」。到西元1250年，把兩者合而為一，稱為「神聖羅馬帝國」。但後來有一段時間，德國並沒有佔據羅馬城，也不再需要教皇加冕，甚至有時候皇帝都不存在，因而被伏爾泰評價為「既不神聖，又不羅馬，亦非帝國」。

征服！英格蘭之王

　　歐洲大陸西北的不列顛島，分為南邊的英格蘭、北邊的蘇格蘭和西邊的威爾斯三部分（即今天的英倫三島）。在古希臘時代，來自西班牙的伊比利亞人和法國的凱爾特人先後上島定居。後來古羅馬崛起，向不列顛發動戰爭，凱撒就曾親自率軍征戰不列顛。羅馬征服不列顛南部後，許多羅馬人移民到此，但北部的凱爾特人還是時時南下騷擾。於是在2世紀初，羅馬皇帝哈德良在島上修了一條118公里的城牆，把羅馬統治區（今天的英格蘭）和北方的凱爾特人反抗區（今天的蘇格蘭）分隔開。

　　5世紀時，日爾曼人、盎格魯人、撒克遜人、朱特人等大舉入侵不列顛。經過100多年的混戰，當地人有的被屠殺，有的逃到北方的蘇格蘭，有的退入西邊的威爾斯山區。留在英格蘭地區的，則和入侵的日爾曼人同化，形成了所謂的「英格蘭人」（英格蘭的詞源就是盎格魯）。在7世紀初，英格蘭地區總共有7個王國，包括3個盎格魯人王國，3個撒克遜人王國，1個朱特人王國，史稱「七國時期」。

　　又過了200餘年，撒克遜國王埃格伯特在西元827年統一了七國。但這時候英格蘭又面臨新的威脅：丹麥的維京（北歐日爾曼人）海盜漂洋過海殺了過來。盎格魯-撒克遜人在幾百年前入侵英倫，真是所向披靡，可如今他們遇上來自自己祖先之地的日爾曼兄弟，卻連吃敗仗。西元1014年，丹麥國王斯凡征服了英格蘭大部。西元1015年，斯凡的兒子克努特大王率領200艘海盜船打敗了英格蘭人，並在次年成為英格蘭唯一的

BC

— 0　耶穌基督出生

— 100

— 200

— 300
　君士坦丁統一羅馬

　羅馬帝國分成兩部
— 400

— 500　波斯帝國

— 600　回教建立

— 700

— 800
　凡爾登條約

— 900
　神聖羅馬帝國建立

— 1000

— 1100　十字軍東征

— 1200
　蒙古第一次西征

— 1300
　英法百年戰爭開始

— 1400

　哥倫布發現新大陸
— 1500

　英國大破無敵艦隊
— 1600

　發明蒸汽機
— 1700

　美國獨立
— 1800

　美國南北戰爭開始
— 1900
　第一次世界大戰
　第二次世界大戰

— 2000

上古時期　BC

漢

— 0

100 —

三國　200 —
晉　300 —

南北朝　400 —

500 —

隋朝　600 —
唐朝

700 —

800 —

五代十國　900 —
宋

1000 —

1100 —

1200 —

元朝　1300 —

明朝　1400 —

1500 —

清朝　1600 —

1700 —

1800 —

1900 —
中華民國

2000 —

國王。

　　這位克努特大王同時還統治著丹麥、挪威、蘇格蘭大部、瑞典南部，是個不折不扣的北歐霸主。

　　克努特大王死後，英格蘭人愛德華繼位。他對一海之隔的諾曼人非常有好感，很多諾曼人在宮廷中擔任高官。他還答應自己的表弟即諾曼第公爵威廉，等自己死了就讓威廉繼位。可是等到愛德華死後，英國的貴族們卻推舉了西薩克森伯爵哈羅德二世為新國王。威廉勃然大怒：「既然如此，那我就自己把王位拿過來！」於是他召集兵馬，準備入侵英國。

　　這位威廉的身世也很曲折。他父親雖然是諾曼第公爵羅貝爾一世，母親卻是個女僕，所以威廉是私生子。父親很早就指定他作為繼承人，這讓其他親戚們大為不爽。有一次他睡覺時，有人進來刺殺他，結果刺客眼色不好，殺死了睡在旁邊的小孩。7歲時父親去世，威廉繼位，很多老百姓把獸皮掛在牆上，諷刺他外公是個皮鞋匠；他的三位監護人也被敵對的貴族殺害。雖然飽受嘲罵，威廉很快證明了自己的實力。20歲那年，他擊敗了叛亂的貴族。27歲那年，他挫敗了法王亨利一世的入侵企圖。在他的治理下，諾曼第已經是西歐一個頗為強盛的公國了。

　　西元1066年1月，威廉在諾曼第海岸聚集了一支部隊，而英王哈羅德二世也聚集了一支大軍，只等諾曼人上岸，就給予迎頭痛擊。這一仗真要打起來，龍爭虎鬥，鹿死誰手尚且難說。可是威廉的運氣太好了，從他集結軍隊開始，英吉利海峽一連刮了八個月的大風，根本無法出航。於是雙方就隔著海峽這麼乾耗著。英國兵很多是臨時徵集的農民，眼看到了秋收季節，都急著回去收莊稼。英王哈羅德呢，他也覺得這麼大的風，諾曼人今年不會過河了，就把軍隊解散，自己回了倫敦。這時候又聽到消息，說瑞典國王哈拉爾三世帶兵在英格蘭東北登陸，也要來搶自己的王位！哈羅德二世大驚，匆忙召集一支人馬趕過去，9月25日和

瑞典兵展開一場大戰，殺了哈拉爾三世。

可是，就在哈羅德二世對付瑞典兵的同時，英吉利海峽的氣候好轉了，一直等在海峽彼岸的威廉趕緊渡海。9月28日，諾曼第人在英格蘭登陸，並跑到赫斯廷斯地區修築了堡壘。哈羅德聞訊，趕緊帶領他那支疲憊不堪的人馬，迅速掉頭南下，趕到赫斯廷斯。

西元1066年10月14日，英王哈羅德率領的盎格魯-撒克遜軍隊，與諾曼第公爵威廉率領的諾曼聯軍展開決戰。從數量上，雙方都是七、八千人，但從實力來說，諾曼軍都是職業軍人，還有不少騎兵，裝備精良，士氣旺盛；而英軍全是步兵，其中不少是臨時徵集的農民，而且往返奔波，疲憊不堪。所以，哈羅德把軍隊擺成防守陣形，準備居高臨下，靠地利戰勝敵人。

戰鬥開始了，諾曼軍隊衝向英軍，卻被英軍一陣投槍放箭，殺傷不少。一連衝了幾次，都沒有衝亂英軍陣腳。有一路諾曼軍甚至被英軍殺得丟盔棄甲。這時，威廉卻發現，一隊英軍得意忘形，竟敢跟隨著追下山來，結果在山下被諾曼軍包圍起來，殺個乾淨。威廉靈機一動，便命令騎兵發動佯攻，然後故意潰敗，引誘英軍追擊。英軍果然見獵心喜，一見敵人逃走便忘了自己安危，興高采烈追殺下來，結果被諾曼軍殲滅。接著，諾曼軍再發動大舉進攻。英軍已經損失了不少兵力，再也無法維持防線。英王哈羅德揮劍力戰，結果被一箭穿身，倒地殞命。英軍全線崩潰，只有小部分人馬逃走。

英王戰死之後，威廉乘勝挺進，盎格魯-撒克遜貴族只能紛紛投降。

12月25日，威廉加冕為英王，這就是著名的「諾曼征服」。諾曼征服對英國的改變是很大的。早在威廉入主之前，英國便已經開始封建化。而威廉登基之後，更是把手下的大批騎士封為男爵，為此分封給他們大量土地。土地從哪裡來？當然是沒收原主人的！英國原本的自由農民，基本上都淪為農奴。這樣，英國的封建化更徹底了。

BC

— 0　耶穌基督出生

— 100

— 200

— 300
君士坦丁統一羅馬

羅馬帝國分成兩部
— 400

— 500　波斯帝國

— 600　回教建立

— 700

— 800
凡爾登條約

— 900
神聖羅馬帝國建立
— 1000

— 1100　十字軍東征

— 1200
蒙古第一次西征

— 1300
英法百年戰爭開始

— 1400

哥倫布發現新大陸
— 1500

英國大破無敵艦隊
— 1600

發明蒸汽機
— 1700

美國獨立
— 1800

美國南北戰爭開始
— 1900
第一次世界大戰
第二次世界大戰

— 2000

—　0

100 —

三國
晉　　200 —

300 —

南北朝　400 —

500 —

隋朝　600 —
唐朝

700 —

800 —

五代十國
　　　900 —
宋

1000 —

1100 —

1200 —

元朝
　　　1300 —
明朝

1400 —

1500 —

1600 —
清朝

1700 —

1800 —

1900 —

中華民國

2000 —

另一方面，從文化上，之前進入英國的盎格魯-撒克遜人也好，丹麥人也好，都更傾向於北歐日爾曼人的傳統文化。而這次的諾曼人儘管從種族上也是日爾曼人，但已經在法國當了一百多年諸侯，所以其政治習俗和文化都傾向法國化，這也給英國社會帶來了很大改變。由於諾曼人本身是一個極具擴張性的勇武民族，在他們入主後，英國也一改往日「與世無爭」的孤島狀態，開始積極地對外擴張，並在幾百年後，成就稱霸全球的「日不落帝國」。

還有一個更加直接的後果，由於威廉本身是法王的封臣，他登基為英王，在英、法之間更增加了剪不斷理還亂的糾葛。而這種糾葛，後來導致兩大國之間一場曠日持久的戰爭。

威爾斯

英倫三島中的威爾斯面積較小又多山。5世紀盎格魯-撒克遜人入侵不列顛時，部分凱爾特人退到威爾斯地區的群山之中，抗擊盎格魯-撒克遜人。此後，威爾斯地區群雄割據。隨著英格蘭地區逐漸統一，威爾斯諸侯也向英格蘭統治者表示臣服。10世紀初，英格蘭國王艾塞斯坦在位時威爾斯諸侯歸順了英王。諾曼征服後，威爾斯繼續臣服英王。西元1216年，英王批准威爾斯建立一個統一的公國。13世紀時末，英王愛德華一世佔領整個威爾斯，「威爾斯親王」成為英國王儲的頭銜。西元1536年，英格蘭和威爾斯正式合併。

神權！羅馬教廷

　　西歐各國紛紛擾擾之際，另一股勢力得到了很大提升，它就是以羅馬教皇為首的天主教教會。

　　基督教是在3世紀初於君士坦丁大帝執政時獲得合法化。當時一共設了五個大教區，即羅馬（管理西歐和北非）、君士坦丁堡（管理東歐）、安條克（管理小亞細亞）、耶路撒冷（管理西亞）和亞歷山大（管理埃及）。到5世紀，西歐地區遭到日爾曼人入侵，羅馬地方政權紛紛垮台，西羅馬帝國也隨之滅亡。這時候羅馬教會成為西邊唯一的「燈塔」，頗為自豪。羅馬教會比東邊的教友們想得仔細，他們認為兵荒馬亂下，教會完全可以成為一種統治力量，甚至凌駕於世俗政權之上。於是羅馬教會開始建立更加森嚴的教權等級制度，並且向法蘭克人、哥特人等日爾曼部族施加影響。而東邊君士坦丁堡的教會，則靠著東羅馬皇帝，覺得羅馬教廷應該聽我的。加上東西方文化差異，兩邊教會在教義解釋、宗教禮儀等方面也有不少分歧，就這樣漸漸對立起來。

　　西元590年，格里高利　世成為羅馬教皇。他出身羅馬貴族，足智多謀，對於指手畫腳的君士坦丁堡非常反感。格里高利一世抓住時機擴大教權。他經常拿出教會財產，救濟災民，贖回被倫巴底人俘虜的民眾，還親自組織軍隊抵禦入侵。在做這些善事過程中，他趁機攬權、斂財、安插人手、培養教會力量。他在西歐各地建立修道院，擴大教會影響。他派出大批傳教士，遊說西歐各國君主，讓日爾曼首領紛紛皈依基督教。中世紀初期的歐洲，群雄並起，爾虞我詐，唯一能維繫諾言的，

BC

— 0　耶穌基督出生

— 100

— 200

— 300
君士坦丁統一羅馬
羅馬帝國分成兩部
— 400

— 500　波斯帝國

— 600　回教建立

— 700

— 800
凡爾登條約
— 900
神聖羅馬帝國建立
— 1000

— 1100　十字軍東征

— 1200
蒙古第一次西征
— 1300
英法百年戰爭開始
— 1400

哥倫布發現新大陸
— 1500

英國大破無敵艦隊
— 1600

發明蒸汽機
— 1700

美國獨立
— 1800

美國南北戰爭開始
— 1900
第一次世界大戰
第二次世界大戰
— 2000

上古時期　BC

漢

― 0

100 —

三國　200 —
晉
300 —

400 —
南北朝
500 —

隋朝　600 —
唐朝
700 —

800 —

五代十國　900 —
宋
1000 —

1100 —

1200 —

元朝　1300 —

明朝　1400 —

1500 —

1600 —
清朝
1700 —

1800 —

1900 —
中華民國
2000 —

就是在上帝面前的誓言。所以，日爾曼封建主們無論是結盟、宣誓效忠，還是發誓要取下某某人首級，都要藉助上帝之名。他還網羅了一批理財高手，把教會財產拿去做生意，錢生錢、利滾利。

這樣一來，羅馬教會力量越來越大，甚至對東羅馬皇帝也是陽奉陰違。相比之下，君士坦丁堡的大主教則純粹是一個宗教領袖，完全聽命於皇帝。在7世紀初的東羅馬帝國內戰中，格里高利一世支持將領福卡斯造反，福卡斯登基後，承認羅馬大主教是基督教教會的正統地位。雖然福卡斯沒幾年就被砍了腦袋，但透過這件事，象徵著羅馬教會已經開始敢跟東羅馬皇帝抗衡了。包括「教皇」一詞，原本是對大主教的尊稱，但格里高利一世卻正式宣布，「教皇」只能屬於羅馬主教。

此後幾百年裡，羅馬教會和君士坦丁堡教會，乃至東羅馬皇帝之間的爭吵不斷，動不動就相互開除對方的教籍，只勉強維持著形式上的統一。到西元1054年，羅馬教皇利奧九世和君士坦丁堡主教長賽魯拉留斯又一次發生爭執，分別把對方的教籍給開除了。這一次對立促使雙方永久「離婚」了。從此以後，基督教教會一分為二，東方的為東正教會（又稱希臘正教），西方的為天主教會（又稱羅馬公教、拉丁教會）。現代基督教的兩大派系形成了。

教皇雖然擺脫了東羅馬帝國和君士坦丁堡大主教的羈絆，但他們還是必須抱一抱世俗君主的大腿。所以8世紀中葉的教皇史蒂芬二世要靠「矮子丕平」來撐腰，9世紀初的利奧三世積極地給查理曼大帝加冕皇冠，10世紀中葉的教皇們則只能依附奧托一世。

奧托一世之後，教會對德國皇帝們也恭順得很；但是，隨著時間的推移，教會影響力越來越大，很多主教也成為割據一方的諸侯。教會態度更強硬了。奧托大帝的繼承者發現，原本被他們扶植起來當成工具的教皇，現在不聽話了，他們只能一次次地用武力征服羅馬，扶植自己的親信當教皇，但即使這樣，義大利的教會依然不時地起來造個反，鬧個

事，或者勾結本地貴族和南方的東羅馬帝國，找德皇的麻煩。

德皇和教皇之間的這種抗爭，到11世紀後期的德國國王亨利四世時發展到了極致。亨利四世年幼繼位，曾經飽受德國貴族、諸侯們的欺負。親政後他想要加強王權，又遭到貴族和教廷兩方面的壓迫。當時的教皇格里高利七世一心想提高教廷地位，遂支持德國諸侯給皇帝搗亂。教皇和德皇的衝突很快上升為德國的主要問題。

到西元1075年，格里高利七世任命了一位米蘭大主教，亨利四世堅決反對，兩人就這樣發生了爭執。格里高利七世警告說，你再敢搗亂，我就把你逐出教會！亨利四世也不含糊，他在1076年搶先宣布廢黜格里高利七世，還寫了一封信辱罵教皇。格里高利七世針鋒相對，在2月22日宣布對亨利四世處以「破門律」，也就是開除教籍，廢黜王位。按照教廷自己的解釋，如果受到這種懲罰的人不在一年內得到教皇的寬恕，他的臣民都要對他解除效忠。德國諸侯早就看亨利四世不順眼了，他們立刻積極回應，表示支持教皇的破門律，並準備選舉新國王。相反，義大利的諸侯則實在看教皇不順眼，希望亨利四世趕快打進羅馬，活捉教皇！

西元1077年1月，距離一年期限只剩下了一個月。某天，教皇正在趕往廢黜亨利四世大會的路上的臨時駐地用餐，忽然得到消息，亨利四世來了！教皇嚇一跳，他找我幹嘛？教皇趕緊跑到附近的卡諾莎城堡避難。誰知亨利不是來拚命的，是來請罪的。冰天雪地裡，亨利四世光著腳在城堡外面站了三天，懇求教皇原諒他。

這回輪到教皇煩惱了。饒恕亨利吧？顯然亨利不是真心來懇求原諒的；可要是拒絕寬恕呢？把亨利惹毛了，真衝進來拚命，那不是自找麻煩嗎？猶豫再三之後，格里高利七世終於開了門，給了亨利一個赦罪的吻，取消了破門律。

亨利四世的雪地站立本身是一種權宜之計，取得教皇「寬恕」之

BC

— 0　耶穌基督出生

— 100

— 200

— 300
君士坦丁統一羅馬

羅馬帝國分成兩部
— 400

— 500　波斯帝國

— 600　回教建立

— 700

— 800
凡爾登條約

— 900
神聖羅馬帝國建立

— 1000

— 1100　十字軍東征

— 1200
蒙古第一次西征

— 1300
英法百年戰爭開始

— 1400

哥倫布發現新大陸
— 1500

英國大破無敵艦隊
— 1600

發明蒸汽機
— 1700

美國獨立
— 1800

美國南北戰爭開始
— 1900
第一次世界大戰
第二次世界大戰
— 2000

後，他立馬回師北上，殺得那些背叛他的諸侯屁滾尿流。等到把諸侯全鎮壓下去後，亨利四世再揮師南下，西元1084年攻入羅馬，廢黜格里高利七世，另立新教皇，並由新教皇為其加冕為皇帝。儘管這一次「雙皇大戰」以德國皇帝勝利告終，但這是德國帝王第一次像個普通人一樣請求教皇寬恕。當年奧托大帝苦心打造的「皇帝高於教皇，皇帝是神權代表」的形象，被亨利四世這一次權宜之計給毀掉了，教皇開始與德皇分庭抗禮。

到西元1122年，德國皇帝和教皇在沃姆斯簽署宗教和約。他們規定，皇帝可以干預德意志的主教選舉，義大利和勃艮第的主教選舉則不行；主教的教職由教皇授予，領地和特權由皇帝授予。這是皇帝和教皇的一次權力劃分。德意志皇帝失去了對教皇的控制，而世俗的諸侯則趁機繼續擴大自身勢力，對抗中央。過去支持皇帝的那些德國主教也開始越來越獨立。強大的德意志帝國逐漸鬆散起來，而羅馬教廷則建立起凌駕在世俗政權之上的神權帝國。

三國

晉

南北朝

隋朝
唐朝

五代十國

宋

元朝

明朝

清朝

中華民國

— 0

100 —

200 —

300 —

400 —

500 —

600 —

700 —

800 —

900 —

1000 —

1100 —

1200 —

1300 —

1400 —

1500 —

1600 —

1700 —

1800 —

1900 —

2000 —

第三章：聖域之光──騎士鼎盛時代

（西元11世紀到13世紀）

　　東羅馬帝國面對突厥人的威脅，羅馬教皇發出了號召，西歐騎士、貴族掀起了浩大的東征潮流。虔誠與貪婪，勇氣與狡詐，在東西方之間激烈碰撞。最終，曾以「收復聖地」為旗號的遠征，逐漸化為陰謀家鉤心鬥角的舞台。

1. 芬蘭	11. 德國	21. 匈牙利	31. 義大利	41. 冰島
2. 瑞典	12. 荷蘭	22. 奧地利	32. 西班牙	
3. 挪威	13. 英國	23. 列支敦士登	33. 葡萄牙	
4. 愛沙尼亞	14. 愛爾蘭	24. 瑞士	34. 馬其頓	
5. 拉脫維亞	15. 烏克蘭	25. 法國	35. 科索沃	
6. 立陶宛	16. 摩爾多瓦	26. 保加利亞	36. 蒙特內哥羅	
7. 俄羅斯	17. 斯洛伐克	27. 塞爾維亞	37. 阿爾巴尼亞	
8. 丹麥	18. 捷克	28. 波斯尼亞	38. 梵蒂岡	
9. 白俄羅斯	19. 比利時	29. 克羅埃西亞	39. 希臘	
10. 波蘭	20. 羅馬尼亞	30. 斯洛維尼亞	40. 盧森堡	

劍與鎧！歐洲軍團東征

　　歐洲封建制度，原本分封了公爵、侯爵、伯爵、子爵、男爵五等爵位，後來又在男爵之下設立了「騎士」。騎士們宣誓效忠主公，為主公打仗。他們的報酬是從主公那裡領取一小塊土地，當上最低等級的封建主。西歐中世紀是騎士的天下，他們身披鎧甲，騎著高頭大馬，逞勇鬥狠。外敵入侵時，他們英勇上陣；平時則橫行鄉里，動輒為了小事拔劍相對，甚至打家劫舍，肆意欺凌、傷害平民。為了約束這些無法無天的「勇士」，只有靠教會的勸導、警告、威脅：如果胡作非為，就開除教籍！在那個恐怖的年代，對天主教的信仰是很多人唯一的精神寄託。騎士們還真怕這個。到11世紀末，在教會的規章約束下，騎士們的行為有所規範，所謂「騎士風度」到那時候才出現。

　　11世紀時，東歐的東羅馬帝國（拜占庭）喜憂參半。曾經的強敵阿拉伯帝國，如今已分裂成後伍麥亞王朝、法提瑪王朝、阿拔斯王朝三大塊，構不成嚴重威脅；相對的，西歐封建主們都不再把東羅馬皇帝放在眼裡，只圍著羅馬教皇轉。彪悍善戰的諾曼人還殺到了義大利，東羅馬人遇上這幫肌肉發達的傢伙，一點辦法沒有，眼看在義大利的勢力一點一點地被削弱。義大利的另一些城邦比如威尼斯，雖然名義上還尊奉東羅馬的旗號，其實早就自成一家了。東羅馬帝國還繼承了古希臘人內鬥的傳統，動不動就政變、造反，鬧得烏煙瘴氣。

　　這時候，亞洲又殺來一群狠人，那就是突厥塞爾柱人。他們原先在中亞、新疆一帶，後來一路西遷，10世紀進入中東，隨後大肆擴張。這

上古時期	BC
漢	
	— 0
	100 —
三國	200 —
晉	300 —
南北朝	400 —
	500 —
隋朝	600 —
唐朝	700 —
	800 —
五代十國	900 —
宋	1000 —
	1100 —
	1200 —
元朝	1300 —
明朝	1400 —
	1500 —
清朝	1600 —
	1700 —
	1800 —
	1900 —
中華民國	2000 —

些遊牧民族弓馬嫺熟，很快打進巴格達，建立了大塞爾柱帝國，把阿拉伯帝國的阿拔斯王朝的哈里發都變成了宗教傀儡。西元1071年，塞爾柱軍在小亞細亞的曼齊刻爾特大敗東羅馬軍，生擒皇帝羅曼努斯四世，佔領了小亞細亞。此後，塞爾柱軍隊頻頻西犯，東羅馬帝國無奈之下，只得放下架子，向西邊的羅馬教皇烏爾巴諾二世求助。

烏爾巴諾二世本是個雄心勃勃的人物，一聽此話，大喜。他可不想僅僅派幾千兵馬去東邊助拳，那樣沒意思，他不但要打退塞爾柱軍隊對東羅馬的進攻，還要趁機收復被占了幾百年的聖城耶路撒冷。到時候，說不定東邊的希臘正教勢力也可以被羅馬教廷收編，那樣他不就成了完成基督教統一大業的千秋功臣了嗎！再說，西歐這些騎士成天不務正業，偷雞摸狗，留著也是麻煩。正好把他們都弄到東邊去幫我打仗，一舉兩得！

主意打定，烏爾巴諾二世遂於西元1095年冬天，在法國克勒蒙費朗召開了大會。面對潮水般聚集而來的封建領主、騎士、教士和民眾，烏爾巴諾二世慷慨陳詞，號召大家一起去進行東征收復失地。

當時正值歐洲幾大國關係和緩，封建領主們吃飽了沒事做，內鬥不斷，需要找個方式發洩精力。西歐人口在一百年內幾乎多了一倍，土地沒變化，無論是貴族、騎士還是農民，都有大量沒有繼承權的次子、三子，這些人留在老家沒田、沒地、沒前途，巴不得出去闖一闖。教皇的號召等於往沸騰的油鍋裡灑了一瓢鹽。封建領主想要開疆拓土，騎士貴族想要建功立業，普通百姓想要升官發財，很快聚集起浩浩蕩蕩的軍隊準備東征。最先出發的是幾萬名農民，這些窮人夢想到東邊參加戰鬥，脫貧致富，所以當西歐的領主、騎士還在徵集兵馬、籌備糧草、打包輜重之時，他們就迫不及待地包裹一捆，破草房一鎖，在西元1096年4月向東方出發了。帶領他們的是一個叫彼得的修道士，和一個騎士「窮鬼沃爾特」（實際上一點也不窮，有錢、有勢）。這支烏合之眾還包括不

少婦孺，他們一路東行。幾萬個人吃什麼呢？在法國境內還好，乾糧還有，封建領主也提供了部分糧食。再往東，這幫人就開始一路搶劫，跟沿途的匈牙利人、保加利亞人打得不可開交，猶太人尤其遭罪，不但被搶劫一空，連腦袋都搬家了。進入東羅馬境內後，他們更是肆意妄為，結果遭到東羅馬軍民迎頭痛擊，損失了四分之一的人馬。好不容易被聞訊趕來的東羅馬朝廷欽差護送到君士坦丁堡之後，東羅馬皇帝阿歷克塞一世眼見這群武裝叫花子在首都裡偷雞摸狗，心想還是趕緊送神為上。於是連哄帶騙，使這些一心殺敵發財的貧民渡過海峽，直撲小亞細亞而去。然後，這支興高采烈的、一路燒殺搶掠的大軍就在10月被突厥人包圍，全軍覆沒。騎士沃爾特身中二十箭戰死，修道士彼得帶著幾千殘兵，狼狽逃回君士坦丁堡。

這一敗，絲毫沒挫傷大家的積極性。就在8月，另一支龐大的隊伍出發了。這支隊伍可是正規軍！主要的領袖，包括來自法國南部的圖盧茲伯爵雷蒙四世、來自義大利南部的奧特朗托國王博希蒙德（諾曼人）、布永伯爵兼下洛林公爵戈弗雷、諾曼第公爵羅貝爾二世，還有法王腓力一世的兄弟維爾芒德公爵于格等。各路騎士分別從封地出發，有的走水路，有的走陸路，走了半年多，在西元1097年4月彙集到君士坦丁堡。東羅馬皇帝阿歷克塞還是經由分化拉攏，哄騙得不少統帥向他效忠。隨後，這些勇猛的騎士們渡過海峽，直撲小亞細亞而去。

身披鐵甲、手持重劍的歐洲騎士，帶著割地稱尊、撈金發財的激情，一個個威猛無雙。6月，歐洲軍團攻佔重鎮尼西亞。不甘失敗的突厥蘇丹調集重兵，在7月1日突襲歐洲軍團先鋒博希蒙德所部，一時間輕騎遍野，箭矢蔽日。這時，博希蒙德高呼：「拿出男人的樣子，會會他們！」在他的嚴令下，歐洲軍團靠水列陣，騎士們下馬肩並肩站成一排，形成一道披甲的肉盾，抵擋突厥人的衝擊和亂箭。騎士背後是沒有鎧甲的步兵，掩護圈子中間的老人和婦孺。女人們則負責打水送給前面

BC

— 0　耶穌基督出生

— 100

— 200

— 300　君士坦丁統一羅馬
　　　羅馬帝國分成兩部
— 400

— 500　波斯帝國

— 600　回教建立

— 700

— 800

　　　凡爾登條約
— 900

　　　神聖羅馬帝國建立
— 1000

— 1100　十字軍東征

— 1200　蒙古第一次西征

— 1300　英法百年戰爭開始

— 1400

　　　哥倫布發現新大陸
— 1500

　　　英國大破無敵艦隊
— 1600

　　　發明蒸汽機
— 1700

　　　美國獨立
— 1800

　　　美國南北戰爭開始
— 1900　第一次世界大戰
　　　第二次世界大戰

— 2000

上古時期　BC

漢

－ 0

100 －

三國

晉　200 －

300 －

南北朝　400 －

500 －

隋朝　600 －
唐朝

700 －

800 －

五代十國　900 －

宋　1000 －

1100 －

1200 －

元朝　1300 －

明朝　1400 －

1500 －

清朝　1600 －

1700 －

1800 －

1900 －

中華民國

2000 －

的將士。突厥人箭如飛蝗、屢屢突擊、頻繁誘敵，歐洲軍團不斷死傷，依舊堅如磐石，既不後退，也不盲目追擊。突厥人久攻不下，士氣也漸漸低了。這時，後續的其他各路歐洲軍團紛紛趕到增援，突厥人內外受敵，全線崩潰。這一戰，歐洲軍團以4000人的代價，重創了敵軍主力，繳獲大批金銀財寶。大家高興得發了狂，對剛才經歷的生死鏖戰也不在乎了。

　　隨後，歐洲軍團繼續向東推進，不但收復了小亞細亞，更進至西亞。加上敵對方諸國內部自相殘殺，更是給了歐洲軍團可乘之機。西元1098年6月，歐洲軍團佔領重鎮安條克城（在今土耳其）。西元1099年6月，歐洲軍團包圍了聖城耶路撒冷。該城當時屬於阿拉伯帝國法提瑪王朝統治，法提瑪王朝本已衰朽，哪裡擋得住這些如狼似虎的歐洲軍團？經過40天的圍攻，歐洲軍團在7月18日狂喊著衝進了耶路撒冷。耶路撒冷本是猶太教、基督教和伊斯蘭教三教的聖地，裡面三種宗教的信徒都不少。在法提瑪王朝統治下，三教尚能共存。如今十字軍破城，縱情砍殺著伊斯蘭教教徒和猶太教教徒，發洩他們勝利的喜悅。7萬名無辜宗教信徒橫屍聖城，大批金銀財寶則進了歐洲軍團的腰包。

　　東羅馬皇帝阿歷克塞指望靠著勝利收服自己的故土，但歐洲軍團的大佬們卻自己在小亞細亞和西亞地區建立了四個國家：埃德薩伯國、安條克公國、的黎波里伯國和耶路撒冷王國。這些國家和東羅馬帝國時敵時友。有時候，他們的存在可以轉移東邊敵對國家的注意力，幫東羅馬帝國減輕壓力；可是在另一些時候，西歐天主教的勢力又會反過來進攻東羅馬帝國。在以後的兩個世紀裡，西歐天主教各國又發動了八次東征，再沒有一次取得這樣大的戰果。

豪華！三王戰薩拉丁

第一次十字軍東征之後不到半個世紀，緩過勁來的突厥人發動反擊，在西元1144年佔領了歐洲軍團四國中的埃德薩伯國，並威脅到耶路撒冷王國。教皇恩仁三世趕緊號召西歐封建主們組織第二次歐洲軍團東征，增援耶路撒冷。這次，法國國王路易七世和德國皇帝康拉德三世是主力，路易七世的老婆，阿基丹女公爵埃莉諾也帶著侍女們穿上希臘神話中「亞馬孫女戰士」的服裝參加。但這次聲勢浩大的東征卻很快落敗。德國隊伍在西元1147年10月進入小亞細亞，然後就在全軍喝水時遭到突厥人的襲擊，被殺得全軍覆沒，康拉德皇帝帶著侄兒腓特烈狼狽逃回國內。此後法國隊伍一路磕磕絆絆，穿過小亞細亞到達安條克，和突厥人打了幾仗，收服埃德薩沒有成功，攻打大馬士革也失敗了，反而還葬送了安條克公爵雷蒙德的性命。西元1149年，路易七世黯然返回。第二次歐洲軍團東征的唯一戰績，是其中一支偏師南下參與了伊比利半島的戰爭，收服了現今葡萄牙的首都里斯本。這個勝利為之後葡萄牙建國奠定了基礎。

東征之後的數十年裡，西歐各國都是民不聊生。法王路易七世在東征過程中，和老婆埃莉諾矛盾不斷，最後導致埃莉諾離婚嫁給了英王亨利二世，連她的嫁妝阿基丹地區也帶走了。路易七世為此和亨利二世打了兩次仗，也沒能把這塊地方搶回來，法國卡佩王朝和英國金雀花王朝就此埋下了仇恨的種子。有趣的是，路易和埃莉諾離婚的一個原因是「沒有生出兒子」，但兩人再婚後都生了兒子，看來真是有緣無分。路

BC

— 0　耶穌基督出生

— 100

— 200

— 300
君士坦丁統一羅馬
羅馬帝國分成兩部
— 400

— 500　波斯帝國

— 600　回教建立

— 700

— 800

凡爾登條約
— 900
神聖羅馬帝國建立
— 1000

— 1100　十字軍東征

— 1200
蒙古第一次西征
— 1300
英法百年戰爭開始
— 1400

哥倫布發現新大陸
— 1500
英國大破無敵艦隊
— 1600
發明蒸汽機
— 1700
美國獨立
— 1800
美國南北戰爭開始
— 1900
第一次世界大戰
第二次世界大戰
— 2000

上古時期　BC

漢

－0

100－

三國
晉　200－

300－

400－

南北朝

500－

隋朝　600－
唐朝

700－

800－

五代十國　900－

宋

1000－

1100－

1200－

元朝
1300－

明朝

1400－

1500－

清朝　1600－

1700－

1800－

1900－

中華民國

2000－

易七世自己懦弱無能，卻有一位好兒子——腓力二世。幾十年後，他不但報了父親的一箭之仇，還大大鞏固了法國王權。那英王亨利二世娶了比自己大9歲的埃莉諾，一口氣生下四個兒子，同時還擁有了法國的大片領地，日子過得相當優渥。他在英格蘭加強國王的權勢，打擊不服從他的貴族，又入侵愛爾蘭，甚至企圖從教廷手中奪權。亨利二世在司法方面頗有創見，「巡迴法庭」和「陪審團制度」就是他創立的。但這位雄主晚年相當悲慘，幾個兒子爭權奪利，鬥個不休。西元1188年，亨利二世的長子理查起兵造反。這位理查是個驚天動地的勇士，號稱「獅心」。法王腓力二世大喜，趁機煽風點火。亨利二世目睹逆子如此不孝，不禁肝膽俱碎，老淚縱橫，一命嗚呼。

　　至於德意志帝國，這時也出了一位強悍的皇帝，就是著名的「紅胡子」腓特烈。他身材高大，聲若洪鐘，性格也十分強橫，自打登基起，便決心當一個實權在握的皇帝。就是說，他要征服義大利，讓教皇乖乖地聽自己的話，重現當年奧托大帝的豐功偉績。他還要把德國和義大利徹底合為一體，重建一個真正的羅馬帝國。因此剛繼位的第二年，「紅胡子」便帶領大批德國騎士直奔義大利而去。西元1155年，「紅鬍子」在羅馬加冕為皇帝。他把義大利的那些工商業城市都變成了自己的提款機，每年掠奪大量錢財。義大利人忍受不了壓榨，於是聯合起來反抗。羅馬教廷也不滿受到德國皇帝的挾持。就這樣，「紅鬍子」成了義大利的公敵。接下來的二十年間，「紅鬍子」又五次出兵義大利，每次都殺得血流成河。富裕繁華的米蘭城幾乎被夷為平地，「紅鬍子」還下令用鐵犁在城裡挖出深溝，再撒上鹽。教皇加入城市聯盟一邊，對「紅鬍子」頒佈「破門律」。但「紅鬍子」不吃這一套：我手握幾萬大軍，你的破門律就是張廢紙。「紅鬍子」反過來宣布廢黜教皇，另立新教皇，導致兩個教皇並列的奇觀。

　　這麼熱熱鬧鬧地打了二十年，「紅鬍子」多數時候是很風光的，但

自己兵力損失也很大。義大利人的反抗越發強烈，其他歐洲國家開始干涉，德意志諸侯也不再全力支持他。西元1176年的雷納諾之戰，「紅鬍子」吃了敗仗，精銳騎士傷亡殆盡。沒辦法，他只好在次年與教皇締結威尼斯和約，承認教皇的地位。義大利北部的城市也從德皇控制下解脫出來，獲得了實質的獨立。

之後，「紅鬍子」繼續他的「神聖羅馬帝國計畫」。武力打不下來，他就用聯姻的方式，讓兒子娶了西西里國的公主。這樣，等他孫子繼位，就可以同時佔有德意志和義大利南部這兩塊領土，然後南北夾擊教皇國及北意城市聯盟了。

西歐列強在這裡鬧得雞飛狗跳的同時，東邊的敵對各國也沒閑著。阿拉伯世界的偉大英雄薩拉丁推翻了法提瑪王朝，建立了阿尤布王朝，統一了埃及、西亞大片領土。這下，輪到在中東地區的那些歐洲軍團國家倒楣了。西元1187年，薩拉丁殲滅歐洲軍團主力，佔領了聖城耶路撒冷。這一聲霹靂傳開，羅馬教皇烏爾巴諾三世竟然驚嚇而死。西歐的三大國君主決定暫停內鬥，聯合起來向薩拉丁宣戰。「獅心王」理查、「紅鬍子」腓特烈和「狐狸」腓力二世各自出兵，要會一會薩拉丁！

德意志在最東邊，自然是近水樓台。「紅鬍子」腓特烈雖然已經60多歲，依舊老驥伏櫪，志在千里，親率大軍東進。不過，在他心中，奪回耶路撒冷是藉口，其實是想趁機併吞東羅馬帝國——這也是他重建偉大羅馬帝國計畫的一部分。為此，「紅鬍了」不惜與突厥人私卜勾搭。

而東羅馬皇帝伊薩克二世也不傻，他跟阿尤布王朝的薩拉丁暗通款曲。西元1190年，「紅鬍子」率領3萬德國騎士進入小亞細亞，鐵甲錚錚，槍矛如林；薩拉丁也甚是緊張。誰知道6月的一天，「紅鬍子」在渡過一條小河時不慎跌落水中，由於身披沉重盔甲，一時掙扎不起，威風凜凜的一代皇帝，居然就這麼淹死了。德意志騎士失去領袖，只能回國。

BC

— 0　耶穌基督出生

— 100

— 200

— 300
君士坦丁統一羅馬

羅馬帝國分成兩部
— 400

— 500　波斯帝國

— 600　回教建立

— 700

— 800

凡爾登條約
— 900

神聖羅馬帝國建立
— 1000

— 1100　十字軍東征

— 1200
蒙古第一次西征

— 1300
英法百年戰爭開始

— 1400

哥倫布發現新大陸
— 1500

英國大破無敵艦隊
— 1600

— 1700　發明蒸汽機

美國獨立
— 1800

美國南北戰爭開始
— 1900
第一次世界大戰
第二次世界大戰

— 2000

上古時期　　BC

漢

　　　── 0

　　100 ──

三國
晉　　200 ──

　　300 ──

　　400 ──
南北朝

　　500 ──

隋朝
唐朝　600 ──

　　700 ──

　　800 ──

五代十國
　　900 ──
宋
　　1000 ──

　　1100 ──

　　1200 ──
元朝
　　1300 ──
明朝
　　1400 ──

　　1500 ──

清朝　1600 ──

　　1700 ──

　　1800 ──

　　1900 ──
中華民國
　　2000 ──

　　剩下的主力就是英、法兩國。他們走水路在地中海東岸登陸，開始與薩拉丁交戰。英王理查有勇無謀，狂妄自大，一路過來，在西西里和賽普勒斯都跟當地的封建主大打出手，後來又公然侮辱奧地利公爵利奧波德（當時是德皇手下的諸侯），還下令處決2000多名俘虜，包括婦孺老人。法王腓力二世眼看著這個大個子如此飛揚跋扈，心中又恨又笑：算了，讓你自己在前面耍威風吧，我不奉陪了！他藉口生病，也在西元1191年8月回國去了。

　　於是只剩下「獅心王」理查對戰薩拉丁。這二人都是英雄，也都有騎士精神，棋逢對手，大戰多次不分勝負。打到後來，這兩個死對頭居然惺惺相惜起來。戰場上，理查的戰馬倒地而死，薩拉丁給理查送去兩匹好馬，並傳話說：「理查這樣的硬漢，不應該沒有好馬騎。」而後理查染病，薩拉丁還派人送去水果，又派去醫生。

　　理查跟薩拉丁越打越來勁，可他手下那幫烏合之眾卻各打算盤。這時候後方又傳來消息，說提前撤回去的法王腓力，居然在勾結理查的弟弟約翰造反篡位！「獅心王」理查氣不打一處來：想不到腓力這隻狐狸如此狡詐！他只好和薩拉丁簽訂和約。

　　隨後，理查率軍回國。回國途中，法王腓力二世、德皇亨利六世（「紅鬍子」的兒子）、奧地利公爵利奧波德勾結在一起，把理查綁架囚禁起來。可憐一代「獅心王」最後交了一大筆錢才得以贖身。回到國內，理查立刻向篡位的弟弟約翰發動進攻。「獅心王」理查在英國威望極高，約翰玩弄陰謀還有兩把刷子，打仗可比哥哥差遠了。於是，理查迅速平息了叛亂，重登王位。傳說中他在這段時間結識了一位綠林好漢——羅賓漢。「獅心王」對自己人還是很寬厚的，他沒有處死弟弟約翰，反而封給他一大塊領土，然後率軍渡過英吉利海峽，把法王腓力二世打得一敗塗地。然而過於剛猛的性情，終究不能長久。西元1199年，理查的後方又發生了叛亂，他在平亂時被一支暗箭射中，傷重去世，年

僅42歲。

　　「獅心王」理查去世後，英格蘭國王換成了無勇無謀的約翰。之前被理查壓得喘不過氣的法王腓力二世暗自高興，這回終於輪到我得志了。他先是扶持約翰王的侄兒亞瑟（也是理查的侄兒）起兵和叔父搶王位，然後趁著約翰鎮壓亞瑟的時候，出兵進攻英王在法國的領土。約翰過去一直被腓力二世玩弄於股掌之中，如今正面對敵，完全招架不住，接連兵敗失地。西元1206年兩國簽約，英王室在法國的大片領土如諾曼第、安茹和圖賴訥等都被法王室收歸己有。此後沒多久，腓力再度和約翰開戰。西元1214年，腓力二世在布汶戰役中大破英王約翰和德皇奧托四世的聯軍。此戰象徵著法蘭西取代德意志，成為歐洲陸地最強大的國家。到西元1233年腓力二世去世時，法國國王的直屬領地已經比他繼位之初擴大了3倍以上。從這個角度上看，法王腓力二世才是東征的真正受益者。

　　當然，那位受盡腓力二世欺負的英王約翰，在歷史上也頗有地位。由於他接連喪師辱國、割地賠款，引起了全國上到貴族教會、下到民眾的不滿。西元1215年，貴族們武裝逼宮，逼迫約翰王簽下《大憲章》。《大憲章》主要用來限制國王權力，比如規定全體自由民享有自由權，倫敦及各城市享有自治權；國王徵稅必須同貴族會議商量並聽取民眾的意見；非經依法審判，不得拘捕、監禁、沒收財產、剝奪公權、放逐、傷害、搜查和逮捕任何自由民。雖然主要是為了保證貴族與教會的利益，但對平民百姓也有一些保障。《大憲章》簽訂之後，約翰企圖在教皇支持下推翻憲章，於是引發了內戰。西元1216年約翰病死。繼任的英王亨利三世對《大憲章》修改後加以發佈，《大憲章》從此成為英國的憲法。這次事件，強化了英國限制王權的傳統。四百餘年後，英國最先爆發資產階級革命，也可以說是此次事件的餘波。

BC

— 0　　耶穌基督出生

— 100

— 200

— 300　君士坦丁統一羅馬

羅馬帝國分成兩部
— 400

— 500　波斯帝國

— 600　回教建立

— 700

— 800

凡爾登條約
— 900

神聖羅馬帝國建立
— 1000

— 1100　十字軍東征

— 1200
蒙古第一次西征

— 1300
英法百年戰爭開始

— 1400

哥倫布發現新大陸
— 1500

英國大破無敵艦隊
— 1600

發明蒸汽機
— 1700

美國獨立
— 1800

美國南北戰爭開始
— 1900
第一次世界大戰
第二次世界大戰

— 2000

威尼斯！金錢的霸氣

—0

100 —

三國

晉

200 —

300 —

南北朝

400 —

500 —

隋朝

唐朝

600 —

700 —

800 —

五代十國

900 —

宋

1000 —

1100 —

1200 —

元朝

1300 —

明朝

1400 —

1500 —

清朝

1600 —

1700 —

1800 —

1900 —

中華民國

2000 —

　　在歐洲封建時期，大部分城鎮都是在帝王或封建領主的統治之下，但也有不少城市隨著經濟實力的強大，出錢向封建主「贖買」自己的自由，或者用武力反抗，從而獲得某種程度的自治。在法國，由於5世紀就建立了法蘭克王國，幾百年來封建統治力量十分強大，沒有城市自治。在英國，西元1215年的《大憲章》保證了倫敦等城市的自治。德國的某些城市頗有實力，比如科隆、呂北克、不來梅、漢堡，都是經濟發達、人口密集的工商業城市，當初「獅心王」理查贖身的錢就是他們湊的。為了增強力量、對抗海盜，他們建立了自己的聯盟，甚至擁有海軍。

　　最強大的城市在義大利。大概因為義大利是古羅馬舊地，本來就有古羅馬共和國時代的遺風流傳。加之從6世紀以來，義大利就是多個力量角逐的戰場，倫巴底、東羅馬、法蘭克、德意志在此相持不下，他們的統治力量往往局限於中心地區，中小城鎮則需要靠自己的力量來維持，實質上形成一個個獨立王國。這些城鎮彼此聯合、擴充，實力逐漸增強，成為義大利一股不可輕視的實力。

　　10世紀以後，農業革命帶來了人口增長，工商業隨之繁榮，城市規模也不斷擴大，歐洲經濟大發展。義大利成為重要的貿易往來中轉站。義大利商人們到歐亞各地做生意，金融業隨之發展。在這些方面，自治城市比起封建領主的統治區域，有著得天獨厚的優勢。義大利城市高速發展，促進了義大利經濟突飛猛進，甚至在全歐洲堪執牛耳。當然，城邦國家興盛，也使得義大利進一步陷入分裂。

古老的城邦米蘭，原本是由貴族統治。在一次次的內部爭鬥和外部入侵中，米蘭不但擺脫了德皇的制約，而且市民階層也開始擁有權力。西元1097年，米蘭市民選舉出了他們自己的執政官。當時，米蘭的政治體制是「城市公社」。這種制度有點像是古羅馬共和國的復辟，原則上所有市民都能加入。雖然實際上執政官和委員都是名門望族的權貴，但畢竟他們的權力來自民眾選舉，幾大貴族爭權奪利時，也必須考慮市民的意見。12世紀中後期，在反抗德皇「紅鬍子」腓特烈的戰爭中，米蘭成為盟主。儘管在戰爭中米蘭曾經多次被德軍踐踏，西元1162年更被徹底摧毀，但數年後，這個不屈的城市又從廢墟上重建。它領導的義大利聯盟幾乎包括了全部的城市，最終打得腓特烈一敗塗地，使他放棄武力征服義大利的念頭。再後來，米蘭平民建立了自己組織的平民社團，利用選舉投票和街頭暴力，與貴族們搶權奪利。西元1212年，米蘭城市委員會裡面的半數席位已經由平民佔據。不過，此後平民派也發生分化，其中的有錢人（大商人、銀行家）一旦成功地進入政壇上層，和封建貴族比肩而立，他們當然不會再甘願和手工業者、小商販等分享權力。這樣，平民社團分化了，上層平民與原先的貴族變成新的權貴，下層平民則逐漸淪為權貴們「改朝換代」的工具。

義大利西部的佛羅倫斯主要發展「勞動密集型產業」——手工業，尤其是羊毛紡織業。家家戶戶薅羊毛，把佛羅倫斯城內風光如畫的阿諾河弄得臭氣薰天，垃圾滿目。然而，破壞環境之後，換來的是手工業的大發展。佛羅倫斯成為全義大利乃至全歐洲的毛紡之都，毛呢布匹行銷全歐洲。佛羅倫斯還大力發展商業，在歐洲各地建立起廣泛的商業網絡。佛羅倫薩的銷售商遍佈世界，形成了一個強大的人際網絡，隨之在金融業取得了領導者的地位。西元1252年，佛羅倫斯人發行了一種貨幣「金佛洛林」。很快，它成為歐洲的通行貨幣。佛羅倫斯財主們財大氣粗，甚至成了教皇國的包稅人，負責幫教皇收稅。在13世紀末，佛羅倫

— 0　耶穌基督出生

— 100

— 200

— 300　君士坦丁統一羅馬

羅馬帝國分成兩部
— 400

— 500　波斯帝國

— 600　回教建立

— 700

— 800

— 900　凡爾登條約

神聖羅馬帝國建立
— 1000

— 1100　十字軍東征

— 1200　蒙古第一次西征

— 1300　英法百年戰爭開始

— 1400

哥倫布發現新大陸
— 1500

英國大破無敵艦隊
— 1600

— 1700　發明蒸汽機

美國獨立
— 1800

美國南北戰爭開始
— 1900　第一次世界大戰
第二次世界大戰

— 2000

上古時期　BC

漢

　— 0

　100 —

三國
晉　　200 —

　　300 —

南北朝　400 —

　　500 —

隋朝
唐朝　600 —

　　700 —

　　800 —

五代十國　900 —

宋　　1000 —

　　1100 —

　　1200 —

元朝　1300 —

明朝　1400 —

　　1500 —

　　1600 —

清朝

　　1700 —

　　1800 —

　　1900 —

中華民國

　　2000 —

斯也推翻了貴族統治，規定只能由平民執政。不過，實際上政權掌握在羊毛商、絲綢商、呢絨場主、毛皮商、銀錢商、律師、醫生這七大行會組成的精英聯盟（稱為「肥人」）手中，如鐵匠、泥瓦匠、鞋匠這些下層手工業行會商人（稱為「瘦人」）則只有可憐兮兮的一點權力，而僱傭工人等「無產階級」更是完全被排斥在政權之外。

　　義大利城邦中最有名的是東北的威尼斯。當初倫巴底人佔領威尼斯地區的時候，一些民眾逃亡到沿海及環礁湖等地區。這些民眾就地發展漁業、鹽業，與內陸做生意。為了保護自己，他們組建軍隊，修築城堡。通過造船隻，水路通商，他們積攢了大量財富。9世紀時，他們從東羅馬帝國取得了自治權，成為義大利半島上最早實質獨立的城邦。他們還派出一支由60艘大船和1萬多人組成的龐大艦隊，幫助拜占庭人對付阿拉伯人，可見其實力之強。

　　相比其他城邦，威尼斯人最大特點是不管內部衝突如何，對外基本能團結一致，為了整個威尼斯的利益而共同奮鬥，頗有古羅馬風格。幾百年裡，威尼斯人的大船滿載著布匹、香料、鹽、奴隸，還有來自東方的茶葉、瓷器，往返於東羅馬與西歐之間，大發橫財。當大部分封建領主收土地稅和人頭稅時，威尼斯卻改收交易稅、消費稅，以及發行國債。威尼斯建立了強大的海軍，參與了歐洲列強的角逐，在義大利之外建立了殖民地。他們還僱傭和收買別國軍隊為自己服務。到13世紀，義大利最強的五股勢力，分別是：北方的威尼斯、佛羅倫斯、米蘭，中部的教皇國和南部的西西里王國。這裡面對外影響力最大的，一個是精神領袖教皇國，另一個就是商業霸主威尼斯。

　　威尼斯的發展給東羅馬帝國帶來沉重打擊。東羅馬當時的領土已經很狹小，全靠海外貿易賺錢，但這生意卻大半被威尼斯搶走了。不但如此，威尼斯商人藉由政治外交、金錢貿易、賄賂收買和軍事援助，在東羅馬帝國建立了許多個貿易點和租界。在這些地區，威尼斯擁有類似領

事裁判權等特權，這讓東羅馬帝國很不高興。西元1171年，東羅馬皇帝下令逮捕境內所有威尼斯人。一下子，原本十分囂張的威尼斯人大禍臨頭。幸虧當時威尼斯駐拜占庭的大使丹多洛。他沒有驚慌失措，而是向皇帝嚴詞抗議。皇帝在丹多洛的威逼利誘下，只得同意威尼斯僑民安全撤回。幾年後，威尼斯艦隊遠征拜占庭，又和西西里王國結盟，迫使東羅馬為此事道歉賠償。西元1183年，威尼斯在巴爾幹沿海的殖民城市札拉又發生政變，倒向匈牙利。

西元1192年，當初帶回僑民的英雄丹多洛成為威尼斯執政官。他準備向東羅馬徹底報仇。怎麼報仇，直接出兵去打嗎？威尼斯全部男丁才幾萬人，哪夠啊？丹多洛準備來個驅虎吞狼。正巧，教皇諾森三世號召西歐各國發動戰爭，想從阿尤布王朝手中奪回耶路撒冷。諸侯們，準備從海路進攻，但缺乏船隊，只得求助於海上強邦威尼斯。

丹多洛大喜，立馬獅子大張口：我可以提供500艘船，還可以負責運送補給。但船票要85000銀幣！這筆鉅款讓諸侯們目瞪口呆。他們哪裡拿得出這麼多錢？這些戰場上不怕死的英雄騎士，苦苦哀求「夏洛特」丹多洛，希望能給個折扣。

丹多洛笑道，沒錢？也行，第一，你們要幫我威尼斯打仗。第二，你們佔領的地盤、搶到的金銀財寶，我們威尼斯要分一份。一文錢難倒英雄漢，為了自己的東征夢想，教皇只得答應。於是威尼斯商人成為他們的幕後老闆。西元1202年，威尼斯人叫諸侯們先攻陷了扎拉城，將其洗劫一空。扎拉城是天主教兄弟啊！教皇諾森三世氣得暴跳如雷，宣布把威尼斯革除教門。丹多洛聳聳肩膀，隨你的便。諸侯們，給我繼續衝啊！不然就還錢！

西元1203年，諸侯們向威尼斯的宿敵東羅馬帝國大舉進攻。東羅馬帝國過去雖然和諸侯們面和心不和，可真正全面開戰也就這一次。沒辦法，誰叫你得罪了老闆呢？次年，君士坦丁堡被攻克，諸侯們和威尼斯

BC

— 0　　耶穌基督出生

— 100

— 200

— 300
　　　君士坦丁統一羅馬

　　　羅馬帝國分成兩部
— 400

— 500　　波斯帝國

— 600　　回教建立

— 700

— 800
　　　　　凡爾登條約
— 900

　　　神聖羅馬帝國建立
— 1000

— 1100　十字軍東征

— 1200
　　　蒙古第一次西征

— 1300
　　　英法百年戰爭開始

— 1400

　　　哥倫布發現新大陸
— 1500

　　　英國大破無敵艦隊
— 1600

　　　　發明蒸汽機
— 1700

　　　　　美國獨立
— 1800
　　　美國南北戰爭開始
— 1900
　　　第一次世界大戰
　　　第二次世界大戰
— 2000

上古時期　　BC

漢

　　　　　　— 0

　　　　　　100 —

三國　　　　200 —
晉
　　　　　　300 —

　　　　　　400 —
南北朝
　　　　　　500 —

隋朝　　　　600 —
唐朝
　　　　　　700 —

　　　　　　800 —

五代十國
　　　　　　900 —
宋
　　　　　　1000 —

　　　　　　1100 —

　　　　　　1200 —

元朝　　　　1300 —

明朝
　　　　　　1400 —

　　　　　　1500 —

清朝　　　　1600 —

　　　　　　1700 —

　　　　　　1800 —

　　　　　　1900 —
中華民國
　　　　　　2000 —

人一陣燒殺搶掠。

　　威尼斯花了血本組織艦隊，這下全撈回來了。他們不但搶得了大量金銀財寶，而且分得了整個拜占庭帝國的三成土地，建立起一個附庸國家——拉丁帝國。其他諸侯部隊還在希臘建立了塞薩洛尼基王國、雅典公國和亞細亞公國等國家，而東羅馬的殘餘勢力則在小亞細亞建立了尼西亞帝國、特拉布松帝國，在希臘西部海邊建立了伊庇魯斯公國。

　　直到西元1261年，尼西亞皇帝米海爾八世光復君士坦丁堡，滅亡了拉丁帝國。東羅馬帝國至此復國。

漢薩同盟

　　漢薩同盟是由德意志北部、波羅的海沿岸地區的城市組成的同盟。漢薩的意思是「會館」。德國商人們在12世紀就組成過一些較小的「漢薩」，13世紀逐漸凝聚成一個大同盟，14世紀達到鼎盛，擁有160多個同盟城市，壟斷了東歐、北歐與西歐之間的貿易。15世紀以後，由於東邊的波蘭-立陶宛、莫斯科公國，西邊的英國、尼德蘭，北邊的瑞典，還有本土的布蘭登堡-普魯士等勢力崛起，漢薩同盟逐漸衰落，於17世紀解散。

旋風！蒙古戰歐洲

西歐天主教皇、封建君主和騎士陰魂不散，繼續向東、向南發動進攻時，卻有一股更強大的力量強勢襲來，打得整個歐洲手忙腳亂。西元1206年成吉思汗統一蒙古。西元1235年，蒙古已然滅亡了中亞強國花剌子模和中國北方的金國，勢力範圍推進到歐亞交界處的烏拉爾河一帶。西元1236年，蒙古大汗窩闊台命令成吉思汗的長孫拔都為帥，率領15萬大軍再次發動西征，當年冬天就打到了窩瓦河流域。次年冬天，蒙古大軍渡過窩瓦河，繼續向西征討而來。

當時東歐窩瓦河流域的國家叫「羅斯」，羅斯人也就是今天俄羅斯、烏克蘭、白俄羅斯人的祖先。羅斯人從民族來說，屬於斯拉夫族中的「東斯拉夫人」，本居住在東歐平原。西元862年，諾曼將軍留里克帶著精銳的諾曼軍隊參加羅斯人的內戰，建立了一個王國。西元882年，留里克的族親奧列格征服羅斯各地，遷都基輔，建立了「基輔羅斯」。此後，羅斯國跟東羅馬帝國、保加利亞人都打了不少惡仗，又皈依了東正教。但從11世紀後期，羅斯國分裂成許多個獨立的公國，力量被大大削弱了。羅斯各邦為一盤散沙，裝備戰術又落後，遇上往來如風的蒙古騎兵，一點辦法也沒有。

西元1238年，蒙古軍攻滅了弗拉基米爾公國（今莫斯科一帶）。西元1239年，蒙古軍渡過頓河，攻滅基輔公國和加里奇公國（今烏克蘭一帶）。就這樣，羅斯諸國都被蒙古人佔領。此後200年，羅斯地區就只能乖乖當蒙古帝國下屬欽察汗國（又稱金帳汗國，成吉思汗長子朮赤的封

BC

— 0　耶穌基督出生

— 100

— 200

— 300
君士坦丁統一羅馬

羅馬帝國分成兩部
— 400

— 500　波斯帝國

— 600　回教建立

— 700

— 800

凡爾登條約
— 900

神聖羅馬帝國建立
— 1000

— 1100　十字軍東征

— 1200
蒙古第一次西征

— 1300
英法百年戰爭開始

— 1400

哥倫布發現新大陸
— 1500

英國大破無敵艦隊
— 1600

— 1700　發明蒸汽機

美國獨立
— 1800
美國南北戰爭開始
— 1900
第一次世界大戰
第二次世界大戰
— 2000

上古時期　BC

漢

　　－ 0

100 －

三國　　200 －
晉
　　　300 －

南北朝　400 －

　　　500 －

隋朝　　600 －
唐朝
　　　700 －

　　　800 －

五代十國　900 －
宋
　　　1000 －

　　　1100 －

　　　1200 －

元朝　　1300 －

明朝　　1400 －

　　　1500 －

清朝　　1600 －

　　　1700 －

　　　1800 －

　　　1900 －
中華民國
　　　2000 －

國）的附庸國。

　　蒙古軍占了羅斯地區，繼續向歐洲縱深進發。西元1240年，蒙古軍兵分三路，直奔匈牙利、波蘭而來。波蘭人也是斯拉夫人，即西斯拉夫人，和羅斯的東斯拉夫人同種，不同之處在他們皈依的是天主教而不是東正教。波蘭早在10世紀就建立了王國，但在12世紀中葉，他們和羅斯人一樣，也陷入了封建領主割據的分裂狀態。匈牙利也在10世紀末建立了天主教王國。這會兒蒙古軍隊已經越過東正教領地，開始進攻天主教國家了。

　　面對蒙古騎兵，波蘭、匈牙利跟羅斯諸國一樣被打敗了。蒙古軍充分發揮機動優勢，大穿插、大迂迴、大包抄，很快攻克了多個城堡，攪得風聲鶴唳。西邊的德意志諸侯還有條頓騎士團眼看危急，趕緊派來了援軍。可是在往來如風的蒙古大軍面前，這些人都不經打。西元1241年夏天，蒙古軍在列格尼卡（今德國東南）對敵波蘭、德意志諸侯、條頓騎士團的聯軍，用詐敗誘敵、四面包抄的戰術全殲3萬敵人，生擒西利西亞國王亨利並斬首示眾。隨後，蒙古軍直逼匈牙利首都佩斯城。

　　匈牙利國王貝拉四世比較謹慎，堅守佩斯城不出。蒙古軍百般誘戰，貝拉四世不為所動，繼續龜縮。蒙古軍按捺不住發動猛攻，卻又在堅城面前損兵折將。同時天主教援軍源源不斷進入城中，很快聚集了10萬大軍。蒙古軍於是向東撤退，貝拉四世這才出城追擊。一開始他還保持謹慎，逐步跟進，一直到蒙古人退到塞約河東岸，貝拉四世大軍追到河西，與蒙古人隔河相對，並專門派兵守禦唯一的橋樑，以為這樣該沒事了。誰知蒙古軍在夜裡兵分兩路，一路從正面用火炮奪橋，一路迂迴到下游渡河，再包抄過來。

　　匈軍一覺醒來，發現蒙古騎兵已經四面包圍，亂箭像雨點一樣往中間飛來。蒙古兵騎射天下第一，歐洲兵士簡直是活靶子。戰鬥中，匈軍不斷倒下。他們孤注一擲，向西邊突圍。蒙古軍夠狠，故意在西邊閃開

一條路，讓敵人往這個缺口逃命。匈軍自相踐踏，密集擁塞，在蒙軍的射擊下傷亡慘重。此後，蒙古輕騎就和打獵一樣，跟著狼狽奔逃的歐洲軍邊追邊射。等到匈軍逃回佩斯城時，已經損失了7萬多人。蒙古軍乘勝攻城，奪取了佩斯。

此後，蒙古軍隊渡過多瑙河，繼續挺進，一度打到奧地利首都維也納附近。但是在這幾次大戰中，歐洲騎士的強悍戰鬥力也給蒙古人留下很深印象。面對不斷趕來的天主教軍隊，遠征萬里的蒙古軍成為強弩之末。西元1242年，蒙古大汗窩闊台去世的消息傳到，蒙古軍遂拔寨東歸。

蒙古軍的這次西征，趕的是西歐軍團東征的間隙期。雖然他們沒摻和西亞的事，卻也多少影響了教皇的東征大業。在西元1244年，被蒙古人滅亡的中亞大國——花剌子模的殘餘勢力流竄到了耶路撒冷，居然把耶路撒冷給占了。

西元1247年，埃及阿尤布王朝打敗花剌子模人，再次佔領了耶路撒冷。

於是，法國國王路易九世又組織了一次東征。他甚至還派人聯合蒙古，希望蒙古人配合東西夾擊阿尤布王朝。西元1249年6月，路易九世率軍在埃及登陸，再次攻克杜姆亞特城，致使阿尤布老蘇丹一命嗚呼。但是隨後，他們遭到埃及馬穆魯克軍團的反擊，敵軍指揮官是拜伯爾斯。法軍前鋒騎士衝入城中，中了埋伏，全軍覆沒。然後，大軍的退路也被埃及軍隊切斷。法軍矢盡糧絕，只得投降。虔誠的路易九世當了俘虜，後來付了一大筆錢才贖身回來。

當然，埃及阿尤布王朝也不安定。這個擁有幾百年歷史的帝國就被馬穆魯克將軍篡位了。那位打敗了歐洲軍團的馬穆魯克將軍拜伯爾斯，則成為中東地區的強大首領。他在西元1260年擊敗了第三次西征的蒙古軍，威震歐亞，然後開始進攻耶路撒冷附近的國家。

BC

— 0 　耶穌基督出生

— 100

— 200

— 300
　　君士坦丁統一羅馬
　　羅馬帝國分成兩部
— 400

— 500 　波斯帝國

— 600 　回教建立

— 700

— 800
　　凡爾登條約
— 900
　　神聖羅馬帝國建立
— 1000

— 1100 　十字軍東征

— 1200
　　蒙古第一次西征
— 1300
　　英法百年戰爭開始
— 1400

　　哥倫布發現新大陸
— 1500

　　英國大破無敵艦隊
— 1600

　　發明蒸汽機
— 1700

　　美國獨立
— 1800
　　美國南北戰爭開始
— 1900
　　第一次世界大戰
　　第二次世界大戰
— 2000

上古時期　　BC

漢

　　　　　　— 0

　　　　　100 —

　　　　　200 —
三國

晉　　　　　300 —

　　　　　400 —
南北朝

　　　　　500 —

隋朝　　　　600 —
唐朝

　　　　　700 —

　　　　　800 —

五代十國　　900 —

宋　　　　1000 —

　　　　　1100 —

　　　　　1200 —

元朝　　　1300 —

明朝　　　1400 —

　　　　　1500 —

清朝　　　1600 —

　　　　　1700 —

　　　　　1800 —

　　　　　1900 —
中華民國

　　　　　2000 —

　　西元1270年，不甘失敗的法王路易九世組織了第八次東征，可他的目標不是埃及的馬穆魯克，而是北非的哈夫斯王國。倒楣的是，大軍在突尼斯登陸不久，就因為水土不服，大批士兵染上疫病，路易九世也死在軍中。路易九世的同伴英王愛德華一世（當時還是王子），在西元1271年帶本部人馬趕到地中海東岸，和拜伯爾斯打了幾仗，無法取勝，也只能退回去。

　　到13世紀末，地中海東岸所有的歐洲軍團全部覆滅。

第四章：挑戰與復興──君權強化時代
（西元13世紀到16世紀）

　　透過聯姻，奧地利成為一等一的強國。經過長達一個多世紀的激戰，法蘭西逐漸成為王權強盛的國家。在四分五裂的義大利，文藝復興運動掀起了人本主義的浪潮。對黃金的渴求，則驅使冒險家們驅散了地理陰影，逐漸發現了地球的全貌。

1. 芬蘭	11. 德國	21. 匈牙利	31. 義大利	41. 冰島
2. 瑞典	12. 荷蘭	22. 奧地利	32. 西班牙	
3. 挪威	13. 英國	23. 列支敦士登	33. 葡萄牙	
4. 愛沙尼亞	14. 愛爾蘭	24. 瑞士	34. 馬其頓	
5. 拉脫維亞	15. 烏克蘭	25. 法國	35. 科索沃	
6. 立陶宛	16. 摩爾多瓦	26. 保加利亞	36. 蒙特內哥羅	
7. 俄羅斯	17. 斯洛伐克	27. 塞爾維亞	37. 阿爾巴尼亞	
8. 丹麥	18. 捷克	28. 波斯尼亞	38. 梵蒂岡	
9. 白俄羅斯	19. 比利時	29. 克羅埃西亞	39. 希臘	
10. 波蘭	20. 羅馬尼亞	30. 斯洛維尼亞	40. 盧森堡	

聯姻！奧地利模式

　　向西亞進攻的大劇終於落下了帷幕，歐洲各國繼續內部混戰。曾經雄霸一時的德意志，自從「紅鬍子」腓特烈爺孫倆去世後，成了一盤散沙。西元1257年，德意志實力最強的七個諸侯〔科隆、美茵茲和特利爾3個大主教和薩克森公爵、普法茲選侯國（萊茵伯爵）、布蘭登堡伯爵、波西米亞王國4個諸侯〕開會選舉了新國王，這就是所謂的「七大選侯」制度。結果7個諸侯分成兩派，分別在英國和法國的支持下選出了一位皇帝。之後的20年，德國其實沒有真正的皇帝。這一段時期被稱為「空位時期」。過去曾經被各大封建主爭奪得你死我活的皇位，如今竟然空置了，可見德意志分崩離析到了怎樣的程度。西元1356年，德國皇帝查理四世頒布了一個《金璽詔書》，確認皇帝由七大選侯選舉，無須羅馬批准。此外，詔書還確定了各諸侯在自己領土內擁有的絕對權力。這份詔書，更是從法律上把德國變成了一個鬆散的集合體。

　　德國諸侯都很看重自己的權力，一個強有力的皇帝是不受歡迎的。所以他們喜歡選舉那些實力較弱或者比較窩囊的人當皇帝。一旦發現某個皇帝很彪悍，諸侯們就會聯合起來把他趕下台。羅馬教皇過去在德國皇帝壓迫下忍氣吞聲，現在也開始干涉皇帝的選舉。在奧托大帝時代，德意志曾是全歐洲最強大的帝國。現在情況變了，德意志領土上分佈著幾十個大邦國，幾百個中小邦國，還有一千多個騎士領地。每一個邦國諸侯，包括當選為皇帝的人，都把自己邦國的利益放在德意志帝國和民族之上。德意志成了一盤散沙，一個純粹的地理概念。

<table>
<tr><td>BC</td></tr>
<tr><td>— 0</td><td>耶穌基督出生</td></tr>
<tr><td>— 100</td><td></td></tr>
<tr><td>— 200</td><td></td></tr>
<tr><td>— 300</td><td>君士坦丁統一羅馬</td></tr>
<tr><td></td><td>羅馬帝國分成兩部</td></tr>
<tr><td>— 400</td><td></td></tr>
<tr><td>— 500</td><td>波斯帝國</td></tr>
<tr><td>— 600</td><td>回教建立</td></tr>
<tr><td>— 700</td><td></td></tr>
<tr><td>— 800</td><td></td></tr>
<tr><td></td><td>凡爾登條約</td></tr>
<tr><td>— 900</td><td></td></tr>
<tr><td></td><td>神聖羅馬帝國建立</td></tr>
<tr><td>— 1000</td><td></td></tr>
<tr><td>— 1100</td><td>十字軍東征</td></tr>
<tr><td>— 1200</td><td></td></tr>
<tr><td></td><td>蒙古第一次西征</td></tr>
<tr><td>— 1300</td><td></td></tr>
<tr><td></td><td>英法百年戰爭開始</td></tr>
<tr><td>— 1400</td><td></td></tr>
<tr><td></td><td>哥倫布發現新大陸</td></tr>
<tr><td>— 1500</td><td></td></tr>
<tr><td></td><td>英國大破無敵艦隊</td></tr>
<tr><td>— 1600</td><td></td></tr>
<tr><td>— 1700</td><td>發明蒸汽機</td></tr>
<tr><td></td><td>美國獨立</td></tr>
<tr><td>— 1800</td><td></td></tr>
<tr><td></td><td>美國南北戰爭開始</td></tr>
<tr><td>— 1900</td><td></td></tr>
<tr><td></td><td>第一次世界大戰</td></tr>
<tr><td></td><td>第二次世界大戰</td></tr>
<tr><td>— 2000</td><td></td></tr>
</table>

上古時期　BC

漢

　　— 0

100 —

三國
晉　　200 —

300 —

南北朝　400 —

500 —

隋朝　600 —
唐朝

700 —

800 —

五代十國　900 —

宋　　1000 —

1100 —

1200 —

元朝　1300 —

明朝

1400 —

1500 —

1600 —
清朝

1700 —

1800 —

1900 —
中華民國

2000 —

　　接下來，一個原本毫不起眼的小諸侯國逐漸崛起，成為德意志新的中堅力量，引領歐洲幾百年風騷。這個小諸侯，就是奧地利哈布斯堡家族。有趣的是，他們擴充實力的主要方式是聯姻。

　　哈布斯堡家族的先祖曾在瑞士的山上修建了一座豪華別墅，取名「哈布斯堡」，這個家族就此得名。腓特烈二世在位時，哈布斯堡家族的阿爾布雷希特四世伯爵在亞爾薩斯地區取得了一些領土和特權。西元1239年，阿爾布雷希特四世伯爵去世，他的兒子魯道夫一世繼位。魯道夫一世身高2米1，很瘦，鼻子很大，臉色蒼白。他待人寬厚，勇敢而虔誠。他經常向教父——德皇腓特烈二世及其兒子康拉德四世表忠心，獲得了不少土地的賞賜。他又出兵搶了一些小貴族的土地，還佔有了一些帝國公有的領土和無主的領土。後來，他娶了霍恩堡伯爵布夏爾德三世的繼承人格特魯德小姐為妻，又獲得了一片土地。再加上他母親也是基堡伯爵的繼承人。這麼下來，魯道夫已經在亞爾薩斯、萊茵河流域和瑞士一帶取得了大片土地，算得上德意志的一個二流諸侯了。

　　天有不測風雲，正當魯道夫一世意氣風發時，他的乾爹和乾兄弟先後去世。羅馬教皇秋後算帳，狠狠修理了魯道夫一世。魯道夫一世忍氣吞聲，轉而討好教廷。西元1264年他舅舅也死了，沒有繼承人，這片土地又歸他了。他還花錢購買了大量土地，經濟實力和政治地位都在不斷上升。他最大的財富是他的一群女兒——聯姻的最佳資源。

　　西元1273年，七大諸侯選舉德國國王，當時最強而有力的皇帝候選人是波西米亞國王奧托卡二世，他佔有波西米亞、奧地利等大片土地。但正因為如此，其他諸侯擔心他太過強勢，反而不願意選他，而寧可選看上去老實懦弱的魯道夫。魯道夫還討好教皇，博得了教皇的好感，又把兩個女兒嫁給了薩克森公爵和上巴伐利亞公爵，贏得了這兩大諸侯的支持。這麼「得道多助」，二流諸侯魯道夫一世戰勝了一流諸侯奧托卡二世，當選為德意志皇帝。

當上皇帝後，魯道夫一世繼續擴大王室土地。他要求當初的競爭者奧托卡二世交出奧地利土地。遭到拒絕後，魯道夫出兵討伐，在西元1278年全殲波西米亞軍隊，殺死了奧托卡二世。之後，魯道夫把奧地利大片領土分封給自己的兒子。從此，奧地利成為哈布斯堡家族的世代屬地。儘管如此，他沒有對奧托卡二世趕盡殺絕，反而把自己的女兒嫁給了奧托卡的兒子，又讓兒子娶了奧托卡二世的女兒，就這樣冤家變親家。在妻子去世後，他娶了勃艮第公爵的一個女兒，又讓自己的一個兒子娶了勃艮第公爵的另一個女兒，並把幾個女兒分別嫁給法國國王、匈牙利國王、布蘭登堡選帝侯等。透過這些聯姻，魯道夫獲得了不少領土，更大大鞏固了家族地位。哈布斯堡家族也一躍成為德意志帝國的豪門。

不過正如前面說的，德意志諸侯最怕皇帝實力太強大。因此等魯道夫一世和他兒子阿爾布雷希特一世先後去世，諸侯就又選了其他家族的人當皇帝。哈布斯堡家族也不著急，他們尋求其他發展，在維也納修了大教堂、大學，搞得有聲有色。同時他們還熱衷於編寫家譜，把哈布斯堡家族的祖先寫得顯赫無比。

BC

— 0　耶穌基督出生

— 100

— 200

— 300
　　君士坦丁統一羅馬
　　羅馬帝國分成兩部
— 400

— 500　波斯帝國

— 600　回教建立

— 700

— 800
　　凡爾登條約
— 900
　　神聖羅馬帝國建立
— 1000

— 1100　十字軍東征

— 1200
　　蒙古第一次西征

— 1300
　　英法百年戰爭開始

— 1400

　　哥倫布發現新大陸
— 1500

　　英國大破無敵艦隊
— 1600

　　發明蒸汽機
— 1700

　　美國獨立
— 1800

　　美國南北戰爭開始
— 1900
　　第一次世界大戰
　　第二次世界大戰

— 2000

BC

— 0

100 —

200 —

300 —

400 —

500 —

600 —

700 —

800 —

900 —

1000 —

1100 —

1200 —

1300 —

1400 —

1500 —

1600 —

1700 —

1800 —

1900 —

2000 —

哀歌！教皇與聖騎團

　　法國自從腓力二世之後，興起之路起伏波折。西元1266年，法國親王安茹查理出兵殺了德皇腓特烈二世的私生子和孫子，佔領義大利南部和西西里島，後來因為橫徵暴斂，激怒了西西里民眾，丟掉了西西里。這件事引發了法國和亞拉岡之間的戰爭，結果法王腓力三世（路易九世之子、安茹查理之兄）兵敗身亡。他的兒子腓力四世繼位為法國帶來了新的變化。

　　腓力四世身材高大，英俊瀟灑，人稱「美男子」。但他並非浮華淺薄的花花公子，反倒頗有城府。他覺得爺爺和父親太傻了：一個法國國王大老遠跑去非洲、義大利打什麼仗，打贏了對國家能有好處嗎？相反，他腳踏實地，想方設法加強法國的力量，提高王室的威嚴。

　　腓力四世繼位時，法國南部的波亞圖和土魯斯的封建領主沒有後代，他們的領地就歸王室了。腓力又和納瓦拉女王胡安娜結婚，把香檳地區也收歸王室。接下來，他把注意力投向了法國西南的英王領地加斯科涅，還有東部的法蘭德斯伯爵領地。為此，他跟英國、法蘭德斯打了不少仗，互有勝敗。後來，腓力把女兒嫁給英國王子（後來的英王愛德華二世），占了英國不少領地，使得英國在法國的領土只剩下窄小的一塊沿海地帶。他還從神聖羅馬帝國手中把洛林地區搶了過來。

　　這些都不算什麼，腓力四世還敢跟教皇作對！如前所述，教皇過去曾是德國皇帝的跟班，現在已經一躍成為西歐的「太上皇」。西元1294年，博義八世成了教皇。他藉著教廷的名義，到處攫取土地和財產。大

貴族科隆納家族反抗教皇的暴政，教皇就召集軍隊攻打科隆納家族，開除他們的教籍。他假裝和談，誘騙對方放下武器後，再背信棄義，把他們的城市劫掠一空。他還企圖加強教廷在義大利各地乃至歐洲各國的權威，建立一個天主教神權帝國。至於歐洲各地的教會財產，也變得像他的私人財產一樣。

腓力四世對此很不服氣。他宣布，向法國境內的教會徵收財產稅！對於博義八世來說，這簡直如同「殺父之仇」、「奪妻之恨」。於是法國國王和羅馬教皇正式開始對立。博義八世首先宣布敕令，強調國王不許向教士徵稅，教士也不許向國王繳稅。腓力四世則針鋒相對，宣布法蘭西境內任何人沒有國王批准，不得將金銀、貨幣、武器、馬匹輸出國外。這樣一來，法國地區的教會收入，博義八世連一個子兒也收不到了。博義八世勃然大怒，派遣了一個大主教去訓斥腓力四世。這個主教不辱使命，當面斥責了腓力四世。腓力四世微笑著看他的表演，等到主教口乾舌燥罵不動了，腓力四世這才把主教抓起來，押到世俗法庭上審判。這一記耳光打得真是又響又痛。博義八世徹底憤怒了，他再次發布敕令，宣布只有教會才能審判那位主教，最後還說：我的前任教皇們一共罷黜過三位法國國王，你是第四個！沒想到腓力四世完全不懼。他接到這份敕令後，轉手就讓文采好的人加以潤色，然後召開法國教士、貴族和市民的三級會議。在會上，腓力四世把潤色後的敕令當眾宣讀。結果不出所料，教皇的敕令激怒了所有與會代表。法國各階層同仇敵愾，憤怒聲討羅馬教廷的腐敗和張狂，表達了堅決擁護腓力四世，對抗反動教皇的決心。值得一提的是，這也是法國歷史上第一次召開三級會議。這個傳統在幾百年後引發了法國大革命。

博義八世想不到腓力四世竟然這麼堅決，一下子愣了。沒等他反應過來，法國國王又在西元1303年支持教皇的死對頭——科隆納家族發動突襲，抓住了博義八世。他們脫下教皇的外衣，把他綁起來拳打腳踢，

BC

— 0　耶穌基督出生

— 100

— 200

— 300
君士坦丁統一羅馬

羅馬帝國分成兩部
— 400

— 500　波斯帝國

— 600　回教建立

— 700

— 800

凡爾登條約
— 900

神聖羅馬帝國建立
— 1000

— 1100　十字軍東征

— 1200
蒙古第一次西征

— 1300
英法百年戰爭開始

— 1400

哥倫布發現新大陸
— 1500

英國大破無敵艦隊
— 1600

發明蒸汽機
— 1700

美國獨立
— 1800

美國南北戰爭開始
— 1900
第一次世界大戰
第二次世界大戰
— 2000

上古時期　　BC

漢

　　　　　　－ 0

　　　　　　100 －

三國　　　　200 －
晉
　　　　　　300 －

　　　　　　400 －
南北朝
　　　　　　500 －

隋朝　　　　600 －
唐朝
　　　　　　700 －

　　　　　　800 －

五代十國　　900 －

宋
　　　　　　1000 －

　　　　　　1100 －

　　　　　　1200 －

元朝
　　　　　　1300 －
明朝
　　　　　　1400 －

　　　　　　1500 －

　　　　　　1600 －
清朝
　　　　　　1700 －

　　　　　　1800 －

　　　　　　1900 －
中華民國
　　　　　　2000 －

還押著他遊街示眾。沒多久，博義八世就被活活氣死了。法王腓力四世在國內找了個主教克雷芒五世，扶植其當上教皇。克雷芒五世對腓力四世言聽計從，為了方便腓力四世的「管理」，甚至把教廷從羅馬搬到了法國的亞維農。往後的60多年裡，歷任教皇都是法國人，全部乖乖地待在亞維農，一切唯法王是從。教會在歐洲的統治力也一落千丈，再也回不到過去的輝煌了。

　　腓力四世不但抓了教皇，還要向教皇的直屬武裝——聖殿騎士團動手。騎士們在東方掠奪了驚人的財富，甚至控制了歐洲金融業。腓力四世正缺錢，於是秘密下令全國各地官府，在西元1307年10月13日（史稱「黑色星期五」）突然動手，把聖殿騎士團成員全部逮捕。此後，腓力四世讓傀儡教皇克雷芒五世解散騎士團。

死鬥！百年戰爭

法蘭西國王「美男子」腓力四世施展鐵腕手段，把教皇和聖殿騎士團一網打盡，十分得意。可惜樂極生悲，半年後他便死於意外。死後，接連三個兒子都是在位沒幾年就死於非命，而且都沒留下後嗣。於是，法國人選腓力四世的侄兒——瓦盧瓦的腓力當新國王，史稱法王腓力六世。卡佩王朝終結，瓦盧瓦王朝開始，其實瓦盧瓦家族也屬於卡佩王朝的後人，只是名號不同而已。

但是有人不高興了，他就是英王愛德華三世。愛德華三世的媽媽是腓力四世的女兒，他覺得，論關係我是法王腓力四世的外孫，理當繼承王位，你腓力六世不過是腓力四世的侄兒，憑什麼和我搶？但沒辦法，當時的法國人重男輕女，覺得嫁出去的女兒就沒繼承權了。於是，堂舅舅和堂外甥之間為了搶奪遺產，便展開一場龍爭虎鬥。

除了王位之爭外，這裡面還包含有英、法兩國的長期衝突。前面說過，英國王室原本在法國擁有大片領土，比法國王室還多。到了腓力二世的時候，法國從英國約翰王手裡搶了不少。但西南的阿基坦這塊寶地還在英國手裡，法國把這塊地看成一塊肥肉，非吃下來不可，而英國堅決不讓。另外，法國東邊有塊地叫法蘭德斯（今荷蘭、比利時和法國東北部），那裡紡織業很發達，英、法都很想要這塊地。這麼一來，兩國的衝突就越來越深。

兩國各自拉幫結派。英王拉攏了神聖羅馬帝國作為幫手，法王則拉攏了蘇格蘭王國。無奈蘇格蘭人在西元1333年被愛德華三世打敗；隨

BC

— 0　耶穌基督出生

— 100

— 200

— 300
君士坦丁統一羅馬
羅馬帝國分成兩部
— 400

— 500　波斯帝國

— 600　回教建立

— 700

— 800
凡爾登條約
— 900
神聖羅馬帝國建立
— 1000

— 1100　十字軍東征

— 1200
蒙古第一次西征

— 1300
英法百年戰爭開始
— 1400
哥倫布發現新大陸
— 1500

英國大破無敵艦隊
— 1600
發明蒸汽機
— 1700
美國獨立
— 1800
美國南北戰爭開始
— 1900
第一次世界大戰
第二次世界大戰
— 2000

後，愛德華三世就可以專心對付腓力六世了。西元1337年，愛德華三世親率大軍渡海進攻法國，英、法兩國正式開戰。誰也想不到，這一開仗居然會打上一百多年。

蘇格蘭在9世紀建立了第一個王國，之後戰亂不絕。威廉征服英格蘭後，也迫使蘇格蘭臣服。此後，英格蘭經常干涉蘇格蘭內政。13世紀末，愛德華一世入侵英格蘭，鎮壓了威廉‧華勒斯的反抗，幾乎將蘇格蘭併吞。西元1307年愛德華一世去世，蘇格蘭貴族羅伯特‧布魯斯被推舉為蘇格蘭新國王。西元1314年，蘇格蘭國王在班諾克本大敗英格蘭軍隊，取得實際的獨立。西元1328年，愛德華一世之孫愛德華三世承認蘇格蘭是獨立國家。羅伯特國王去世後，英格蘭趁機再次進攻蘇格蘭，蘇格蘭國王大衛二世逃到法國。後來英法戰爭爆發，英軍主力被牽制，大衛二世趁機返回蘇格蘭繼續抗爭。雖然在西元1346年的內維爾十字之戰中蘇格蘭慘敗，但英格蘭也無力再大舉入侵。西元1357年雙方簽訂和約，蘇格蘭正式獲得獨立地位。

戰爭之初，英軍就咄咄逼人。西元1340年，英軍在斯魯伊海戰中打敗法軍，從而控制了英吉利海峽。接著兩軍於西元1346年在法國的克雷西展開大戰，英軍只有1萬多人，而法軍的人數是他們的三倍。在這一戰中，英軍佈署得當，在第一線用重裝步兵、下馬騎兵和威爾斯長矛手組成堅實的防線，然後把著名的英格蘭長弓手擺在後方。而法軍呢，他們像烏合之眾一樣蜂擁而上。第一陣的熱那亞弩手和第二陣的輕步兵抵擋不住進攻，狼狽潰逃，反而妨礙了後面的戰友。法軍主力重裝騎兵雖然強大，卻在鋪天蓋地而來的箭雨下傷亡慘重，隊形混亂，好不容易衝到陣前，又被英軍的第一防線部隊給擋住了。這樣幾次下來，法軍大敗，損失接近半數人馬，而英軍只傷亡幾百人。第二年，英軍又佔領了法國的要塞港口加來。法國的盟友蘇格蘭——看英、法大戰正酣，又想趁機獨立，結果在內維爾十字之戰中，英格蘭長弓手一陣亂箭，就直接把蘇

三國
晉

南北朝

隋朝
唐朝

五代十國

宋

元朝
明朝

清朝

中華民國

— 0

100

200 —

300 —

400 —

500 —

600 —

700 —

800 —

900 —

1000 —

1100 —

1200 —

1300 —

1400 —

1500 —

1600 —

1700 —

1800 —

1900 —

2000 —

格蘭軍隊射得傷亡無數，大敗而逃；蘇格蘭國王大衛二世也被活捉。

英軍氣勢正猛，不料歐洲爆發了黑死病，造成三分之一的人死亡，兩國連打仗的人都湊不齊了，只得休戰。到西元1356年疫病過去，雙方接著開打。西元1356年9月的普瓦捷之戰，1萬英軍對戰3萬法軍。法軍考慮到上次在克雷西的教訓，決定換個打法。他們叫身披重甲的騎士們下馬，步行朝英軍衝鋒！結果可想而知，鐵罐頭成了活靶子，法軍再次慘敗，法王約翰二世王子和大臣也都被英軍活捉。為了支付贖金，法國朝廷只好拼命地搜刮民脂民膏，導致巴黎市民和鄉下農民起義。內憂外患下，法蘭西王國徹底垮了。沒辦法，法國在西元1360年簽訂《布勒丁尼和約》，割讓羅亞爾河以南至庇里牛斯山脈的大片領土。戰爭第一階段以英國的大獲全勝而告終。

法國可不甘心就此失敗。西元1364年，法王查理五世繼位。他勵精圖治，改編軍隊，整頓稅收。鑒於克雷西戰役、普瓦捷戰役的教訓，查理五世認為，笨重的騎士不太適應戰爭的需要。他改用裝備精良的僱傭兵，還首次建立了炮兵部隊。從西元1369年起，查理五世發動反攻，依靠名將貝特朗‧杜‧蓋克蘭，多次打敗英軍。英王愛德華三世此刻已然老邁昏庸，抵擋不住法軍的攻勢。到西元1377年，查理五世幾乎收復了全部失地，只剩下幾個港口還在英國人手裡。雙方大致回到開戰前的局面。

查理五世奮戰十年，收復故土，可他的功績是建立在窮兵黷武之上。為了維持僱傭軍、建炮隊、造艦隊的開銷，他拼命壓榨國內民眾，勝利光復的背後隱患重重。若是能有個英明君主在台上，逐漸化解問題，平穩過渡也未嘗不可。不幸的是，他的兒子查理六世卻是個精神病患者，於是法國的國運就可想而知了。查理六世即位後，查理五世時代留下的痼疾一起發作，上層奧爾良公爵（查理六世的弟弟）和勃艮第公爵（查理六世的侄兒）兩派爭權奪利，不但動武，還搞暗殺；下層百姓

BC

— 0　　耶穌基督出生

— 100

— 200

— 300
君士坦丁統一羅馬

羅馬帝國分成兩部
— 400

— 500　　波斯帝國

— 600　　回教建立

— 700

— 800

凡爾登條約
— 900

神聖羅馬帝國建立
— 1000

— 1100　十字軍東征

— 1200
蒙古第一次西征

— 1300
英法百年戰爭開始

— 1400

哥倫布發現新大陸
— 1500

英國大破無敵艦隊
— 1600

發明蒸汽機
— 1700

美國獨立
— 1800

美國南北戰爭開始
— 1900
第一次世界大戰
第二次世界大戰

— 2000

上古時期　BC

漢

— 0

100 —

三國
晉　　200 —

300 —

南北朝　400 —

500 —

隋朝　600 —
唐朝

700 —

800 —

五代十國　900 —

宋　　1000 —

1100 —

1200 —

元朝　1300 —

明朝　1400 —

1500 —

清朝　1600 —

1700 —

1800 —

1900 —
中華民國

2000 —

民不聊生，揭竿而起。法蘭西一片混亂。

這段時間，英國也在鬧內亂，一時無暇顧及。等到英國內亂結束，正好雙方之前簽的停戰協議也到期了。英王亨利五世（愛德華三世的曾孫）哪裡肯放過這個好機會？他在西元1415年直奔法國而來。10月，兩軍在阿金庫爾展開決戰。英軍不到1萬人，其中有少數騎士，大部分是長弓手；而法軍有三、四萬人，大部分是貴族和騎士。法軍趾高氣揚，宣稱打贏之後，要把英國那些長弓手的右手食指和中指都斬斷，讓他們無法再射箭！結果，這一戰重複了先前的慘劇。法軍騎士潮水般地湧向英軍，有的陷入雨後的泥濘之中，有的被英軍埋設的木樁子絆倒，淪為長弓射擊下的犧牲品。不少法軍騎士身穿沉重的鎧甲倒在地上掙扎不起，被英軍長弓手用小刀插進面罩的縫隙殺死。戰後，英國長弓手得意地伸出兩個手指：「來啊，你有本事就來砍啊！」這就是勝利手勢「V」的由來。法軍損失過萬，而英軍只死了200人。

雪上加霜的是，法國的勃艮第公爵倒戈了，為英軍當了嚮導。於是英軍在法國縱橫馳騁，很快佔領了法國的大片領土，巴黎也被「內奸」勃艮第公爵佔領了。查理六世只得在西元1420年和英國簽訂《特魯瓦條約》。這個條約可比西元1360年的《布勒丁尼和約》慘多了，條約直接規定英王亨利五世娶查理六世的女兒，並擔任法國的攝政王。法國領土被分為三塊，北邊一大塊是英王屬地，南邊一大塊由查理六世的太子查理七世掌管，東邊相對較小的一塊給「內奸」勃艮第公爵。更慘的是，條約還規定，等查理六世去世，由亨利五世以女婿身份繼承法國王位！換言之，法國其實已經被英國併吞了。

人算不如天算，誰也沒有想到，亨利五世居然在西元1422年因為痢疾去世了，年僅35歲，比他的岳父還早死兩個月！這下子，英、法兩邊又開始吵了。英國人說：「亨利五世有權繼承法國王位，現在亨利五世雖然死了，他兒子亨利六世可是查理六世的外孫，繼承外公的王位有什

麼不妥嗎？」法國人說：「胡說！亨利五世的繼承權是和約規定的，他兒子的繼承權和約可沒提！亨利五世提前死了，但是查理六世還有兒子啊，哪有不傳兒子傳外孫的！」於是，英國尊亨利五世之子亨利六世為「英法國王」，法國尊查理六世之子查理七世為「法國國王」，雙方又開戰起來。按說英王亨利六世不過是個小孩子，英軍跨海而來也得不到法國北部民眾支持；可是法國貴族將軍們都被英軍打怕了，畏畏縮縮，因此打了幾年，處處被動。

　　西元1428年，英軍圍困法國要塞奧爾良城，局勢十分危急。這時，一位法蘭西少女站了出來，肩扛起拯救民族的重任，她就是聖女貞德。貞德出生在法國東北部農村，她的故鄉是一個被親英的勃艮第公爵包圍、卻依然忠於法國王室的「孤島」。16歲那年，她忽然宣稱看到了神蹟，說自己是奉上帝之命來拯救法國的！幾經周折，貞德穿過英占區，見到了查理七世。查理七世雖然將信將疑，但現在兵凶戰危，也只有死馬當活馬醫了。於是他在西元1429年4月27日任命貞德為「戰爭總指揮」，派她帶兵3000，去解奧爾良之圍。

　　查理七世不過是把貞德當成一塊招牌，希望鼓舞士氣。他派出輔佐貞德的將軍也慢條斯理，打算像過去一樣制定周密的戰略，迂迴包抄，逐步推進。誰知貞竟無視命令直奔奧爾良而去。她自己騎著白馬，身穿盔甲，衝在隊伍最前頭。法軍已經打了幾十年的窩囊仗，如今看到聖女貞德身先士卒，頓時大受鼓舞，跟著往前猛衝。奧爾良城外的英軍數量其實比城中守軍還少，打了這麼久也很疲憊，完全仗著法國貴族將軍們的膽怯才能繼續圍城。誰知道來了個天不怕地不怕的貞德，英軍頓時被殺得稀裡嘩啦。4月29日，貞德就衝進了奧爾良城。全城軍民歡聲雷動：「法蘭西有救了！」隨後，貞德帶領法軍屢屢出城邀戰，每一戰她都衝在前頭，中箭受傷後也死戰不退。英軍本來就是強弩之末，哪裡招架得住這番攻勢。不到10天，奧爾良周邊的英軍紛紛潰敗，奧爾良之圍

BC

— 0　耶穌基督出生

— 100

— 200

— 300
君士坦丁統一羅馬
羅馬帝國分成兩國
— 400

— 500　波斯帝國

— 600　回教建立

— 700

— 800
凡爾登條約
— 900
神聖羅馬帝國建立
— 1000

— 1100　十字軍東征

— 1200
蒙古第一次西征
— 1300
英法百年戰爭開始
— 1400

哥倫布發現新大陸
— 1500

英國大破無敵艦隊
— 1600

— 1700　發明蒸汽機

美國獨立
— 1800

美國南北戰爭開始
— 1900
第一次世界大戰
第二次世界大戰
— 2000

上古時期　BC

漢

—— 0

100 —

三國
晉　200 —

300 —

南北朝　400 —

500 —

隋朝　600 —
唐朝

700 —

800 —

五代十國　900 —

宋　1000 —

1100 —

1200 —

元朝　1300 —

明朝　1400 —

1500 —

清朝　1600 —

1700 —

1800 —

1900 —
中華民國

2000 —

解了。

　　此戰之後，聖女貞德之名威震西歐。她繼續帶著法軍，四處追擊英軍。其實英法戰爭打到這地步，雙方都只剩一口氣，誰能堅持到最後，誰就能贏。而貞德的神勇，無疑給法軍注入了一針強心劑。數月之間，貞德屢戰屢勝。法國北部各地的民眾也紛紛起義，迎接王師。西元1429年，查理七世正式在蘭斯加冕稱王。

　　正當復國大業一片輝煌時，貞德卻落入敵手。西元1430年5月在康比涅城發生了一次小規模戰役，貞德在撤退時親自斷後。誰知她的部下自己進了城，居然立刻把城門關上，以致貞德被「內奸」勃艮第公爵的軍隊俘虜。勃艮第公爵後來又把她賣給了英國人。英國人對貞德恨之入骨，安排宗教法庭對她進行審判，最後判決她是和魔鬼勾結的「女巫」，在西元1431年5月將她活活燒死。法蘭西的聖女，奧爾良女孩貞德，犧牲時年僅19歲。出身農家的她，挽狂瀾於既倒，挫英軍之凶焰，至死無悔。

　　貞德雖然死去，法蘭西光復故土的潮流已不可阻擋。全法軍民奮起，到處驅逐英軍。勃艮第公爵眼見民情洶洶，也趕緊宣布「起義」，反英復法。西元1437年，法國收復巴黎；西元1441年收復香檳地區；西元1450年收復諾曼第地區，西元1453年奪回吉耶訥、波爾多。西元1458年，法軍攻陷加萊，把英國完全驅趕出歐洲大陸，持續一百多年的百年戰爭，以法國的完全勝利而告終。

　　百年戰爭中，儘管法國付出了慘重的代價，大半個國土被戰火蹂躪，但是藉由戰爭，法國達到了三個目的：第一，把戰前在法國的英王領土阿基坦等地搶了回來；第二，戰爭削弱了法國各地的封建貴族勢力，尤其是那些曾經被英軍佔領的土地。打完百年戰爭，法國王室的地位進一步提升；第三，戰爭還增強了法蘭西人的民族意識。此後，查理七世又進行了一系列改革，建立強大的常備軍，加強對貴族、教會的控

制，制定三種稅收。在他的統治下，法蘭西撫平了戰爭瘡痍，開始朝著爭霸歐陸的目標邁進。

貞德後世評價

戰爭結束後，經過貞德母親要求，教皇嘉禮三世安排了一次新的審判，最終在西元1456年宣布，貞德並不是一個女巫，之前的審判是污衊。又過了464年，教皇在西元1920年為貞德封聖。此外，雖然貞德被法國人看作是民族英雄，但英國人有一段時間把貞德看作是女巫，比如在莎士比亞的劇作中，貞德便是女巫形象。

BC

— 0　　耶穌基督出生

— 100

— 200

— 300　君士坦丁統一羅馬
　　　　羅馬帝國分成兩軍
— 400

— 500　　波斯帝國

— 600　　　回教建立

— 700

— 800
　　　　　凡爾登條約
— 900
　　　　神聖羅馬帝國建立
— 1000

— 1100　十字軍東征

— 1200
　　　　蒙古第一次西征
— 1300
　　　　英法百年戰爭開始

— 1400

　　　　哥倫布發現新大陸
— 1500

　　　　英國大破無敵艦隊
— 1600
　　　　　發明蒸汽機
— 1700
　　　　　　美國獨立
— 1800
　　　美國南北戰爭開始
— 1900
　　　　第一次世界大戰
　　　　第二次世界大戰

— 2000

上古時期　BC

漢

－ 0

100 —

三國
晉　　200 —

300 —

南北朝　400 —

500 —

隋朝　600 —
唐朝

700 —

800 —

五代十國　900 —

宋

1000 —

1100 —

1200 —

元朝

明朝　1300 —

1400 —

1500 —

清朝　1600 —

1700 —

1800 —

1900 —

中華民國

2000 —

彎刀！鄂圖曼土耳其

　　正當西邊英、法兩國打得不可開交時，歐洲東邊又悄然崛起一個強大的對手——鄂圖曼土耳其帝國（「土耳其」是「突厥」的另一種譯法）。從11世紀起，塞爾柱突厥人在小亞細亞建立了一個魯姆蘇丹國，曾跟東征的西歐軍隊多次交鋒。後來蒙古人第三次西征，把中亞、西亞的國家一一征服，魯姆蘇丹國也在14世紀初被滅了。就在這個國家滅亡前夕的西元1299年，其下屬一個突厥人部族在酋長鄂圖曼的率領下獨立了。此後，這個蕞爾小國開始擴張，蠶食了東羅馬帝國在小亞細亞的領土。

　　東羅馬帝國由於幾十年前被洗劫了一輪，元氣大傷。雖然收復了君士坦丁堡，但這時還有許多地盤被佔領，加上西邊的保加利亞、塞爾維亞等不斷進逼，東羅馬帝國的軍事力量應付入侵早已捉襟見肘，面對鄂圖曼的進攻更是連吃敗仗。西元1331年，東羅馬在小亞細亞的重鎮尼西亞投降鄂圖曼。東羅馬帝國只好屈膝求和。求和的作用也不大，鄂圖曼還是步步逼進。到西元1350年，東羅馬帝國被永遠地趕出了小亞細亞地區。

　　現在，東羅馬帝國只剩下巴爾幹半島南部的一點領土了。讓人無語的是，東邊的鄂圖曼在步步進逼，西邊的同教兄弟還在內訌。東羅馬帝國一會兒攻打巴爾幹的其他敵對國家，一會兒與同教兄弟爆發爭奪皇位的戰爭。東羅馬內戰對鄂圖曼土耳其當然是絕佳的機會。土耳其人一邊扶持內戰中的一方，一邊趁機渡過海峽，掠奪歐洲的領土。西元1354

年，鄂圖曼佔領要塞加里波底，搶得歐洲大陸的橋頭堡。又過了十多年，東羅馬的歐洲部分領土紛紛被鄂圖曼吞噬，昔日地跨歐、亞、非三洲的大帝國，只剩下了首都君士坦丁堡一帶的彈丸之地。東羅馬皇帝向羅馬教皇求救：「教皇，快派兵來救我，我願意兩教合一！」可是就算教皇有兵馬，也遠水救不了近火。沒辦法，東羅馬只好向鄂圖曼納貢。從此以後，東羅馬人就在鄂圖曼土耳其龐大勢力的包圍下，困頓在彈丸之地裡，直到最終滅亡。

接下來，鄂圖曼開始攻打巴爾幹半島諸國。巴爾幹的那些國家，包括塞爾維亞、保加利亞、羅馬尼亞、阿爾巴尼亞、克羅埃西亞，先前一邊和東羅馬開戰，一邊互相殘殺忙得不亦樂乎。現在終於醒悟過來，他們趕緊聯合起來，對抗鄂圖曼土耳其人。可是已經晚了！西元1389年，鄂圖曼軍與巴爾幹各國聯軍在科索沃展開大戰。聯軍雖然派刺客暗殺了鄂圖曼蘇丹穆拉德一世，但依舊難以挽回大局。此戰後不久，塞爾維亞、保加利亞等巴爾幹大國徹底淪為鄂圖曼的屬地。

眼看鄂圖曼在東歐翻雲覆雨，西歐的封建主們這才害怕了。羅馬教皇一聲令下，義大利的內戰暫停了，英、法也簽下停戰和約。天主教騎士們從德國、法國、波蘭、義大利、英國源源不斷彙集到東歐，再加上匈牙利國王的大隊騎兵，準備和鄂圖曼人好好打一仗。西元1396年，歐洲聯軍渡過多瑙河，與鄂圖曼軍隊在尼科波利斯展開決戰。結果，莽撞無智的法國騎士先中了鄂圖曼軍隊的伏擊，隨後跟進的匈牙利騎兵又被埋伏的鄂圖曼重騎兵腹背夾擊，歐洲聯軍遂全線崩潰，僅有少數人拼命逃上船渡河，大部分人戰死或淹死在戰場上。此戰之後，鄂圖曼帝國徹底控制了多瑙河以南的巴爾幹地區。

隨著鄂圖曼的擴張，中亞的蒙古首領「瘸子」帖木兒也崛起了，也開始向西邊擴張，這使得鄂圖曼帝國腹背受敵。西元1402年的安卡拉戰役，帖木兒軍大敗鄂圖曼軍，還俘虜了鄂圖曼蘇丹巴耶塞特一世。巴耶

BC

— 0　　耶穌基督出生

— 100

— 200

— 300
　　君士坦丁統一羅馬

　　羅馬帝國分成兩部
— 400

— 500　　波斯帝國

— 600　　回教建立

— 700

— 800

　　凡爾登條約
— 900

　　神聖羅馬帝國建立
— 1000

— 1100　十字軍東征

— 1200
　　蒙古第一次西征
— 1300
　　英法百年戰爭開始

— 1400

　　哥倫布發現新大陸
— 1500

　　英國大破無敵艦隊
— 1600

　　發明蒸汽機
— 1700

　　美國獨立
— 1800
　　美國南北戰爭開始
— 1900
　　第一次世界大戰
　　第二次世界大戰
— 2000

上古時期　BC

漢

—0

100—

三國
晉　200—

300—

南北朝　400—

500—

隋朝　600—
唐朝

700—

800—

五代十國　900—
宋

1000—

1100—

1200—

元朝
1300—

明朝
1400—

1500—

1600—
清朝

1700—

1800—

1900—
中華民國

2000—

塞特的四個兒子開始內戰，這給歐洲帶來了二十年喘息時間，東羅馬帝國趁機收復了少數失地，還對內戰中的鄂圖曼王子們又打又拉攏，從中漁利。

　　這個局面也沒有維持太久，等到巴耶塞特的兒子穆罕默德一世在西元1413年登基後，東羅馬帝國再次衰落。他們不斷地向鄂圖曼送上鉅款，換取了幾年的苟活時間。而鄂圖曼每次拿到錢之後，沒多久又會繼續蠶食東羅馬所剩無幾的領土。

　　西元1453年，鄂圖曼蘇丹穆罕默德二世親率15萬大軍和300多艘戰艦，向已是孤城一座的東羅馬帝國首都君士坦丁堡發動了最後的進攻。此時西歐那邊，英法百年戰爭正打到尾聲，德意志諸侯也是內戰正酣，都騰不出手來救援。君士坦丁堡僅有不到1萬的守軍，其中半數是僱傭軍。鄂圖曼軍隊使用了各種攻城方式，從火炮、攻城錘和投石器，到雲梯、地道、人肉攀登。為了夾擊君士坦丁堡，5萬名土耳其士兵在伊斯坦堡海峽和金角灣之間鋪設了長1.5公里的圓木滑行道，然後一夜之間將80艘輕型戰艦拖上岸來，把這些船拖進金角灣。

　　5月29日，鄂圖曼軍展開總攻擊。在密集的火力和潮水般的猛攻下，城內軍民傷亡慘重，但仍堅守不屈，鄂圖曼將士的屍體堆在城牆下和塹壕中。忽然，一支鄂圖曼軍隊發現，城牆上有一個門居然沒有鎖上！於是鄂圖曼軍衝進去，迅速席捲全城。堅守了一個多月的守軍完全崩潰。東羅馬末代皇帝君士坦丁十一世目睹此情此景，於是穿上紫色的皇袍，大吼著朝鄂圖曼軍隊猛撲上去，轉眼間壯烈戰死。很快，全城淪陷，鄂圖曼士兵縱情燒殺搶掠。君士坦丁堡的失守，象徵著延續了一千多年的東羅馬帝國退出了歷史舞台。此後數年，巴爾幹殘留的少數東羅馬勢力也被鄂圖曼一一消滅。

　　東羅馬帝國的滅亡再次震驚了歐洲基督教世界。穆罕默德二世把君士坦丁堡改名為伊斯坦堡，遷都於此。接下來，鄂圖曼繼續擴張。在

15世紀下半葉，他們佔領了整個小亞細亞和巴爾幹半島。16世紀初，鄂圖曼帝國往東打敗了波斯帝國，佔領中亞、西亞部分領土；往南滅了埃及馬木路克王朝，並進而南下阿拉伯半島；西進北非，一直打到阿爾及利亞。在歐洲，鄂圖曼帝國佔領了匈牙利，甚至威脅到奧地利首都維也納。鄂圖曼土耳其又一次成為地跨亞非歐三大洲的強悍帝國，強大的海軍也開始爭奪黑海、愛琴海、地中海、紅海及印度洋的制海權。未來數百年，鄂圖曼土耳其和歐洲國家的戰亂不斷。不過，在這些戰爭中，並非所有的歐洲國家都在聯合抗敵。

BC

— 0　耶穌基督出生

— 100

— 200

— 300　君士坦丁統一羅馬

羅馬帝國分成兩部
— 400

— 500　波斯帝國

— 600　回教建立

— 700

— 800

凡爾登條約
— 900

神聖羅馬帝國建立
— 1000

— 1100　十字軍東征

— 1200　蒙古第一次西征

— 1300　英法百年戰爭開始

— 1400

哥倫布發現新大陸
— 1500

英國大破無敵艦隊
— 1600

發明蒸汽機
— 1700

美國獨立
— 1800

美國南北戰爭開始
— 1900　第一次世界大戰
第二次世界大戰

— 2000

偉大！文藝復興

　　從13世紀末一直到17世紀初，歐洲發生了轟轟烈烈的文藝復興運動，持續幾百年；而義大利則是這場復興運動的發源地。所謂文藝復興，字面上說，就是要復興古希臘、古羅馬的古典文藝。在古希臘、古羅馬時代，歐洲創造出許多精神財富。但羅馬帝國的逐漸式微，引發了近千年的戰亂，以及天主教教會禁錮思想的精神統治。

　　實際上，他們不是單純要復古。新興的有錢人（資產階級）要藉著文藝的名目，打破教會的禁錮，拓展新的思想，發展自然科學技術。文藝復興時期被稱為歐洲中世紀和近代的過渡時段，這段時間對應中國的元、明時期，東西方文明史此時並駕齊驅，隨後就開始分道揚鑣了。

　　為什麼文藝復興第一個出現在義大利？首先，義大利曾是古羅馬文化的核心，有深厚的人文底蘊和傳統。其次，當時的義大利工商業十分發達，義大利人靠做生意、紡毛織布和開銀行，賺得盆滿缽滿，是全歐洲的經濟中心。有了錢才騰得出手搞藝術，藝術家也需要財主資助。還有，義大利當時分為若干個小國家，彼此交流又很頻繁，人才在各國之間往來暢通，這種狀態是最容易產生人文思想火花，中國的春秋戰國時期也是如此。

　　文藝復興時期的核心是人文主義，簡單說就是以「人」為本，而不是教會說的以「神」為本。人文主義者主張世俗文化教育，肯定人的價值和尊嚴，主張追求現實生活中的幸福而非來世的天堂。他們宣導個性解放，反對神學禁錮。最終正是這種思想埋葬了黑暗的中世紀。

吹響文藝復興號角的，是大名鼎鼎的但丁，但丁被譽為義大利最偉大的詩人。相比《神曲》的內容，他的另一句話更有名：「走自己的路，讓別人說去吧。」但丁出生在佛羅倫斯的一個大貴族家庭，他曾擔任過圭爾夫黨的領袖，後來在黨派內部抗爭中選錯了邊，被放逐在外二十年，最後客死異鄉。

但丁的代表作是敘事詩《神曲》，長達一萬多行，寫的是他本人在一次走夜路時，誤入一座黑暗森林，拜訪了地獄、煉獄和天堂，見到各色人等，有的在享福，有的在受苦。詩作中描繪了浩瀚宏大的地獄和天堂的景象，裡面放高利貸的人被扔到滾燙的沙子上，阿諛奉承的人在糞便的河流中掙扎，貪官污吏下了油鍋。但丁在《神曲》中，揭露了天主教廷的黑暗。他宣揚政權和教權平等，熱情地歌頌現世生活的意義，認為生活的價值不僅在虛無的來世，更在實在的現實。他強調人生來有「自由意志」，這是「上帝最偉大的主張」。他鼓勵人們應該不斷追求真理。這些觀點在現今看來是理所當然的道理，在當時卻是驚世駭俗的雷霆之音。因此，但丁無愧於文藝復興時代的第一人。

但丁之後的義大利文人中，詩人佩脫拉克被尊為人文主義的奠基者，近代詩歌的創始人。他的十四行抒情詩集《歌集》諷刺教會的黑暗，表達出追求新生活的精神。另一位文學家薄伽丘，其代表作《十日談》講了一百個故事，更把天主教會批駁得體無完膚，教士一個個不是貪財無厭，就是荒淫無度。裡面寫了大量市井小民、封建貴族的生活，被譽為歐洲第一部寫實主義小說。但丁、佩脫拉克和薄伽丘被稱為義大利文藝復興時期的「文學三傑」，在整個西方文明史上，也都是響噹噹的人物。

15世紀文藝復興繼續蓬勃發展。一方面在開拓新文化和新文學，另一方面是學習古典作品，考證古代文史材料，強調市民爭取自由的權利，批判教會的禁錮。出名的作者有布魯尼、布拉喬利尼、瓦拉等。米

BC

— 0　耶穌基督出生

— 100

— 200

— 300　君士坦丁統一羅馬
　　　羅馬帝國分成兩部
— 400

— 500　波斯帝國

— 600　回教建立

— 700

— 800
　　　凡爾登條約
— 900
　　　神聖羅馬帝國建立
— 1000

— 1100　十字軍東征

— 1200
　　　蒙古第一次西征
— 1300
　　　英法百年戰爭開始
— 1400
　　　哥倫布發現新大陸
— 1500
　　　英國大破無敵艦隊
— 1600

— 1700　發明蒸汽機

— 1800　美國獨立
　　　美國南北戰爭開始
— 1900　第一次世界大戰
　　　第二次世界大戰
— 2000

上古時期　BC

漢

— 0

100 —

三國
晉　　200 —

300 —

400 —

南北朝

500 —

隋朝　600 —
唐朝

700 —

800 —

五代十國
900 —

宋　　1000 —

1100 —

1200 —

元朝　1300 —

明朝
1400 —

1500 —

清朝　1600 —

1700 —

1800 —

1900 —

中華民國
2000 —

蘭多拉在《論人的尊嚴》裡借上帝的口宣稱：「你可以墮落為野獸，也可以再生如神明……只有你能夠靠著自己的自由意志來生長和發展。」米蘭多拉號召人們不要迷信教會，要勇於思考，選擇道路，把握自己的命運。建築美術方面也大有發展。布魯涅內斯基和多那太羅等偉大建築師，通過對古羅馬時代的建築的廢墟的研究，形成了自己的獨特風格。畫家薩馬卓將人體解剖和透視畫法用於繪畫。15世紀，文藝復興運動從佛羅倫斯逐漸擴散到威尼斯、米蘭、羅馬等城，並向西歐各國傳播。佛羅倫斯物理學家托斯卡內利根據地球是球形這一新觀念，得出了一個結論：只要一直向西航行，就可以到達印度。熱那亞人哥倫布根據這個理論，從西元1492年開始，在西班牙的支持下開始了向西航行，結果沒有到達印度，卻發現了新大陸——美洲。

　　15世紀末，義大利的文藝復興運動達到了巔峰。這一時期最出色的文藝大家，乃是赫赫有名的「美術三傑」——達文西、拉斐爾和米開朗基羅。

　　達文西不但是畫家，還是雕刻家、建築師、音樂家、數學家、工程師、發明家、解剖學家、地質學家、製圖師、植物學家和作家。他保存下來的手稿大約有6000頁，愛因斯坦認為，如果達文西的科研成果全部在當時發表的話，人類科技進步可以提前三十到五十年！

　　達文西是佛羅倫斯人，他的父親是個富有的公務員，遺憾的是達文西自己是個私生子。他的全名李奧納多·迪·瑟皮耶羅·達文西，意思是「芬奇鎮的皮耶羅先生之子」。早年達文西師從委羅基奧，西元1470年協助繪製《基督受洗》時，他畫了跪在基督身旁的天使，其水準已明顯地超過了老師委羅基奧。據說委羅基奧感歎地說：「你畫得這麼好，我只好去搞雕刻了。」西元1482年達文西來到米蘭，應邀畫了《岩間聖母》，並在西元1494~1498年完成了《最後的晚餐》。西元1500年達文西回到佛羅倫斯，創作《聖母子與聖安妮、聖約翰》。此後他一面著手

為市政廳繪製壁畫《安吉亞里之戰役》，一面創作《蒙娜麗莎》和《聖母子與聖安妮》。晚年，遊歷四方的達文西去了法國，受到法王法蘭索瓦一世的殷勤接待，於西元1519年去世。達文西不但在藝術領域有著不朽的貢獻，在工程方面也頗有建樹。

他同時是一位科學家和思想家。他說「真理只有一個，它不在宗教之中，而是在科學之中。」達文西不愧是義大利乃至全人類歷史上一等一的出色人物。

美術三傑中的第二位米開朗基羅‧迪‧洛多維科‧布奧納羅蒂‧西蒙尼，也是佛羅倫斯人。與達文西一樣，他多才多藝，兼任繪畫家、雕塑家、建築師和詩人。他的風格影響了幾乎三個世紀的藝術家。米開朗基羅的父親是市長，他卻一心想要繪畫。那時候繪畫被當成低等手藝，他父親十分反對。然而米開朗基羅咬緊牙關，堅持要學畫。父親拗不過他，只得讓步。13歲那年，米開朗基羅進入佛羅倫斯著名畫家基蘭達奧的工作室。經過面試，基蘭達奧對米開朗基羅很滿意，讓他回去準備學費。米開朗基羅卻道，我父親不同意我學畫，您要收我為徒，得倒貼我學費。基蘭達奧差點暈過去，不過看在米開朗基羅天分過人的份上，居然真的同意倒貼錢收徒弟。後來，歷史證明他做了正確的選擇。

米開朗基羅的脾氣很暴躁，跟三傑中的另兩位都合不來，還經常頂撞公爵、大主教甚至教皇。儘管如此，壞脾氣的米開朗基羅卻是活得最長的一個，89歲高齡才去世。七十餘年的藝術生涯，也使得他的創作達到一個後人難以企及的高度。不同於達文西對精神和哲理的思考，米開朗基羅在藝術作品中傾注了滿腔的悲劇性激情，從而使之顯得更宏偉壯麗。

拉斐爾是「三傑」中最年輕的一位，也是最短命的一位。他比達文西年輕30歲，卻幾乎與達文西同時去世。相比達文西和米開朗基羅，拉斐爾出身繪畫世家，他父親就是宮廷的二級畫師。拉斐爾七歲喪母、十

BC
— 0　耶穌基督出生
— 100
— 200
— 300
　君士坦丁統一羅馬
　羅馬帝國分成兩部
— 400
— 500　波斯帝國
— 600　回教建立
— 700
— 800
　凡爾登條約
— 900
　神聖羅馬帝國建立
— 1000
— 1100　十字軍東征
— 1200
　蒙古第一次西征
— 1300
　英法百年戰爭開始
— 1400
　哥倫布發現新大陸
— 1500
　英國大破無敵艦隊
— 1600
— 1700　發明蒸汽機
　美國獨立
— 1800
　美國南北戰爭開始
— 1900
　第一次世界大戰
　第二次世界大戰
— 2000

上古時期　BC

漢

　— 0

100 —

三國　200 —
晉

300 —

南北朝　400 —

500 —

隋朝　600 —
唐朝

700 —

800 —

五代十國　900 —

宋　1000 —

1100 —

1200 —

元朝　1300 —

明朝　1400 —

1500 —

清朝　1600 —

1700 —

1800 —

1900 —
中華民國

2000 —

歲喪父，曾向達文西和米開朗基羅學習，進而迅速與這兩位大師齊名。他的主要成就是一系列的聖母像。除了成名作《聖母的婚禮》，還有早期的《大公爵的聖母》、《草地上的聖母》，後期的《椅上聖母》、《西斯廷聖母》等，以至於在當時的歐洲，誇獎女人時就說她「像拉斐爾筆下的聖母」。拉斐爾為人謙遜有禮，得到了萬眾愛戴。他去世當日，羅馬教皇親自安排了隆重的葬禮，全城貴族平民紛紛為他灑淚。

　　與這些文藝大師們同時代的，還有一個不那麼可愛的人，他就是著名的馬基維利。他是一位政治思想家。他認為四分五裂的義大利應該統一，共和制是軟弱無力的，只能靠君主集權制。他的著作《論提圖斯‧李維烏斯的前十卷》和《君主論》，主張君主應該利用權力、法律和陰謀詭計，要像獅子一樣凶狠，像狐狸一樣狡猾，才能完成控制國家，維護統治的目的。因此「馬基維利主義」成了「為了目的不擇手段」的代名詞。三傑之後，文藝復興也進入尾聲。大量藝術瑰寶在義大利戰火中被毀滅，義大利也淪為西班牙的「乳牛」。比如16世紀下半葉到17世紀的所謂巴洛克風格，藝術家追求華麗的細節堆砌，完全沒有先前大師們的酣暢淋漓了。

驚奇！地理大發現

在15世紀時，歐洲各國的商業已經非常發達。大家爭著走出國門，大做生意。尤其是從東方（中國、印度）販賣來的香料、瓷器、茶葉、絲織品，都是歐洲市場上的搶手貨。幾經轉手賣到歐洲，商人們賺得盆滿缽滿。幾百年來，從東亞經中亞、西亞到歐洲的絲綢之路非常熱鬧，商隊往來不絕。不幸的是，14世紀鄂圖曼土耳其帝國崛起，截斷了絲綢之路。這可怎麼辦？歐洲人不屈不撓：鄂圖曼人能截斷陸上交通，我們想辦法走海路！早在古希臘時代，地中海的航線就是連通亞、非、歐的重要平台。如今，各國紛紛打造船隻，組建艦隊，朝遠洋探索。歐洲進入了「大航海時代」。

引領大航海時代潮流的是歐洲西南角的葡萄牙。葡萄牙本土面積只有9萬多平方公里，人口不過百萬。這麼點土地和人口，種田賺不了錢，打仗打不過人家，那就做生意吧！他們想到東方去，到中國去尋找香料、瓷器、紡織物，還有《馬可波羅遊記》記載中的遍地黃金。他們選擇的航線是繞過非洲，從印度洋前往中國、印度。

15世紀，葡萄牙人開始沿著非洲大陸的海岸線航行。西元1415年，他們佔領了北非的休達（今為西班牙屬地）。此後，葡萄牙在恩里克王子率領下，探索了非洲西北部，陸續發現加那利群島、馬德拉群島、亞速群島、維德角群島等。他們沿著非洲西海岸一路往南，在西元1488年，迪亞士發現了非洲南端的好望角。葡萄牙人繞過非洲，穿過印度洋，於西元1498年，達伽馬到達印度，開闢了印度航路。就這樣，葡

BC

— 0　耶穌基督出生

— 100

— 200

— 300　君士坦丁統一羅馬
　　　羅馬帝國分成兩部
— 400

— 500　波斯帝國

— 600　回教建立

— 700

— 800
　　　凡爾登條約
— 900
　　　神聖羅馬帝國建立
— 1000

— 1100　十字軍東征

— 1200
　　　蒙古第一次西征
— 1300
　　　英法百年戰爭開始

— 1400
　　　哥倫布發現新大陸
— 1500
　　　英國大破無敵艦隊
— 1600
　　　發明蒸汽機
— 1700
　　　美國獨立
— 1800
　　　美國南北戰爭開始
— 1900
　　　第一次世界大戰
　　　第二次世界大戰
— 2000

萄牙人終於從海路繞過鄂圖曼帝國的封鎖，到達了東方。順帶使非洲大陸沿海地區，也都成了葡萄牙的勢力範圍。葡萄牙海軍所到之處，修要塞、建補給點、搶佔港口，建立起一個龐大的殖民帝國。

　　至於葡萄牙在伊比利半島上的鄰居，則晚了一步。西班牙建國後，也想航海做生意。可是，非洲這條路已經被葡萄牙人搶佔了。西班牙人要再湊過去，就得跟鄰居開戰。還有別的辦法嗎？這時，著名的航海家克里斯多福‧哥倫布來了。這位義大利熱那亞人看了《馬可波羅遊記》，一直夢想著航海到中國去，建功立業，順便發一筆洋財。他為西班牙國王和王后出了個主意：「陛下，據專家們最新研究，地球是圓的！東邊的路被截斷了，我們何不向西邊航行，一定能到達中國！」

　　經過長達六年的努力，西班牙女王終於信了哥倫布，同意出錢贊助。哥倫布被任命為海軍上將、新領土總督，西元1492年8月3日，他率領3艘船和百餘名水手向西出發了。經過兩個多月的航行，他沒有發現任何陸地。正當水手要鬧嘩變時，他們終於發現了一座島嶼！哥倫布和水手們都驚喜萬分：到亞洲了！到亞洲了！哥倫布看見海岸邊有一群深黃色皮膚的人，忙指著那些人道：「快來看啊，這麼多印度人（哥倫布口中的印度人，泛指亞洲人）！」於是乎，美洲土著就這樣被哥倫布上將安上了「印度人」（印第安人）的名字。這一大片島嶼，也被稱為「西印度群島」。哥倫布認為他自己登上的這個島是日本群島中的一個。

　　如今我們知道，哥倫布到達的其實是美洲加勒比海上的聖薩爾瓦多島。哥倫布並不是到了亞洲，而是發現了位於亞洲東邊、歐洲西邊的一片新大陸；不過當時哥倫布並不知道。他率眾橫掃西印度群島，在伊斯帕尼奧拉島（今海地和多明尼克）建立了第一個臨時殖民點，次年1月返航，3月凱旋西班牙。此後哥倫布在西元1493年、西元1498年和西元1502年，三次航行到達美洲，他還發現了南美大陸。

　　雖然哥倫布到死都堅持自己到達的是亞洲，但是仍然有人質疑他。

另一位義大利航海家亞美利哥・維斯普奇也數次航行到美洲，並且發現了北美大陸。他宣稱，哥倫布到達的根本不是亞洲，而是一片「新大陸」！後來這片新大陸便以亞美利哥命名，叫亞美利加洲（美洲）。

哥倫布的發現如同在歐洲扔出了一顆炸彈。西班牙和葡萄牙為了爭奪地盤，頓時咬得一嘴毛。最後請教皇出面調停，他在地圖上劃了一條「教皇子午線」，大致從大西洋豎著劈開，東邊的歸葡萄牙，西邊的歸西班牙。

沒想到，這條線還真有用。西元1500年航海家佩德羅・卡布拉爾帶領船隊從葡萄牙出發，準備再次繞過非洲前往印度。他們朝南的航向稍微偏西了幾度，結果居然在西邊發現一片陸地。卡爾布拉大喜：「這多半是個海島，趕緊靠岸沾沾地氣。」結果上去之後發現，這個島怎麼走都走不到邊啊！後來才知道這壓根就不是個島，而是南美大陸的東海岸！在這塊地方大家發現了一種紅色的樹木「巴西紅木」，在市場可以賣出高價。於是，這塊土地就被取名為「巴西」。正巧巴西位於「教皇子午線」的東邊，該歸葡萄牙。

此後的幾十年間，歐洲航海家們狂熱地沿著美洲東岸航行，逐漸把南北美洲的東海岸都摸清了。他們知道美洲大陸西邊也有一片大海，就是不知道隔著美洲大陸該怎麼過去。西元1519年，另一位航海家麥哲倫開始環球航行。麥哲倫是葡萄牙人，這次航行卻是西班牙國王查理贊助的。麥哲倫從歐洲出發到了美洲後，沿著南美大陸東岸一路南下。10月20日，船隊進入一個海峽內躲避風浪時，麥哲倫發現，這個海峽似乎很深邃，便下令一個勁往裡面鑽。曲曲折折幾天後，眼前豁然開朗，出現一片遼闊的海面。麥哲倫熱淚盈眶：「上帝保佑，我們終於繞過美洲大陸這個攔路石了！」這就是著名的麥哲倫海峽（在南美大陸和火地島之間）。此後，船隊繼續向西，穿越浩瀚的太平洋，到達亞洲，然後再橫穿印度洋。麥哲倫終於在西元1522年回到西班牙，實現了環球航行。可

BC

—— 0　耶穌基督出生

—— 100

—— 200

—— 300　君士坦丁統一羅馬

—— 400　羅馬帝國分成兩部

—— 500　波斯帝國

—— 600　回教建立

—— 700

—— 800

　　凡爾登條約

—— 900

　　神聖羅馬帝國建立

—— 1000

—— 1100　十字軍東征

—— 1200　蒙古第一次西征

—— 1300　英法百年戰爭開始

—— 1400

　　哥倫布發現新大陸

—— 1500

　　英國大破無敵艦隊

—— 1600

—— 1700　發明蒸汽機

　　美國獨立

—— 1800

　　美國南北戰爭開始

—— 1900　第一次世界大戰

　　第二次世界大戰

—— 2000

上古時期　BC

漢

— 0

100 —

三國
晉　　200 —

300 —

400 —
南北朝

500 —

隋朝　600 —
唐朝

700 —

800 —

五代十國
900 —
宋

1000 —

1100 —

1200 —
元朝
1300 —
明朝
1400 —

1500 —

1600 —
清朝
1700 —

1800 —

1900 —
中華民國
2000 —

惜麥哲倫因為一路燒殺搶掠，在亞洲被殺，沒能等到這光榮的一刻。

　　北美方面，西元1497年，英王亨利七世贊助熱那亞航海家卡博托，也企圖玩「從西邊到達亞洲」的把戲，結果發現了今天加拿大的紐芬蘭島。西元1534年，法王法蘭索瓦一世派航海家卡蒂亞出海，他在今天加拿大東北角的新布藍茲維登陸，到了魁北克，見到一群印第安人。卡蒂亞指著印第安人身後的大片土地問：「這個地方叫什麼名字？」印第安人聽不懂他的話，但猜測他是在問自己這是什麼，便回答：「村莊。」卡蒂亞點點頭，原來這地方叫「加拿大」。

　　歐洲航海家們用自己的勇氣和堅忍不拔的毅力，探索了整個地球，驅散了「地圖陰影」。大發現之後，隨之就是殘酷的征服和奴役。對美洲土著印第安人來說，這些一心發財的白種人如同惡魔。在加勒比海的島嶼上，印第安人很快被虐殺殆盡。在墨西哥，西班牙人科爾特斯率領1000人馬滅亡了阿茲特克帝國。在南美洲西部，皮薩羅帶幾百人滅亡了印加帝國。在亞洲、非洲，西班牙人、葡萄牙人及隨之而來的荷蘭人、英國人、法國人，欺凌當地民族，掠奪財富。廣袤的新天地裡，歐洲列國很快建立起了大片殖民地。

第五章：神權動搖──宗教改革、戰爭時代

（西元16世紀到17世紀）

　　哈布斯堡家族的查理五世繼承了龐大的家產，更與天主教廷互為表裡，成為歐洲頭等土豪。但堅固的神權大廈依然動盪。馬丁‧路德的呼聲掀起了宗教改革的高潮，歐洲各國均爆發了宗教戰爭。最終，三十年戰爭將幾乎整個歐洲捲入其中，為德意志帶來深重的災難。

1. 芬蘭	11. 德國	21. 匈牙利	31. 義大利	41. 冰島
2. 瑞典	12. 荷蘭	22. 奧地利	32. 西班牙
3. 挪威	13. 英國	23. 列支敦士登	33. 葡萄牙
4. 愛沙尼亞	14. 愛爾蘭	24. 瑞士	34. 馬其頓
5. 拉脫維亞	15. 烏克蘭	25. 法國	35. 科索沃
6. 立陶宛	16. 摩爾多瓦	26. 保加利亞	36. 蒙特內哥羅
7. 俄羅斯	17. 斯洛伐克	27. 塞爾維亞	37. 阿爾巴尼亞
8. 丹麥	18. 捷克	28. 波斯尼亞	38. 梵蒂岡
9. 白俄羅斯	19. 比利時	29. 克羅埃西亞	39. 希臘
10. 波蘭	20. 羅馬尼亞	30. 斯洛維尼亞	40. 盧森堡

遼闊！查理五世的帝國

德意志的哈布斯堡家族，依靠聯姻的方式，獲得了大片領土，成為德意志一等一的強藩，這個家族還曾出過德意志皇帝。過了一個多世紀，機會再次降臨哈布斯堡家族。奧地利大公馬克西米利安一世，將聯姻戰略用到了最高潮。

馬克西米利安最先在西元1477年同勃艮第公爵的女兒結婚，從而得到勃艮第領地（法國東部）和尼德蘭（荷蘭、比利時一帶）。妻子意外亡故後，為了擴大勢力，馬克西米利安準備把女兒瑪格麗特嫁給法王查理八世，同時自己也想娶布列塔尼的女公爵安妮。由於恰逢德國皇帝大選，馬克西米利安忙於競選，分身乏術，居然派了一個代表去布列塔尼代替他結婚。誰知道查理八世拒絕承認「代理婚禮」的合法性，趁馬克西米利安忙於大選時，親赴布列塔尼，強行與安妮舉行了婚禮。馬克西米利安雖然成功當上德意志國王，但他企圖靠聯姻獲得布列塔尼領土的希望卻破滅，只得在西元1494年改娶米蘭公爵的侄女。

情場失意後，馬克西米利安繼續他的聯姻戰略。西元1496年，他讓兒子菲力普娶了西班牙女王儲胡安娜（卡斯蒂利亞女王和亞拉岡國王的女兒）。這樣，菲力普的兒子查理也就成了西班牙國王（同時兼任尼德蘭統治者）。馬克西米利安的另一個孫子斐迪南一世在西元1521年娶了波西米亞（捷克）公主，而孫女則嫁給了匈牙利和波西米亞的國王。依靠這兩段婚姻，後來奧地利併吞了波西米亞和匈牙利。而當初差點嫁給法王查理的瑪格麗特，在連續當了兩次寡婦之後，被馬克西米利安任命

BC

— 0　耶穌基督出生

— 100

— 200

— 300　君士坦丁統一羅馬
　　　羅馬帝國分成兩部
— 400

— 500　波斯帝國

— 600　回教建立

— 700

— 800
　　　凡爾登條約
— 900
　　　神聖羅馬帝國建立
— 1000

— 1100　十字軍東征

— 1200
　　　蒙古第一次西征
— 1300
　　　英法百年戰爭開始
— 1400

　　　哥倫布發現新大陸
— 1500

　　　英國大破無敵艦隊
— 1600

　　　發明蒸汽機
— 1700

　　　美國獨立
— 1800
　　　美國南北戰爭開始
— 1900
　　　第一次世界大戰
　　　第二次世界大戰
— 2000

上古時期　BC

漢

　　　— 0

　　100 —

三國　200 —
晉　　300 —

南北朝　400 —

　　　500 —

隋朝　600 —
唐朝

　　　700 —

　　　800 —

五代十國　900 —

宋　　1000 —

　　　1100 —

　　　1200 —

元朝　1300 —
明朝
　　　1400 —

　　　1500 —

　　　1600 —
清朝
　　　1700 —

　　　1800 —

　　　1900 —
中華民國
　　　2000 —

為攝政王，輔佐自己的兩個孫子。

　　依靠幾門不錯的親事，在馬克西米利安死後，哈布斯堡家族的勢力範圍，已經由之前的奧地利和德國西南一片，擴展到奧地利、西南德意志、西班牙、匈牙利、波西米亞（捷克）、西西里島、那不勒斯、尼德蘭（今日荷蘭和比利時）及法國東部勃艮第等地，還包括西班牙的海外殖民地（當時包括西印度群島和中美洲的部分領土），從而成為歐洲的霸主。高坐在寶座之上的，就是馬克西米利安的孫子查理。他在姑媽瑪格麗特女王的輔佐下，於西元1519年競選成為神聖羅馬帝國的皇帝，史稱查理五世。德意志帝國的皇位，從此被哈布斯堡家族攢得越來越緊了。

　　哈布斯堡家族自身的勢力不斷增強，從而導致德意志諸侯的一致反感。而哈布斯堡家族的這些皇帝們，他們關心自己的家族和奧地利的利益，更勝過關心德意志的命運。這樣，在哈布斯堡皇朝時期，德意志內部凝聚力沒有變強，反而更加渙散了。

　　同時，整個歐洲的局勢也十分複雜。德意志帝國位於中歐，其東邊緊臨著已經日趨強大的鄂圖曼土耳其，鄂圖曼每隔一段時間總會往歐洲這邊進攻，累得德意志皇帝筋疲力盡。按說德意志也是在保衛整個西歐的安全，可是其他國家卻未團結一心抵抗鄂圖曼。相反，德意志的老對手法國還經常和鄂圖曼東西夾擊德意志；義大利的一些城邦也時常賣友求榮。在這些「叛徒」的幫助下，鄂圖曼帝國甚至在西元1529年包圍了奧地利首都維也納，查理使出渾身解數才打退敵人。之後，他和鄂圖曼在匈牙利、北非等地展開了長久的拉鋸戰，消耗了不少力量。

　　對查理五世威脅更大的是西邊的法國，而德、法兩國爭鬥的焦點則是義大利。這場戰爭，早在查理繼位前就開始了。

　　昔日羅馬帝國的核心地區義大利，早在幾百年前就分成了一些大大小小的國家，其中有六個「大」國——佛羅倫斯、米蘭、威尼斯、教皇

國、那不勒斯王國和西西里島。這六國之間彼此分合抗爭，也折騰了幾百年。

　　其中那不勒斯和西西里島一度是法國王室的領土，後來被西班牙亞拉岡王室奪走了，法國人懷恨在心。等到西元1494年，法王查理八世親率大軍直奔義大利，揭開了義大利戰爭的序幕。

　　戰爭一開始，法國得到米蘭、威尼斯兩國的幫助，一路勢如破竹，很快打敗佛羅倫斯和教皇國，奪走了那不勒斯。可是之後法軍到處橫征暴斂、姦淫擄掠，激起了義大利人的公憤。於是義大利的米蘭、威尼斯、教皇國和那不勒斯流亡政府聯合起來反抗，德意志、西班牙和英國也都加入圍攻法軍，法王查理八世落荒而逃。

　　接下來的第二階段，新任法王路易十二轉而拉攏威尼斯、教皇國，再度遠征義大利，征服了米蘭和那不勒斯。這回，西班牙國王斐迪南（查理五世的外公）也參加進來，幫著法王打自己的同族兄弟那不勒斯王國。最後，法國併吞米蘭，西班牙併吞那不勒斯。

　　然後，義大利實力最強的威尼斯同時得罪了幾大強國。於是在教皇國的鼓動下，法王、德皇（查理五世的爺爺）、西班牙國王（查理五世的外公）、英王帶著義大利的一群邦國浩浩蕩蕩圍攻威尼斯。威尼斯商人們被打得滿頭包，趕緊割地賠款，把教皇國、西班牙、英國拉了過去，結盟對付法王、佛羅倫斯、德皇等。經過一連串戰爭，法軍連吃敗仗，德皇也退出戰爭，路易十二只好求和。

　　西元1515年法王路易十二去世，繼位的是其表弟兼女婿法蘭索瓦一世。法蘭索瓦一世繼承路易十二的壯志，再次出兵義大利。他聯合威尼斯，打敗西班牙、德意志、教皇國和米蘭的聯軍，又把米蘭給併吞了，順道還征服了熱那亞。威尼斯也趁機收復了不少故土。

　　這時候，查理五世已然成為德皇。義大利南部的那不勒斯和西西里島本是他的領土，豈能容法國佬這般耀武揚威？於是，他調兵遣將，

BC

— 0　耶穌基督出生

— 100

— 200

— 300
　君士坦丁統一羅馬
　羅馬帝國分成兩部
— 400

— 500　波斯帝國

— 600　回教建立

— 700

— 800
　凡爾登條約
— 900
　神聖羅馬帝國建立
— 1000

— 1100　十字軍東征

— 1200
　蒙古第一次西征
— 1300
　英法百年戰爭開始
— 1400
　哥倫布發現新大陸
— 1500
　英國大破無敵艦隊
— 1600
　發明蒸汽機
— 1700
　美國獨立
— 1800
　美國南北戰爭開始
— 1900
　第一次世界大戰
　第二次世界大戰
— 2000

上古時期　　BC

漢

　　　　　— 0

　　　　　100 —

三國

晉　　　　200 —

　　　　　300 —

南北朝　　400 —

　　　　　500 —

隋朝　　　600 —
唐朝

　　　　　700 —

　　　　　800 —

五代十國　900 —

宋　　　1000 —

　　　　1100 —

　　　　1200 —

元朝　　1300 —

明朝

　　　　1400 —

　　　　1500 —

清朝　　1600 —

　　　　1700 —

　　　　1800 —

　　　　1900 —
中華民國

　　　　2000 —

與法蘭索瓦一世全面開戰。戰爭在勃艮第（法國東部）、低地國家（荷蘭、比利時）等地展開，但主要戰場還是在義大利。英國支持查理五世，瑞士支持法國，義大利國家再次選邊站，教皇國、威尼斯等國都支持查理五世。法蘭索瓦一世眾叛親離，被打得狼狽逃離義大利，米蘭趁機恢復獨立。

西元1525年，法軍在義大利的帕維亞城，和前來救援的西班牙軍隊展開了一次大戰。西班牙的重步兵團用密集的長矛陣阻擋了法國騎兵的衝擊。法軍的瑞士僱傭軍則被西軍火繩槍狙擊。最終法軍大敗，傷亡近8000人，而西班牙傷亡不足1000人，還俘虜了法王法蘭索瓦一世。

眼看查理五世如此威猛，義大利各國也開始懼怕他。教皇國、威尼斯和米蘭又紛紛換邊，轉而支持法國對抗哈布斯堡皇朝，再加上佛羅倫斯和英國，他們在西元1526年締結了「神聖同盟」。然而這些盟國個個心懷鬼胎，缺乏統一調度。相反，查理五世在另一些義大利權貴的支持下，作戰思路明確，打得義大利聯軍連戰連敗。法王法蘭索瓦一世儘管勾結了鄂圖曼東西夾擊，還是打不過查理五世。無奈，他只好承認哈布斯堡家族在義大利的主宰權。查理五世大搖大擺地插手義大利的事務，那不勒斯正式成為西班牙國王的領土，威尼斯、米蘭和教皇國淪為附庸國，佛羅倫斯變成受德意志皇帝冊封的公國。經過這麼多年漫長的戰爭，現在整個義大利，大致都被查理五世收入囊中。

此後，法王法蘭索瓦一世和他兒子亨利二世賊心不死，還曾數次勾結土耳其人進攻義大利，最終還是被哈布斯堡家族擊退。到西元1559年，查理五世的兒子腓力二世和法王亨利二世簽訂《卡托-康佈雷齊和約》，終於結束了長達半個多世紀的義大利戰爭。根據和約，米蘭、那不勒斯、西西里島和薩丁尼亞島都完全成了西班牙的領地。剩下的佛羅倫斯公國（後來成為托斯卡尼大公國）和威尼斯共和國等，基本上也只能乖乖地聽西班牙人的話。

除了在義大利開疆拓土，查理五世還在擴大海外勢力。在他的支持下，麥哲倫進行了環球旅行，西班牙人到達了亞洲的菲律賓（西元1565年正式建立殖民統治）。美洲的西班牙殖民者，從原本的西印度群島和中美洲部分領土上迅速南下北上，消滅了美洲的阿茲特克、瑪雅和印加三大土著文明，佔領了包括美國南部、墨西哥、中美洲、南美洲除巴西外的廣大領土，把西班牙變成了一個地跨五大洲的超級帝國，其佔有領土總面積達1500萬平方公里。到了查理五世的兒子腓力二世時，於西元1580年趁著葡萄牙國王去世之機，強行合併了西班牙、葡萄牙兩國。葡萄牙在非洲沿海和亞洲也擁有大片領土，還佔有南美洲的巴西。西、葡兩大殖民帝國合併起來，領土總面積達2500萬平方公里以上。

不過，這也是哈布斯堡家族的巔峰了。由於繼承法和內部矛盾，查理五世將西班牙王位傳給兒子腓力二世，將奧地利公爵和德意志皇帝的位置傳給了自己的弟弟斐迪南一世，使得哈布斯堡家族分成兩支。帝國的歐洲領土如義大利、尼德蘭、波西米亞等處不斷爆發反抗，海外殖民地雖然物產豐富，卻反而使西、葡兩國更加懶惰，使之不能有效發展工商業，只是依靠賣資源收錢。從17世紀以後，伊比利半島這兩大強國便開始走下坡路了。

BC

— 0　耶穌基督出生

— 100

— 200

— 300　君士坦丁統一羅馬
　　　　羅馬帝國分成兩部
— 400

— 500　波斯帝國

— 600　回教建立

— 700

— 800
　　　　凡爾登條約
— 900
　　　　神聖羅馬帝國建立
— 1000

— 1100　十字軍東征

— 1200
　　　　蒙古第一次西征
— 1300
　　　　英法百年戰爭開始

— 1400

　　　　哥倫布發現新大陸
— 1500

　　　　英國大破無敵艦隊
— 1600

— 1700　發明蒸汽機

　　　　美國獨立
— 1800

　　　　美國南北戰爭開始
— 1900
　　　　第一次世界大戰
　　　　第二次世界大戰

— 2000

— 0
100 —
200 —
300 —
400 —
500 —
600 —
700 —
800 —
900 —
1000 —
1100 —
1200 —
1300 —
1400 —
1500 —
1600 —
1700 —
1800 —
1900 —
2000 —

驚雷！馬丁‧路德改革

　　16世紀，歐洲各國都在積極發展，唯有德意志，幾百個大小邦國把土地分割得七零八落，諸侯割據，稅卡遍佈，工商業發展受到嚴重阻礙。羅馬教廷依靠天主教諸侯和各地的教會、騎士團，勢力深入德國各地，把持著土地、森林、礦藏等資源。當年紅鬍子大帝把義大利當成重要的提款機，如今德國則成了「教皇的乳牛」。德國人的錢源源不斷地流到教皇的口袋裡。雖然德意志皇帝依然可以動用武力把教皇廢黜、囚禁，但整個德國被教會壓榨的狀態並沒因此改變。

　　教會佔用了大片土地和資源，還嫌不夠。教皇販賣教職，把大主教等職位明碼實價賣給教士。教士花白花花的銀子買了職位，總得想法子撈回本才好。教皇賣光了教職，卻還想有更多的其他收入，於是發明了「贖罪券」這個東西。

　　按照基督教的教義，人生在世是有罪孽的，要進天堂就得贖罪。怎麼贖罪呢？過去大家吃素、禁欲、天天祈禱，或者住山洞裡拿鞭子打自己。現在好了，主教們給出了最簡單的方法：花錢買！你掏錢從教會買贖罪券，上帝就赦免了你的罪孽。

　　誰不願意贖罪進天堂？於是錢幣流水般地進了教會錢櫃。這種交易一做就是上百年，漸漸的，感到不對勁的人越來越多了。宗教界內部的一些有識之士，開始嘗試變革。

　　教廷要保證絕對權威，不容許絲毫變更。誰敢談改革，誰就是異端。早在15世紀初，波西米亞（捷克）的教士胡斯進行宗教改革，他主

張廢除奢侈的宗教儀式，教會不應該佔有大片土地，應該少收錢等。他揭發教會壓榨錢財的面目，更公開號召不要買贖罪券。這還了得！教廷就把胡斯燒死了。為此，波西米亞人民發動起義，這就是持續十多年的「胡斯戰爭」。

100多年後，教士伊拉斯謨、騎士胡登等人文主義者也都紛紛出來，對天主教會加以揭露。

對教廷來說，這些小打小鬧不算什麼，撈錢更重要。西元1517年，教皇利奧十世為了修聖彼得大教堂籌錢，又派人到德國去賣贖罪券。「銷售總監」特策爾是個很能幹的人，他制定了完善的市場策略，根據罪行的不同，贖罪券也有不同價格。比如殺人的贖罪券要8個金幣，通姦的要6個金幣。特策爾的廣告詞頗具感染力。他當眾高呼：「看啊，天堂的門已經開了，快來買票啊！」「錢幣扔進箱子裡叮噹一響，靈魂就飛上了天空！」於是生意興隆，財源滾滾。

這種勾當終於鬧得天怒人怨。10月，一個叫馬丁・路德的德國神學教授，貼出了他著名的《九十五條論綱》，針對教廷關於「贖罪券」的種種說法迎頭痛擊，犀利批駁。他說，信徒要上天堂，要贖救自己的罪孽，靠的是自己的信仰和潛心修行，而不是靠宗教儀式。他還說，教皇沒有資格代替上帝赦免罪人。他不僅指出了贖罪券的荒謬之處，而且直接質疑天主教教廷的必要性。針對特策爾的廣告詞，馬丁・路德回擊道，錢幣在錢櫃裡噹啷一響，增加的僅僅是貪欲！

當然，馬丁・路德還是給教皇留了些面子。他說，教皇肯定不知道下面這些人這樣販賣贖罪券，要是知道了，他一定寧可把聖彼得大教堂燒了，也不願這樣壓榨民脂民膏。他還說，教皇販賣贖罪券的目的不是斂財，而是讓老百姓虔誠地祈禱；老百姓生活富裕並且救濟了貧困的情況下，如果還有餘力，也可以懷著虔誠的心買贖罪券，那樣還是有一定效果的。儘管路德自以為給教皇留了面子，教皇卻並不領情。這

BC

— 0　耶穌基督出生

— 100

— 200

— 300　君士坦丁統一羅馬

羅馬帝國分成兩部
— 400

— 500　波斯帝國

— 600　回教建立

— 700

— 800

凡爾登條約
— 900

神聖羅馬帝國建立
— 1000

— 1100　十字軍東征

— 1200　蒙古第一次西征

— 1300　英法百年戰爭開始

— 1400

哥倫布發現新大陸
— 1500

英國大破無敵艦隊
— 1600

— 1700　發明蒸汽機

— 1800　美國獨立

美國南北戰爭開始
— 1900　第一次世界大戰

第二次世界大戰
— 2000

上古時期 BC
漢
— 0
100 —
三國 200 —
晉 300 —
400 —
南北朝
500 —
隋朝 600 —
唐朝
700 —
800 —
五代十國 900 —
宋 1000 —
1100 —
1200 —
元朝 1300 —
明朝 1400 —
1500 —
清朝 1600 —
1700 —
1800 —
1900 —
中華民國
2000 —

《九十五條論綱》一經傳開，「贖罪券」在各地的銷量急劇下降。更重要的是，《九十五條論綱》還把教廷賴以生存的「上帝唯一代理人」身份戳破了。早就對教廷不滿的德國廣大人民群眾，包括一些諸侯和騎士，紛紛將這篇論文當成戰鬥檄文。因此羅馬教廷把馬丁‧路德的教籍開除，還要送他去宗教裁判所。

這樣一來，馬丁‧路德被逼到了絕路。西元1519年路德在萊比錫辯論中，立場大大地邁進了一步。他宣稱教皇是人選出來的，不是上帝的代表；信徒只要信上帝，不服從教皇也可以上天堂；宗教會議是人開的，不是神開的，所以也可能出錯。比如一百多年前教會燒死胡斯，就是大大的錯誤！到西元1520年，路德更是直截了當地疾呼，教皇及其爪牙是「羅馬罪惡城的蛇蠍」，應該把這些吸血鬼轟出德國。他還號召德國諸侯團結起來反對教皇，奪回錢財、身體和靈魂，讓德國皇帝成為真正的皇帝。路德所到之處，德國上到諸侯，下到平民，紛紛歡呼響應。教皇特使膽戰心驚地彙報說：「90%的德國人高呼『路德』，剩下的10%高喊『羅馬教廷去死』！」

眼看路德如此囂張，羅馬教皇宣布他是異端，勒令他在60天內認罪悔過。路德針鋒相對，當眾把教皇的訓令扔到火裡面燒了。這樣一來，雙方徹底決裂。羅馬教廷準備像一百多年前對付胡斯一樣對付路德，教皇勾結德國皇帝查理五世召開帝國會議，要路德當眾說個清楚。路德思慮再三，毅然前往。在大會上，馬丁‧路德表現得十分鎮定。4月18日，他大義凜然地說：「除非你們能用《聖經》裡的邏輯證明我錯了，否則我不會撤回任何發言。因為我不能違背良心做事。上帝保佑我，阿門！」這話得到了很多德國諸侯的喝彩。

查理五世準備犧牲路德討好教廷。他宣布路德不受帝國法律保護，這等於是放任教會殺害路德。誰知，正當教皇手下準備把路德抓起來燒死時，路德卻被「綁架」了。「綁匪」是薩克森公爵腓特烈，他貴為德

意志七選侯之一，也對教廷相當不滿，很欣賞馬丁‧路德。他把馬丁‧路德「綁架」到了自己的邦國內，這樣一來，羅馬教廷和查理五世就拿路德沒辦法了。馬丁‧路德終於逃脫了胡斯的悲慘命運。而他們共同秉持的「簡化宗教手續，人人皆為神父」等理念，則最終導致了「新教」的誕生。

之後，馬丁‧路德開始展開一項學術性很強的工作：把《聖經》翻譯成德文。經過多年努力，路德先後把《新約全書》和《舊約全書》都翻譯成德文並出版。那時候，德國人古騰堡已經研發出金屬活字印刷術，使德文《聖經》得到很快傳播。這件事情的意義非同小可。德意志的領土上邦國林立，各地語言也有很大差異。而「標準版」德文《聖經》的問世和傳播，使得德國的語言、文字有了統一的標準。路德實際上建立了現代德語規範，這在日後促進了德意志的統一。

馬丁‧路德原本是位普通的神學教授，一生中做了兩件足以彪炳千秋的事：一是向天主教廷開火，成為「新教」的鼻祖之一；二是翻譯《聖經》，規範德意志語言。雖然，後一件事從文化上統一了德意志，可前一件事的直接結果，卻是讓德意志在政治上的分裂更加嚴重了。路德想要鞏固皇權，建立統一的德意志國家。但德皇是信仰天主教的，那些路德的信徒就站到了反對德皇的一邊，並最終在德國乃至全歐引發了兵連禍結。

最先起兵的是一群反對羅馬教廷的騎士，以思想家胡登和濟爾根為首。西元1522年8月，濟爾根和胡登聚集了大批騎士並結盟，計畫出兵打擊教會諸侯，建立一個受騎士擁戴的強大德意志帝國。他們滿以為只要義旗一舉，皇帝、世俗諸侯、市民、農民都會蜂起回應，然而事與願違。其實農民和市民都憎恨他們，世俗諸侯和皇帝也不能容忍這些下層騎士挑戰君主的權威。於是到第二年5月，這群「唐吉訶德」就被諸侯們的優勢兵力鎮壓下去了。

BC

— 0　耶穌基督出生

— 100

— 200

— 300　君士坦丁統一羅馬

羅馬帝國分成兩個
— 400

— 500　波斯帝國

— 600　回教建立

— 700

— 800

凡爾登條約
— 900

神聖羅馬帝國建立
— 1000

— 1100　十字軍東征

— 1200　蒙古第一次西征

— 1300　英法百年戰爭開始

— 1400

哥倫布發現新大陸
— 1500

英國大破無敵艦隊
— 1600

發明蒸汽機
— 1700

美國獨立
— 1800

美國南北戰爭開始
— 1900　第一次世界大戰
第二次世界大戰

— 2000

上古時期　BC

漢

　　　— 0

　100 —

三國
晉　　200 —

　300 —

南北朝　400 —

　500 —

隋朝
唐朝　600 —

　700 —

　800 —

五代十國　900 —

宋　1000 —

　1100 —

　1200 —

元朝　1300 —

明朝　1400 —

　1500 —

　1600 —

清朝　1700 —

　1800 —

　1900 —

中華民國　2000 —

接下來，苦大仇深的德國農民也怒吼了。他們在路德門徒閔采爾的指導下，於西元1524年揭竿而起，席捲德國各地，兵力超過10萬，還有不少教士、騎士、貴族和資本家也加入了起義隊伍。農民們搗毀寺院和教堂，多次擊敗討伐的貴族軍隊。但是他們的軍事、政治素質太差，各路人馬一盤散沙，各自為戰，還經常被貴族哄騙，不斷中人家的「反間計」「緩兵之計」。到西元1525年5月，農民軍主力也大多被剿滅，閔采爾被殘酷處死。

儘管德國騎士和農民的起義失敗了，但天主教會的勢力也被削弱。相反，透過鎮壓起義，諸侯們強化了軍事力量，從農民和教會那裡佔領了大片領土，掠奪了大量財富。他們與皇帝和教皇對話的底氣更足了。不少德國諸侯看到新教蘊含的強大威力後，紛紛接受新教。他們在本邦建立新教教會，親自領導教會，同時掌握政權、軍權和教權，這樣就剝奪了天主教教會的權力。同時新教主張教會不應佔有財產，這些新教諸侯打著「教產還俗」的旗號，沒收了天主教會的土地和資源，收歸己有。這樣，德意志形成了二教並立的局面。

新教還傳播到其他國家，比如北歐的瑞典、丹麥，西邊的英國、法國，以及東邊的波蘭、匈牙利等地。在路德改革的影響下，大家紛紛質疑教皇。瑞士出現了慈運理、加爾文的宗教改革，英國確立了英王為教會領袖的宗教領導體制。法國國王也從教皇那裡奪回了教會的任免大權和大部分收入。一時間，歐洲的天主教勢力受到很大影響，甚至很多天主教的中下層教士，都開始暗中同情新教教徒。

為了對抗新教，羅馬教皇及其大主教們也是多管齊下。他們一方面建立了耶穌會，對上滲透各國高層，對下深入群眾宣傳引導，甚至不惜用造謠、暗殺的方法來打擊新教。另一方面，他們鼓動德皇為代表的天主教君主們，用武力對抗新教。他們更大力加強了宗教裁判所的作用，對天主教統治區域內的思想家們進行嚴厲鎮壓。

之後，各國之間的新舊教派戰爭烽煙不絕，尤其在邦國林立的德意志打得最是熱鬧，新教諸侯聯合起來和查理五世叫板，急得查理五世鬍子都白了。最讓他鬱悶的是，連天主教諸侯都不和他一條心。原來查理五世也想建立統一的德意志，他在同天主教諸侯對付新教諸侯時，試圖趁機加強皇權。但天主教諸侯也不是傻瓜。查理五世一開始搞中央集權時，天主教諸侯就轉而和新教諸侯聯合起來攻擊他，甚至不惜勾結法國。

戰爭使各方都筋疲力盡。於是西元1555年，在奧格斯堡這個地方，德皇和諸侯們締結了一個和約，史稱「奧格斯堡和約」。這個和約主要內容是「教隨國定」，就是說德意志各邦的臣民到底信天主教還是信新教，由各邦的諸侯自由選定。這個和約意味著新教在德國有了合法地位，而且新教諸侯可以合法地擴張勢力。在天主教和新教兩面宗教旗幟下面，德意志各邦的獨立和分裂更加嚴重了。而且，新教和天主教的矛盾，終究不是會議所能解決的。

新教和天主教的區別

相比天主教，新教的主要區別是：1.信仰就能得救，而非專門儀式；2.人人都可以與上帝交流，無須經過教會；3.最高權威是《聖經》而非教會的公告。

馬丁・路德反對起義

儘管馬丁・路德的宗教改革觸發了大起義，但路德本人反對暴力革命。騎士胡登和濟爾根邀請路德一起商量大計時，路德說：「我不願意用暴力和流血來維護福音。」當他的弟子閔采爾領導農民起義後，路德更是歇斯底里地大罵閔采爾是異端，號召把每一個造反的農民像宰殺野獸一樣殺死。為此他甚至積極與教皇和解，要求皇帝、教皇、諸侯聯合起來鎮壓

— 0　耶穌基督出生

— 100

— 200

— 300
　　君士坦丁統一羅馬
　　羅馬帝國分成兩部
— 400

— 500　波斯帝國

— 600　回教建立

— 700

— 800

　　凡爾登條約
— 900
　　神聖羅馬帝國建立
— 1000

— 1100　十字軍東征

— 1200
　　蒙古第一次西征

— 1300
　　英法百年戰爭開始
— 1400

　　哥倫布發現新大陸
— 1500
　　英國大破無敵艦隊
— 1600

　　發明蒸汽機
— 1700

　　美國獨立
— 1800
　　美國南北戰爭開始
— 1900
　　第一次世界大戰
　　第二次世界大戰
— 2000

起義。

中世紀的北歐

北歐地區是日爾曼部族的發源地。當地的維京海盜在8至11世紀曾是整個歐洲北部的夢魘，其後裔諾曼人更曾征服義大利南部和俄羅斯內陸。基督教在1000年左右傳入後，北歐地區形成了丹麥、瑞典、挪威三個獨立王國。12世紀時，瑞典擴張到芬蘭，而挪威則占領了今天冰島、法羅群島、昔德蘭群島、奧克尼群島、格陵蘭和蘇格蘭、愛爾蘭的部分領土。14世紀，丹麥、挪威和瑞典合併成一個龐大的北歐同盟。16世紀初，瑞典重新獨立，因此北歐形成兩大國家：瑞典和丹麥。兩國在馬丁‧路德改革時都成了新教國家。

宗教裁判所

宗教裁判所最早建立在13世紀，是天主教教會用於審判「異端」的宗教法庭。它的基本判案邏輯是：只要有人檢舉你，你就要被抓起來審判。只要有兩個人作證，罪名就成立。你不認罪，就要受到嚴刑拷打。誰敢為你辯護，誰就也有罪。認罪後翻案，或者作證後撤回證詞，都被當成異端。被判為異端的人，還要被沒收全部財產。如果異端自己認罪，將可以被絞死，不認罪就會被活活燒死。這裡就是屈打成招、迫害無辜的地獄。不僅僅是新教徒被虐殺，科學家、工程師、哲學家等也都受到了迫害。西元1327年，義大利天文學家采科‧達斯寇里因為論證地球是球形被燒死。哥白尼、布魯諾、伽利略等都受到迫害，布魯諾還被燒死在鮮花廣場上。

混亂！胡格諾戰爭

在歐洲大陸上，法國是個比較先進的國家。16世紀，法國工商業迅速復甦，紡織、造船、軍工業發展非常蓬勃。沿岸如南特、波爾多這樣的大港口，來往船隻數不勝數。戰爭、工商業的發展和中央集權的加強，加速了封建領主的衰敗，多數農民獲得人身自由。一些大商人更是富得流油，進而以錢謀權，成為「穿袍貴族」。在義大利戰爭中，法軍不但搶回了很多金銀財寶，還目睹了義大利的人文風采，帶回了不少藝術品和書籍，促進了文藝復興在法國的發展。法國王室最初也支持這種思想，法蘭西斯一世還是達文西的狂熱粉絲。法國的拉伯雷、紀堯姆、蒙田等人都在文學領域取得了非常大的成就。

此後，馬丁・路德的改革之風也傳到了法國。法國人加爾文追隨路德精神，於西元1536年在瑞士發表《基督教原理》，引起了轟動。加爾文定居的日內瓦甚至被稱為「新教的羅馬」。加爾文主張，人的一生上帝早就安排好了，祈禱、苦修都沒有用。那麼，怎麼知道上帝到底眷顧誰呢？很簡單，只要看那個人能不能在正當行業取得成功就可以了。所以，你要真愛上帝，你就別浪費那麼多時間搞煩瑣的宗教禮儀，你應該努力去賺錢、回饋社會，這才是真信徒。

這樣的理論當然很受當時的資本家、手工業者和一些激進中小貴族的歡迎。在法國，這批信奉加爾文教派的人，被稱為「胡格諾」派。他們利用教義去反抗天主教教會，同時也對抗天主教貴族，甚至對抗王權。他們的行為不但得罪了天主教教會，也損害了王室的利益。王室遂

BC

— 0　耶穌基督出生

— 100

— 200

— 300
君士坦丁統一羅馬

羅馬帝國分成兩部
— 400

— 500　波斯帝國

— 600　回教建立

— 700

— 800

凡爾登條約
— 900

神聖羅馬帝國建立
— 1000

— 1100　十字軍東征

— 1200
蒙古第一次西征

— 1300
英法百年戰爭開始

— 1400

哥倫布發現新大陸
— 1500

英國大破無敵艦隊
— 1600

— 1700　發明蒸汽機

美國獨立
— 1800

美國南北戰爭開始
— 1900
第一次世界大戰
第二次世界大戰

— 2000

上古時期　BC

漢

　　　— 0

　　100 —

三國
　　　200 —
晉
　　　300 —

南北朝　400 —

　　　500 —

隋朝
　　　600 —
唐朝

　　　700 —

　　　800 —

五代十國
　　　900 —
宋
　　　1000 —

　　　1100 —

　　　1200 —
元朝
　　　1300 —
明朝
　　　1400 —

　　　1500 —

　　　1600 —
清朝
　　　1700 —

　　　1800 —

　　　1900 —
中華民國
　　　2000 —

轉變態度，要把這新教徹底扼殺。然而王室對新教的鎮壓，沒有令新教教徒人數減少，反而使越來越多的人投入其中。不少大貴族都加入了胡格諾派，最後形成兩個互相敵視的集團：天主教派以吉斯公爵為首，勢力集中在法國的北部和東部；胡格諾派以納瓦拉國王、孔代親王為首，他們盤踞在法國南部和西部。

　　西元1562年，天主教派首領吉斯公爵帶領一支兵馬，殺害了違反禁令舉行宗教儀式的數百名胡格諾教派的教徒，全國各地的天主教勢力隨之對該教派展開屠殺。面對屠刀，胡格諾教派抽刀還擊。於是「胡格諾戰爭」正式爆發。雙方還各自找外援，天主教陣營去找西班牙人，胡格諾教派則拉攏英國和德國新教諸侯。幾十年間，雙方打打停停，反覆折騰，殺得腥風血雨。有趣的是，到西元1570年第三次停戰時，雙方的領袖都換成了叫「亨利」的人。胡格諾派的納瓦拉國王叫亨利（波旁家族的亨利），孔代親王也叫亨利；天主教派的吉斯公爵叫亨利，安茹公爵也叫亨利（法王查理九世的弟弟）。

　　這群亨利登場後，胡格諾戰爭進入了高潮。西元1572年8月18日，當時正是停戰期間，胡格諾派首領、納瓦拉國王亨利娶了法王查理九世和安茹公爵亨利的妹妹，大批胡格諾教徒都跑到巴黎來，大吃大喝地歡慶。天主教的兩位亨利見狀很不高興，派人去暗殺胡格諾派的科利尼將軍，但是這名刺客只把科利尼砍成重傷。巴黎的胡格諾派教徒非常氣憤，他們聚集起來，聲討卑劣的刺殺，發誓要討回公道。

　　在這一敏感的時刻，素來憎惡胡格諾派教徒的王太后、安茹公爵亨利和吉斯公爵亨利殺心大起，下了毒計。8月25日是法國的聖巴托羅繆節，也就是狂歡節。就在前一天午夜，吉斯公爵亨利率兵在巴黎的大街小巷大開殺戒，兩千多名胡格諾教派信徒慘遭殺害，就連剛剛娶了公主的納瓦拉國王亨利也遭到襲擊。他面對明晃晃的刀劍，趕緊發誓放棄新教，改信天主教，這才撿回了一條性命。這次屠殺史稱「聖巴托羅繆之

夜」。第四次法國內戰隨之展開，不久又停火。

　　接著，法王查理九世在西元1574年駕崩，他的弟弟安茹公爵繼位，是為亨利三世。這時，原本被軟禁的納瓦拉國王亨利和孔代親王亨利逃出巴黎，重歸胡格諾教派陣營。吉斯公爵亨利也不甘示弱，組織同盟再度挑起內戰。此後，雙方又是幾戰幾和。法王亨利三世過去是狂熱的天主教徒，但當上國王後眼光放得長遠了，他不再一味偏袒天主教，而試圖中立協調兩教的矛盾。這就讓過去的盟友吉斯公爵亨利大為不滿：「你這個背信棄義的傢伙，裝什麼和事佬！」西元1588年，吉斯公爵亨利把法王亨利三世趕出了巴黎，法王也不甘示弱，派人暗殺了吉斯公爵亨利。這就把天主教派狠狠得罪了，吉斯公爵亨利的弟弟起兵對抗國王，佔據巴黎。法王亨利三世被迫和原來的敵人納瓦拉國王亨利聯手圍攻巴黎……

　　這時，內戰卻戛然而止。一名狂熱的天主教教徒刺殺了法王亨利三世。亨利三世沒有兒孫、弟弟可以繼承王位，大家只好另外找繼承人。沒想到最有資格繼承法國王位的，居然就是他的表弟兼妹夫——納瓦拉國王亨利。於是納瓦拉國王亨利登上王位，稱法王亨利四世。納瓦拉王國也從此併入法蘭西。由於亨利四世屬於波旁家族，所以從亨利四世開始，法國告別瓦魯瓦王朝，進入波旁王朝時代。

　　亨利四世鬼使神差地登上了王位，但戰爭還沒完全結束。大部分天主教教徒都不承認他的地位。亨利四世雖然打了幾個勝仗，但一味靠兵力鎮壓，效果非常有限。亨利四世歎息道：「為了巴黎而做彌撒還是值得的。」西元1593年，他宣布信奉天主教。這下，天主教徒們也滿意了，接受了這個國王。長達三十多年的胡格諾戰爭終於結束。

　　對亨利四世而言，當務之急是撫平戰爭創傷。他在西元1598年頒佈《南特敕令》，規定天主教成為法國的國教，但國民擁有信仰胡格諾教的自由；胡格諾教教徒和天主教教徒擁有平等的權利；不再追究在過

BC

— 0　耶穌基督出生

— 100

— 200

— 300
君士坦丁統一羅馬

羅馬帝國分成兩部
— 400

— 500　波斯帝國

— 600　回教建立

— 700

— 800
凡爾登條約

— 900
神聖羅馬帝國建立
— 1000

— 1100　十字軍東征

— 1200
蒙古第一次西征

— 1300
英法百年戰爭開始

— 1400

哥倫布發現新大陸
— 1500

英國大破無敵艦隊
— 1600

發明蒸汽機
— 1700

美國獨立
— 1800

美國南北戰爭開始
— 1900
第一次世界大戰
第二次世界大戰

— 2000

上古時期　BC

漢

－0

100 －

三國
晉　200 －

300 －

南北朝　400 －

500 －

隋朝
唐朝　600 －

700 －

800 －

五代十國　900 －

宋　1000 －

1100 －

1200 －

元朝　1300 －

明朝　1400 －

1500 －

清朝　1600 －

1700 －

1800 －

1900 －

中華民國

2000 －

去教派衝突中的一切責任。此後，亨利四世重用聰明能幹的敘利公爵，招撫流散農民，減輕稅負，開闢田地，疏導河道，排乾沼澤，還積極引進更先進的種植技術。在他的統治下，法國經濟得到迅速恢復，並開始發展北美加拿大地區的殖民地。亨利四世頗有人格魅力，他平日生活節儉，不修邊幅，待人親切隨和，還特別喜歡美食。但他不喜歡一個人吃飯，最愛找幾個大臣陪同一起狼吞虎嚥，哪怕是不熟悉的人。

可惜這樣一位富有魅力的國王依然難逃宗教仇恨，西元1610年，他被一名狂熱的天主教教徒刺殺身亡。亨利四世被殺，繼位的路易十三年僅9歲，法國何去何從？所幸，雄才大略的主教黎胥留站出來，輔佐幼君渡過危難。在黎胥留的支持下，路易十三擺脫了宮廷貴族和太后的制約，挫敗了胡格諾派的叛亂，更在此後打贏了三十年戰爭，為路易十四稱霸歐洲建立了很好的基礎。可是黎胥留為人冷峻嚴苛，激起了幾乎全體法國人的憎惡。他死時，法國人民居然奔相走告，普天歡慶，實在令人歡惋。

曙光！尼德蘭革命

　　正當法國的天主教教徒和胡格諾教教徒廝殺時，東北邊的尼德蘭地區爆發了更持久的一次衝突——尼德蘭革命。尼德蘭，意思是「低窪地方」，包括今天的荷蘭、比利時、盧森堡及法國東北部部分地區。這塊地很早就是法蘭克王國的領土，後來歸神聖羅馬帝國（德意志）所有。到查理五世兼任西班牙國王和德皇的時候，就把尼德蘭轉為西班牙的屬地。

　　尼德蘭工商業很發達，紡織、造船、冶金、製糖、印刷業都蒸蒸日上。到了16世紀，這彈丸之地已經擁有300萬人口，300多個城市。尼德蘭的資產階級有錢了，希望進一步獲得權力，發展資本主義，加爾文教派當然受到了他們的歡迎。

　　可是，當時尼德蘭的宗主國西班牙卻是全歐洲最守舊的國家，也是天主教的堡壘。查理五世和腓力二世拼命壓榨尼德蘭。查理五世時，國庫一半收入都是從尼德蘭搜刮的，幾十年裡被宗教裁判所處死的新教教徒有5萬人。西元1556年腓力二世繼位後，更是青出於藍而勝於藍。他宣佈政府破產，以此賴掉尼德蘭人手中的國債；他加強了宗教裁判所的權威；他還禁止尼德蘭商人跟新大陸直接貿易，以便從中間多撈一筆。尼德蘭上到本地貴族豪門，下到平民工匠，都對他十分不滿。

　　尼德蘭貴族們決定去請願。西元1566年，幾個尼德蘭貴族遞請願書給西班牙駐尼德蘭總督。他們表示，尼德蘭人一定效忠西班牙國王陛下，但能不能請陛下別再因為我們信新教就把我們抓去燒死，能不能把

BC
— 0　耶穌基督出生
— 100
— 200
— 300　君士坦丁統一羅馬
　　　羅馬帝國分成兩部
— 400
— 500　波斯帝國
— 600　回教建立
— 700
— 800
　　　凡爾登條約
— 900
　　　神聖羅馬帝國建立
— 1000
— 1100　十字軍東征
— 1200
　　　蒙古第一次西征
— 1300
　　　英法百年戰爭開始
— 1400
　　　哥倫布發現新大陸
— 1500
　　　英國大破無敵艦隊
— 1600
— 1700　發明蒸汽機
　　　美國獨立
— 1800
　　　美國南北戰爭開始
— 1900
　　　第一次世界大戰
　　　第二次世界大戰
— 2000

駐紮這裡的王師撤了？西班牙總督眼一瞪，你們算什麼東西，敢質疑西班牙的政策，於是把他們全轟了出來。這下尼德蘭人可怒了，他們手持棍棒、鐵錘，揭竿而起，掀起了聲勢浩大的起義，把天主教教堂和修道院砸毀。西班牙總督一看群眾這麼生猛，立馬服軟，趕緊關閉了宗教裁判所，接受了部分條件。

　　不過這只是緩兵之計。西元1567年，裝備精良的西班牙軍隊開到尼德蘭，開始對起義者大開殺戒。一時間，整個尼德蘭血流成河，近萬人被砍頭、絞死，包括許多本地貴族官員。西班牙政府還加緊了對尼德蘭的搜刮，苛捐雜稅繁如牛毛。

　　面對西班牙人的屠刀，尼德蘭貴族、富人紛紛外逃。這些人以奧蘭治親王為首，拼命說服德意志的新教諸侯和法國的胡格諾派貴族，請他們幫忙。他們還拿出大筆金錢，組織外國僱傭軍，反攻尼德蘭。同時，尼德蘭的中下層民眾則直接留在本土，和西班牙人展開游擊戰。北方的尼德蘭人建立了水上游擊隊，在海岸、窪地、沼澤截擊西班牙兵士；南方的尼德蘭人則組織了森林游擊隊，神出鬼沒，打得西班牙人暈頭轉向。再加上奧蘭治親王的僱傭軍和新教諸侯武裝，內外夾擊，西班牙人顧此失彼，連連丟失城鎮。

　　西元1573年年底，尼德蘭北方各省大致上都獲得了解放。他們舉行了一次大會，推舉奧蘭治親王為總督。這樣，尼德蘭北部（今荷蘭）獲得獨立。腓力二世大怒，增派兵馬大舉進攻。西元1574年5月，西班牙軍隊包圍了尼德蘭的海濱城市來登。誰知來登是圍海造田形成的，全靠海岸大堤擋住海水。尼德蘭人忽然把水閘打開，海水滾滾灌入，剎那間把西班牙兵全部淹沒。至此，西班牙對北部的進攻被挫敗了。西元1576年，尼德蘭各地在根特城召開了三級會議，約定南北聯合，繼續抗擊西班牙，尋求整個尼德蘭的獨立。

　　但是，這時候尼德蘭南部（今比利時等地）的封建貴族和北方的

資本家們鬧翻了。西元1579年，南方組成了阿拉斯聯盟，承認腓力二世為國王；北方各省則成立了烏特勒支同盟。這樣，尼德蘭南北分裂，南方、腓力二世，準備繼續絞殺北方。在此情況下，北方於西元1581年宣布廢黜腓力二世，推翻封建君主制，成立了「尼德蘭七省共和國」。由於在7個省份中，荷蘭省面積最大，也最有錢，所以這個共和國又叫「荷蘭共和國」。這樣，經過十多年苦戰，尼德蘭北部（荷蘭）獨立建國，而南部（比利時）則繼續受西班牙人的統治。荷蘭是歐洲乃至全世界第一個推翻封建統治，建立資產階級共和國的國家，比後來的英國資產階級革命早了半個世紀。它的誕生，帶來了新時代的曙光。

　　西班牙國王腓力二世見荷蘭竟敢獨立，氣得暴跳如雷。但他數次興兵，都無法扼殺這個新生力量。西元1609年，其子腓力三世與荷蘭簽訂停戰協議。此後，荷蘭成為一個新興國家，廣泛發展商貿。在之後爆發的三十年戰爭中，荷蘭加入新教一方，最終擊敗了天主教聯盟的西班牙和德意志皇帝，並得到歐洲各國正式承認。由於荷蘭從開始革命到最終獲得承認，長達八十年，故而荷蘭獨立戰爭又被稱為「八十年戰爭」。從17世紀初開始，荷蘭依靠發達的工商業和航海業縱橫大洋，設立「荷蘭東印度公司」和「荷蘭西印度公司」，在亞洲、美洲佔領了許多殖民地，成為威風凜凜的「海上馬車夫」。

BC

— 0　　耶穌基督出生

— 100

— 200

— 300　君士坦丁統一羅馬

　　　　羅馬帝國分成兩部
— 400

— 500　　波斯帝國

— 600　　回教建立

— 700

— 800

　　　　凡爾登條約
— 900

　　神聖羅馬帝國建立
— 1000

— 1100　十字軍東征

— 1200
　　　蒙古第一次西征

— 1300
英法百年戰爭開始

— 1400

　　哥倫布發現新大陸
— 1500

　　英國大破無敵艦隊
— 1600

— 1700　發明蒸汽機

　　　　美國獨立
— 1800

　美國南北戰爭開始
— 1900
　　第一次世界大戰
　　第二次世界大戰

— 2000

上古時期　　BC

漢

─ 0

100 ─

三國
晉
300 ─

南北朝
400 ─

500 ─

隋朝
唐朝　600 ─

700 ─

800 ─

五代十國　900 ─

宋
1000 ─

1100 ─

1200 ─

元朝
1300 ─

明朝
1400 ─

1500 ─

1600 ─

清朝

1700 ─

1800 ─

1900 ─

中華民國
2000 ─

200 ─

改教！離婚的藉口

　　路德改革後，德意志是兩教並立；法國以天主教為國教，允許對胡格諾教的信仰。反倒是歐洲大陸之外的英國，成為新教最堅強的堡壘，甚至把國教都改成了新教。令人驚訝的是，英國的這次宗教改革，起因竟是家庭緋聞。

　　英國自從百年戰爭失敗，在歐洲大陸的領土所剩無幾，他們也就不再干涉歐洲列國的事，潛心國內建設。英國從15世紀末開始「圈地運動」，把土地圈起來養羊、剪羊毛、紡紗，史稱「羊吃人」。雖然「圈地運動」對農民來說是災難，但確實促進了資本主義經濟的發展。宗教方面，英國的資產階級信奉新教，但他們對天主教也沒有多麼深的仇恨。英王亨利八世並不喜歡新教，燒死了不少新教徒，還曾經親自與路德辯論，得到教皇的大加讚賞。

　　但亨利八世有件事情很頭疼。他的老婆，西班牙公主凱薩琳，本是他的嫂嫂，但結婚四個月後他哥哥就去世了，英國和西班牙王室為了維持友誼，就讓弟弟續娶寡嫂。這已經夠叫亨利八世不開心的了。雪上加霜的是，這位王后身體不好，多次流產，生下的孩子也大多夭折，最後只剩下一個女兒瑪麗。這下亨利八世有藉口了，他要和宮廷女官安妮在一起，要求教皇批准自己離婚。

　　教皇覺得這事有點不好辦，因為王后凱薩琳的後台太硬了，她是神聖羅馬帝國皇帝查理五世的姨媽！教皇不敢得罪查理五世，就駁回了亨利八世的離婚申請。亨利八世不服氣，他在西元1533年單方面休掉了王

后，和安妮結婚。這下教皇不高興了，宣布開除亨利八世的教籍。亨利八世也怒了，乾脆宣布英國不信仰天主教了，改信仰新教！他還宣布，國王就是英國教會的領袖，沒有教皇的事了！就這樣，為了一樁婚姻，原本忠心的天主教信徒轉而做了「叛教」的頭目。不過，第二任王后安妮最後結果更淒慘——她也只生了一個女兒伊莉莎白，而且在結婚三年後就因為弟弟謀刺國王而被斬首，亨利八世還薄情寡義地宣布他和安妮的婚姻無效！

亨利八世改教，英國的新教徒十分高興，紛紛歌頌偉大國王的聖明；而天主教教徒則傷心欲絕，包括亨利八世的心腹大臣摩爾（《烏托邦》作者）也因此而被處死。英國的宗教改革就此開始了。由於亨利八世是一個很強勢的君主，還組建了一支先進的皇家海軍，所以教廷也無法跨過海峽訴諸武力。

在這之後，事情還有反覆。

西元1553年，亨利八世的長女瑪麗一世繼位後，宣布恢復天主教。她與西班牙國王腓力二世結婚（雖然按輩分她是腓力二世的表姑媽），還燒死了新教徒300多人，因此被稱為「血腥瑪麗」。不過，天主教的這次復辟也很短暫。西元1558年瑪麗一世就去世了，其同父異母的妹妹伊莉莎白一世繼位，又恢復了新教統治。從此，英國成為一個不折不扣的新教國家。

這樣一來，新教頭號強國英國，就跟天主教堡壘西班牙徹底翻臉了。兩國各施其法，明爭暗鬥。西班牙企圖扶持伊莉莎白一世的侄女，信奉天主教的蘇格蘭女王兼法國王后瑪麗和她爭位，伊莉莎白便囚禁了瑪麗，後來還將其斬首。

西班牙又扶持愛爾蘭的天主教勢力和英國政府唱對台戲，英國則出兵支持尼德蘭革命，挖西班牙的牆角。英國的艦船還對西班牙的美洲殖民地展開襲擊。他們不敢跟西班牙的海軍發生正面衝突，便組織「官辦

BC

— 0　耶穌基督出生

— 100

— 200

— 300
君士坦丁統一羅馬

羅馬帝國分成兩部
— 400

— 500　波斯帝國

— 600　回教建立

— 700

— 800

凡爾登條約
— 900

神聖羅馬帝國建立
— 1000

— 1100　十字軍東征

— 1200
蒙古第一次西征

— 1300
英法百年戰爭開始

— 1400

哥倫布發現新大陸
— 1500

英國大破無敵艦隊
— 1600

— 1700　發明蒸汽機

美國獨立
— 1800

美國南北戰爭開始
— 1900
第一次世界大戰
第二次世界大戰
— 2000

海盜」，採用游擊戰術，襲擊西班牙的商船隊，或者乘虛而入，劫掠殖民地。英國海盜們如幽靈般穿梭在大洋上，成為西班牙船隊的噩夢。其中最著名的海盜頭子叫德瑞克，在海上劫掠燒殺，甚至專門進行了一次「環球搶劫之旅」，讓西班牙損失慘重。後來，德瑞克被女王伊莉莎白一世封為爵士。

西元1585年，因為伊莉莎白一世公然支持尼德蘭革命，腓力二世向英國宣戰。他派遣龐大的「無敵艦隊」準備入侵英國。西元1588年5月，兩支海軍在英吉利海峽展開決戰。西班牙艦隊的人數是英國的兩倍多，但他們的船隻笨重，先近距離射擊後登船接舷交戰。英軍船隻輕便，裝備了大量的遠端火炮，他們始終保持距離，用遠端火炮不斷攻擊西班牙艦隊。

最終，西班牙損兵折將，敗下陣來。他們正要向南撤退，卻不料這時風向是往北，在英艦威脅下哪裡那麼容易逆風而行？於是可憐的西班牙船隊被迫往北走，繞著不列顛島和愛爾蘭島轉了一圈，途中遭逢風暴，最後只有所剩無幾的殘兵敗將退回西班牙。這支龐大的艦隊就此消失，其價值相當於西班牙五年的收入。不過，西班牙畢竟家底厚，很快又建立起新的艦隊來，英國也討不到多少便宜。於是雙方達成和約，西班牙不再支持愛爾蘭人鬧事，英國也不再進行公海劫掠。

此後，英國加大了海外擴張的力度。他們在亞洲建立英國東印度公司，在美洲則建立新英格蘭殖民地，逐漸成為一個後起的殖民大國。英國在文化方面也頗有發展，莎士比亞、培根等人就是這一時期的代表人物。

上古時期　BC

漢

— 0

100 —

三國
晉　200 —

300 —

南北朝　400 —

500 —

隋朝
唐朝　600 —

700 —

800 —

五代十國　900 —

宋
1000 —

1100 —

1200 —

元朝
1300 —

明朝
1400 —

1500 —

清朝　1600 —

1700 —

1800 —

1900 —

中華民國
2000 —

英國北美殖民地的建立

　　西元1607年，第一批英國殖民者100人在今天的維吉尼亞登陸，建立了詹姆斯鎮殖民點。西元1620年，「五月花」號因為遭遇風浪，在今天麻塞諸塞州的地方靠岸。英王又數次把北美土地分配給部下建立殖民地。因為英國國教是新教，天主教教徒和新教的其他教派信徒為了躲避迫害，紛紛來到美洲，到17世紀中葉已達數萬人之多，人口增速遠遠超過歐洲其他各國的殖民地。

BC

— 0　　耶穌基督出生

— 100

— 200

— 300
　　君士坦丁統一羅馬
　　羅馬帝國分成兩部
— 400

— 500　　波斯帝國

— 600　　回教建立

— 700

— 800
　　凡爾登條約
— 900
　　神聖羅馬帝國建立
— 1000

— 1100　十字軍東征

— 1200
　　蒙古第一次西征

— 1300
　　英法百年戰爭開始

— 1400

　　哥倫布發現新大陸
— 1500

　　英國大破無敵艦隊
— 1600

— 1700　發明蒸汽機

　　美國獨立
— 1800

　　美國南北戰爭開始
— 1900
　　第一次世界大戰
　　第二次世界大戰

— 2000

上古時期　BC

漢

－ 0

100 －

三國
晉　　200 －

300 －

南北朝　400 －

500 －

隋朝　600 －
唐朝
700 －

800 －

五代十國　900 －

宋　　1000 －

1100 －

1200 －

元朝　1300 －

明朝　1400 －

1500 －

清朝　1600 －

1700 －

1800 －

1900 －
中華民國
2000 －

浴血！三十年戰爭

　　因為宗教改革，法國、尼德蘭、英國、西班牙之間都爆發過戰爭，而德意志的諸侯們也是一片混戰。西元1555年的奧格斯堡和約只是權宜之計，之後雙方依然頻繁地互相攻擊，出兵的規模也越來越大。等到西元1608年，新教諸侯建立了軍事聯盟，推選普法茲選侯為盟主。次年，天主教諸侯也建立聯盟，以巴伐利亞公爵為盟主，並且得到了德皇的支持。雙方劍拔弩張，戰事一觸即發。不光德國人自己，全歐洲也都紛紛選邊站隊。北邊的英國、瑞典、丹麥還有正在鬧獨立的荷蘭，這些新教國家支持新教聯盟。西邊的法國雖然是個天主教國家，但他們已經和哈布斯堡王朝打了上百年，基於國家利益，他們也站在新教一邊和德皇作對。至於支持天主教聯盟的，除了德國皇帝，還有同為哈布斯堡王朝的西班牙王國、義大利的羅馬教皇，以及東邊的波蘭-立陶宛王國等。這些諸侯和國家展開了一場曠日持久的大戰，史稱「三十年戰爭」。

　　導火線是波西米亞點燃的。波西米亞以斯拉夫人居多，但同時又被併入德意志帝國，受奧地利統治，因此這裡一向不太平，早在路德改革之前一百多年就爆發了「胡斯戰爭」。路德改革後，新教在波西米亞佔優勢，但統治波西米亞的哈布斯堡王朝時刻想把這塊地方變成天主教的勢力。西元1617年，哈布斯堡家族的斐迪南二世成為波西米亞國王。斐迪南二世是個狂熱的天主教教徒，他準備徹底扼殺新教勢力，這當然引起波西米亞新教貴族的不滿。西元1618年5月，新教貴族們把皇帝委派的幾個官員扔出窗口，史稱「擲出窗外事件」。這幾個官員命大沒摔死，

戰爭卻爆發了。這就是「三十年戰爭」的第一階段：波西米亞戰爭。

波西米亞貴族們建立了自治政府，廢黜斐迪南二世的王位，改推德意志新教諸侯聯盟的盟主——普法茲選侯腓特烈五世為新國王。波西米亞人紛紛拿起武器予以支持。沒多久，新教軍隊連續擊潰奧地利和西班牙的鎮壓軍，還攻入了哈布斯堡家族的大本營奧地利。英國、法國、荷蘭等國也紛紛表示支持波西米亞。

正打得熱火朝天的時候，德皇死了，斐迪南二世繼承皇位，史稱斐迪南二世。這位新任皇帝陛下可不含糊，他聯絡天主教諸侯聯盟和西班牙，組織數萬大軍反撲。這時候新教一邊卻人心不齊，有的和德皇暗通曲款，有的作壁上觀，荷蘭、英國、法國等則隔岸觀火。結果，新教軍隊被天主教軍各個擊破。西元1620年末，天主教軍隊攻克波西米亞全境，此後又奪取新教諸侯大片領土。第一回合以天主教聯盟的大獲全勝而告終。

斐迪南二世得意忘形，想要趁此良機消滅新教諸侯，並且加強王權；然而他的勝利卻引起了全歐洲的忌憚。法國宰相黎胥留組織荷蘭、英國、丹麥結盟，共同對付德國皇帝和天主教諸侯聯盟。西元1625年，丹麥國王率領6萬兵從北面殺入德意志。三十年戰爭進入第二階段：丹麥戰爭。

這一階段開始，新教方面氣勢洶洶，天主教軍隊連連吃虧。德皇斐迪南二世慌了，就憑自己手下的這點人馬，打不過丹麥人啊！這時候有一個人跑來說，陛下，我可以幫你搞一支軍隊來打丹麥人，而且不要你出一分錢！

斐迪南二世頓時開心起來。這個誇下海口的人，就是三十年戰爭期間的一流名將：阿爾布雷赫特・華倫斯坦。華倫斯坦出生在波西米亞的新教貴族家庭中，可他並沒有站在新教教徒一邊反對神聖羅馬帝國，而是選擇效忠皇帝。燕雀安知鴻鵠之志？華倫斯坦有一個更大的目的，就

BC

— 0　　耶穌基督出生

— 100

— 200

— 300
君士坦丁統一羅馬

羅馬帝國分成兩部
— 400

— 500　　波斯帝國

— 600　　回教建立

— 700

— 800

凡爾登條約
— 900

神聖羅馬帝國建立
— 1000

— 1100　十字軍東征

— 1200
蒙古第一次西征

— 1300
英法百年戰爭開始

— 1400

哥倫布發現新大陸
— 1500

英國大破無敵艦隊
— 1600

發明蒸汽機
— 1700

美國獨立
— 1800

美國南北戰爭開始
— 1900
第一次世界大戰
第二次世界大戰
— 2000

上古時期　BC

漢

— 0

100 —

三國
晉　200 —

300 —

南北朝　400 —

500 —

隋朝　600 —
唐朝

700 —

800 —

五代十國
900 —
宋

1000 —

1100 —

1200 —

元朝　1300 —
明朝

1400 —

1500 —

清朝　1600 —

1700 —

1800 —

1900 —
中華民國

2000 —

是輔佐皇帝，把德意志變成一個真正強大的帝國，恢復昔日羅馬帝國的風采——從這一點來說，華倫斯坦與德皇斐迪南二世（包括幾十年前的查理五世）倒是志趣相投。至於宗教信仰，他其實不在乎。

斐迪南二世看來了救星，趕緊對華倫斯坦說：「好好幹，我封你為公爵！」華倫斯坦道：「不過有個條件，這支軍隊我要全權統率，所有軍官都由我任命，而且所到之處，陛下要准許我徵收特別稅和補充新兵！」斐迪南二世想，什麼特別稅，什麼補充新兵，不就是燒殺搶掠抓壯丁嗎？只要能打退丹麥人，我什麼都答應你！於是，華倫斯坦公爵成為皇家軍隊總指揮。

華倫斯坦組織軍隊的方式簡單粗暴：用武力勒索地方諸侯，或者乾脆就放縱士兵燒殺搶掠，這樣一來當然不愁糧餉。兵源呢，除了招募四鄉八面的遊民無賴，就是直接抓壯丁。就這樣，他的軍隊滾雪球似的膨脹到幾萬人，如同蝗蟲一樣掃蕩德國的城鄉，人驚鬼愁。

別看這群「蝗蟲」搶東西厲害，打仗也很厲害。華倫斯坦在北面擋住了丹麥軍，又在德紹渡口一場血戰，打敗了新教名將曼斯費爾德。華倫斯坦趁勝向北追擊，他那支「蝗蟲大軍」擴充到十萬之眾，將丹麥軍隊逐出德意志領土，更反過來攻佔了丹麥大片領土。

難能可貴的是，華倫斯坦並不是一味地征戰嗜殺；相反，華倫斯坦想要建立一個強大帝國。這個帝國不但要有廣闊的疆域和強大的軍隊，更要有統一的皇權，以及寬鬆的宗教信仰政策。所以在取得戰場優勢後，他說服皇帝斐迪南二世，在西元1629年與丹麥簽了和約，把佔領的土地還給丹麥，丹麥則保證不再干涉德國內政。這個條件對丹麥來說真是夠寬鬆了。或許因為這個十分仁慈的和約，丹麥投之以桃報之以李，在三十年戰爭的最後階段居然改站在德皇一面，對瑞典作戰。

依靠華倫斯坦，斐迪南二世取得了三十年戰爭第二階段的勝利。華倫斯坦的屢戰屢勝，引起了他的盟友天主教諸侯們的忌憚。他們擔心華

倫斯坦加強中央集權，侵害自己的利益。而德皇斐迪南二世呢，他也害怕華倫斯坦勢力太大，加上華倫斯坦主張寬鬆的宗教政策，這也與一心絞殺新教的斐迪南二世產生了矛盾。於是斐迪南二世在西元1630年罷免了華倫斯坦的職位。華倫斯坦交出軍隊，乖乖地回封地去了。

斐迪南二世剛剛罷免了華倫斯坦，只聽得北邊戰鼓連連，瑞典軍隊又殺來了！戰爭進入第三個階段：瑞典戰爭。

瑞典國王古斯塔夫二世，號稱「北方雄獅」，也是當時數一數二的名將。他率領瑞典軍隊登陸德國北部，先攻擊奧得河和海岸地區，隨後於西元1631年9月在布賴滕費爾德大敗天主教軍隊主力。此戰後，古斯塔夫二世乘勝進軍，掃蕩德國西南，攻佔了大片領土，眼看要一路殺到奧地利了。這時候距離華倫斯坦被罷免還不到兩年時間。

這下斐迪南二世慌了，思前想後，只得又把華倫斯坦請出來。華倫斯坦不計前嫌，但有言在先：「這次陛下不能再限制我的權力了。我要軍隊的絕對控制權！我可以自主決定和談！戰爭中獲得的土地歸我支配！」

到了這份上，斐迪南二世當然只能滿口答應，但心裡已經開始對華倫斯坦不滿了。華倫斯坦立刻集合了一支人馬，北上對抗新教軍隊。他深知現在瑞典軍風頭正盛，正面作戰難保勝算。於是華倫斯坦採用機動戰略，先打弱敵。他第一波就大敗進攻波西米亞的薩克森軍隊，然後北上進攻薩克森本土。這樣，成功地讓古斯塔夫二世停止了進攻奧地利的步伐，轉戈北上。西元1632年11月，華倫斯坦和古斯塔夫二世在呂岑相遇，展開決戰。混戰中，一代英主古斯塔夫二世中彈陣亡，而得知國王戰死的瑞典軍竟然士氣百倍地衝上來，以「哀兵必勝」之勢發動瘋狂反擊，擊敗了華倫斯坦。但是，瑞典軍也慘重傷亡，而且失去了國王。

打完這一仗，華倫斯坦向斐迪南二世建議：「陛下，古斯塔夫二世死了，我們已經取得優勢，應該趁勢和談。要建立偉大的德意志帝國，

BC

— 0　耶穌基督出生

— 100

— 200

— 300
君士坦丁統一羅馬

羅馬帝國分成兩部
— 400

— 500　波斯帝國

— 600　回教建立

— 700

— 800
凡爾登條約

— 900
神聖羅馬帝國建立
— 1000

— 1100　十字軍東征

— 1200
蒙古第一次西征

— 1300
英法百年戰爭開始

— 1400

哥倫布發現新大陸
— 1500

英國大破無敵艦隊
— 1600

— 1700　發明蒸汽機

美國獨立
— 1800

美國南北戰爭開始
— 1900
第一次世界大戰
第二次世界大戰

— 2000

上古時期　BC

漢

— 0

100 —

三國
晉　200 —

300 —

400 —

南北朝

500 —

隋朝　600 —
唐朝

700 —

800 —

五代十國　900 —

宋
1000 —

1100 —

1200 —

元朝
1300 —

明朝
1400 —

1500 —

清朝　1600 —

1700 —

1800 —

1900 —

中華民國
2000 —

不能靠殺光新教教徒。實現兩教的和平共處，才是持久之道。」這話很不中斐迪南二世的意，天主教諸侯就更不滿了。在他們的阻撓下，和談並沒有展開，這讓華倫斯坦也很不滿。想不到斐迪南二世是個「扶不起的阿斗」，要靠這昏君建立統一的德意志帝國太難了，華倫斯坦決定自己來促成和平的局面。西元1633年，華倫斯坦和瑞典、法國、薩克森等勢力秘密和談，還釋放了一些瑞典俘虜和波西米亞新教教徒。而當斐迪南二世命令他去救援巴伐利亞時，他走到半路卻停了下來。

在華倫斯坦看來，這些事情都是合情合理的。當初我們說好，我有資格與對方和談，我釋放戰俘為的是恩威並施；而軍隊該怎麼行動，我作為總司令當然最有發言權。這些都是為了我們德國好，為什麼要聽你這昏君瞎指派？

可是在斐迪南二世看來，華倫斯坦就完全是一副叛變的架勢了。憎恨華倫斯坦的人趁機散佈謠言，說華倫斯坦要自立為王！軍隊裡面也是流言紛紛。為此，華倫斯坦召開軍官會議，讓軍官們宣誓效忠自己。此舉既可以說是為了穩定軍心，也可以說是別有用心。

就這樣，才能出眾、志向遠大而又個性十足的華倫斯坦，就成為全德國人的眼中釘，肉中刺。西元1634年初，斐迪南二世再次罷免華倫斯坦。

2月25日，幾個士兵闖進了華倫斯坦的臥室。面對這些自己招募的烏合之眾，華倫斯坦閉目歎息，束手被殺。三十年戰爭中最富有傳奇色彩的梟雄，德意志帝國的守護者，就此退出歷史舞台。華倫斯坦雖然被殺死，但之前他已經奪得了戰場上的優勢。西班牙又給德皇派來了援軍。西元1634年9月，天主教聯軍在諾德林根大敗瑞典軍隊。西元1635年，薩克森等新教諸侯與斐迪南二世議和。戰爭的第三階段占上風的依然是哈布斯堡王朝。

然而在這三次「勝利」後，哈布斯堡乃至整個德意志的血都已經快

流乾了。這時候，一直在幕後煽風點火的法國宰相黎胥留，按捺不住得意。都累趴下了？別啊，正式演出這才開始呢！戰爭進入最終決勝的第四階段：法國戰爭。10萬法軍兵分五路，分別進攻德意志本土和西班牙佔據的尼德蘭、義大利。他們得到了瑞典、荷蘭和部分德意志新教諸侯的支持。斐迪南二世與天主教諸侯、西班牙王國奮力抵抗，丹麥也向瑞典宣戰，支持德皇。然而黎胥留乃是不世英才，還握有荷蘭的金錢、瑞典的精兵。而德意志的名將華倫斯坦，已經被德皇自己幹掉了。

經過長達10多年的戰爭，法國、瑞典聯軍終於取得決定性的勝利。此時黎胥留已經死了，斐迪南二世也已經去世，其子斐迪南三世被迫求和。西元1648年，各國締結了《西發里亞和約》。

這個和約中，法國獲利最多，從德意志割占了亞爾薩斯、洛林等地。它還割走了德國的萊茵河河口，又從義大利北部占了一塊地盤。「太陽王」路易十四的王圖霸業從這裡開始騰飛。瑞典也撈了不少好處，它在德國北部占了一大塊土地，包括奧得河、易北河和維希河的出海口，從而完全控制了德國北部波羅的海沿岸的商業。荷蘭則正式從哈布斯堡王朝統治下獨立，主權被各國承認。

這些國家都佔便宜了，吃虧的當然是德意志帝國。大片土地被割走，四條大河的出海口被別國控制，國內經濟受到嚴重的打擊。除此之外，和約不僅再次確認德意志境內的各邦有權選擇自己的宗教，而且規定各邦都有權利與外國結盟，大致把德意志各邦變成了多個獨立主權的國家。德意志土地上的連年戰亂，還使得其人口減少三分之一，六分之五的鄉村和礦山毀於戰火與掠奪。

德意志帝國如此悲慘，那皇帝斐迪南二世呢？他在天堂裡大概也滿意得很！因為和約規定奧地利王朝統治奧地利、匈牙利和波西米亞三個屬國，而且這三國都必須信仰天主教！換言之，儘管斐迪南二世最終戰敗了，但他最初的目的卻達到了。德意志帝國四分五裂，但斐迪南二世

BC

— 0   耶穌基督出生

— 100

— 200

— 300   君士坦丁統一羅馬
         羅馬帝國分成兩部
— 400

— 500   波斯帝國

— 600   回教建立

— 700

— 800

         凡爾登條約
— 900
         神聖羅馬帝國建立
— 1000

— 1100   十字軍東征

— 1200
         蒙古第一次西征
— 1300
         英法百年戰爭開始

— 1400

         哥倫布發現新大陸
— 1500

         英國大破無敵艦隊
— 1600

— 1700   發明蒸汽機

         美國獨立
— 1800
         美國南北戰爭開始
— 1900
         第一次世界大戰
         第二次世界大戰
— 2000

上古時期　BC

漢

— 0

100 —

三國　200 —
晉
300 —

400 —
南北朝

500 —

隋朝　600 —
唐朝

700 —

800 —

五代十國　900 —
宋
1000 —

1100 —

1200 —

元朝　1300 —
明朝
1400 —

1500 —

清朝　1600 —

1700 —

1800 —

1900 —
中華民國

2000 —

直屬的奧地利王國卻更強大、更穩固了。

波蘭、立陶宛王國

波羅的海南岸的立陶宛人，在11世紀左右開始形成一些封建邦國，並逐漸受到基督教影響。13世紀中葉蒙古人走後，立陶宛建立王國，並長期與波蘭、俄羅斯聯合對抗天主教教廷的條頓騎士團（普魯士前身）。15世紀立陶宛王國的勢力達到巔峰，疆域覆蓋今天的白俄羅斯、拉脫維亞、立陶宛、烏克蘭以及愛沙尼亞、摩爾多瓦、波蘭和俄羅斯的部分地區，面積超過歐洲各國。西元1569年，波蘭和立陶宛正式合併成一個聯邦，史稱波蘭-立陶宛王國，面積近百萬平方公里，是歐洲的大塊頭。

瑞士獨立

瑞士曾被古羅馬帝國統治數百年，後來分別被日爾曼的阿勒曼尼人、勃艮第人入侵，西元774年併入法蘭克王國。11世紀起神聖羅馬帝國統治瑞士部分地區，瑞士逐漸分裂為許多貴族領地和小邦國，其中哈布斯堡家族占地最大。西元1291年，瑞士中部三個州結盟，其他州逐漸加入，在西元1370年八個州結成聯邦，此後又陸續有州加入。西元1499年，瑞士聯邦與德皇馬克西米利安一世進行「士瓦本戰爭」，瑞士人獲勝，雙方簽訂了《巴塞爾和約》，瑞士從而獲得了實質上的獨立。到16世紀時，瑞士的聯邦增加到13個州。根據《西發里亞和約》，瑞士正式被各國確認為獨立的主權國家。

第六章：新時代的驚雷——近代前期
（西元17世紀至18世紀）

　　查理一世的頭顱，做了新時代的血腥犧牲。太陽王路易十四的宏圖霸業，只留給子孫空空如也的國庫。普魯士、奧地利、俄羅斯……歐洲列強紛紛開始進入新時代，而凌駕於君王們之上的，是偉大的啟蒙運動導師們。

1. 芬蘭	11. 德國	21. 匈牙利	31. 義大利	41. 冰島
2. 瑞典	12. 荷蘭	22. 奧地利	32. 西班牙	
3. 挪威	13. 英國	23. 列支敦士登	33. 葡萄牙	
4. 愛沙尼亞	14. 愛爾蘭	24. 瑞士	34. 馬其頓	
5. 拉脫維亞	15. 烏克蘭	25. 法國	35. 科索沃	
6. 立陶宛	16. 摩爾多瓦	26. 保加利亞	36. 蒙特內哥羅	
7. 俄羅斯	17. 斯洛伐克	27. 塞爾維亞	37. 阿爾巴尼亞	
8. 丹麥	18. 捷克	28. 波斯尼亞	38. 梵蒂岡	
9. 白俄羅斯	19. 比利時	29. 克羅埃西亞	39. 希臘	
10. 波蘭	20. 羅馬尼亞	30. 斯洛維尼亞	40. 盧森堡	

光榮！約翰王革命

西元1625年，查理一世當上了英國國王。這位國王挺慘的。在英國當國王本來就比其他國家慘，其他國家都是國王說了算，而英國國王受的制約最多，從約翰王簽署《大憲章》開始，議會權力就很大，國王徵稅都要經過議會批准。查理一世和他父親詹姆斯一世都是蘇格蘭人，不太習慣英格蘭這邊的規矩，當初詹姆斯一世就和議會發生過幾次衝突。加上查理一世家族都是天主教教徒，而英格蘭以新教為尊，這個矛盾也讓雙方都心存不滿。

查理一世登基的時候，歐洲正在熱火朝天地打三十年戰爭。英國作為新教國家，又是西班牙的死對頭，當然是幫助新教陣營打西班牙。但是，戰爭前十多年都是天主教陣營占上風，英國打了不少敗仗。一打敗仗，國內局勢也跟著緊張起來。議會猛烈抨擊國王，說他指揮無能，說他壓根不該摻和歐洲大陸的事，還有人質問，你莫非為了討好你的法國老婆，就把英國的男兒派去送死？言辭犀利也罷了，他們還拒絕撥款！查理一世這下急了，打仗就是燒錢啊，軍隊都派出去了，沒錢不怕人嘩變嗎？沒辦法，他只能向富人強行借款，不經議會批准徵收關稅，甚至把老婆的嫁妝都典當了。這樣的做法自然更讓議會和資本家們對他厭惡至極。查理看議會這麼強勢，也怒了，乾脆把議會停了。在他看來這事沒什麼大不了的，無非我不要你們籌錢，就不聽你們的意見；他卻沒考慮清楚，在英格蘭這樣一個有議會傳統的國家，國王關閉議會，獨斷專行，後果是很嚴重的！

BC

— 0　耶穌基督出生

— 100

— 200

— 300　君士坦丁統一羅馬
　　　羅馬帝國分成兩部
— 400

— 500　波斯帝國

— 600　回教建立

— 700

— 800
　　　凡爾登條約
— 900
　　　神聖羅馬帝國建立
— 1000

— 1100　十字軍東征

— 1200　蒙古第一次西征

— 1300　英法百年戰爭開始

— 1400

　　　哥倫布發現新大陸
— 1500

　　　英國大破無敵艦隊
— 1600

— 1700　發明蒸汽機

　　　美國獨立
— 1800
　　　美國南北戰爭開始
— 1900　第一次世界大戰
　　　第二次世界大戰

— 2000

上古時期　BC

漢

—0

100 —

三國
晉　200 —

300 —

南北朝　400 —

500 —

隋朝　600 —
唐朝
700 —

800 —

五代十國　900 —
宋
1000 —

1100 —

1200 —

元朝　1300 —

明朝
1400 —

1500 —

清朝　1600 —

1700 —

1800 —

1900 —
中華民國
2000 —

這時查理一世又和他的老家蘇格蘭發生了衝突。自從他父親詹姆斯一世成為英王后，英格蘭和蘇格蘭兩國共有一個國王，但還是兩個國家，有兩套政府、軍事、宗教機構。查理一世要規範宗教禮儀，要求蘇格蘭人也用英格蘭的禮儀。這件事也有討好英格蘭臣民的意思。結果蘇格蘭人怒了，你這個吃裡爬外的傢伙，當了英格蘭國王就反過來欺負老鄉？他們乾脆發動了起義，大敗查理一世的兵馬，史稱「主教戰爭」。打仗，就又得進一步花錢。查理一世再次召開議會，申請籌款。而議會再次拒絕了他的請求，就是不給錢，查理一世只好又關了議會。最後戰爭打輸了，蘇格蘭人反而占了英格蘭一塊領土，這就是國王和議會爭執不下的惡果。

到這份上了，查理一世沒辦法，只剩下召開議會一條路，請臣民們群策群力，共渡難關。議會則認為，這一切的一切都是查理一世獨斷專行造成的，他必須承擔全部責任，以後乖乖聽議會的話！大批民眾也走上街頭，拿著刀槍棍棒支持議會，聲討昏君。在議會和民眾的逼迫下，查理一世被逼處死了一個心腹大臣，放棄了造船稅，同意不再解散議會。但是議會還有其他要求：要控制國王衛隊之外的正規軍，要有權任命官員，要負責國王子女的教育……查理一世的老婆瑪麗亞是法國公主（路易十三的妹妹），她實在看不下去了，到底誰是國王啊？沒見過你這麼窩囊的，拿出點顏色來給他們看啊！於是，查理一世帶著衛隊衝進議會，要逮捕為首的幾個議員，不料撲了個空。這下，雙方徹底決裂了。國王看倫敦人對他相當不滿，就北上約克郡，組織保王黨軍隊。西元1642年，國王宣布出兵討伐叛逆，挑起了英國內戰。

內戰開始，議會派佔據絕對優勢。他們的地盤較富裕，軍隊人數更多，還擁有海軍。但國王的軍隊數量雖少，卻相當精銳，有大批職業貴族軍官。而且國王畢竟是一國之君，議會軍跟國王對陣，還是有些心虛。因此開戰初期，保王軍頻頻進攻，攻佔大片領土。議會軍手忙腳

亂，連倫敦都一度告急。

這時，議會方面出來一位英才，原來是一個農場主，叫奧利佛・克倫威爾，此人文韜武略，最大的特點是天不怕，地不怕。他從農民和手工業者中招兵買馬，嚴加訓練，組織了一支「東部聯軍」，多次擊敗保王軍。在西元1644年7月的馬斯頓荒原之戰中，克倫威爾率東部聯軍發動奇襲，擊潰了保王軍主力，進而攻佔保王軍重鎮約克。同時議會和蘇格蘭軍隊勾結起來，南北夾擊國王。而克倫威爾又夥同議會中激進的「獨立派」，壓倒了保守妥協的「長老派」。他建立了一支20萬人的「新模範軍」，有新編制、新裝備，威武而有實力。這下子，可憐的查理一世要倒楣了。

西元1645年6月，克倫威爾率新模範軍在納斯比戰役殲滅了保王軍主力。從此，戰爭變成了一面倒的追亡逐北，保王軍的城池要塞紛紛投降。西元1646年6月，議會軍攻佔保王軍大本營牛津。查理一世倉皇逃到蘇格蘭，結果被蘇格蘭人賣給了英格蘭議會。至此，第一次內戰結束，議會軍大獲全勝。

議會軍勝利之後，議會派矛盾開始上升。把持議會的長老派貴族和大資本家透過內戰，霸佔了保王黨和教會的大批土地、資產，富得流油；廣大士兵、民眾打了幾年仗，還是兩手空空，他們都相當不滿。於是議會和國王的抗爭，變成了把持議會的長老派和把持軍隊的獨立派，以及得到民眾和普通士兵支持的平等派三方的抗爭。西元1647年，克倫威爾帶兵政變，驅逐了長老派，又鎮壓了平等派，成為英國的獨裁者。

趁著議會內鬥的工夫，查理一世從監獄逃了出來，糾集殘部發動了第二次內戰。這一回，蘇格蘭人也站在了國王這一邊。克倫威爾見勢不妙，趕緊停止內鬥，跟平等派的人妥協，調兵遣將，準備對戰保王軍。畢竟第一次內戰保王軍已經遭遇了慘重損失，而克倫威爾則大獲全勝。第二次內戰從西元1648年2月開打直到8月，克倫威爾已經擊潰了英格蘭

BC

— 0　耶穌基督出生

— 100

— 200

— 300　君士坦丁統一羅馬
　　　羅馬帝國分成兩部
— 400

— 500　波斯帝國

— 600　回教建立

— 700

— 800
　　　凡爾登條約
— 900
　　　神聖羅馬帝國建立
— 1000

— 1100　十字軍東征

— 1200
　　　蒙古第一次西征
— 1300
　　　英法百年戰爭開始
— 1400

　　　哥倫布發現新大陸
— 1500

　　　英國大破無敵艦隊
— 1600

— 1700　發明蒸汽機

　　　美國獨立
— 1800
　　　美國南北戰爭開始
— 1900
　　　第一次世界大戰
　　　第二次世界大戰
— 2000

上古時期　BC

漢

— 0

100 —

三國
晉　　200 —

300 —

南北朝　400 —

500 —

隋朝　600 —
唐朝

700 —

800 —

五代十國　900 —

宋　1000 —

1100 —

1200 —

元朝　1300 —

明朝　1400 —

1500 —

清朝　1600 —

1700 —

1800 —

1900 —

中華民國

2000 —

保王軍主力，隨即北上迎戰行動遲緩的蘇格蘭軍。數日之間，克倫威爾殲滅蘇格蘭主力一萬多人，自己損失才幾十人。查理一世又當了俘虜。

這回，克倫威爾不客氣了，把查理一世送上法庭。查理一世到這個地步還要展現王者的氣概，他宣布這個法庭無權審判他，所以也沒怎麼為自己辯護。於是，法庭判決查理一世為暴君，犯有背叛國家和人民的罪。克倫威爾下令：「把這個暴君斬首示眾！」西元1649年1月30日，倫敦白廳前面搭起了斷頭台。當時是冬天，斬首的犯人只能穿襯衣，查理一世要求穿兩件襯衣，「免得冷得發抖，被人誤會是我怕死」。穿好兩件襯衣後，查理一世面帶微笑，對圍觀群眾宣布：「死亡對我並不可怕，感謝上帝，我已準備好了。」然後，他還朗誦了自己寫的一首詩，並且宣稱「我是為人民而殉道的！」接著，他從容地走到斷頭台前。劊子手手起刀落，人頭滾地。英國歷史上唯一一次「處死國王」的事件上演了。

雖然砍了國王的腦袋，但英國革命還不能算成功。革命領袖克倫威爾成為「護國主」。他依靠軍隊的力量，凌駕於議會之上，並幾次用武力解散議會，其實就是個軍事獨裁者。他對外出兵打敗了蘇格蘭（當時由查理一世之子查理二世統治），又鎮壓愛爾蘭人的反抗，一路燒殺搶掠。不過同時，克倫威爾改革了過去的粗暴法律，提倡宗教信仰自由，還鼓勵猶太人來英國定居。這些執政措施比起國王統治時期終究是很大的進步。

西元1658年，克倫威爾去世，英格蘭又陷入軍隊、議會等各派勢力的抗爭。查理一世的兒子查理二世趁機回國，復辟登基。為了給他爹報仇，新國王把克倫威爾的屍體從墳墓裡挖出來，先處以絞刑，再砍頭示眾。此後，國王和議會的爭鬥再度開始。不過，經過查理一世的血案，查理二世終究學聰明了點，不再正面抗衡議會的權威，而是藉由圓滑的謊言、詭辯來維持平衡。

西元1685年查理二世死了，其弟詹姆斯二世繼位。因為宗教問題，詹姆斯二世和議會又鬧翻了。詹姆斯二世希望一視同仁地對待天主教教徒和新教教徒，而議會則要求把天主教教徒都驅逐出境。以今天來看，這件事其實國王比較占理，但背後隱藏的卻是另一個更嚴重的問題：到底是國王說了算，還是議會說了算？另外，當時法國跟荷蘭正在打仗，國王傾向於支持天主教的法國，議會則傾向於新教的荷蘭。就這樣，雙方的爭鬥逐漸升級，後來，英格蘭議會就給詹姆斯二世的女婿，荷蘭執政威廉送信：「威廉殿下，你打過來吧，我們支持你當國王！」威廉大喜，就在西元1688年率軍登陸英國。所有英軍一下子都倒戈了，連詹姆斯二世的女兒瑪麗都幫丈夫不幫父親。威廉兵不血刃，直撲倫敦。詹姆斯二世見大勢已去，生怕自己像查理一世一樣被砍頭，嚇得逃出城去，卻被抓住。還好，威廉還記掛著翁婿之情，釋放了岳父，讓其投奔法王路易十四去了。

西元1689年，英國議會宣布，威廉夫婦當上英國國王和女王，稱威廉三世和瑪麗二世。同時，威廉接受了議會的《權利法案》，這個法案最核心的內容是：國王未經議會同意，不能停止任何法律、不能收稅。這個法案確定了英國的政體——君主立憲制。君主必須服從憲法，而憲法是由議會來決定的。這樣一個政體自有其優勢：一個沒有實權的君王，有利於保持國家凝聚力和在關鍵時刻的決斷力，而憲法與議會則防止出現暴君濫行。同時，英格蘭也通過了《容忍法》，宣布所有宗教平等，至此，英國資產階級革命勝利結束。由於沒有打仗就實現了王位更替和君主立憲制，因此被稱為「光榮革命」。

BC

— 0　耶穌基督出生

— 100

— 200

— 300
君士坦丁統一羅馬
羅馬帝國分成兩部
— 400

— 500　波斯帝國

— 600　回教建立

— 700

— 800
凡爾登條約
— 900
神聖羅馬帝國建立
— 1000

— 1100　十字軍東征

— 1200
蒙古第一次西征
— 1300
英法百年戰爭開始
— 1400
哥倫布發現新大陸
— 1500
英國大破無敵艦隊
— 1600
發明蒸汽機
— 1700
美國獨立
— 1800
美國南北戰爭開始
— 1900
第一次世界大戰
第二次世界大戰
— 2000

上古時期　BC

漢

— 0

100 —

三國　　200 —
晉
300 —

南北朝　400 —

500 —

隋朝　　600 —
唐朝
700 —

800 —

五代十國　900 —

宋　　　1000 —

1100 —

1200 —

元朝
1300 —

明朝
1400 —

1500 —

1600 —
清朝
1700 —

1800 —

1900 —
中華民國
2000 —

太陽！高盧雄雞鳴

英國革命鬧得轟轟烈烈的時候，法國國王是路易十四。這位國王歷經曲折，父親英年早逝，他不滿五歲就登基，由太后攝政。為了打三十年戰爭，花錢如流水，巴黎城兩次爆發民眾暴亂，逼得小小年紀的國王兩次出逃。這樣的經歷令他深刻地認識到，必須把權力死死控制住，絕不允許臣民對自己有一絲不敬。他在西元1661年親政後，就取消了宰相這個職務，並說，我就是自己的宰相。法國大小事務都由他親自處理，好像不會疲倦一樣，他還很自豪地說：「朕即國家。」

為了保證自己的意志能貫徹全國，路易十四獨斷專行，把巴黎高等法院、三級會議這些經常對國王指指點點的部門通通關閉。要是英國革命中被砍頭的查理一世知道隔著海峽的這位後輩如此威猛，只怕要羨慕嫉妒得哭了。路易十四還恢復了檢察官制度，這些檢察官類似於中國明朝的錦衣衛，全國上下的地方官、貴族都受到嚴密的監察。路易十四還加強了對教會的控制，他召集法國的高級教士開會，通過了《四條款宣言》，宣布王權獨立於教權，而且不顧教皇的反對，任命擁護《四條款宣言》的人為主教。

為了彰顯自己的崇高地位，他耗費鉅資，歷時十年在巴黎郊外建造了金碧輝煌的凡爾賽宮。其中的鏡廳長73公尺，一面是面向花園的17扇巨大落地玻璃窗，另一面是由483塊鏡子組成的巨大鏡面。當裡面的燭台全都點上蠟燭的時候，幾百面鏡子反射出來的光芒無比耀眼。一千多個噴水池令凡爾賽宮的用水量比整個巴黎城還要多。路易十四天天在裡面

舉辦豪華的宴會，宴會上有數不盡的美味和上等紅酒。狂吃豪飲之餘，就是通宵跳舞狂歡。國王本人也是個喜愛舞蹈的人，因為身材不高，他還發明了最早的高跟鞋。

不要因為路易十四在王宮裡舉辦派對，就以為他只是個貪圖享樂的昏君。實際上，他是藉由凡爾賽宮的奢華氣派，折服法國的貴族、大臣，還有歐洲的君主們。為了榮耀，每一個參加宴會的人都會極力學習禮儀，想盡辦法找來最好看的名牌衣服。那些地方大員、王親貴族從此之後就再也沒心思叛亂，一個個都在研究怎樣能讓自己的生活更豪華、奢侈一些，從此喪失了和國王對抗的精神。路易十四釜底抽薪的這一招，令這些貴族迷失在燈紅酒綠的生活中。路易十四由此成為法國乃至全歐洲前所未有的明星國王。人們稱他為「太陽王」。

路易十四可不光滿足於在凡爾賽宮耍威風，他還要讓法蘭西成為歐洲之霸。為此，他建立了龐大的軍隊，不斷向外發動擴張戰爭。

西元1665年，路易十四的岳父，西班牙國王腓力四世去世，繼任的查理二世只有4歲。路易十四趁機說：「當初我結婚的時候，岳父大人可答應過給我一筆豐厚的嫁妝。那時候你們西班牙內交外困，給不出來我也能理解，沒計較了。現在老岳父駕鶴西去，繼位的國王年齡這麼小，到時候他翻臉不認，我豈不是什麼也沒有？不行不行，你們趕緊分兩塊地給我，算岳父給我的遺產，不然別怪我不客氣！」西班牙人當然不會輕易就範，太陽王立刻出兵，發動「遺產戰爭」，打下了西班牙不少地方。雖然後來英國、瑞典、荷蘭建立了反法同盟，路易十四不得不把其中一些地區退還給西班牙，就算如此，法國還是有不少收穫。

初次勝利，太陽王更加躊躇滿志。在和西班牙對陣的時候，昔日的盟友荷蘭居然倒向西班牙，路易十四怒不可遏，決定教訓下這個「海上馬車夫」。正巧英王查理二世和荷蘭鬧翻了，路易十四趁機收買了荷蘭原來的盟友英國和瑞典，發動了「法荷戰爭」。

BC

— 0　耶穌基督出生

— 100

— 200

— 300
君士坦丁統一羅馬
羅馬帝國分成兩部
— 400

— 500　波斯帝國

— 600
回教建立
— 700

— 800
凡爾登條約
— 900
神聖羅馬帝國建立
— 1000

— 1100　十字軍東征

— 1200
蒙古第一次西征
— 1300
英法百年戰爭開始
— 1400
哥倫布發現新大陸
— 1500
英國大破無敵艦隊
— 1600
發明蒸汽機
— 1700
美國獨立
— 1800
美國南北戰爭開始
— 1900
第一次世界大戰
第二次世界大戰
— 2000

上古時期　BC

漢

— 0

100 —

三國
晉　　200 —

300 —

南北朝　400 —

500 —

隋朝　600 —
唐朝

700 —

800 —

五代十國　900 —
宋

1000 —

1100 —

1200 —

元朝　1300 —

明朝

1400 —

1500 —

清朝　1600 —

1700 —

1800 —

中華民國　1900 —

2000 —

　　西元1672年，法軍浩浩蕩蕩殺進荷蘭，勢如破竹，打得荷蘭執政官奧蘭治親王非常狼狽。西班牙、神聖羅馬帝國、丹麥見法王如此威猛，趕緊紛紛援助荷蘭。荷蘭也換上了英明神武的威廉（就是後來成為英王的威廉三世）執政，利用英國國會對新教的感情拆散了英法同盟。但面對這麼多國家的圍剿，法軍居然還是獲勝了。西元1678年和西元1679年兩年，法國分別和交戰的各國簽訂了《尼美根條約》，又獲得了不少領土。以往國與國之間簽訂的協約都是用拉丁文寫的，而這次的《尼美根條約》是用法文寫的。從條約簽訂開始，法文開始變成主要的外交語言，路易十四也成為歐洲各國，尤其是德意志諸侯們崇拜的偶像和被模仿的對象。太陽王路易十四真的做到了，他治下的法國成為當時全歐最強大的國家，他的光芒令整個歐洲都為之膽戰。不光是歐洲，路易十四還在美洲、亞洲搶了不少殖民地，加強建設加拿大地區，使得法蘭西成為一個全球性帝國。

　　法荷戰爭使強盛一時的荷蘭大傷元氣，並逐漸開始走了下坡路。但是，也讓路易十四結了一個死敵——荷蘭執政威廉。十年後威廉成為英國國王，英、法之間再度成為死敵。

　　無論是舉辦奢華的凡爾賽宮派對，還是支撐無休止的戰爭，路易十四都需要非常多的錢。幸虧路易十四有一個得力的大臣柯爾貝爾，乃是「重商主義」的能手。他大力發展國內的工商業和對外商貿；對進口產品徵收關稅，令法國在短短幾年間，國庫收入從3700萬增加到1億里弗爾。柯爾貝爾兢兢業業，為了法國、為了國王，廢寢忘食地工作。在他的努力下，法國的海軍建立起來了，一座座海港在法國海岸拔地而起。但是，這樣一個忠心耿耿又有才能的大臣，卻被路易十四罷免了——西元1683年，柯爾貝爾反對國王繼續大肆揮霍，惹怒路易十四。儘管柯爾貝爾工作能力很強，但當他為之盡忠的國王如此翻臉無情時，這位能臣也只能鬱憤焦急地病倒了，很快便去世。

失去了柯爾貝爾的路易十四還不好好反省，依舊我行我素。他琢磨著怎麼才能讓自己的豐功偉績流傳萬世？當然是繼續開疆拓土啊！他成立了「屬地收復裁決院」，專門調查以前法國簽下的各種條約。一旦發現有哪些領土是按過去條約該割讓給法國，而至今沒割讓的，就立即上報國王，出兵收回來。

這下，路易十四變成了一個瘋子，四處打仗，激起了歐洲的公憤。尤其是法國的老對手——德意志皇帝兼奧地利公爵利奧波德一世更為惱怒。利奧波德一世的主要精力本來用在跟東邊的鄂圖曼土耳其打仗，一看路易十四野心居然這麼大，哪能坐視不管？

西元1686年7月，神聖羅馬帝國、西班牙、荷蘭和瑞典結成「奧格斯堡同盟」。西元1688年，荷蘭執政威廉經由「光榮革命」當上英王，英國也加入該同盟。大半個歐洲一起圍攻法國，史稱「大同盟戰爭」，一打就是十年。路易十四沒辦法以一己之力和這麼多國家對抗，只好求和，把之前透過《尼美根條約》佔領的大部分土地都還了回去。

經過這個教訓，路易十四還是沒能把心態調整過來。過了三年，他又不甘寂寞地掀起了「西班牙王位繼承戰」。

路易十四的小舅子，西班牙國王查理二世，38歲就去世了。查理二世臨終前立下遺囑，由姐夫路易十四的孫子腓力來繼承西班牙王位。當然他也聲明了，不能因此就讓法國和西班牙合併。這件事令德意志皇帝利奧波德一世的兒子查理大公非常不滿。因為德皇利奧波德一世也是西班牙國王的姐夫，而且同屬於哈布斯堡家族，所謂肥水不流外人田，憑什麼便宜法國佬？路易十四先下手為強，護送孫子到了西班牙登基。接下來的第二年，路易十四又宣布腓力在將來也有繼承法國國王的權力。

西班牙在海外擁有1000多萬平方公里的殖民地，這塊肥肉誰都想吃。現在路易十四想讓法國獨吞！一旦讓他得逞，把強大的法國和富裕的西班牙合成一個超級帝國，歐洲其他國家還能立足嗎？於是，全歐洲

BC
— 0 　耶穌基督出生
— 100
— 200
— 300
君士坦丁統一羅馬
羅馬帝國分成兩部
— 400
— 500 　波斯帝國
— 600 　回教建立
— 700
— 800
凡爾登條約
— 900
神聖羅馬帝國建立
— 1000
— 1100 　十字軍東征
— 1200
蒙古第一次西征
— 1300
英法百年戰爭開始
— 1400
哥倫布發現新大陸
— 1500
英國大破無敵艦隊
— 1600
發明蒸汽機
— 1700
美國獨立
— 1800
美國南北戰爭開始
— 1900
第一次世界大戰
第二次世界大戰
— 2000

上古時期　BC

漢

— 0

100 —

三國　200 —
晉
300 —

400 —

南北朝
500 —

隋朝　600 —
唐朝
700 —

800 —

五代十國　900 —
宋
1000 —

1100 —

1200 —

元朝　1300 —

明朝
1400 —

1500 —

清朝　1600 —

1700 —

1800 —

中華民國　1900 —

2000 —

又站到了同一陣線上。西元1701年，戰爭爆發。奧地利、英國、荷蘭、葡萄牙以及普魯士等國一起聯手，圍攻西班牙、法國。這場戰爭一打又是十幾年，法國最終戰敗，但反法聯軍也打得筋疲力盡。

最終各方在西元1713年和西元1714年簽訂和約，客客氣氣地把西班牙的遺產瓜分了。路易十四的孫子腓力還是得到了西班牙王位，稱腓力五世；但法國承諾，以後不會出現一人身兼法國國王和西班牙國王的情況。西班牙在歐洲的屬地則被各國瓜分一空，尼德蘭和義大利的那不勒斯、薩丁尼亞島、米蘭和尼德蘭都歸奧地利所有，西西里島歸薩伏依公國。

此戰後，原本強盛的西班牙徹底淪為二流國家，再與歐洲霸業無緣。奧地利獲得了好幾塊經濟發達的領土，國力進一步增強。但是，它的這些領土都是從原本同屬哈布斯堡家族的西班牙拿來的，這其中的利益得失難以計算。

法國呢，雖然保住了腓力的西班牙王位，但畢竟打了敗仗，喪失了好幾塊歐洲領土。它在北美洲的殖民地紐芬蘭島和哈德遜灣，還有加勒比海上的聖克里斯多福島都被英國搶走。路易十四的歐洲霸權夢想破滅。英國則一躍超過法國，成為世界霸權的最強有力的爭奪者。

這裡面還有一個看似不起眼的小國家要說一下，那就是義大利西部的薩伏依公國。這個國家原本屬於神聖羅馬帝國的小諸侯，他在11世紀初被封為伯爵，此後逐漸向東擴張領土。

14世紀時，薩伏依還只是義大利的一個二等邦國，沒資格跟威尼斯、教皇國、米蘭等相提並論。這個國家很小，軍隊也弱，但歷任君主非常善於謀略，靠著在歷次戰爭中跟著大國趁火打劫，逐漸擴張領土，到16世紀時已經成為義大利境內的一流強國了。在西班牙王位繼承戰爭中，薩伏依公爵維克托加入了反法同盟一邊，在停戰後獲得了很多地盤：米蘭的小部分領土、整個西西里島，還有法國的一點領土。薩伏依

也從公國上升為王國，從而成為義大利境內最強大的一股本土勢力。後來，他被奧地利逼著把富饒的西西里島換成了相對貧瘠的薩丁尼亞島。薩伏依王國也因此被稱為薩丁尼亞王國——一百多年後正是這個薩丁尼亞王國統一了義大利。

西元1715年，霸氣無比的「太陽王」路易十四轟然墜地。他享年77歲，在位72年，執政54年，堪稱是世界上罕見的長壽與長期執政的君王。他的數十年征戰，留下一個威風八面，卻也負債累累的法蘭西。更慘的是，由於他的壽命太長，他自己的兒子、孫子大都先於他離世，只剩下一個5歲的曾孫路易十五。臨終前，老皇帝回顧自己的一生，叮囑曾孫要善待人民，不要隨便對外打仗。可惜他這位曾孫年幼便失去雙親，登基後被一群無能的大臣輔佐，最終成為一個昏君。路易十四生前打下的基業無人發揚，生前惹出的麻煩更無人能解決，在路易十五的統治下，法國開始走下坡。

奧地利的抗土戰爭

鄂圖曼土耳其自佔領巴爾幹之後，擴張步伐有所減慢，與奧地利在東歐展開拉鋸戰。西元1663年，鄂圖曼土耳其大舉進攻中歐，奧地利在次年的聖哥達戰役中擊敗敵軍，迫使土耳其參與和談。西元1683年鄂圖曼帝國再度大舉入侵，一度圍困維也納。利奧波德一世率德意志及波蘭聯軍，在熱那亞、薩伏依、教皇國、西班牙、葡萄牙支持下最終擊潰了鄂圖曼軍隊。從此鄂圖曼帝國一蹶不振。此後，奧地利、波蘭、威尼斯、俄國組成「神聖同盟」，不但征服了匈牙利，更在西元1689年攻入巴爾幹半島，佔領大片領土。

BC

— 0　耶穌基督出生

— 100

— 200

— 300
君士坦丁統一羅馬
羅馬帝國分成兩部
— 400

— 500　波斯帝國

— 600　回教建立

— 700

— 800

凡爾登條約
— 900
神聖羅馬帝國建立
— 1000

— 1100　十字軍東征

— 1200
蒙古第一次西征
— 1300
英法百年戰爭開始
— 1400

哥倫布發現新大陸
— 1500
英國大破無敵艦隊
— 1600

發明蒸汽機
— 1700

美國獨立
— 1800
美國南北戰爭開始
— 1900
第一次世界大戰
第二次世界大戰
— 2000

上古時期	BC
漢	
	— 0
	100 —
	200 —
三國	
晉	300 —
	400 —
南北朝	500 —
隋朝	600 —
唐朝	700 —
	800 —
五代十國	900 —
宋	1000 —
	1100 —
	1200 —
元朝	1300 —
明朝	1400 —
	1500 —
	1600 —
清朝	1700 —
	1800 —
	1900 —
中華民國	2000 —

路易時代的文藝大家

　　伏爾泰承認，路易十四比所有君主都更積極地支持藝術。在這段時間裡，法國流行古典主義，代表人物則是三位古典主義戲劇大師：高乃依、莫里哀和拉辛。除了他們三位，還有寓言詩人拉封丹，讀者熟悉的「烏鴉與狐狸」、「狼和小羊」等故事，就是出自他的手。在路易十四的鼓勵下，法國人文主義得到提升，並在之後引領了啟蒙運動。

雪崩！俄羅斯怒吼

正當西歐的法王路易十四構建霸業之際，東歐也有一位君主脫穎而出，開闢了一個威震歐亞的龐大帝國。這位君主，就是俄羅斯皇帝彼得一世。

東歐斯拉夫人中的一支，在12世紀佔據了今天的俄羅斯、烏克蘭、白俄羅斯一帶，建立了羅斯諸國，後來在蒙古人的第二次西征時被打敗，淪為蒙古欽察汗國的附庸。到14世紀，蒙古人式微，羅斯諸國中的莫斯科公國則逐漸崛起，兼併周圍公國。西元1480年，莫斯科大公伊凡三世擊退了欽察汗國，完全擺脫了蒙古人統治，取得了獨立地位。同時，伊凡三世娶了已經亡國的東羅馬帝國公主，從此自稱為東羅馬帝國的繼承人。此後，莫斯科公國不斷併吞鄰國，16世紀初已經大致佔領了今天俄羅斯的歐洲部分。後來，莫斯科大公伊凡四世把國家名為「俄羅斯」，自稱「沙皇」。伊凡四世在歐洲、亞洲強勢擴張。彼得二世的父親阿列克謝一世則打敗波蘭，合併了東部烏克蘭，甚至入侵中國的黑龍江流域被清朝擊退。到17世紀中葉，俄羅斯已經成為世界上面積最大的國家，但其大部分領土卻還是不毛之地。對歐洲各國來說，落後的俄羅斯依然是「蠻子」。

彼得一世自幼喪父，四歲登基，由他的同父異母的姐姐索菲亞攝政。西元1689年，彼得一世已經長成高大的英武青年。姐姐索菲亞不甘心還政於弟，圖謀政變，卻被彼得一世挫敗，把她拘禁在修道院裡，自己掌握了大權。親政之後，彼得一世痛感要收拾姐姐容易，要振興俄國

BC
— 0　耶穌基督出生
— 100
— 200
— 300　君士坦丁統一羅馬
羅馬帝國分成兩部
— 400
— 500　波斯帝國
— 600　回教建立
— 700
— 800
凡爾登條約
— 900
神聖羅馬帝國建立
— 1000
— 1100　十字軍東征
— 1200
蒙古第一次西征
— 1300　英法百年戰爭開始
— 1400
哥倫布發現新大陸
— 1500
英國大破無敵艦隊
— 1600
發明蒸汽機
— 1700
美國獨立
— 1800
美國南北戰爭開始
— 1900
第一次世界大戰
第二次世界大戰
— 2000

上古時期　BC

漢

－0

100 —

三國
晉　　200 —

300 —

南北朝　400 —

500 —

隋朝
唐朝　600 —

700 —

800 —

五代十國　900 —

宋　　1000 —

1100 —

1200 —

元朝　1300 —

明朝　1400 —

1500 —

1600 —

清朝
1700 —

1800 —

1900 —

中華民國
2000 —

卻難。那時的俄羅斯雖然領土遼闊，人口也不少，但還相當落後。當西方已經經歷過文藝復興、宗教改革，並開始啟蒙運動時，俄羅斯還在落後的中世紀農奴制度之下。長此以往，龐大的俄羅斯必然會如同一些落後國家一樣被滅亡、併吞。要拯救這個帝國，只能未雨綢繆，迎頭趕上！

　　為此，彼得一世在西元1697年派出了一個龐大的使團，前往西歐考察。驚世駭俗的是，他本人堂堂一國之君，竟然冒充「米海依洛夫下士」，混在這個使團中。考察期間，他在荷蘭當過船長，在英國船廠幹過活，在普魯士開過槍。他遍訪西歐的工廠、學校、博物館、軍火庫，還參加了英國議會的會議。回到俄國後，他把自己目睹的這些西歐先進技術和制度逐漸引入國內。他鼓勵工商業，開工廠，引入西歐技術人員，又派俄國青年出國學習。他把貴族領主的杜馬會議撤掉，建立了參政院。他重新設定了全國的行政區劃和官員等級，規定哪怕是高官貴族的子弟，都必須從最低的14等官當起，逐步升遷。為了讓俄國人學習西方禮儀，他甚至強行命令俄國人剪鬍子。此外，彼得一世還建立了一支新式的軍隊。

　　對內富國強兵，對外則是開疆拓土。從伊凡雷帝開始，俄羅斯歷代君主都有一個夢想，就是想把疆域一直擴張到海邊。尤其是西北的波羅的海和西南的黑海，這兩個海洋的出口是一定要打通的。彼得一世也不例外。他在西北方向的對手是瑞典，在西南方向的對手則是鄂圖曼土耳其。

　　這兩個對手的實力都不容小覷。瑞典幾百年來也是個一等一的強國，尤其在西元1655年的「第一次北方戰爭」裡，瑞典獨自對抗波蘭、俄國、丹麥、奧地利和荷蘭的聯軍，差點把波蘭、丹麥都併吞了。不過，正因為瑞典強大，周圍的鄰居都忌憚它。所以彼得一世拼湊了一個聯盟，包括俄羅斯、丹麥、挪威，還有德意志的普魯士和薩克森兩個邦

國，以及薩克森君主奧古斯特執政的波蘭-立陶宛王國，大家一起圍攻瑞典。

西元1700年，「第二次北方戰爭」正式開始。瑞典國王卡爾十二果然威猛，擊攻丹麥得勝後轉頭南下，打擊奧古斯特的領地。彼得一世開始也被這個強悍的鄰居弄得暈頭轉向。但他挺住了，趁著卡爾十二進攻奧古斯特的時候，在波羅的海邊上搶得了一塊土地，打開了一個出口。彼得一世在這塊土地上修建一座新城，叫聖彼德堡。這等於向全國擺明了態度：死也不能丟掉這個出海口！於是，卡爾十二在南邊猛烈進攻奧古斯特的領地時，彼得一世在北邊正在加緊造軍艦、訓練新式陸軍。等到卡爾十二終於攻擊奧古斯特時，回頭往北一看，發現彼得一世居然已經訓練出好大一支軍隊了，還有海軍！卡爾十二勃然大怒，他在西元1708年帶領精銳的瑞典兵馬，從波蘭直撲莫斯科而去。誰知彼得一世卻採取堅壁清野的焦土戰術，不跟瑞典軍隊拼命，只是把糧食物資全部撤走。瑞典軍隊就跟一百年後的拿破崙和兩百多年後的希特勒一樣，在茫茫的南俄森林裡忍受嚴寒和饑餓，軍隊不斷減員。彼得一世又調集軍隊，先後消滅了瑞典的補給部隊和偏師，終於在西元1709年夏天的波爾塔瓦戰役中全殲瑞典軍隊。

這樣，彼得一世那些原先被瑞典攻擊的盟軍紛紛來了精神，丹麥、薩克森重新參戰，奧古斯特再次當選波蘭-立陶宛國王，大家興致勃勃地參與圍攻瑞典的遊戲。普魯士和英國也加入進來。在這些國家的圍攻下，卡爾十二儘管英勇抵抗，依舊不斷喪師折地。西元1718年，卡爾十二戰死，瑞典軍隊全部撤回國內。

經過這次戰爭，瑞典元氣大傷，丟失了所有在波羅的海南岸的土地，從此被踢出了歐洲強國的隊伍。彼得一世領導的俄羅斯則佔領了今天愛沙尼亞、拉脫維亞和芬蘭一帶的領土，同時擁有一支不弱的海軍。西元1712年，彼得一世把首都從莫斯科搬遷到聖彼德堡。俄羅斯取代瑞

BC

— 0　耶穌基督出生

— 100

— 200

— 300
君士坦丁統一羅馬
羅馬帝國分成兩部
— 400

— 500　波斯帝國

— 600　回教建立

— 700

— 800
凡爾登條約
— 900
神聖羅馬帝國建立
— 1000

— 1100　十字軍東征

— 1200
蒙古第一次西征
— 1300
英法百年戰爭開始
— 1400
哥倫布發現新大陸
— 1500
英國大破無敵艦隊
— 1600
發明蒸汽機
— 1700
美國獨立
— 1800
美國南北戰爭開始
— 1900
第一次世界大戰
第二次世界大戰
— 2000

上古時期　BC

漢

　　　　　— 0

　　　　100 —

三國
晉　　　200 —

　　　　300 —

南北朝　400 —

　　　　500 —

隋朝　　600 —
唐朝

　　　　700 —

　　　　800 —

五代十國
　　　　900 —
宋

　　　1000 —

　　　1100 —

　　　1200 —
元朝
　　　1300 —

明朝
　　　1400 —

　　　1500 —

清朝　1600 —

　　　1700 —

　　　1800 —

　　　1900 —
中華民國

　　　2000 —

典，成為北方的霸主。

　　彼得一世在西北方向取得了豐碩戰果，在西南方向的戰績卻不盡如人意。儘管很早就搶到黑海邊上的亞速城，但在「第二次北方戰爭」期間又被鄂圖曼給奪回去了，畢竟，那時候的鄂圖曼還是一個尚武帝國，實力在俄羅斯之上。然而，彼得一世進行了改革，而鄂圖曼的君主則是抱殘守缺，眼睜睜地看國力一步一步落後於西歐，這種區別導致了兩個大國在未來的不同走向。鄂圖曼的實力一步一步下滑，最終淪為任人宰割的「歐亞病夫」；而俄羅斯則將繼續擴張，日趨強大，直到成為讓整個世界為之膽戰心驚的巨熊。

伊凡雷帝

　　伊凡四世性情如火，手腕如鐵，在國內屠殺了數千名大貴族領主，建立了中央集權，號稱「伊凡雷帝」。對外，伊凡四世大肆擴張，向東邊繼續追擊蒙古帝國的殘部，先後滅亡了喀山汗國、阿斯特拉罕汗國、西伯利亞汗國，把俄國領土從東歐一隅擴張到了亞洲。向東南，他征服了北高加索地區的許多民族。向西南，他打敗鄂圖曼土耳其的打手克里米亞汗國，給了鄂圖曼當頭一棒。向西北，他試圖打通到波羅的海的出海口，結果在波蘭-立陶宛、丹麥、瑞典等國的反擊下失敗。

雙英！普奧兄妹鬥

俄羅斯在伊凡雷帝、彼得一世等強悍君主領導下崛起時，中歐又冒出另一個強國，那就是普魯士。普魯士位於今天的波蘭，本是一塊蠻荒之地。13世紀，德國條頓騎士團征服了這片土地，鎮壓當地人反抗，建立起日爾曼人的國家，一度佔領整個波羅的海沿岸地區，勢力很大。但到14世紀，他們遭到波蘭-立陶宛和俄羅斯等國的進攻。到西元1466年，兵敗的條頓騎士團被迫割讓普魯士西部領土給波蘭，還得乖乖給波蘭-立陶宛當附庸國。

西元1525年，德國諸侯紛紛藉著新教鞏固自己地位的時候，條頓騎士團首領阿爾布雷希特也趁機宣布皈依新教，條頓騎士團國家從此變成了世俗的「普魯士公國」。阿爾布雷希特可不是真為了信仰才改教的，他自有算計：這麼做之後，原本由選舉產生的騎士團首領地位，就變成了他們霍亨索倫家族的世襲權位。可惜，阿爾布雷希特的兒子不但是個瘋子，而且再沒有男性子孫。這時候，霍亨索倫家族的另一支，布蘭登堡選侯約希姆，趕緊讓自己的兒子西吉斯蒙德娶了阿爾布雷希特的兒子的女兒。

等到西元1618年阿爾布雷希特的兒子死後，布蘭登堡選侯西吉斯蒙德，就成為普魯士的首領，形成布蘭登堡-普魯士公國。此外，西吉斯蒙德還透過繼承絕嗣親戚的遺產，取得了萊茵河下游和維西河流域的大片土地，包括今天的魯爾礦區。這三大塊分離的領土，加起來面積有8.1萬平方公里，人口100多萬，在德意志諸侯國中算得上一個強國了。

BC

— 0　耶穌基督出生

— 100

— 200

— 300
君士坦丁統一羅馬
羅馬帝國分成兩部
— 400

— 500　波斯帝國

— 600　回教建立

— 700

— 800

凡爾登條約
— 900

神聖羅馬帝國建立
— 1000

— 1100　十字軍東征

— 1200
蒙古第一次西征
— 1300
英法百年戰爭開始

— 1400

哥倫布發現新大陸
— 1500

英國大破無敵艦隊
— 1600

— 1700　發明蒸汽機

美國獨立
— 1800
美國南北戰爭開始
— 1900
第一次世界大戰
第二次世界大戰
— 2000

上古時期　　BC

漢

　　　　　　— 0

　　　　　100 —

三國　　　　200 —
晉
　　　　　300 —

南北朝　　　400 —

　　　　　500 —

隋朝　　　　600 —
唐朝
　　　　　700 —

　　　　　800 —

五代十國　　900 —

宋　　　　　1000 —

　　　　　1100 —

　　　　　1200 —

元朝　　　　1300 —

明朝　　　　1400 —

　　　　　1500 —

　　　　　1600 —
清朝
　　　　　1700 —

　　　　　1800 —

　　　　　1900 —
中華民國
　　　　　2000 —

此後，霍亨索倫家族繼續擴張。「大選侯」腓特烈‧威廉一世在位期間，與普魯士的軍事「容克」（騎士）貴族地主妥協，廢除舊軍隊，建立新軍，又任用能員幹吏，把國家大權收歸到君主手中。他大力發展工商業，包括海外貿易（以及奴隸販賣），接納歐洲的流民。在外交上，大選侯慣於見風使舵，狐假虎威，趁火打劫，落井下石。這也是後來普魯士諸君主的共同「優點」。

在「三十年戰爭」中，大選侯討好法王路易十四，夥同法軍一起攻打德皇（奧地利）的軍隊，最終和談時，靠著法國的庇護，布蘭登堡-普魯士公國併吞了大片德意志教會領土。「第一次北方戰爭」中，大選侯見風使舵，一會兒幫瑞典打波蘭，一會兒幫波蘭打瑞典，不斷出賣盟友撈私利，借此擺脫了波蘭附庸國的身份。法荷戰爭中，大選侯先收了荷蘭的錢，加入「反法同盟」；回頭又收法國的錢，不戰而降。當德皇組建「大同盟」反對法國時，他也加入；後來收了法國的錢，又和法國締結了秘密盟約……到西元1688年大選侯去世，普魯士已經擁有3萬名精兵、完整的文官系統和良好的工商業基礎。

大選侯之子腓特烈繼位後，繼續其父的「趁火打劫」政策。在西班牙王位繼承戰爭中，他向德皇出租8000精兵，租金是1300萬塔勒的鉅款，以及「國王」的封號。西元1701年，腓特烈正式加冕稱王，史稱腓特烈一世，國號「普魯士王國」。至於那8000精兵，則在戰爭中傷亡殆盡。

西元1713年，腓特烈一世去世，其子腓特烈‧威廉一世繼位，號稱「士兵王」。「士兵王」對軍隊有著病態的喜愛。他不但自己的生活極為簡樸，還強迫全國人民和他一起艱苦奮鬥。他對官吏們說，「榮譽比薪水要珍貴得多」，他逼迫全國官吏和自己一起領著微薄的薪水，每天苦幹12小時。他向老百姓和企業徵收很重的稅，對進口商品也是如此，甚至連容克貴族也不放過。他省下的每一個銅板都投入軍隊中。軍

隊的開支占了每年國庫收入的85%。他瘋狂地擴張軍隊，徵兵人員下鄉招兵，坑蒙拐騙，威逼利誘，甚至有時候直接拉丁拉夫。當時普魯士只有224萬人口，居歐洲第13位，士兵竟多達8.5萬人，居歐洲第4位。人們說，其他國家都是「一個國家擁有一支軍隊」，而普魯士是「一支軍隊擁有一個國家」。「士兵王」對這支大軍進行了嚴酷的訓練和殘酷體罰；同時他又給官兵灌輸勤勉奮進、吃苦耐勞、嚴守紀律、忠君愛國、勇於赴死的思想。他的政策非常成功，普魯士軍隊的尚武精神就此固化，甚至成為整個民族的特性。

經過祖孫三代的努力，普魯士現在離成為一流強國只差臨門一腳了。接下來，一位偉大的君主——腓特烈二世（即腓特烈大帝）完成了這個任務。他也是近代史上與拿破崙齊名的軍事天才和偉大統帥。

從小，腓特烈大帝並不幸福。他的父親「士兵王」對他嚴厲管教，讓他失去了童年的快樂。腓特烈二世喜歡法國文化，熱愛音樂、藝術；為此，「士兵王」對這個恨鐵不成鋼的兒子施加了鞭打、禁閉、餓肚子等種種體罰，但這些卻激發了腓特烈二世的逆反。

西元1730年，18歲的腓特烈二世竟然跟一個夥伴逃走，企圖跑到英國去投奔舅舅——英王喬治二世。被抓回來後，「士兵王」勃然大怒，下令當著兒子的面把他的夥伴斬首。

這種暴力到極端的「教育」，終於激發了腓特烈二世體內的責任感。他開始認真學習軍事和政治理論，觀看軍訓，視察城市，監督稅收，跟著父親巡查國土。在這個過程中，腓特烈二世逐漸被祖上幾代人開疆拓土的「豐功偉績」所打動。他在軍政事務中也表現出過人的天賦。

西元1740年，「士兵王」去世，他放心地把12萬平方公里的土地、200多萬人口、8萬大軍和1000萬塔勒的鉅款留給了兒子。28歲的腓特烈二世登基時，他很不情願地對親近人說：「其實我還是更願意做一個長

BC

— 0　耶穌基督出生

— 100

— 200

— 300　君士坦丁統一羅馬

　　　羅馬帝國分成兩部
— 400

— 500　波斯帝國

— 600　回教建立

— 700

— 800

　　　凡爾登條約
— 900

　　　神聖羅馬帝國建立
— 1000

— 1100　十字軍東征

— 1200
　　　蒙古第一次西征

— 1300
英法百年戰爭開始

— 1400

　　　哥倫布發現新大陸
— 1500

　　　英國大破無敵艦隊
— 1600

— 1700　發明蒸汽機

　　　美國獨立
— 1800

　　　美國南北戰爭開始
— 1900
　　　第一次世界大戰
　　　第二次世界大戰
— 2000

上古時期　BC

漢

　　　　— 0

　　100 —

三國　　200 —
晉
　　　300 —

南北朝　400 —

　　　500 —

隋朝　　600 —
唐朝
　　　700 —

　　　800 —

五代十國　900 —
宋
　　　1000 —

　　　1100 —

　　　1200 —

元朝　　1300 —

明朝　　1400 —

　　　1500 —

　　　1600 —

清朝
　　　1700 —

　　　1800 —

　　　1900 —

中華民國
　　　2000 —

笛手。」他自稱是「誤生帝王家的藝術家」。

　　儘管如此，當了國王就要把責任盡好。腓特烈二世是少見的軍事和政治天才。他適當地保護農民，向他們提供貸款，鼓勵其開墾荒地。他繼續發展工商業，投入鉅款修建工廠，獎勵發明專利。他還開辦許多技術學校，修築了4萬公里的公路，減少稅賦，發展金融業。在腓特烈二世的努力下，德意志的經濟有了很大發展。但他同時又是一個不折不扣的獨裁者，堅持「權大於法」，把什麼權力都攬在自己手裡。他用一套精妙的收稅制度，敲骨吸髓地把老百姓每一個多餘的錢幣都壓榨出來。他把官吏、士兵和老百姓都變成了麻木不仁的傀儡。在歐洲各國看來，普魯士是一個高壓統治下的「怪物」國家。

　　在治理國家之餘，腓特烈二世居然還有精力拾起自己當年的興趣。腓特烈二世一生喜歡吹奏長笛，技藝高超，就連音樂大師巴哈都對他讚不絕口。他早在登基前就和法國啟蒙思想家伏爾泰是好友，常有書信往來。不過他登基後，伏爾泰應邀來普魯士，發現這位朋友已經變成了一個徹底的獨裁者，於是憤然離去。

　　普魯士實力不斷提升，成為德意志境內僅次於奧地利的二號強國。而長期把持德意志皇位的奧地利哈布斯堡家族卻絕了男嗣。德皇兼奧地利大公查理六世非常擔心自己死後，領土被外國瓜分。他於是頒佈了一道《國事遺詔》，表示如果自己死後沒有兒子和侄兒的話，那麼就由自己的女兒繼承哈布斯堡家族君主的地位，保有幾塊傳統領地——奧地利、匈牙利和波西米亞。為了爭取諸侯的同意，查理六世也做了讓步，表示自己的女兒只當這幾塊領地的君主，至於神聖羅馬帝國皇帝的位置，到時候可以從七位選帝侯中推舉一個出來。就這樣，德意志的多數諸侯都同意了，法國也簽了字。

　　西元1740年10月查理六世去世，他的女兒瑪麗亞‧特蕾莎登基為奧地利大公。23歲的特蕾莎是一位少見的女中豪傑。她勤於國政，減少奢

華的宴會，聽取臣屬建言，還深入民眾之中查訪。她不顧有孕在身，每天清晨6點起床伏案工作，甚至分娩後都沒怎麼休息，又立刻四處走訪體察民情。奧地利臣民對她一致擁戴。

然而德意志境內的諸侯和境外的列強，卻把這位弱女子當成魚肉。沒多久，特蕾莎的堂姐夫（查理六世兄弟的女婿），巴伐利亞國王阿爾布雷希特跳出來，要求自己當德國皇帝，還要繼承哈布斯堡家族的領地。

而同樣剛登基不久的普魯士國王腓特烈二世呢？按說查理六世待他不薄，當年他被父親關起來時，查理六世還說情搭救過他。腓特烈二世也曾信誓旦旦地在《國事遺詔》上簽字，表示一定要保護表妹。可這位大王繼承了他祖宗三代趁火打劫的「優良」傳統，置承諾於不顧！他早就對奧地利的西利西亞（今波蘭地區）垂涎三尺，於是給特蕾莎送了個信：「你快把西利西亞讓給哥哥，哥哥我給你撐腰！」

特蕾莎氣得滿臉通紅，當即拒絕了表哥的請求。腓特烈二世冷笑一聲，率領三萬大軍進入西利西亞。西元1741年4月，普、奧兩軍在莫爾維茲開戰，奧軍吃了敗仗。剛分娩不久的特蕾莎趕緊向當初承認父皇詔書的那些諸侯和國家求援。然而自古「錦上添花易，雪中送炭難」，眼看奧軍戰敗，這些國家不想錯過這個機會。哈布斯堡家族的老對頭法國背信棄義，與普魯士、巴伐利亞結盟，還拉攏了西班牙，一起聯合進軍德意志。薩克森、那不勒斯等德國和義大利諸侯也跟著起哄。一時之間，特蕾莎四面楚歌。英國、荷蘭等雖然支持特蕾莎，但沒多少實質性的援助。

眼看父親傳下的基業岌岌可危，24歲的特蕾莎保持了冷靜。她明白，現在奧地利兵力不足，只能依靠彪悍的匈牙利軍隊增援了。不過，匈牙利人早就對奧地利王室的統治很不滿意，怎樣才能說服他們幫忙呢？特蕾莎拿出了她的秘密武器：女人的魅力。

BC

— 0　耶穌基督出生

— 100

— 200

— 300　君士坦丁統一羅馬
　　　羅馬帝國分成兩部
— 400

— 500　波斯帝國

— 600　回教建立

— 700

— 800

　　　凡爾登條約
— 900
　　　神聖羅馬帝國建立
— 1000

— 1100　十字軍東征

— 1200
　　　蒙古第一次西征
— 1300
　　　英法百年戰爭開始
— 1400

　　　哥倫布發現新大陸
— 1500
　　　英國大破無敵艦隊
— 1600

— 1700　發明蒸汽機

　　　美國獨立
— 1800
　　　美國南北戰爭開始
— 1900
　　　第一次世界大戰
　　　第二次世界大戰
— 2000

上古時期　BC

漢

— 0

100 —

三國　200 —
晉
300 —

南北朝
400 —

500 —

隋朝
唐朝　600 —

700 —

800 —

五代十國　900 —
宋
1000 —

1100 —

1200 —

元朝　1300 —

明朝　1400 —

1500 —

1600 —

清朝
1700 —

1800 —

1900 —

中華民國
2000 —

　　西元1741年6月，特蕾莎進行了匈牙利女王的加冕儀式。9月，美麗的女王穿著匈牙利民族服裝，出現在國會大廳。面對滿屋子的匈牙利貴族，她含著眼淚發表演說：「我一個孤苦的女子，遭到了法國、普魯士那幫背信棄義之徒的欺辱。如今，我的聲譽和安危，只能依靠你們這些勇敢的匈牙利騎士了。」女王又讓她的丈夫法蘭茲，把6個月大的皇子約瑟夫抱到這些騎士貴族的面前。面對柔弱的女王和嬰兒，匈牙利人的騎士精神被點燃了。他們紛紛高呼：「讓我們為了保衛女王，流盡最後一滴血！」當然，特蕾莎也知道，光憑感情拉攏還不夠。她還答應了匈牙利貴族們的要求，賜予他們政治上的特權。這麼一來，整個匈牙利堅定地站在特蕾莎一邊，匈牙利議會投票決定動員10萬大軍，保衛女王。

　　特蕾莎有了軍隊後並未得意忘形，她深知即使合奧、匈兩國的力量，要對付法國、西班牙、普魯士、巴伐利亞、薩克森這些敵人依然不夠。為此，她要分化敵人。於是特蕾莎忍住噁心，和腓特烈二世秘密和談，把西裡西亞的一大塊土地讓給了腓特烈二世，換來了普軍退出戰場。

　　這時候，「反奧同盟」依然氣勢洶洶。11月，聯軍佔領波西米亞。西元1742年2月，巴伐利亞國王阿爾布雷希特加冕為「神聖羅馬帝國」皇帝，稱「查理七世」。然而就在同一天，特蕾莎的軍隊攻佔了查理七世的老巢——巴伐利亞首都慕尼黑，震驚歐洲。

　　眼看特蕾莎要反敗為勝，腓特烈二世再度撕毀協定，出兵攻入波西米亞，擊敗奧軍。特蕾莎對這個無恥的表哥當然是更加憎惡，但她忍辱負重，再次和腓特烈二世簽約，把整個西利西亞都割讓給普魯士。這一次，腓特烈二世終於滿意了，得意洋洋地打道回府。至於之前和法國、西班牙等簽訂的盟約，也都成了過眼雲煙。

　　普魯士公然背盟，成為「反奧同盟」倒下的第一塊多米諾骨牌。奧軍得以抽調部隊支援其他戰場，如此引起了連鎖反應，「反奧」盟軍紛

紛撤退。特蕾莎那些先前動口不動手的盟友也來了精神，英國資助50萬英鎊和16000大軍，還派出海軍幫她控制地中海；荷蘭捐助84萬金幣和2萬大軍；薩丁尼亞王國也派出了4.5萬大軍。各個戰線很快捷報頻傳，法軍狼狽逃出波西米亞，奧軍主力攻入法國本土，戰爭局勢完全逆轉。

　　眼看女王要大獲全勝，腓特烈二世第三次跳出來了。原來法王路易十五眼看不妙，派腓特烈二世的朋友伏爾泰去勸說：「你以前欺負特蕾莎也不少，真讓她把法國完全打敗，你還想保住西利西亞？」腓特烈二世權衡了一下兩邊利益，當即在西元1744年8月再度入侵波西米亞，9月攻克布拉格，接著進軍維也納。特蕾莎對這個無恥表哥的舉動早已習以為常，她一面命令法國境內的奧軍主力回師，一面向匈牙利要了7萬大軍，兩面夾擊腓特烈二世。腓特烈二世還想指望法軍從背後掩殺奧軍，誰知法軍看奧軍退了，竟然按兵不動，列隊歡送。這下子，慣於賣盟友的腓特烈二世終於被盟友也賣了一次。這回奧軍不和腓特烈二世正面硬碰硬，卻繞著圈子去攻擊他的後方交通線。匈牙利騎兵更是展開游擊戰，當地老百姓也群起攻擊掉隊的普兵。腓特烈二世眼看大勢已去，只得撤回柏林，一路上損兵折將，心疼得肝顫。

　　腓特烈二世的噩夢接踵而來。西元1745年短命的德皇查理七世病逝，臨終前對自己爭奪皇位引發的戰爭深表悔恨，要求後人跟特蕾莎和解，並同意特蕾莎的老公法蘭茲繼任德意志皇位。英國、荷蘭、薩克森紛紛跟奧地利結為同盟，準備一起痛打普魯士，幫助特蕾莎奪回西利西亞。這回，輪到腓特烈二世四面楚歌了。

　　不過，腓特烈二世雖然不如他表妹有外交能力和魅力，但他打仗的本事卻是世界第一，在弱肉強食的歐洲，這一點很重要。腓特烈二世尤其善於集中一側兵力突破敵軍，多次以少勝多，連續擊敗奧軍。他的盟友法國也擊敗了英荷聯軍。但同時，奧地利又在義大利擊敗了法國和西班牙，東方新崛起的俄羅斯也加入進來支持特蕾莎。這麼一來，雙方都

BC
— 0　耶穌基督出生
— 100
— 200
— 300　君士坦丁統一羅馬
　　　　羅馬帝國分成兩部
— 400
— 500　波斯帝國
— 600　回教建立
— 700
— 800
　　　　凡爾登條約
— 900
　　　　神聖羅馬帝國建立
— 1000
— 1100　十字軍東征
— 1200
　　　　蒙古第一次西征
— 1300
　　　　英法百年戰爭開始
— 1400
　　　　哥倫布發現新大陸
— 1500
　　　　英國大破無敵艦隊
— 1600
　　　　發明蒸汽機
— 1700
　　　　美國獨立
— 1800
　　　　美國南北戰爭開始
— 1900
　　　　第一次世界大戰
　　　　第二次世界大戰
— 2000

發現，再打下去沒什麼便宜可占了，於是簽訂了若干和約。「奧地利王位繼承戰爭」終於在西元1747年底結束。

這場持續7年多的大戰，對歐洲整體影響並不大，卻是奧地利和普魯士的「雌雄雙英」嶄露頭角的處女秀。女王特蕾莎在大廈將傾之際挺身而出，捍衛了哈布斯堡家族的榮譽。奧地利儘管損失了一些土地，但整個國家煥然一新，站穩了德意志領袖和歐洲強國的位置。各國承認她為奧地利女大公、波西米亞國王兼匈牙利國王；而神聖羅馬帝國皇帝的寶座則由她的丈夫法蘭茲穩坐。

另一方面，腓特烈二世依靠靈活的謀略和超人的軍事才能，正式把經濟發達的西利西亞收入囊中，使得普魯士面積增加三分之一，人口增加三分之二。腓特烈二世因此被他的臣民們稱為「大帝」。不過，德意志的兩大強國，還要迎來一場大廝殺。而這場廝殺，將改變整個歐洲乃至世界的格局。

上古時期　BC
漢
— 0
100 —
三國
晉
200 —
300 —
南北朝
400 —
500 —
隋朝
唐朝
600 —
700 —
800 —
五代十國
900 —
宋
1000 —
1100 —
1200 —
元朝
1300 —
明朝
1400 —
1500 —
1600 —
清朝
1700 —
1800 —
1900 —
中華民國
2000 —

逆轉！七年戰爭

「奧地利王位繼承戰爭」後，奧地利女大公特蕾莎勵精圖治，開始大規模的改革。她重組了中央政府機構，制定新法典，提高農民收入，發展工商業，開辦學校，實現了全民義務教育。軍事上，她改革軍制，建立軍校，組建了戰鬥力較強的常備軍，以及齊裝滿員的炮兵。普王腓特烈二世也大肆擴軍，依靠西利西亞的人力、財力，把軍隊擴大到16萬人。

他們都在不斷利用外交手段拉攏盟友。之前，奧地利的盟友是俄國、英國，而普魯士的同夥是法國。這時候，卻有一個誰也意想不到的變化出現，完全打亂了之前的格局。

原來，英國首相皮特心想，現在奧地利和俄羅斯已經跟我聯合打法國了，就一個普魯士還在幫法國。要是能把普魯士也拉到我這一邊，那法國就死定了！再說，普魯士國王腓特烈是個見利忘義的傢伙，給他點好處，准能說服他！另一方面，腓特烈二世也在琢磨，要是俄羅斯和奧地利聯合夾擊我還真麻煩。怎麼辦呢？乾脆去找英國吧。英王是我舅舅，英國又和俄國關係不錯，只要英國支持我，那麼就能拆散奧俄聯盟了。

雙方一拍即合，就在西元1756年簽訂了「英普協定」。這件事傳出去，奧地利和俄國一聽，英國居然和敵人普魯士結盟，這是出賣盟友啊！法國聽說普魯士居然跟英國結盟，也覺得被出賣了。相同的傷痛，讓原本敵對的雙方逐漸靠攏。於是同一年，俄、奧、法三國也簽訂同盟

BC

— 0　耶穌基督出生

— 100

— 200

— 300　君士坦丁統一羅馬
　　　　羅馬帝國分成兩部
— 400

— 500　波斯帝國

— 600　回教建立

— 700

— 800
　　　　凡爾登條約
— 900
　　　　神聖羅馬帝國建立
— 1000

— 1100　十字軍東征

— 1200　蒙古第一次西征

— 1300　英法百年戰爭開始

— 1400
　　　　哥倫布發現新大陸
— 1500
　　　　英國大破無敵艦隊
— 1600
　　　　發明蒸汽機
— 1700
　　　　美國獨立
— 1800
　　　　美國南北戰爭開始
— 1900　第一次世界大戰
　　　　第二次世界大戰
— 2000

上古時期　BC

漢

－0

100 －

三國
晉　200 －

300 －

南北朝　400 －

500 －

隋朝　600 －
唐朝

700 －

800 －

五代十國　900 －

宋　1000 －

1100 －

1200 －

元朝　1300 －

明朝　1400 －

1500 －

1600 －

清朝　1700 －

1800 －

1900 －

中華民國
2000 －

條約。這樣，原本的兩大陣營經過了重新一輪組合。過去一直打得不可開交的波旁王朝和哈布斯堡王朝，居然破天荒地聯合起來。此外，由於腓特烈二世在歐洲的名聲實在太壞，後來瑞典、西班牙、薩克森等也都加入這個大同盟。

這就是歷史上赫赫有名的「逆轉同盟」。腓特烈大帝雖然是軍事天才，外交手腕卻很一般。他想純粹用武力解決，你們要圍攻我，我就先下手為強！西元1756年8月，他親率7萬大軍攻入薩克森。歐洲「七年戰爭」正式爆發。在歐洲大陸，這場戰爭的一方是俄、奧、法等國，另一方主要以英國出錢、普魯士出兵的模式參戰，同時戰火蔓延到亞洲、美洲。一百多年後，溫斯頓・邱吉爾稱七年戰爭為「真正的第一次世界大戰」。

腓特烈二世本是歐洲「戰神」，小小的薩克森哪裡是對手？薩克森君主直接逃回波蘭去了，等腓特烈二世擊敗奧地利的援軍後，薩克森軍主力就投降了。腓特烈二世把俘虜編入自己的軍隊，大肆搜刮倉庫，從而實力大增。然而這個舉動卻使法、奧、俄的軍事同盟正式生效。法軍從西邊、俄軍從東邊、奧軍從南邊、瑞軍從北邊攻上來，西班牙、波蘭-立陶宛等國也都加入進來。甚至連德意志的其他中小諸侯，也拼湊了一支「帝國聯軍」參戰。

面對幾十萬聯軍的四面包圍，腓特烈二世繼續大膽進攻，連續獲勝。但在西元1757年，他敗給了奧地利第一名將道恩元帥。腓特烈二世「不可戰勝」的神話破滅，「速勝」戰略也徹底破產。此後，普軍接連不利。腓特烈二世委託妹妹和好友伏爾泰向法國求和，也遭到拒絕，他一度想到了自殺。

然而在妹妹的鼓勵下，這個戰爭狂人堅定了鬥志，繼續頑抗。11月，他在羅斯巴哈大敗法國和德意志諸侯的聯軍，隨即又趕到南線，在洛伊滕遭遇奧軍主力。腓特烈二世再次發揮集中一翼突襲的戰術，用4

萬人擊敗7萬奧軍，殲敵2萬多人，自損僅6000人。之後又有1萬奧軍投降，西利西亞再次落入普魯士手中。後來拿破崙評價說，魯騰會戰是運動和決斷的經典，僅此一戰就足以使腓特烈二世名垂千古，躋身於世界偉大將領的行列。

歐洲大陸打得熱火朝天的同時，狡猾的英國人則利用普魯士牽制了法國力量，自己趁機搶奪法國在亞洲、美洲的殖民地。西元1759年，英國海軍殲滅了法國主力艦隊，徹底控制了制海權。北美加拿大的法軍儘管頑強拼搏，無奈敵眾我寡，加之後援不繼，終於被英軍打敗，徹底丟失了加拿大。在亞洲，英國擊敗了支持法國的孟加拉王，搶佔了幾乎整個印度。不過，英軍在海外的勝利對普魯士並沒有什麼影響。儘管腓特烈二世發揮了軍事天才，頻頻以少勝多，但他和對手的實力差距太大了。俄國、奧地利、法國，無論哪一個國家的人口都比普魯士多得多，損失了兵力也能很快補充上來。普魯士的人力則很快枯竭。腓特烈二世的老兵越來越少，部隊素質也在下降，經濟上更是早已出現危機，完全靠英國輸血支持。

西元1760年，柏林一度被俄軍佔領。雪上加霜的是，腓特烈二世的舅舅英王喬治二世去世了，英國首相皮特也下台。英國不願意再花費大筆金錢支持這麼一場看不到頭的戰爭，要求腓特烈二世把西利西亞還給奧地利，與各國和談。腓特烈二世心想，我打了20年的仗，就為這一塊肥肉，你還要我吐出來？他嚴詞拒絕了，英國隨後中斷了對普魯士的援助。慣於出賣盟友的腓特烈二世又被盟友賣了。就連他的部下都宣稱，如果敵人再打過來，我們只好投降。腓特烈二世給他的兄弟寫信說，除非發生奇蹟，否則我們死定了。

結果，奇蹟真發生了。西元1762年1月，腓特烈二世的對頭，俄國女沙皇伊莉莎白‧彼得羅芙娜去世，彼得三世繼位。新沙皇是腓特烈二世的狂熱崇拜者，居然下令俄軍調轉槍口對付奧軍，他還穿上一身普魯

BC

— 0　耶穌基督出生

— 100

— 200

— 300　君士坦丁統一羅馬
　　　　羅馬帝國分成兩部
— 400

— 500　波斯帝國

— 600　回教建立

— 700

— 800

　　　　凡爾登條約
— 900

　　　　神聖羅馬帝國建立
— 1000

— 1100　十字軍東征

— 1200
　　　　蒙古第一次西征
— 1300　英法百年戰爭開始

— 1400

　　　　哥倫布發現新大陸
— 1500

　　　　英國大破無敵艦隊
— 1600

— 1700　發明蒸汽機

　　　　美國獨立
— 1800

　　　　美國南北戰爭開始
— 1900　第一次世界大戰
　　　　第二次世界大戰
— 2000

上古時期　BC

漢

　　　－0

　　100 －

三國
晉　　200 －

　　300 －

南北朝　400 －

　　500 －

隋朝　600 －
唐朝

　　700 －

　　800 －

五代十國
　　900 －
宋
　　1000 －

　　1100 －

　　1200 －

元朝
　　1300 －
明朝
　　1400 －

　　1500 －

　　1600 －
清朝
　　1700 －

　　1800 －

　　1900 －
中華民國

　　2000 －

士軍裝，請求為腓特烈二世效勞。儘管這個彼得三世6月就被他的老婆凱薩琳二世給幹掉了，但凱薩琳本是普魯士將軍的女兒，當初嫁給彼得三世還是腓特烈二世做的媒，所以她也沒有再開戰端。普魯士軍隊的士氣恢復了。在俄國影響下，瑞典也退出了戰爭，同時鄂圖曼土耳其帝國開始向匈牙利進攻，也牽制了奧地利。於是到西元1763年，各國簽訂合約，「七年戰爭」結束。這一次歐洲列國的大混戰，英國成為最大贏家，它佔領了加拿大和印度兩大片殖民地，摧毀了法國海軍主力，奠定了「日不落帝國」的基礎。俄國雖然沒撈到實際好處，但以數萬人馬的死傷，換來第一次在歐陸這個大舞台上粉墨登場的機會，從大國立威的角度來說賺了。奧地利君主特蕾莎則只能眼看著無恥的表哥掀開鍋蓋後再次全身逃走。

　　法國損失最慘，在歐陸投入十幾萬大軍沒撈到好處，反而丟掉了亞洲和美洲的大部分殖民地。法國與殖民地區進行貿易的收入，從西元1755年的3000萬里弗爾降到西元1760年的400萬里弗爾。其他從殖民地直接獲取的利益，損失更是無法估計。路易十五損兵折將，雄心消退，只知道花天酒地，還恬不知恥地說：「我死之後，哪管它洪水滔天。」法國的貧富問題越來越嚴重，直接導致了幾十年後的革命爆發。

　　普魯士則被英國利用了，造成18萬人戰死，50萬人死於饑餓和疾病，很多村子只剩下老弱婦孺。而戰神腓特烈二世，也飽受傷痛和疲勞折磨，50歲出頭就滿臉皺紋。然而，這一戰普魯士抗住了幾乎整個歐洲的猛攻，保住了西利西亞，完全取得了與奧地利分庭抗禮的歐洲強國地位。普魯士精神也讓全歐洲敬畏。

啟蒙！理性的光輝

在17、18世紀，歐洲經歷了「文藝復興」之後又一次思想飛躍，就是所謂的「啟蒙時代」。引領「啟蒙運動」的是那些受過良好教育、擁有不少錢財，同時又不像貴族、教士那樣擁有特權的「資產階級」。他們中湧現出許多思想家，反對宗教的愚昧主義和專制統治，給人類帶來了「民主」和「科學」之光。人們把這段時期成為「啟蒙時代」。「啟蒙」引領人們從黑暗走向光明，從無知走向認知，其核心內容是理性主義，認為人的知識是可以透過推理學習得來。

理性主義產生之前，英國的霍布斯認為國家不是根據神的意志，而是人們使用社會契約創造的；君權也不是神授而是人民授予的。不過他同時堅持，只要統治者一旦獲得授權，老百姓就要絕對服從。所以他贊同君主專制，並認為不必保護私有財產。他的觀點為18世紀各國的「開明專制」提供了理論基礎。在霍布斯理論基礎上，英國人洛克則加入了「保護私有財產」這一條核心價值。他認為私有財產是人權的基礎：「我的茅屋，風能進，雨能進，國王不能進・」他贊成君主立憲制而非君主專制，主張國家的立法權、行政權和外交權力應該分屬議會和君主。

理性主義是由法國人笛卡爾的理論產生的。笛卡爾是數學家、物理學家、哲學家，他因將幾何座標體系公式化而被公認為「解析幾何之父」，他還是西方現代哲學思想的奠基人。

在浪漫的笛卡爾之後，又湧現了一大批啟蒙思想的巨匠，其中法國

— 0　耶穌基督出生

— 100

— 200

— 300　君士坦丁統一羅馬
　　　　羅馬帝國分成兩部
— 400

— 500　波斯帝國

— 600　回教建立

— 700

— 800
　　　　凡爾登條約
— 900
　　　　神聖羅馬帝國建立
— 1000

— 1100　十字軍東征

— 1200
　　　　蒙古第一次西征
— 1300
　　　　英法百年戰爭開始
— 1400

　　　　哥倫布發現新大陸
— 1500

　　　　英國大破無敵艦隊
— 1600

— 1700　發明蒸汽機

　　　　美國獨立
— 1800
　　　　美國南北戰爭開始
— 1900
　　　　第一次世界大戰
　　　　第二次世界大戰
— 2000

上古時期　BC

漢

三國
晉

南北朝

隋朝
唐朝

五代十國

宋

元朝
明朝

清朝

中華民國

— 0

100 —

200 —

300 —

400 —

500 —

600 —

700 —

800 —

900 —

1000 —

1100 —

1200 —

1300 —

1400 —

1500 —

1600 —

1700 —

1800 —

1900 —

2000 —

人居多。在這個團體當中，孟德斯鳩和伏爾泰是早期啟蒙思想的代表。孟德斯鳩出身於穿袍貴族世家，還曾經出任過波爾多的高級法院院長。孟德斯鳩是個百科全書型學者，他寫過物理學、醫學方面的論文，還曾經準備發表一部叫《地球地質史》的書。西元1721年，他發表了成名作《波斯人信札》，講述了兩個波斯貴族青年在旅居巴黎時的所見所聞。在這本書裡，孟德斯鳩抨擊了專制制度。幾年之後，孟德斯鳩辭去法院院長，開始在歐洲各國旅行。最令他流連忘返的是已經實行君主立憲制的英國，他在這裡足足待了一年半。

西元1734年，他出版了第二部重要的論著《羅馬盛衰原因論》。在這本書裡面，孟德斯鳩更是猛烈抨擊君主專制。他說，共和時期的羅馬那麼強盛，是因為當時羅馬公民人人都享有政治權利，人人都是國家的主人翁，這樣他們才會為國家貢獻出自己的力量。但是後來羅馬變成了皇帝專政，人民的權力都被剝奪了，羅馬帝國就衰落了。

孟德斯鳩最重要的著作要數《論法的精神》。在這本書裡，他闡述了一個影響至今的理論——三權分立說。他主張國家應該摒棄反對無組織、無法律的「人治」，取而代之的是由全體人民按照一定的規則進行法治。三權分立的思想要求國家把權力分為行政權、立法權和司法權，這三種權力不可以落入同一個人或者同一個團體的手中。三種權力分給不同的人，讓這些人能夠相互制約，這樣才能避免國家因為獨裁者的貪婪、愚昧而墮入深淵。時至今日，三權分立仍然是很多國家政治的基本原則。

在孟德斯鳩之後，又出現一個抨擊君主專制的啟蒙領袖伏爾泰。伏爾泰和孟德斯鳩一樣，也是出身富裕家庭。他在中學畢業之後，本來打算是要成為一個文學家。但是他父親看不起「作家」這個行業，強迫伏爾泰去讀法律。伏爾泰最終還是違抗父親的命令，毅然放棄法律，繼續學習文學。他因為寫了許多諷刺詩而得罪了當時的攝政王奧爾良公爵，

還被扔進了巴士底獄，最後被驅逐出法國。結果在歐洲走了一圈回到法國後，伏爾泰的筆鋒更加辛辣。貴族和天主教教會簡直把伏爾泰當成惡魔，而伏爾泰也樂於接受這份「殊榮」，並且更加勤快地「回報」這些特權階級對他的「厚愛」。

伏爾泰和孟德斯鳩雖然對君主專制深惡痛絕，但是他們都出身於既得利益者的家庭，思想裡還會有一些保守成分，這也是啟蒙運動前期的特徵。到18世紀50年代之後，啟蒙運動步入後期。這個時期的思想家更為激進，對舊制度的批判更加徹底，其中最具代表性的就是盧梭。

和孟德斯鳩、伏爾泰不同，盧梭出生在一個鐘錶匠家庭裡，剛生下來幾天母親就去世，父親則在幾年後當了逃犯，可憐的盧梭成了孤兒，受盡黑暗童年的折磨。童年的境遇使他的思想比此前任何一位啟蒙思想家都要激進。在《論人類不平等的起源和基礎》一書中，他一針見血地指出了人類不平等的原因：「自從人們察覺到一個人佔有兩人份糧食的好處時起，平等就消失了……不久便可以看到奴役和貧困伴著農作物在田野中萌芽和滋長」。盧梭認為，當專制國家和專制帝王出現後，這種不平等也到了極點。要推翻這種不平等，就只有一個辦法：以暴制暴，用暴力推翻暴政。盧梭還在《社會契約論》裡說明，每個人都應該公平地享有人民主權、服從人民主權。《社會契約論》在後來的法國大革命時期被視為一部民主憲章，盧梭也成為啟蒙時代最具聲望的思想家。

在法國的先進思想影響下，德意志思想界也是百花齊放，湧現出大批的科學、文化、思想、藝術偉人。比如托馬西烏斯，人稱「德意志啟蒙運動之父」，他主張信仰寬容，提倡理性。他反對君權神授，認為君主的權力是人民給的。萊布尼茲則是全才、天才，不但是哲學家，還是科學家。著名的哲學家兼天文學家康德仰望著星空，以「三大批判」聞名後世。他指出，不能想當然地把「上帝的存在」當成真理，只能將其當成是一個假設，必須經過辯證邏輯學說「給自然立法」。

BC

— 0　耶穌基督出生

— 100

— 200

— 300　君士坦丁統一羅馬
　　　羅馬帝國分成兩部
— 400

— 500　波斯帝國

— 600　回教建立

— 700

— 800

　　　凡爾登條約
— 900
　　神聖羅馬帝國建立
— 1000

— 1100　十字軍東征

— 1200
　　　蒙古第一次西征
— 1300
　　　英法百年戰爭開始
— 1400

　　　哥倫布發現新大陸
— 1500
　　英國大破無敵艦隊
— 1600
　　　發明蒸汽機
— 1700

　　　美國獨立
— 1800
　　美國南北戰爭開始
— 1900
　　　第一次世界大戰
　　　第二次世界大戰
— 2000

上古時期　BC

漢

三國
晉

南北朝

隋朝
唐朝

五代十國

宋

元朝
明朝

清朝

中華民國

— 0

100 —

200 —

300 —

400 —

500 —

600 —

700 —

800 —

900 —

1000 —

1100 —

1200 —

1300 —

1400 —

1500 —

1600 —

1700 —

1800 —

1900 —

2000 —

併吞！女王之鞭撻

　　當「啟蒙運動」蓬勃發展到18世紀，「開明專制」成為趨勢。簡單說就是思想開明、能力出眾的專制君主，任用能幹的大臣，進行開明的改革建設，提高國力。當然，前提是君主本身真有能力，如法王路易十五這樣的君主則是指望不上的。

　　前面提到的表兄妹：普魯士腓特烈大帝和奧地利女大公特蕾莎，還有特蕾莎的兒子德皇約瑟夫二世，都是開明專制的典型。腓特烈二世和特蕾莎都大量開辦了學校。腓特烈二世允許媒體諷刺王室；而特蕾莎有一次和丈夫法蘭茲一世出行，一時興起偷了農民的葡萄，還被憤怒的農民關押在地窖裡。獲釋後，女王還興致勃勃地立碑紀念，說這次奧地利大公和神聖羅馬帝國皇帝犯了竊盜罪，受到了懲罰。約瑟夫二世致力於消除貴族特權，廢除死刑和刑求逼供。經由母子倆的努力，奧地利也趕上了「資本主義」的列車，並且在奧地利、匈牙利、波西米亞這些直屬領地逐漸加強了中央集權。

　　不過，要和另一位女王比，特蕾莎母子就不算什麼了。她就是俄國女皇凱薩琳二世。前面說過，凱薩琳二世是被腓特烈二世許配嫁給沙皇繼承人彼得三世的，但他們感情相當不好，不但各有情人，而且勢同水火，兩人經常公開發生爭執。等彼得三世登基後，兩人的衝突全面爆發。這時候，凱薩琳二世生下了情夫的孩子，更讓彼得三世火冒三丈。凱薩琳二世深知彼得三世不會善罷甘休，索性先下手為強，發動政變把老公幹掉，自己登基成為女沙皇。

這位女沙皇生性風流，據稱一生有幾十個情夫。其中最受寵愛的是軍官普譚金，後來成了她的心腹大臣。她早年曾讀過許多啟蒙思想家的作品，和伏爾泰當過「筆友」，還資助過法國思想家狄德羅。她也趕時髦，自稱「開明專制統治者」。特蕾莎母子舉國政策——興辦學校、提倡文學創作、鼓勵工商業、扶持貿易等，凱薩琳也比照辦理。

但在政治方面，當腓特烈二世、特蕾莎他們適當提高了農民地位的時候，凱薩琳卻大力加強貴族官僚的實力，深化農奴制度。她宣布，貴族是特權階層，農民必須嚴格服從地主老爺。她把農奴制度強加給烏克蘭人，用武力鎮壓烏克蘭人的反抗和普加喬夫起義。這些按說屬於「開歷史倒車」，和「開明」實在有點不搭。或許女沙皇覺得，在普遍教育水準低下、生產力落後的俄國，要維護皇權統治，只能依靠市民和貴族階層，而不識字的農民只要乖乖被奴役就行了吧。然而，這終究使得俄國的農奴問題更加嚴重，這個痼疾也成為後來困擾俄羅斯的主題之一。

如果說內政方面頗有爭議，那麼凱薩琳對外擴張卻是毫不含糊的。她認為，俄羅斯要立足世界之林，必須強大，必須佔有大片領土。女沙皇首先進攻西邊的波蘭-立陶宛。這個曾經強盛一時的國家，因為制度落後、政治混亂，早已被歐洲各國當成盤中飧。於是，凱薩琳勾結普魯士、奧地利，三次瓜分了波蘭，使得這面積僅次於俄國的龐大國家成了小國。

俄、普兩國在西元1793年再次瓜分波蘭，普魯士搶得5.8萬平方公里土地和110萬人口，俄羅斯搶得25萬平方公里土地和300萬人口。次年波蘭人民起義，遭到兩國鎮壓。西元1795年，三國最後一次瓜分，奧地利搶得4萬多平方公里土地和50萬人，普魯士搶得5萬多平方公里土地和100萬人，俄羅斯搶得12萬平方公里土地和120萬人。

同時，凱薩琳還向日漸衰敗的鄂圖曼土耳其下手，發動了第五次和第六次俄土戰爭。第五次戰爭中，俄軍打敗了得到法國和奧地利支持的

BC

— 0　耶穌基督出生

— 100

— 200

— 300　君士坦丁統一羅馬
羅馬帝國分成兩部
— 400

— 500　波斯帝國

— 600　回教建立

— 700

— 800

凡爾登條約
— 900

神聖羅馬帝國建立
— 1000

— 1100　十字軍東征

— 1200
蒙古第一次西征

— 1300
英法百年戰爭開始

— 1400

哥倫布發現新大陸
— 1500

英國大破無敵艦隊
— 1600

— 1700　發明蒸汽機

美國獨立
— 1800

美國南北戰爭開始
— 1900　第一次世界大戰
第二次世界大戰

— 2000

上古時期　BC

漢

　― 0

100 ―

三國　200 ―
晉

300 ―

南北朝　400 ―

500 ―

隋朝　600 ―
唐朝

700 ―

800 ―

五代十國　900 ―

宋

1000 ―

1100 ―

1200 ―

元朝　1300 ―

明朝　1400 ―

1500 ―

1600 ―

清朝

1700 ―

1800 ―

1900 ―

中華民國

2000 ―

土耳其，迫使土耳其割讓第聶伯河和南布格河之間的地區和克赤海峽，從而打通了黑海出海口。此外，鄂圖曼的附庸克里米亞汗國宣告「獨立」，並於西元1783年併入俄國。在第六次戰爭中，土耳其調集數十萬大軍反撲，結果被普譚金、蘇沃洛夫、庫圖佐夫等俄國將領擊敗，被迫讓俄國兼併克里米亞和喬治亞。俄國鞏固了在黑海的勢力，並為下一步深入巴爾幹打下了基礎。

　　凱薩琳二世在位30多年，總共為俄羅斯帝國擴張了60多萬平方公里土地，比俄羅斯之外任何一個歐洲國家的面積都大，而且多數都是有重要戰略意義的領土。俄國人口也達到3900萬，為歐洲第一。她在臨終前歎息道：「要是我能活到200歲，全歐洲都是俄羅斯的！」她夢想把維也納、巴黎、柏林、君士坦丁堡都納入疆土。為此，她吩咐給孫子取名為亞歷山大，希望他像當初的亞歷山大大帝一樣，建立一個超級大帝國。

三分波蘭

　　西元1772年，俄、普、奧第一次瓜分了三分之一的波蘭。奧地利占了8.3萬平方公里土地和265萬人口，普魯士占了3.6萬平方公里土地和58萬人口，俄羅斯占9.2萬平方公里土地和130萬人口。十多年後，波蘭愛國者試圖改革自強，遭到俄、普兩國鎮壓。

第七章：拿破崙生前身後──近代中期
（西元18世紀末到19世紀中葉）

經常扮演歐洲領頭羊的法蘭西，開始了讓人戰慄的革命。人民奪取了國家，殺死了國王。從血泊中走出來的是一個矮個子。這位不久前還屬於義大利的科西嘉人，卻成為法蘭西的皇帝，他很可能也是歐洲數百年間最偉大的一位皇帝。然而，拿破崙的霸業終究煙消雲散，但是歐洲人民再也不肯回到之前的時代了。

1. 芬蘭	11. 德國	21. 匈牙利	31. 義大利	41. 冰島
2. 瑞典	12. 荷蘭	22. 奧地利	32. 西班牙	
3. 挪威	13. 英國	23. 列支敦士登	33. 葡萄牙	
4. 愛沙尼亞	14. 愛爾蘭	24. 瑞士	34. 馬其頓	
5. 拉脫維亞	15. 烏克蘭	25. 法國	35. 科索沃	
6. 立陶宛	16. 摩爾多瓦	26. 保加利亞	36. 蒙特內哥羅	
7. 俄羅斯	17. 斯洛伐克	27. 塞爾維亞	37. 阿爾巴尼亞	
8. 丹麥	18. 捷克	28. 波斯尼亞	38. 梵蒂岡	
9. 白俄羅斯	19. 比利時	29. 克羅埃西亞	39. 希臘	
10. 波蘭	20. 羅馬尼亞	30. 斯洛維尼亞	40. 盧森堡	

震撼！法國大革命

　　法王路易十五之後，他的孫子路易十六即位。剛剛登基，他就遇上了高興的事。法國的老對頭英國倒楣了，北美殖民地在華盛頓的領導下起來造反鬧獨立。路易十五大喜，心想你也有今天！他趕緊聯合盟友西班牙等，給北美送錢、送槍，後來還派兵直接參戰。大英帝國本來實力比北美殖民地要強得多，但再加上法國、西班牙就吃力了。經過八年苦戰，最後北美英軍主力被美法聯軍殲滅，美國正式獲得獨立。大英帝國後腰上被狠狠捅了一刀。

　　美國獨立，雖對法國有利，但解決不了法國自己的問題。當時的法國，貴族和教會特權已經成為發展阻礙，由於連年打仗，債台高築，國家經濟岌岌可危，民眾生活困苦。路易十六為人隨和內向，遇事容易猶豫，要命的是他無心國政，後來又娶了個花錢如流水的奧地利公主瑪麗，夫妻倆比賽著沒出息，法國一天天糟糕下去。有些大臣試圖改革，可是想改革就得觸動貴族利益，這怎麼可能呢？這些大臣一個個地被貴族轟下了台。眼看內憂外患，路易十六無可奈何，只好召開已經停止了一百多年的「三級會議」，讓全國人民一起來討論解決國家問題。

　　西元1789年，法蘭西全國人心激蕩。大臣內克爾（是個銀行家）為第三等級（包括資本家、農民、市民在內的平民等級）爭取了多一倍的代表席位。由律師、商人等組成的第三等級代表在巴黎磨刀霍霍，準備一展拳腳。5月5日，千餘名代表齊集凡爾賽宮，一場口水戰開始了。第三等級要求打破特權等級的統治，特權等級卻要求維護自己原有的利

BC

— 0　耶穌基督出生

— 100

— 200

— 300
君士坦丁統一羅馬

羅馬帝國分成兩部
— 400

— 500　波斯帝國

— 600　回教建立

— 700

— 800

凡爾登條約
— 900

神聖羅馬帝國建立
— 1000

— 1100　十字軍東征

— 1200
蒙古第一次西征

— 1300
英法百年戰爭開始

— 1400

哥倫布發現新大陸
— 1500

英國大破無敵艦隊
— 1600

— 1700　發明蒸汽機

美國獨立
— 1800

美國南北戰爭開始
— 1900
第一次世界大戰
第二次世界大戰
— 2000

上古時期　BC

漢

—0

100—

三國

晉　200—

300—

南北朝　400—

500—

隋朝
唐朝　600—

700—

800—

五代十國　900—

宋

1000—

1100—

1200—

元朝

1300—

明朝

1400—

1500—

1600—

清朝

1700—

1800—

1900—

中華民國

2000—

益，兩邊勢如水火，爭論了一個多月，什麼協定都沒達成。眼看教士和貴族根本不把自己放在眼裡，第三等級就自己成立了「國民議會」，聲稱這個議會代表了全國96%人口的意志！

正所謂團結就是力量，不少教士看第三等級如此威猛，也加入進去。國王路易十六在貴族們的支持下，威脅第三等級代表要乖乖聽話，趕緊把議會解散了，不然吃不了兜著走！第三等級代表也豁出去了，他們義憤填膺地說：「是人民的意志讓我們來到這裡的，想解散我們，那就拔出刀來吧！」這種敢於為國犧牲的精神，不但令第三等級群情激昂，連以奧爾良公爵「平等路易」（法王的同族叔公）為代表的一部分開明貴族，還有大臣內克爾也加入進去。路易十六本來就是個妥協的人，見國民議會聲威大震，趕緊屈服，還反過來勸其他貴族也加入國民議會。

國王妥協了！消息傳開，整個巴黎都在歡呼雀躍。第三等級代表熱火朝天地討論接下來要做的事：要制定國家的憲法，解決民生……他們還把國民議會改名為制憲委員會。路易十六眼見這幫「刁民」如此囂張，心存不滿。他把大批軍隊調到巴黎，準備武裝鎮壓。可是國民議會並不買帳，他們也針鋒相對，建立了民團（國民自衛隊）保衛首都。這樣一來，國王和議會都在巴黎排兵佈陣，眼看武裝衝突一觸即發。

法國老百姓是出了名的「不安分」，過去幾百年就曾多次發動暴動、起義。如今既然都拉開架勢了，當然是先下手為強。7月14日，民團聚集起來向巴士底獄挺進。巴士底獄本是一座要塞，後來改為關押政治犯的監獄。巴士底獄對於巴黎人來說，就是個代表王家特權的精神堡壘。一說起打巴士底獄，大家頓時熱血激蕩，高叫「同去！同去！」巴士底獄堅壁深池，防禦嚴密，可是民團從榮譽軍人院搶來幾門大炮，對準巴士底獄一陣猛轟，終於迫使裡面的守軍投降。他們釋放了裡面的7個囚犯，然後歡慶：第三等級戰勝了國王，我們攻克了巴士底獄！

路易十六在宮裡聽到喧嘩，有點吃驚：「怎麼了，發生暴動了嗎？」

　　他的大臣糾正道：「不，陛下，發生革命了。」本就軟弱的路易十六知道自己輸了，決定屈服。他承認了國民議會（制憲委員會）的存在，還認可第三等級代表巴伊為巴黎市長，這就是《八月法令》。路易十六親自從凡爾賽宮跑到巴黎，夾道圍觀的百姓全都在高呼「萬歲」，但是和過去不同，他們現在喊的是「國民萬歲」，而不是「吾王萬歲」了。路易十六也戴上了三色帽徽，三種顏色是由代表巴黎的藍色和紅色，夾著代表王室的白色組成。

　　這時候，法國國內已經亂起來了，許多貴族擔心失去特權後遭到清算，紛紛帶著細軟逃出國；而鄉下的農民則自發聚集起來，殺貴族領主、搶財產、燒城堡。國民議會裡面有不少是開明貴族和資本家，他們可不能容忍這種暴亂，趕緊出兵鎮壓。一邊鎮壓，一邊開會。到9月，制憲委員會宣布了舉世聞名的《人權宣言》。它指出，踐踏人權是最大的惡，那麼什麼是人權呢？自由、財產、人身安全，還有反抗壓迫都是人民不可剝奪的人權。人民享有言論、信仰、著作和出版的自由，私有財產不可侵犯，主權在人民手中，主權的表現形式就是法律。最重要的一點是：法律面前，人人平等。

　　接下來該制定憲法了。這時候，制憲委員會內部的分歧突顯。激進派的人希望加強議會權力，這幫人開會時喜歡坐在左邊；保守派的人希望保留國王的一些權力，國王有權反對議會決議，這些人開會時坐在右邊。人們就把他們分別稱為「左派」和「右派」，這就是用「左」和「右」來形容政治傾向的由來。

　　看到有這麼一群「忠良死節之臣」維護自己，路易十六的鬥志又被引燃了。他想否決《八月法令》和《人權宣言》。10月1日，國王參加了一群保王黨軍官舉辦的宴會。看到國王光臨，酒精上腦的軍官們忍不住

BC

— 0　　耶穌基督出生

— 100

— 200

— 300　君士坦丁統一羅馬
　　　　羅馬帝國分成兩部
— 400

— 500　　波斯帝國

— 600　　回教建立

— 700

— 800
　　　　凡爾登條約
— 900
　　　　神聖羅馬帝國建立
— 1000

— 1100　十字軍東征

— 1200
　　　　蒙古第一次西征
— 1300
　　　　英法百年戰爭開始
— 1400

　　　　哥倫布發現新大陸
— 1500
　　　　英國大破無敵艦隊
— 1600
　　　　發明蒸汽機
— 1700
　　　　　　　美國獨立
— 1800
　　　　美國南北戰爭開始
— 1900
　　　　第一次世界大戰
　　　　第二次世界大戰
— 2000

上古時期　BC

漢

　－ 0

100 －

三國

晉　　200 －

300 －

南北朝　400 －

500 －

隋朝　600 －

唐朝

700 －

800 －

五代十國　900 －

宋　1000 －

1100 －

1200 －

元朝　1300 －

明朝

1400 －

1500 －

清朝　1600 －

1700 －

1800 －

1900 －

中華民國

2000 －

熱血沸騰，他們突然把頭頂的三色帽扔在地上使勁地踩，然後戴上了象徵波旁王室的白色帽。這件事被揭露出來後，忍饑挨餓的巴黎民眾爆發了怒吼：「要麵包！要處死教士！處死貴族！處死王后！」10月5日，大批民眾浩浩蕩蕩地直奔凡爾賽宮，打死了幾個衛兵，然後把路易十六一家都押回了巴黎，軟禁起來。路易十六馬上又妥協了，乖乖地聽人民的話。

　　革命就此達到了一個新的高潮。巴黎城中出現了大批政治俱樂部，大家口沫橫飛指點江山。這其中，影響力最大的是「雅各賓俱樂部」，因為在雅各賓修道院開會而得名。後來法國政壇上呼風喚雨的團體，大部分都是來自這個俱樂部，或者從裡面分割出去的。制憲委員會打鐵趁熱，不斷破舊立新。他們廢除了貴族的特權，廢除封建制度，剷除教會。路易十六眼看著變天了，覺得膽戰心驚。他在西元1791年6月便裝逃出巴黎，想去投奔德皇，結果又被民眾抓了回來。一查信件，原來路易十六還想藉助外國的軍隊殺回巴黎！法國民眾又一次暴怒了，他們要求制憲委員會好好地懲罰他！廢了他！殺了他！

　　可是制憲委員會的這群人，很多是大資本家、大貴族，希望像英國那樣實行君主立憲制，且又害怕歐洲各國的壓力。他們不但不敢廢掉路易十六，反而出兵鎮壓要求廢除國王的民眾。本來這些人都是雅各賓俱樂部的，因為這件事他們和戰友們也起了衝突，其中一些人乾脆退出雅各賓俱樂部，另外成立了斐揚俱樂部，史稱「斐揚派」。路易十六又妥協了，他宣布接受憲法。這部《1791年憲法》是法國第一部憲法，規定法國為君主立憲制國家，實行三權分立，年滿25歲的男子享有公民權。法國一共700萬公民，但其中只有400萬人有選舉權，剩下的人太窮了，不許投票。

　　這時候，普魯士、奧地利的君主看不下去了。雖說他們過去和法國王室打了不少仗，但大家畢竟都是封建國王，豈能眼看著一群草民如此

囂張？這若被本國老百姓效仿那還了得？他們威脅要組織聯軍鎮壓「暴徒」。面對威脅，法國人趕緊投票選舉了立法議會，取代制憲委員會。選出來的這批議員還是分左、中、右三方。右翼是斐揚派，支持君主立憲制。左翼想成立共和國，主要是雅各賓俱樂部的人，屬於溫和左派，以布里索為首，他們的意見經常和吉倫特郡的代表不謀而合，所以被稱為「吉倫特派」；另一批人是激進左派，以羅伯斯比為代表，他們經常跑到會場最高的地方坐，所以人稱「山嶽派」。至於那些不左不右、沒有原則立場的騎牆派，則被稱為「平原派」或者「沼澤派」。

周邊國家虎視眈眈，怎麼辦？幾派各有見解。斐揚派覺得，不能跟那麼多國家打，我們好好對國王，大家好商量。吉倫特派覺得，打就打，革命還怕流血？山嶽派的羅伯斯比也反對打仗，但他們的理由是：現在軍隊都還是貴族控制的，那些軍官們都巴不得我們早點失敗，怎麼可能打勝仗？路易十六看這幫人吵架，高興極了。他可一心想快點打起來，讓德皇的大軍趕緊制服這幫暴民。因此，路易十六廢掉了對他最好的斐揚派內閣，讓好戰的吉倫特派上台。西元1792年4月，吉倫特派議會對奧地利宣戰，普魯士旋即加入奧地利一邊。「法國革命戰爭」正式爆發。

正如羅伯斯比所料，法軍中的保王黨將領根本不願作戰，不是一觸即潰，就是望風而逃。保王黨還到處暗中破壞法軍交通、後勤，瑪麗王后還把法軍的情報偷偷送給敵軍。法軍節節敗退，普奧聯軍如入無人之境，直逼巴黎。聯軍要求法國人速速恢復國王權力，不然就要血洗巴黎！

危急關頭，山嶽派羅伯斯比站了出來，幫助吉倫特派鼓勵群眾，招兵買馬。各地的義勇軍流水般聚集在巴黎，其中來自馬賽的義勇軍高唱一首激揚的戰歌，這便是法國後來的國歌《馬賽曲》。同時，山嶽派又領導人民發動了「八月起義」，推翻了辦事不力的巴黎市政府，並且

BC

── 0　耶穌基督出生

── 100

── 200

── 300　君士坦丁統一羅馬
　　　　羅馬帝國分成兩部
── 400

── 500　波斯帝國

── 600　回教建立

── 700

── 800
　　　　凡爾登條約
── 900
　　　　神聖羅馬帝國建立
── 1000

── 1100　十字軍東征

── 1200
　　　　蒙古第一次西征
── 1300
　　　　英法百年戰爭開始

── 1400

　　　　哥倫布發現新大陸
── 1500

　　　　英國大破無敵艦隊
── 1600

　　　　發明蒸汽機
── 1700

　　　　美國獨立
── 1800
　　　　美國南北戰爭開始
── 1900
　　　　第一次世界大戰
　　　　第二次世界大戰
── 2000

上古時期 BC

漢

— 0

100 —

三國 200 —
晉
300 —

南北朝
400 —

500 —

隋朝 600 —
唐朝
700 —

800 —

五代十國 900 —
宋
1000 —

1100 —

1200 —
元朝
1300 —
明朝
1400 —

1500 —

清朝 1600 —

1700 —

1800 —

1900 —
中華民國
2000 —

再次攻打王宮，把國王路易十六又抓了起來。這一回，犯了眾怒的路易十六再也別指望什麼優待了，直接被關進了監獄。想保護國王、搞君主立憲的斐揚派也被掃地出門，連帶著幹掉了一大批保王派分子。

在入侵法國的普奧聯軍面前，也出現了一支完全不同的法國軍隊。9月20日，4萬聯軍與5萬法軍在瓦爾密村相遇。聯軍統帥卡爾公爵試圖一舉擊潰這些未經訓練的民兵。誰知道，法國志願兵們沒有潰敗，反而高呼「祖國萬歲！法蘭西萬歲！」向德軍反攻。鏖戰一天後，卡爾公爵撈不到便宜，快快後退。瓦爾密之戰雙方傷亡並不大，卻是一個轉捩點。整個法蘭西民族的膽氣陡然劇增。正如聯軍一個參謀所說：「法國人趾高氣揚地站立起來。他們已經接受了火的洗禮，我們輸掉的不僅是一個會戰而已。」之後，被愛國熱情激勵起來的法國人組成數十萬大軍，潮水般衝殺過來，收復全部失地，還衝進了奧屬尼德蘭（即比利時）與義大利。

議會正式顛覆了法蘭西王國，建立了法蘭西共和國，史稱「第一共和國」。雅各賓俱樂部的吉倫特派成為統治集團，他們大力剷除逃亡貴族和反抗的教士，並規定公民無論貧富都有選舉權。那麼，國王怎麼處置呢？這次，吉倫特派和山嶽派又爭執起來。吉倫特派的布里索等人覺得不必殺，山嶽派的羅伯斯比等人覺得非殺不可。雙方越吵越激烈，最後徹底決裂，吉倫特派紛紛脫離了雅各賓俱樂部。從此，「雅各賓派」成為「山嶽派」的專屬稱號。

然後，議會繼續討論此事。羅伯斯比慷慨陳詞，堅決號召處死國王：「路易十六必須死，因為法蘭西必須活著！」最後大家投票，以387票對334票宣判路易十六死刑。西元1793年1月21日，路易十六被推上了斷頭台。

革命就革命吧，還敢殺國王！整個歐洲都看不下去了。英國組織了「第一次反法同盟」。奧地利、普魯士、西班牙、葡萄牙、荷蘭、德意

志、義大利的諸侯薩丁尼、那不勒斯、薩克森、黑森-卡瑟爾……從四面八方向法蘭西第一共和國撲去。忠於路易十六的保王黨人，還有信奉天主教的農民，也在各地掀起了叛亂，席捲法國四分之三的土地。

外患引起內憂，吉倫特派和雅各賓派的衝突越發尖銳起來，在國民公會裡展開激烈抗爭。吉倫特派要撤銷由雅各賓派掌控的巴黎市政府，甚至惡狠狠地警告：「如果誰敢用無休止的起義來損害國家，我們就要把巴黎夷為平地！」這種威脅反而使他們失去了民心。西元1793年6月2日，雅各賓派率領巴黎市民和國民自衛隊發動起義，推翻了吉倫特派的統治。吉倫特派的重要人物全都被送上了斷頭台。雅各賓派的羅伯斯比、丹東、馬拉等人成為法蘭西的領導。

這些「新員警」面臨一個十萬火急的攤子：反法同盟正在虎視眈眈；吉倫特派餘黨正在煽動叛亂；保王黨已經鬧翻天；廣大老百姓吃不飽肚子，日漸不滿。任何一件事都可以葬送整個法國。

面對大風大浪，雅各賓派沉著應對。他們把貴族的田地分配給農民，銷毀封建契約，這樣得到了農民的支持。為了安撫市民，他們通過了《共和元年憲法》，甚至規定人民有權發動起義！為了平抑物價，保障民生，雅各賓派關閉了交易所，把囤積居奇的商人統統抓起來處死，沒收貨物。不過，吃穿缺乏並不全是投機造成的，沒那麼多糧食，殺人也沒辦法解決。到了下半年，局勢越發緊張。反法聯軍和保王黨步步緊逼，馬拉也被一個吉倫特派的女子刺殺。因缺吃少穿，市民、工人爆發遊行示威，要求政府更嚴厲地打擊奸商和敵人。為了安撫人心，也為了維護國家，雅各賓派開始了「恐怖統治」。他們一方面規定國家可以沒收一切財產物資，用來供應前線和民眾基本生活；一面把政見不和的人全都抓了起來，統統殺掉。斷頭台不夠用了，就直接把死刑犯扔進河裡淹死。這種恐怖手段還真是立竿見影。西元1794年，法軍鎮壓了國內的保王黨叛亂，又一次把反法聯軍轟到了萊茵河對岸。然而此時雅各賓

BC

— 0　耶穌基督出生

— 100

— 200

— 300
君士坦丁統一羅馬
羅馬帝國分成兩部
— 400

— 500　波斯帝國

— 600　回教建立

— 700

— 800

凡爾登條約
— 900
神聖羅馬帝國建立
— 1000

— 1100　十字軍東征

— 1200
蒙古第一次西征
— 1300
英法百年戰爭開始
— 1400

哥倫布發現新大陸
— 1500
英國大破無敵艦隊
— 1600

發明蒸汽機
— 1700

美國獨立
— 1800
美國南北戰爭開始
— 1900
第一次世界大戰
第二次世界大戰
— 2000

上古時期　BC

漢

－0

100 —

三國　200 —

晉

300 —

南北朝　400 —

500 —

隋朝　600 —

唐朝

700 —

800 —

五代十國　900 —

宋

1000 —

1100 —

1200 —

元朝　1300 —

明朝　1400 —

1500 —

1600 —

清朝

1700 —

1800 —

1900 —

中華民國

2000 —

派內部又出現了左、中、右三派分歧，左派埃貝爾和右派丹東彼此鬥得不亦樂乎，中間掌握大權的羅伯斯比也受到波及。他一怒之下，把左右兩派領導人全推上了斷頭台。這樣一來，左右兩派餘黨就聯合起來攻擊他。羅伯斯比也開始失去理智，他簽署了《牧月法令》，大開殺戒，短短45天，光在巴黎就殺了一千多人。這下，那些政客們人人自危。為了活命，大家聯合起來發動政變，在西元1794年7月28日把羅伯斯比也送上了斷頭台，這就是「熱月政變」。

政變成功後，熱月黨人建立了督政府。他們結束了雅各賓派的恐怖統治，號召寬容。法國大革命的高潮過去，以前那種崇尚奢華的風氣又抬頭了。「男公民」「女公民」的稱呼又變成「先生」「太太」，樸實的服飾被奇裝異服取代，甚至天天開舞會的習慣也恢復。歐洲國王們的軍隊，還有國內的保王黨可逮著機會了。他們加緊向法國進攻，要一舉絞殺共和國，復辟王權。不過，熱月黨人可也不好惹，他們對內鎮壓保王黨叛亂，對外繼續打得反法聯軍丟盔棄甲。西元1795年，反法同盟之一的荷蘭被攻占，法國扶持了一個叫「巴達維亞共和國」的傀儡國家。不僅如此，在戰爭中，還有一顆巨星冉冉升起，他將讓整個歐洲為之戰慄，他就是未來的法國皇帝——拿破崙・波拿巴！

萬歲！法蘭西第一帝國

BC

— 0　耶穌基督出生

— 100

— 200

— 300　君士坦丁統一羅馬
　　　　羅馬帝國分成兩部
— 400

— 500　波斯帝國

— 600　回教建立

— 700

— 800

　　　　凡爾登條約
— 900
　　　　神聖羅馬帝國建立
— 1000

— 1100　十字軍東征

— 1200
　　　　蒙古第一次西征
— 1300
　　　　英法百年戰爭開始
— 1400

　　　　哥倫布發現新大陸
— 1500

　　　　英國大破無敵艦隊
— 1600

　　　　發明蒸汽機
— 1700

　　　　美國獨立
— 1800

　　　　美國南北戰爭開始
— 1900
　　　　第一次世界大戰
　　　　第二次世界大戰
— 2000

　　拿破崙是科西嘉島人。科西嘉島本是屬於義大利的，但在拿破崙出生前不久它就被法國併吞了。拿破崙少年時候去法國讀軍校，受盡了欺負。由於父親早逝，需要養活弟妹，拿破崙沒錢花天酒地，只好看書，他讀了很多啟蒙主義著作。他曾經想發動科西嘉獨立戰爭，後來加入了雅各賓俱樂部。西元1793年8月，少尉拿破崙嶄露頭角，在收復被英軍和保王黨占領的土倫要塞戰役裡立下大功，得到羅伯斯比的賞識。可是羅伯斯比還沒來得及重用拿破崙，就在「熱月政變」中掉了腦袋，拿破崙還被牽連坐了幾天監獄。西元1795年，保王派分子發動武裝叛變，拿破崙臨危受命，用炮兵擊潰了三倍於己的叛軍。

　　此戰後，熱月黨人的督政府對拿破崙非常倚重，於次年任命他為義大利戰區總司令。這時候，慣於見風使舵的普魯士已經再次出賣盟友，和法國簽約停戰。西班牙也退出了反法同盟。反法同盟的中堅力量只剩下出錢的英國和出兵的奧地利。在義大利戰區，奧地利、薩丁尼亞王國、教皇國等對戰法國將軍拿破崙。拿破崙用兵神出鬼沒，打得奧軍將帥顧此失彼。皮埃蒙特戰役、洛迪戰役、曼圖亞戰役、里沃利戰役……奧軍損兵折將，不斷成就拿破崙的威名。短短一年，義大利的奧軍全線潰敗，薩丁尼亞國直接投降，羅馬教皇庇護六世被拿破崙抓回法國去。這下子，德皇兼奧地利大公法蘭茲二世再也不敢堅持，只好和拿破崙簽訂了《坎波福爾米奧條約》。根據條約，尼德蘭（比利時）被法國併吞，而義大利北部則建了一些共和國，成為法國的附庸。第一次反法同

上古時期　BC

漢

— 0

100 —

三國
晉　　200 —

300 —

南北朝　400 —

500 —

隋朝
唐朝　　600 —

700 —

800 —

五代十國　900 —

宋　　1000 —

1100 —

1200 —

元朝　1300 —

明朝
1400 —

1500 —

1600 —

清朝
1700 —

1800 —

1900 —

中華民國
2000 —

盟徹底失敗。

　　這時候，法國督政府猜忌拿破崙的威名和手腕，派他去遠征埃及。

　　拿破崙一走，歐洲的君主們覺得機會來了！奧地利、英國、土耳其、俄羅斯、那不勒斯、西班牙等國在西元1799年建立了第二次反法同盟，再次圍剿法蘭西共和國。沒了拿破崙的法軍實力減半，一敗再敗，義大利那些親法的「共和國」也全被奧地利給滅了。

　　可惜好景不長。西元1799年年底，拿破崙丟下在埃及的大軍，帶著少數親信返回法國。得知他回國的消息，整個法國就像過節一樣，大肆慶祝，熱烈歡迎大英雄來拯救法蘭西。西元1799年11月，拿破崙發動「霧月政變」，當上了法國「第一執政」。他頒佈憲法，讓自己成為真正的獨裁者。

　　拿破崙為了解決頻繁政變的問題，拼命地加強中央集權。他把法國劃分為88個省，省長、市長都由自己來任命。他任命陰險狡詐的富歇擔任警務部長，對付異己分子。他對左派的雅各賓派分子（過去的戰友）和右派的保王黨分子，進行嚴厲打擊，殺得血流成河；但同時又恩威並舉，允許他們「改過從善」。

　　穩定統治的同時，拿破崙也很關心國計民生。他加強中央政府對財政的管理，積極發展工商業，打擊貪污腐敗，擴大耕地面積，提高穀物的售價，保護農業。這些措施令法國的財政狀況得到改善，人們能吃飽肚子了，從大資本家到平民百姓也都緩了一口氣。拿破崙還保護農民在革命時分到的小塊土地，這更讓農民們對他感恩戴德。

　　拿破崙的另一個偉大成就是法典。他當將軍前就看過不少書，現在又閱讀了大量法學書籍和羅馬法。他跟法學專家們開了100多次會議，歷時三年多，最終制定了一部民法典，被稱為《拿破崙法典》。它規定了人法、物法、所有權法等，內容非常完善，成為後來很多國家制定民法的參考。拿破崙自己也引以為豪，他後來說：「我一生中就算打再多

次勝仗，一個滑鐵盧就把這些全都清空了，但是我的民法典將會永垂不朽。」

法國開始進入拿破崙的時代，歐洲各國也面對著一個更加可怕的對手。西元1800年，拿破崙率領大軍翻越阿爾卑斯山，出現在奧軍的側翼。芒泰貝洛之戰、馬倫哥之戰、霍恩林登之戰，奧軍接連敗北。俄國沙皇亞歷山大見拿破崙這麼厲害，轉而笑臉相迎。無奈之下，德皇法蘭茲二世再吞苦果，在西元1801年與拿破崙簽訂《呂內維爾條約》，承認法國佔領萊茵河西岸土地，荷蘭、瑞士淪為法國附庸國。義大利北部領土的一部分割讓給法國，另一部分建立「義大利共和國」，拿破崙任總統（拿破崙稱帝後改為義大利王國，拿破崙任國王）。薩丁尼亞王國的大陸領土也被法國併吞了，國王狼狽逃到薩丁尼亞島上苟延殘喘。英國看奧軍被打垮，俄國向法國示好，也只好和拿破崙簽約停戰。這樣，第二次反法同盟又被打垮。

拿破崙連續兩次打垮了反法同盟，法國人對他崇拜得像發了瘋。西元1802年，法國全民公投，決定是否讓拿破崙終身擔任第一執政。結果350萬人贊成，反對的不到1萬人。英國人看拿破崙威望這麼高，覺得必須將他剷除，不然對英國威脅太大！他們派人暗殺拿破崙。誰知道，刺客失敗了，拿破崙反而就此更上一步。法國人民更加狂熱和盲目地擁立拿破崙，他們想要拿破崙當皇帝，這樣，萬一拿破崙真被刺殺了，還可以由他家族的人繼承他的位置。於是，拿破崙要不要當皇帝？法國人又一次公投，支持者同樣是350萬，而反對者只有2000多人！

西元1804年12月2日，六十歲的羅馬教皇庇護七世跋山涉水來到法國的巴黎聖母院，為拿破崙舉行加冕儀式。誰知道拿破崙直接一手把皇冠從他的手上搶了過來，給自己戴上。就這樣，法蘭西第一共和國終止了，繼之而起的是法蘭西第一帝國。與以往帝國不同的是，這個帝國皇帝的「民意支持率」高得驚人。

BC

— 0　耶穌基督出生

— 100

— 200

— 300
君士坦丁統一羅馬
羅馬帝國分成兩部
— 400

— 500　波斯帝國

— 600　回教建立

— 700

— 800

凡爾登條約
— 900
神聖羅馬帝國建立
— 1000

— 1100　十字軍東征

— 1200
蒙古第一次西征
— 1300
英法百年戰爭開始
— 1400

哥倫布發現新大陸
— 1500
英國大破無敵艦隊
— 1600
發明蒸汽機
— 1700

美國獨立
— 1800
美國南北戰爭開始
— 1900
第一次世界大戰
第二次世界大戰
— 2000

上古時期　BC

漢

　　　— 0

　　100 —

三國

晉　　200 —

　　300 —

南北朝　400 —

　　500 —

隋朝

唐朝　600 —

　　700 —

　　800 —

五代十國

　　900 —

宋

　　1000 —

　　1100 —

　　1200 —

元朝

　　1300 —

明朝

　　1400 —

　　1500 —

清朝

　　1600 —

　　1700 —

　　1800 —

　　1900 —

中華民國

　　2000 —

　　拿破崙不但震撼了法國，也給德意志各邦帶來了巨大的影響。德意志很多地盤被拿破崙占了，於是諸侯們在雷根斯堡開了一個大會，調整大家的地盤。這次會議拿破崙也插手了，他的策略很簡單，就是削弱奧地利的影響力。為此，拿破崙一方面拉攏見風轉舵的普魯士，另一方面拉攏德國西部的中等諸侯，想建立一個親法國的「第三德意志」集團，與普、奧鼎足而立。最後大會通過決議，按照「大魚吃小魚」的原則，把原先的300多個邦國、幾十個自由城市和1000多個騎士領地，合併成了30多個邦國。拿破崙支持的巴伐利亞等中等邦國實力大大增強；普魯士也在拿破崙的支持下獲得德意志西北部的大片領土；同時，天主教教會的絕大部分財產被世俗邦國佔有；德皇和奧地利的力量遭到了削弱。法蘭茲二世心如刀割，卻無可奈何。待他聽說拿破崙稱帝後勃然大怒：「只有我們神聖羅馬帝國才有資格稱帝，你一個科西嘉鄉巴佬，憑什麼啊！」為了心理平衡，法蘭茲二世也自稱為奧地利皇帝。就這樣，奧地利從公國升級為帝國，而法蘭茲二世在「神聖羅馬帝國皇帝」（即德皇）之外，又戴上了第二頂皇冠。

　　當上皇帝後，拿破崙準備對付宿敵英國。西元1805年，他把大軍移到英吉利海峽邊，等著艦隊來會合，然後登陸英國本土。這時，英國又拉攏奧地利、俄國、瑞典、丹麥、那不勒斯王國等組建了第三次反法同盟，還試圖拉攏普魯士和德意志諸邦參加。拿破崙聞訊，立刻派人一面賄賂普魯士，一面拉攏德意志諸侯。同時，他果斷率領大軍從英吉利海峽邊火速東進，長驅603公里，直奔多瑙河流域，輕鬆打垮了奧地利北線軍團，又擊潰從東邊趕來的俄羅斯先鋒部隊庫圖佐夫軍團，佔領奧地利首都維也納。奧皇法蘭茲二世倉皇逃到邊境，與俄軍會合，準備等待普魯士軍隊來會合。拿破崙見狀，故意派使者去向俄、奧求和。奧皇法蘭茲二世和沙皇亞歷山大中了計策，以為法軍已是強弩之末，於是不等普軍到來，搶先發動進攻。西元1805年12月2日，8萬俄奧聯軍與7萬

法軍在奧斯特里茲展開決戰（又稱三皇會戰），他們哪裡是拿破崙的對手？很快被打得全軍崩潰。法蘭茲二世只得再次求和，交出了義大利的威尼斯、伊斯特里亞等土地，賠款5000萬法郎。那不勒斯王國也被拿破崙拿下，作為拿破崙妹夫繆拉的封地。這樣，第三次反法同盟也敗了。不過，作為反法同盟的發起人，英國卻成功脫身，他們不但解除了法軍渡海攻擊的威脅，還在特拉法加海戰中殲滅了法國、西班牙聯合艦隊主力。從本質上，英國犧牲奧地利換來了自身安全。

　　到西元1806年7月，德意志西部、南部的巴伐利亞等16個邦國建立了「萊茵聯盟」，請拿破崙擔任「保護人」，脫離德意志帝國。這是在赤裸裸地打德皇法蘭茲二世的臉，法蘭茲二世也只好宣布解散「神聖羅馬帝國」。持續800多年的德意志第一帝國，就此消失於歷史長河之中。好在法蘭茲二世有先見之明，提前稱奧地利皇帝，因此哈布斯堡家族頭上的皇冠好歹留下了一頂。

　　神聖羅馬帝國終結了，先前在一邊看戲的普魯士反而不滿起來。加上拿破崙違背先前的承諾，不讓普魯士併吞說好的領土，普魯士就在西元1806年9月，和俄國、英國、瑞典組成第四次反法同盟。普魯士貴族軍官們充滿無知的自信，結果拿破崙很快給了他們教訓。10月，拿破崙率領大軍與普魯士和薩克森聯軍展開耶拿-奧爾斯塔特會戰，普軍遭到毀滅性慘敗。隨後，拿破崙乘勝追擊，普軍一路丟盔棄甲，拼命狂奔。10月25日，法軍進入柏林，普軍紛紛投降，普王倉皇東躥。到11月初，普魯士全境的城市和要塞全部被法軍佔領，20多萬普魯士-薩克森聯軍幾乎全軍覆沒。此後，拿破崙擊敗俄軍，佔領了普魯士全境，在西元1807年6月與沙皇亞歷山大一世和談。第四次反法同盟失敗。

　　當年慣於出賣盟友的普魯士，這次完全淪為犧牲品。拿破崙還不想與俄國結死成對頭，沙皇也樂得「撿便宜」，因此所有的損失都轉嫁到了普魯士頭上。拿破崙甚至還把普魯士的部分領土讓給沙皇俄國，作為

BC

— 0　耶穌基督出生

— 100

— 200

— 300　君士坦丁統一羅馬
　　　　羅馬帝國分成兩部
— 400

— 500　波斯帝國

— 600　回教建立

— 700

— 800

　　　　凡爾登條約
— 900

　　　　神聖羅馬帝國建立
— 1000

— 1100　十字軍東征

— 1200
　　　　蒙古第一次西征
— 1300　英法百年戰爭開始

— 1400

　　　　哥倫布發現新大陸
— 1500

　　　　英國大破無敵艦隊
— 1600

— 1700　發明蒸汽機

　　　　美國獨立
— 1800
　　　　美國南北戰爭開始
— 1900
　　　　第一次世界大戰
　　　　第二次世界大戰
— 2000

上古時期　BC

漢

－0

100 －

三國
晉　　200 －

300 －

南北朝　400 －

500 －

隋朝　600 －
唐朝

700 －

800 －

五代十國　900 －

宋

1000 －

1100 －

1200 －

元朝
1300 －

明朝
1400 －

1500 －

1600 －
清朝

1700 －

1800 －

1900 －
中華民國

2000 －

法俄友誼的象徵。普魯士易北河以西的領土全部被割走，東邊佔領的波蘭領土成立了「華沙大公國」，由薩克森國王兼任大公。普魯士面積和人口都被減半，還被規定軍隊人數不得超過42000人，賠款1.5億法郎鉅款，以後必須配合法國出兵打仗……曾經威震歐陸的普魯士，變成了拿破崙的一個二流附庸國。

　　普魯士被徹底打趴下了，奧地利還要掙扎一下。西元1809年春，奧地利與英國組成第五次反法同盟。結果和以前沒什麼兩樣，奧軍連續敗北，維也納也在5月被攻克。之後，奧地利割讓出大片領土，還賠款8500萬法郎，軍隊被限制在15萬人以內。一度是歐陸最強大的哈布斯堡皇朝，也淪為準一流的內陸國家。奧皇還被迫把女兒嫁給了拿破崙。

　　此時的拿破崙，除了是法蘭西皇帝之外，還兼任義大利國王、萊茵聯邦的保護者、瑞士聯邦的仲裁者。他的幾個兄弟姻親分別是那不勒斯、荷蘭、威斯特伐利亞國王。奧地利是戰敗國和姻親，普魯士是附庸國，而俄國是同盟國，英國則受制於大陸封鎖體系。拿破崙站在了歐洲之巔！

圍攻！大皇帝退場

BC

對法國人來說，拿破崙是偉大的皇帝、領袖。

為了維護皇權，拿破崙在法國的幼稚教育階段就加入忠於皇帝的思想。為了擺脫「暴發戶」的形象，他和結髮妻子約瑟芬離婚，先是想娶俄皇的妹妹，被俄國老太后拒絕後，又娶了奧地利的公主瑪麗。他在國內封了幾十個親王、公爵，還有成百上千的男爵、伯爵，構成了帝國的新貴族階層。拿破崙有意識地讓帝國的子民接受自己的皇位是「受命於天」的，這種做法恰恰說明拿破崙變了，變得不像以前那麼自信。本來，他的一切全都是透過自己的努力、果斷準確的判斷爭取得來。他以前帶領著法國人民和全歐洲的封建君主做抗爭，現在他自己卻要向他們靠攏。

而對被征服地區的民眾來說，拿破崙既是一個外來的侵略者，又是一位偉人。比如在德意志地區，著名音樂家貝多芬原本對拿破崙甚為崇拜，並寫下一首《拿破崙交響曲》，準備獻給拿破崙。誰知這時傳來拿破崙稱帝的消息，貝多芬大為憤慨，宣稱「拿破崙也不過是個凡夫俗子！」遂將樂曲改名為《英雄交響曲》。在拿破崙面前，舊的德意志被徹底打垮，新的德意志在廢墟上誕生了。普魯士是最慘的，正因為如此，貴族們意識到，陳舊的封建傳統嚴重束縛著民族發展，下層民眾也非常羨慕法占區的新制度。普魯士開始了充滿陣痛的改革期。在施泰因男爵和哈登貝格男爵領導下，普魯士廢除封建農奴制，分配土地，使得社會和經濟有了高速騰飛。

— 0　耶穌基督出生

— 100

— 200

— 300　君士坦丁統一羅馬

　　羅馬帝國分成兩部
— 400

— 500　波斯帝國

— 600　回教建立

— 700

— 800

　　凡爾登條約
— 900

　　神聖羅馬帝國建立
— 1000

— 1100　十字軍東征

— 1200

　　蒙古第一次西征
— 1300　英法百年戰爭開始

— 1400

　　哥倫布發現新大陸
— 1500

　　英國大破無敵艦隊
— 1600

— 1700　發明蒸汽機

　　美國獨立
— 1800

　　美國南北戰爭開始
— 1900　第一次世界大戰

　　第二次世界大戰
— 2000

上古時期　BC

漢

－ 0

100 －

三國　200 －
晉
300 －

南北朝　400 －

500 －

隋朝　600 －
唐朝
700 －

800 －

五代十國　900 －

宋
1000 －

1100 －

1200 －

元朝　1300 －

明朝　1400 －

1500 －

清朝　1600 －

1700 －

1800 －

1900 －

中華民國
2000 －

　　沙恩霍斯特、格奈森瑙和克勞塞維茲等人領導了普魯士軍隊改革。他們把軍隊中貴族當官、農民當兵的封建制度廢除，賞罰分明，功升過降。同時對士兵進行愛國教育，廢除棍棒體罰，讓普軍如同法軍一樣自豪地為國上戰場。法國規定普魯士常備軍不得超過42000人，普魯士就「快進快出」，新兵招收進來，經過短期強化訓練之後立刻退伍，再招另一批人。這麼一來，現役部隊始終保持42000人，卻擁有大批的退役兵。

　　威廉・洪堡則領導了教育改革。他推行義務教育，完善中學教育計畫，建設了新型的柏林大學，成為德意志的思想中心。普魯士教育飛速發展，人民素質快速提高，愛國主義和自由、平等、博愛等觀點廣為傳播。慘遭戰敗的普魯士，反而煥發出勃勃生機。

　　同樣被拿破崙佔領的義大利，幾百年來群雄割據，如今被拿破崙三拳兩腳，大大「簡化」：北部是義大利王國（拿破崙父子為國王），南部是那不勒斯王國（繆拉當國王），其餘領土都被法蘭西帝國併吞。對義大利人來說，這倒不失為掃蕩沉屙，走向統一的一條捷徑。反正，義大利人過去幾百年也是在西班牙、奧地利人奴役下，如今換上一個更加英明的宗主，還是從科西嘉島出來的，也算臉上有光。拿破崙的戰爭使得義大利的錢糧源源不斷地被抽走，義大利的小夥子們穿上法國軍裝征戰沙場，死傷慘重。但同時，拿破崙建立的行政機關，推行的法典，也比之前義大利各邦國折騰的「開明改革」要高明多了。包括義大利現在的國旗，都是拿破崙親自設計的。

　　在19世紀初，全歐洲只有英國仗著強大的海軍可以不理會拿破崙。拿破崙為了打擊英國，迫使歐洲其他國家奉行「大陸封鎖體系」，不和英國做生意。但是，海岸線那麼長，拿破崙哪全都管得著？走私貨物源源不斷進入歐洲。伊比利半島的西班牙和葡萄牙，是英國貨物最大的走私渠道。拿破崙終於忍不住向兩國動手了。

西元1807年11月，他入侵葡萄牙，把葡萄牙王室轟到殖民地巴西去了。次年2月，他又進攻西班牙，逼迫西班牙的波旁王室把王位讓給哥哥約瑟夫。可是這是一步錯棋，拿破崙的侵略行為激起了西班牙人的民族情緒，各地都發生了叛亂，用游擊戰術多次打敗法軍。拿破崙只好親率大軍前去鎮壓，但等他一離開，西班牙人又繼續叛亂，英國也來支持游擊隊，拖得法軍疲憊不堪。幾十萬法軍陷在這裡，西班牙成為拿破崙帝國一個不斷流血的傷口。

看拿破崙統治力逐漸下降，遠在大陸另一端的俄國開始悄悄地和英國聯繫。拿破崙知道後勃然大怒，我先前對你亞歷山大不薄，你居然這樣報答我！

西元1812年6月，拿破崙率領60萬人的大軍（半數是歐洲各國僕從軍）進攻俄國。這一次，拿破崙沒有過去那樣幸運。俄羅斯遼闊的領土，惡劣的氣候，頑強抵抗的俄軍，以及老百姓和民兵的游擊戰，讓法軍付出了沉重的代價。一路上累死、病死的人比戰死的還多，馬匹更是成千上萬的死掉。他們終於在9月攻進了莫斯科，但是到了這裡已經疲憊不堪了。拿破崙想和亞歷山大一世議和，遭到拒絕。既然不想和談，那我們繼續打吧，俄軍又堅守不出。冬天很快就要來臨，俄國這種地方冷起來不是一般人能待的，拿破崙只好撤退。俄軍迅速反撲，沿途不斷地騷擾，法軍陷入了恐怖的地獄，在冰天雪地中蹣跚而行，掉隊的就淪為俄軍的砍殺目標。最後，幾十萬大軍只有幾萬人脫身回國。

歐洲各國還是第一次看見拿破崙如此狼狽，看來打倒他的日子終於到了！

西元1813年，俄國、英國、奧地利、普魯士、瑞典等國家組成「第六次反法同盟」。聯軍人多勢眾，而法軍主力已在西班牙和俄國損耗大半。拿破崙雖然又打了一些勝仗，但聯軍依然從四面八方包圍過來。法軍兵力越打越少，原本依附法軍的德意志諸侯也紛紛倒戈。最後，聯軍

BC

— 0　耶穌基督出生

— 100

— 200

— 300
　君士坦丁統一羅馬
　羅馬帝國分成兩部
— 400

— 500　波斯帝國

— 600　回教建立

— 700

— 800
　凡爾登條約
— 900
　神聖羅馬帝國建立
— 1000

— 1100　十字軍東征

— 1200
　蒙古第一次西征
— 1300
　英法百年戰爭開始

— 1400

　哥倫布發現新大陸
— 1500
　英國大破無敵艦隊
— 1600
　發明蒸汽機
— 1700
　美國獨立
— 1800
　美國南北戰爭開始
— 1900
　第一次世界大戰
　第二次世界大戰
— 2000

上古時期　　BC

漢

　　　　　　　— 0

　　　　　　　100 —

三國

晉　　　　　　200 —

　　　　　　　300 —

南北朝　　　　400 —

　　　　　　　500 —

隋朝　　　　　600 —

唐朝

　　　　　　　700 —

　　　　　　　800 —

五代十國　　　900 —

宋

　　　　　　　1000 —

　　　　　　　1100 —

　　　　　　　1200 —

元朝

　　　　　　　1300 —

明朝　　　　　1400 —

　　　　　　　1500 —

清朝　　　　　1600 —

　　　　　　　1700 —

　　　　　　　1800 —

　　　　　　　1900 —

中華民國

　　　　　　　2000 —

在萊比錫打敗了拿破崙。西元1814年3月29日，聯軍攻佔巴黎，拿破崙被迫退位，被放逐到義大利的厄爾巴島。

路易十六的弟弟路易十八被聯軍推上了法國王位，波旁王室在法國復辟了。路易十八當上國王，肆意妄為，一群保王黨貴族爭權奪利，很快把法國搞得烏煙瘴氣。而歐洲各國打敗拿破崙，欣喜若狂，就在維也納開會分贓。

誰知拿破崙卻在西元1815年2月逃回法國，上岸後遇上了一群法軍。拿破崙面對軍隊發表演說：「你們想殺死自己的皇帝嗎？那就開槍吧！」結果，對拿破崙崇拜得五體投地的法軍紛紛高呼「皇帝萬歲！」一路上，拿破崙對軍民說：「當初是你們選我當皇帝的，現在我又回來了！以前我錯了，企圖當其他民族的主人，那是不可能的！但是現在，我不能眼見著你們被其他民族奴役。士兵們，來吧！我的權利就是你們的權利！」法國軍民歡呼雀躍，路易十八不斷派兵討伐，派出去的兵都跑到了拿破崙旗下。路易十八嚇得狼狽逃出巴黎，拿破崙重新登上帝位。

這回，拿破崙記取了教訓，他重申，自己不會再侵略歐洲各國。可是誰信啊？歐洲各國瞬間結成了「第七次反法同盟」，近百萬軍隊陸續出發，準備最後一次絞殺拿破崙。

拿破崙只得東拼西湊了20萬人，主動出擊，打算對敵人各個擊破。6月16日，拿破崙擊潰了普魯士軍，但普軍主帥布呂歇爾帶著主力溜走了。拿破崙追不上普軍，又擔心普軍日後跳出來攪局，於是留下3萬兵力給他的一個元帥格魯希去追擊普軍，自己趕緊帶著7萬人馬去打下一個敵人英軍。英軍主帥威靈頓公爵帶著7萬大軍早早就在滑鐵盧嚴陣以待。6月18日，決定整個歐洲命運的決戰開始了。兩軍激戰許久，雙方都到了極限。法軍佔據微弱的優勢，但英軍還在用最後一口氣死死撐著。這時候拿破崙期待著格魯希元帥，他的3萬法軍假如這時候趕來，就能一舉殲

滅英軍！拿破崙等了很久，終於看到了天邊一支軍隊出現了！不過，這不是格魯希的3萬法軍，而是布呂歇爾的6萬普軍，鏖戰一天的法軍頓時垮了。

這一次拿破崙再也沒有機會捲土重來。他的「百日王朝」被摧毀，他本人退位後被放逐到大西洋上的一座孤島——聖赫倫那島。

BC

— 0　耶穌基督出生

— 100

— 200

— 300　君士坦丁統一羅馬

羅馬帝國分成兩部
— 400

— 500　波斯帝國

— 600　回教建立

— 700

— 800

凡爾登條約
— 900

神聖羅馬帝國建立
— 1000

— 1100　十字軍東征

— 1200
蒙古第一次西征

— 1300
英法百年戰爭開始

— 1400

哥倫布發現新大陸
— 1500

英國大破無敵艦隊
— 1600

發明蒸汽機
— 1700

美國獨立
— 1800

美國南北戰爭開始

— 1900
第一次世界大戰
第二次世界大戰

— 2000

上古時期　BC

漢

— 0

100 —

200 —

三國
晉

300 —

南北朝

400 —

500 —

隋朝
唐朝

600 —

700 —

800 —

五代十國

900 —

宋

1000 —

1100 —

1200 —

元朝

1300 —

明朝

1400 —

1500 —

清朝

1600 —

1700 —

1800 —

中華民國

1900 —

2000 —

復辟！維也納體系

　　歐洲封建君主們費盡九牛二虎之力，終於打倒拿破崙，高興得發狂。

　　他們在奧地利首都維也納開會，商量如何建設新歐洲。維也納會議首先是一個復辟大會。他們不但想把法國恢復到拿破崙崛起之前的情形，還想恢復到法國大革命之前。於是，法國和西班牙都恢復了波旁王朝的統治，被拿破崙摧毀的德意志和義大利封建君主國（如薩丁尼亞王國、那不勒斯-西西里、黑森-卡瑟爾）等也紛紛復辟。

　　維也納會議還有更重要的一個任務：分贓。當初拿破崙占了不少地盤，如今「反法同盟」好不容易打倒了他，豈能不得好處？於是俄、奧、普、英等就跟餓狼搶肉一樣撲了上來，瓜分勝利果實。

　　這其中，俄國是打垮拿破崙的主力，沙皇亞歷山大一世繼承了奶奶凱薩琳二世的霸氣，揚言「有60萬大軍的人是不需要和談的」，試圖在東歐、中歐割占大片土地，奪取新的歐洲霸權。普魯士也在打敗拿破崙的戰役中扮演重要角色，和俄國勾結，準備在西邊併吞萊茵地區和薩克森。另一方面，奧地利對俄國的西進和普魯士爭霸德意志的野心非常警惕，英國也反對俄、普取代拿破崙成為新的霸主，波旁法國則擔心被貪婪的俄、普勒索，英、奧、法三個國家結成了一幫。五大強國終於達成「分贓」協定：沙皇俄國取得原本由瑞典佔領的芬蘭和大部分的波蘭（拿破崙的華沙大公國改為波蘭王國，由沙皇兼任國王）。

　　普魯士王國取得薩克森五分之二的土地、西發利亞地區、萊茵河西

岸地區以及波蘭、瑞典的少部分土地。

奧地利帝國取得義大利的倫巴底、威尼斯等地和波蘭的少部分土地，哈布斯堡皇室成員（比如拿破崙的老婆）還獲得了大片義大利土地，但條件是割讓比利時及德意志西南部的屬地。

英國在海外取得了好望角、模里西斯等許多殖民地和據點。法國大致保持了大革命之前的疆域，僅割讓出少許土地。瑞典把芬蘭等土地割讓出去，取得挪威作為補償。荷蘭割讓幾個殖民地據點給英國，合併了比利時地區，從共和國改為王國。瑞士獲得法國的少許土地，被確保為永久中立國。義大利地區維持分裂，除了奧地利及哈布斯堡家族瓜分的土地外，教皇國、兩西西里王國復辟，薩丁尼亞王國併吞了戰前熱那亞共和國的地盤。

這麼一來，相比法國大革命之前，歐洲格局又出現了新的變化。在拿破崙戰爭中，英國本土未受波及，並且成為多次「反法同盟」的組織者，對歐洲的影響力實際上變大了。沙皇俄國在拿破崙戰爭中一躍成為歐洲大陸兵力最強大的國家，又併吞了大片領土，實力大增。沙皇更拉攏普魯士、奧地利建立「神聖同盟」，成為德意志地區的主導和「歐洲憲兵」。

法國復辟了波旁王朝，損失了少許領土，國力消耗很大，美洲的殖民地海地也獨立了，但同時國內的經濟結構其實比革命前大大優化。

普魯士雖然在東邊把部分土地給了俄國，但在西邊獲得了更為發達的來茵河西岸和薩克森部分地區。普魯士西邊被拿破崙割走的土地（西發里亞），現在又拿回來了，而且經拿破崙的手變得更繁榮富饒。再加上本土境內的施泰因-哈登貝格改革，普魯士一躍成為全德經濟最發達、管理體制最先進的國家。

相反，奧地利儘管也獲得了義大利的大片土地，但在德意志境內的領土失去不少，再加上神聖羅馬帝國解體，奧地利對德意志的影響力

BC

— 0　耶穌基督出生

— 100

— 200

— 300
君士坦丁統一羅馬
羅馬帝國分成兩部
— 400

— 500　波斯帝國

— 600　回教建立

— 700

— 800

凡爾登條約
— 900
神聖羅馬帝國建立
— 1000

— 1100　十字軍東征

— 1200
蒙古第一次西征

— 1300
英法百年戰爭開始

— 1400

哥倫布發現新大陸
— 1500

英國大破無敵艦隊
— 1600

— 1700　發明蒸汽機

美國獨立
— 1800

美國南北戰爭開始
— 1900
第一次世界大戰
第二次世界大戰

— 2000

上古時期　BC

漢

　　— 0

100 —

三國　200 —

晉

300 —

南北朝　400 —

500 —

隋朝　600 —

唐朝

700 —

800 —

五代十國　900 —

宋

1000 —

1100 —

1200 —

元朝　1300 —

明朝

1400 —

1500 —

清朝　1600 —

1700 —

1800 —

中華民國　1900 —

2000 —

被大大削弱。拿破崙戰爭中，德意志各邦志士和人民前仆後繼，他們除了想趕走拿破崙，還希望建立一個統一的德意志國家。現在戰爭勝利了，德國人的希望卻破滅了。野心勃勃的俄國沙皇，是絕不會允許一個強大統一的德國出現在自己西部的；而俄國的對手英國，也不願意讓統一的德國打破歐洲大陸的平衡；甚至德意志老大奧地利也反對統一。奧地利首相梅特涅認為，任何人想要統一德意志，必然導致革命。而統一德意志又可能增強普魯士的影響力，反而對奧地利沒有好處。梅特涅公然宣稱：德意志只是一個地理概念，政治統一是妄想。而普魯士在分贓大會中為了多撈好處，拼命討好沙皇，當然不會違背沙皇的意思了。於是，「勝利者」德意志也就只好繼續分裂，甚至比法國大革命之前還要嚴重。之前好歹名義上有一個「神聖羅馬帝國」，有一個「皇帝」。現在，德意志不再是一個帝國，而是一個同盟（或邦聯），由奧地利、普魯士、巴伐利亞等30多個主權國家組成。同盟沒有外交，沒有中央政府和法院，沒有元首，也沒有統一度量衡或貨幣；只有一個所謂的「同盟會議」，並承諾「未來將制定一部同盟憲法」。歌德諷刺道：「一個暴君被趕走，一百個暴君來稱霸。」同樣不滿意的還有義大利人，他們在拿破崙統治下接近「統一」，如今又恢復成眾多的邦國割據。奧地利首相梅特涅對義大利也是同一套說法：「世界上根本沒有義大利！」甚至維也納報紙的「義大利」版塊都撤銷了，代之以「薩丁」、「威尼斯」這些板塊。

維也納會議的功勞

　　維也納會議雖然被當成分贓大會和封建君主對民主革命的壓制，但也並非全無積極意義。例如，它讓各大國實現和平，尤其是令戰敗的法國保有了尊嚴並加入國際體系。此外，還開放多瑙河等國際河流，促進了各國間的商貿，禁止了黑奴交易，保護人權等。

湧動！戰後的暗流

當初拿破崙掃蕩歐洲，所到之處把封建枷鎖砸個粉碎，天主教會的統治隨之消失。老百姓在忍受法蘭西皇帝壓榨的同時，也得以從舊制度的淤泥下探出頭來，呼吸資產階級民主的新鮮空氣。歐洲各國可以消滅拿破崙的帝國，卻無法把他帶來的改變徹底清除。舊王朝的帝王們，企圖依靠刺刀阻礙歷史的進步，那是癡心妄想。就在拿破崙退位之後的二、三十年裡，歐洲大陸風起雲湧，反抗暴政、爭取獨立自由的運動此起彼伏。

早在西元1812年拿破崙入侵時期，西班牙議會便通過了一部《1812憲法》，包含不少民主內容。西班牙國王斐迪南七世回國復辟後，表示「這個國家太自由」，拒絕承認新憲法。西元1820年，西班牙軍隊發動起義，斐迪南七世生怕像路易十六一樣被砍頭，趕緊接受了《1812憲法》。於是，西班牙成了一個君主立憲國家。後來，波旁王室的法國出兵鎮壓起義，扶持斐迪南七世重新掌權，但波旁王室在西班牙的統治已然深受打擊。而在這段時間，西班牙的美洲殖民地也紛紛起義，沒過多少年，墨西哥、阿根廷、秘魯、智利、玻利維亞等全部都獨立了。昔日全球稱霸的西班牙，如今只剩下菲律賓和古巴等幾塊殖民地。

同樣，葡萄牙也在西元1820年發生革命，葡萄牙國王約翰六世被迫接受議會制定的憲法。約翰六世的太子佩德羅留在巴西，隨後領導巴西獨立，成為巴西帝國的開國皇帝。

在德意志，仁人志士積極奔走呼號，追求國家統一，建立資產階

右側時間軸：

BC
— 0　耶穌基督出生
— 100
— 200
— 300　君士坦丁統一羅馬
　　　　羅馬帝國分成兩部
— 400
— 500　波斯帝國
— 600　回教建立
— 700
— 800
　　　　凡爾登條約
— 900
　　　　神聖羅馬帝國建立
— 1000
— 1100　十字軍東征
— 1200
　　　　蒙古第一次西征
— 1300
　　　　英法百年戰爭開始
— 1400
　　　　哥倫布發現新大陸
— 1500
　　　　英國大破無敵艦隊
— 1600
— 1700　發明蒸汽機
　　　　美國獨立
— 1800
　　　　美國南北戰爭開始
— 1900
　　　　第一次世界大戰
　　　　第二次世界大戰
— 2000

上古時期　　BC

漢

— 0

100 —

三國
晉　　　200 —

300 —

南北朝　　400 —

500 —

隋朝
唐朝　　600 —

700 —

800 —

五代十國　900 —

宋　　1000 —

1100 —

1200 —

元朝　　1300 —

明朝　　1400 —

1500 —

清朝　　1600 —

1700 —

1800 —

1900 —

中華民國

2000 —

級民主。沙皇俄國和普、奧三國君主的「神聖同盟」則進行大力鎮壓。西元1815年，德國大學生們奮起吶喊，梅特涅和普魯士國王立刻召開同盟會議，鎮壓德意志各邦的學生運動，取締新聞自由，開除傳播民主思想的教師，嚴查一切印刷品，並隨意逮捕知識份子。高層中的改革派也受到波及。普魯士教育大臣洪堡憤而辭職，改革執行者哈登貝格首相也因而失勢。此後，追求民主統一的德國人又發起多次運動，均被鎮壓下去，但也取得了一些進步，布倫瑞克、薩克森、漢諾威等邦國君主被迫簽署了新憲法。

　　政治上雖然倒退，經濟上卻有了發展。普魯士在西元1818年進行關稅改革，取消了普魯士境內的關稅，提高了外國（包括德意志其他邦國）進口商品和過境商品的稅賦。普魯士內部形成了統一的國內市場，保護了國內企業，工商業頓時蓬勃發展起來。德意志的其他邦國面對壓力，一些邦國選擇加入普魯士關稅體系，另一些邦國成立了「南德關稅同盟」和「中德關稅同盟」。到西元1834年，「普魯士關稅同盟」合併了其他兩個同盟，「德意志關稅同盟」出現了。同盟各邦內部自由貿易，對外統一關稅，工商業飛速發展，公路、鐵路線也縱橫交錯地修建起來，極大地推動了經濟發展。德意志在經濟層面趨向統一，普魯士也再次具有了挑戰奧地利的實力。

　　在法國，路易十八復辟上台後，縱容保王派貴族胡作非為，瘋狂報復當初參與處死路易十六的共和派人士和拿破崙黨人。他們甚至規定投票的時候有錢人可以投兩票。他們只會加速法國的衰落，而經歷過「大革命」和「拿破崙戰爭」的法國人，不會如過去一樣任憑他們蹂躪。

　　西元1830年3月，法國議會和國王查理十世爆發衝突，查理十世宣布解散議會，取消出版自由，甚至要剝奪平民的選舉權。這下老百姓再也忍不住了，紛紛上街遊行。查理派兵鎮壓，結果遊行變成了起義，軍隊也倒戈了。沒過幾天，查理十世被轟出了巴黎。起義者中的資本家們

覺得法國還是需要一個國王，正好波旁王室的同宗親戚奧爾良公爵在大革命中曾站在議會一邊，值得信任。於是，他們就把奧爾良公爵路易‧菲力普請來當國王。

就這樣，統治法國兩百多年的波旁王朝正式結束，七月王朝（奧爾良王朝）誕生了，這個王朝算是真正的君主立憲制王朝，不過一開始就注定是短命的。路易‧菲力普本身沒什麼能力，波旁王朝的餘孽不斷興風作浪，激進共和派也受不了這個國王，屢屢起義。國家權力掌握在大資本家手中，而他們只顧自己發財，哪管民眾生活困苦。因此，10多年後，這個王朝就又被推翻了。

以沙皇、梅特涅為首的封建勢力妄圖維護「維也納體系」，而這個體系現在已經搖搖欲墜。不光法國波旁王室被推翻，比利時也在西元1830年爆發革命，反抗荷蘭國王統治。在英、法的支持下，比利時王國建立，由薩克森王子利奧波德一世來當國王，還頒佈了當時在歐洲最自由的一部憲法。俄、奧、普無力回天，只好跟著承認比利時獨立。

在義大利，見識過《拿破崙法典》的義大利人，也不可能回到從前那種暗無天日的封建壓迫中去。義大利各國都多少經歷過改革，最「進步」的是拿破崙老婆瑪麗的帕爾馬公國。義大利人中間也出現了要求國家統一的呼聲，要求民族獨立的傾向日益明顯。「燒炭黨」等秘密社團，以前是反抗拿破崙的，現在又開始反對奧地利的統治。

西元1817年，「燒炭黨」人在教皇國起義，很快被鎮壓下去，但這只是個開頭。西元1820年，那不勒斯軍隊在「拿破崙黨」人領導下鬧革命，逼得國王接受了西班牙的《1812年憲法》，「拿破崙黨」人上台掌權，但第二年就被奧地利軍隊顛覆。義大利本土最強勢力——薩丁尼亞王國也爆發了革命，要求實現西班牙的民主憲法，建立獨立的義大利，同樣被奧地利軍隊鎮壓下去。此後十年，零星反抗此起彼伏。

西元1830年，法國人民推翻波旁王朝，又一次刺激了義大利革命

BC

— 0　耶穌基督出生

— 100

— 200

— 300
君士坦丁統一羅馬
羅馬帝國分成兩部
— 400

— 500　波斯帝國

— 600　回教建立

— 700

— 800

凡爾登條約
— 900

神聖羅馬帝國建立
— 1000

— 1100　十字軍東征

— 1200
蒙古第一次西征

— 1300
英法百年戰爭開始

— 1400

哥倫布發現新大陸
— 1500

英國大破無敵艦隊
— 1600

發明蒸汽機
— 1700

美國獨立
— 1800
美國南北戰爭開始
— 1900
第一次世界大戰
第二次世界大戰
— 2000

上古時期　　BC

漢

－ 0

100 －

三國

晉　　　　200 －

300 －

南北朝　　400 －

500 －

隋朝　　　600 －
唐朝

700 －

800 －

五代十國　900 －

宋　　　　1000 －

1100 －

1200 －

元朝

明朝　　　1300 －

1400 －

1500 －

清朝　　　1600 －

1700 －

1800 －

1900 －

中華民國

2000 －

者們的神經。西元1831年，革命者在羅馬、波隆那、摩德納等地連續起義，一度掌握了政權。這些革命者中間還有不少法國人，其中一位是拿破崙一世的侄兒路易・波拿巴，也就是未來的法國皇帝拿破崙三世。雖然這些分散的起義很快又被鎮壓，但義大利獨立的火把已經被點燃。就在這一年，流亡法國的薩丁尼亞王國的志士馬志尼，建立了「義大利青年黨」，準備團結全體人民，共同戰鬥，建立一個「青年義大利」的國家。為了造勢，他們不斷發動起義、暴動、暗殺。同時，薩丁尼亞王國的新國王阿爾貝托一方面明著鎮壓獨立運動，一方面不動聲色地逐步進行著改革：取消封建特權，頒布類似《拿破崙法典》的民法，又建立農業協會，減少教會對教育的控制，還把一些有獨立進步思想的人招進政府。甚至連教皇庇護九世都開始赦免政治犯，允許報紙發行，組織政治團體。義大利各邦甚至開始討論建立關稅同盟的事，統一大業呼之欲出。

　　「法國大革命」和拿破崙時代後，早期社會主義思想也出現了。著名的三大社會主義空想家都在這段時間出現，其中法國的聖西門命運曲折。他年輕的時候曾參加法軍增援美國獨立的戰爭，回國後做投機生意發了財，卻碰上雅各賓派打擊投機奸商，結果財產被沒收，自己也進了監獄。因此他很排斥暴力革命。他曾指望拿破崙來實現「沒有剝削、沒有壓迫」的社會主義，拿破崙又被打垮了。晚年的聖西門貧困潦倒，想自殺，結果只打瞎了自己的一隻眼睛，晚景淒涼。

　　法國的傅立葉出生在商人世家，也被雅各賓派沒收了財產。他的理想模式是建立一種叫「法郎吉」的社區，每個社區一千多人，裡面什麼都有。社區居民有錢出錢，有力出力，在社區裡面共同勞動分享，彷彿一個幸福的桃花源。傅立葉希望有錢人出資支持他建立這種和諧社區，結果等了半輩子，還是落得一場空。他的學生後來建立了一些社區試點，結果都失敗了。

英國的歐文比前面兩位都要能幹，他本身就是一位卓越的大實業家。西元1800年他擔任一個大工廠的經理，在廠裡減少工作時間，改善工作環境，實行公正的考核制度，對優秀員工給予獎勵，還為工人子女開設幼稚園。結果，雖然付出了更多成本，但工人們的積極性一下子提高了，健康狀況也得到很大改善，工作起來精神十足，效率大幅度提升，勞資雙方實現了雙贏。歐文還努力呼籲，最終使議會通過了限制童工和女工勞動時間的法案。到這一步，歐文已經無愧是「工人之友」了，但他還不滿足，覺得自己還是在剝削工人。於是他傾盡家產，在美國買了大片土地，帶著一群追隨者建設「共同勞動，共同分享」的社會主義試點。結果，一沒了監督考核機制，大家好逸惡勞，試點很快破產了，歐文的心血也付諸東流。

與此同時，精英階層在皺著眉頭研究經濟問題，廣大無產階級則直接付諸政治行動爭取權益。西元1831年，法國里昂的貧困工人為了提高工資而抗議示威。七月王朝派出軍警鎮壓，於是示威變成了起義，工人一度占領里昂，但很快被軍隊鎮壓。西元1834年，因為政府逮捕工人領袖，禁止工人集會，里昂工人再次起義，要求廢除君主制度，建立共和國，打了幾天還是被軍隊鎮壓下去。

在英國，倫敦工人協會提出了一份《人民憲章》，要求年滿21歲的成年男子都有投票權，而不是現在這樣只許有錢人投票。他們成立了「憲章派協會」，在全國徵求簽名，然後到國會請願。當時一共有300萬人簽名，占英國成年男子人數的一半。雖然工人的請願活動最後被員警驅散了，但已經展現了工人群體的政治力量。

在德意志，由於經濟相對英、法落後，資本家身上還帶著封建領主的習性，所以德意志工人的日子比起英、法工人更加是在水深火熱中。西利西亞是普魯士的紡織業基地，那裡的紡織工人食不果腹，衣不蔽體。西元1844年，紡織工人發動了起義，毆打工廠主，搶走食物。後來

BC
— 0　耶穌基督出生
— 100
— 200
— 300
君士坦丁統一羅馬
羅馬帝國分成兩部
— 400
— 500　波斯帝國
— 600　回教建立
— 700
— 800
凡爾登條約
— 900
神聖羅馬帝國建立
— 1000
— 1100　十字軍東征
— 1200
蒙古第一次西征
— 1300
英法百年戰爭開始
— 1400
哥倫布發現新大陸
— 1500
英國大破無敵艦隊
— 1600
— 1700　發明蒸汽機
美國獨立
— 1800
美國南北戰爭開始
— 1900
第一次世界大戰
第二次世界大戰
— 2000

這些饑民被普魯士軍隊用大炮鎮壓了。之後幾年，罷工此起彼伏，僅普魯士鐵路工人就罷工40多次。

　　各種問題、各種訴求、各種利益衝突聚集一起，歐洲的19世紀下半葉更加精彩激烈。

李斯特

　　弗里德里希·李斯特是19世紀上半葉德意志的偉大的經濟學家，也是工商業發展和德意志統一的先驅。他因試圖打造德意志各邦統一的經濟實體和關稅同盟，被梅特涅視為危險的煽動者而監禁。西元1825年，他加入美國國籍，以美國外交官員身份重返德國，繼續研究德國統一問題，卻再次遭到迫害，被迫退職，後因貧困自殺。李斯特雖然命運悲慘，但他的理論幫助普魯士實現了「德意志關稅同盟」這一偉大的戰略。

第一次工業革命

　　第一次工業革命是從18世紀中葉到19世紀中葉的一次科學技術革命，主要是指用機器替代人力、用大規模工廠替代小作坊的一次科技革命。18世紀中後期瓦特改良蒸汽機是其標誌，動力紡紗機、蒸汽火車、輪船、機床等先後出現，人類進入了蒸汽時代。

－0

100 —

三國
晉　200 —

300 —

南北朝　400 —

500 —

隋朝
唐朝　600 —

700 —

800 —

五代十國　900 —

宋
1000 —

1100 —

1200 —

元朝
1300 —

明朝
1400 —

1500 —

清朝　1600 —

1700 —

1800 —

1900 —
中華民國

2000 —

第八章：爪牙崢嶸——歐洲列強形成
（西元19世紀中後期）

　　「1848年革命」揪開了徹底摧毀封建制度的序幕，歐洲各大強國開始了新一輪的爭霸。拿破崙三世妄圖恢復伯父昔日的榮耀，但他的東征西討，除了把沙皇俄國打回原形之外，最後只是為義大利、德意志兩個國家的統一奠定了基礎。馬克思、恩格斯領導的世界工人運動也正式登上歷史舞台，並建立了「第七強國」——國際工人大會。

1. 芬蘭	11. 德國	21. 匈牙利	31. 義大利	41. 冰島
2. 瑞典	12. 荷蘭	22. 奧地利	32. 西班牙	
3. 挪威	13. 英國	23. 列支敦士登	33. 葡萄牙	
4. 愛沙尼亞	14. 愛爾蘭	24. 瑞士	34. 馬其頓	
5. 拉脫維亞	15. 烏克蘭	25. 法國	35. 科索沃	
6. 立陶宛	16. 摩爾多瓦	26. 保加利亞	36. 蒙特內哥羅	
7. 俄羅斯	17. 斯洛伐克	27. 塞爾維亞	37. 阿爾巴尼亞	
8. 丹麥	18. 捷克	28. 波斯尼亞	38. 梵蒂岡	
9. 白俄羅斯	19. 比利時	29. 克羅埃西亞	39. 希臘	
10. 波蘭	20. 羅馬尼亞	30. 斯洛維尼亞	40. 盧森堡	

1848！夭折的革命

　　拿破崙垮台之後30餘年，各種問題越積越多，終於衝突大爆發了，這就是波及大半個歐洲的1848年革命。導火線是在四分五裂的義大利點燃。1月，西西里人反對那不勒斯王國的波旁王朝，爆發了起義。但一則義大利地位低，二則西西里島的暴動每隔幾年就要來一次，大家早就見怪不怪了，所以這次起義產生的影響很小。真正影響巨大的革命是在法國爆發的。2月，法國人民揭竿而起，推翻了短命的「七月王朝」，建立了法蘭西第二共和國。

　　法國革命推倒了第一塊多米諾骨牌，革命的風氣很快吹向全歐。德意志南部的中小邦國率先受到波及，民眾開始遊行示威、武裝暴動。中小邦諸侯紛紛讓步，由資產階級自由派掌權組閣。第二陣風吹到了德意志中心奧地利的頭上。資本家、學生、工人揭竿而起，嚇得75歲的梅特涅化裝成女人逃出維也納。奧地利皇帝被迫同意召開國民議會，制定憲法。在奧地利帝國的其他領土，如匈牙利、波西米亞（捷克）、義大利等地，也爆發了民族起義。

　　緊跟著，普魯士的老百姓也集合上街。國王腓特烈·威廉四世的弟弟「炮彈親王」威廉，竟然派兵向示威的老百姓開槍。局勢更加緊張，老百姓修起街壘，和軍隊對峙。普王嚇得雙腿發軟，懇求「親愛的人民不要再打了」。於是，軍隊撤出柏林，「炮彈親王」逃到英國，普魯士國王向起義的烈士致哀，資產階級自由派掌握了政權。

　　這樣，德意志「3月革命」在各邦都輕而易舉取得了成功。資本家

BC

— 0　耶穌基督出生

— 100

— 200

— 300　君士坦丁統一羅馬
　　　　羅馬帝國分成兩部
— 400

— 500　波斯帝國

— 600　回教建立

— 700

— 800

　　　　凡爾登條約
— 900

　　　　神聖羅馬帝國建立
— 1000

— 1100　十字軍東征

— 1200
　　　　蒙古第一次西征

— 1300
　　　　英法百年戰爭開始

— 1400

　　　　哥倫布發現新大陸
— 1500

　　　　英國大破無敵艦隊
— 1600

— 1700　發明蒸汽機

　　　　美國獨立
— 1800

　　　　美國南北戰爭開始
— 1900
　　　　第一次世界大戰
　　　　第二次世界大戰
— 2000

上古時期　BC

漢

　　—0

100 —

三國

晉　　200 —

300 —

南北朝　400 —

500 —

隋朝　600 —

唐朝

700 —

800 —

五代十國　900 —

宋

1000 —

1100 —

1200 —

元朝　1300 —

明朝

1400 —

1500 —

清朝　1600 —

1700 —

1800 —

1900 —

中華民國

2000 —

們非常高興，他們在法蘭克福召開了德意志國民議會，經過將近一年的談判，終於制定了一部德意志憲法；他們還宣布德意志各邦合併為德意志帝國，選舉普魯士國王腓特烈‧威廉四世為帝國皇帝，可是被威廉四世拒絕了。

　　義大利也鬧起革命來了。奧地利是壓在義大利頭上的大山，現在這座大山已經土崩瓦解，義大利人頓時「瘋」了一般起來反抗。3月米蘭、威尼斯都爆發了起義，打得奧地利軍隊狼狽逃走。威尼斯宣布建立共和國。薩丁尼亞王國的老百姓一聽，也趕緊包圍王宮，要求阿爾貝托國王出兵增援米蘭和威尼斯。阿爾貝托見民心難違，只好同意。

　　義大利內的其他各國在民眾的壓力下，也紛紛派兵。義大利獨立運動領袖馬志尼回國投身革命，而革命猛將加里波底更是從美洲帶回一支身經百戰的精兵。各路力量集合，薩丁尼亞國王阿爾貝托成為獨立運動的盟主。初期，義大利聯軍打得奧軍節節敗退。5月，倫巴底、帕爾馬、皮亞琴察、摩德納和威尼斯五國公投贊成與薩丁尼亞王國合併。士兵們向阿爾貝托歡呼「義大利國王萬歲」，史稱「第一次義大利獨立戰爭」。

　　然後，各地革命運動在高潮之後順理成章轉入了低谷。先說走在前列的法國。第二共和國建立後，由於起義的工人還手握武裝，當權的政客們不敢得罪，他們通過了許多有利於窮人的法案，最重要的是取消了原來的選舉限制。現在只要是成年的法國男性，在一個地方居住滿半年，就可以成為選民；法國的選民由「七月王朝」時期的20萬人增加到900萬人。為了讓失業的工人自力更生，政府還興建了許多國家工場。一時之間，工人喜笑顏開，國家一派和諧景象。

　　但等到資本家們站穩腳跟後，就開始翻臉不認人，在議會和內閣中排擠工人代表，逐步剝奪工人的利益，最後直接把國家工廠關閉。工人們發現被騙了，就再次爆發了「六月起義」。但這時政府已經準備好

了，一面調兵遣將，一面從市井流氓中招募「別動隊」，兩面夾擊，屠殺了上萬名起義的工人。起義被鎮壓下去後，工人每天的法定工作時間被延長到12小時。這樣看來，法國革命勉強算成功了一半。德意志的革命者自以為已經取得民主勝利，只顧開會討論，卻把各邦帝王為首的封建貴族們忘了。

西元1848年夏天，自詡為「歐洲憲兵」的沙皇俄國出馬，要援助其他國王鎮壓革命。以奧地利皇帝、普魯士國王為首的德意志君主，得到沙皇支持，底氣大增，各地封建貴族也紛紛起兵「勤王」。正當資產階級自由派在法蘭克福慷慨激昂地開會發言時，普、奧、俄聯軍全副武裝直奔德意志各地。到秋天，波西米亞、義大利、匈牙利的民族起義先後被鎮壓（匈牙利詩人裴多菲就犧牲在俄軍刀下）。奧地利皇帝、普魯士國王把國內的資產階級內閣推翻，恢復了封建專制，法蘭克福議會也被解散了。德意志各邦重新回到幾十個封建君主統治下的分裂狀態。

義大利的情況更糟糕。他們糾集起來的獨立力量原本內部就矛盾重重，各邦國各懷鬼胎。像那不勒斯王國、托斯卡尼大公國的老百姓熱切期盼與薩丁尼亞王國合併，統一義大利；君主們卻更在意自己的統治地位，甚至從骨子裡覺得，奧地利人比薩丁尼亞王國的人還要可愛一點。教皇庇護九世作為義大利盟軍中的精神領袖，居然宣稱要擁抱所有的人，包括奧地利人。

溫和分子與激進分子，保皇派與共和分子，自由派與教士，地方主義者與聯邦主義者，社會主義者與資本家，無數矛盾糾合在一起，很快內訌連連。其中那不勒斯國王最乾脆，直接把前線抵抗奧地利的軍隊調回來，跟國內的共和主義者打起了內戰。

奧地利在沙皇俄國支持下，又往義大利投入了新的援兵，戰局很快逆轉。薩丁尼亞王國打不過奧地利，只好求和，割地賠款。國王阿爾貝托被迫遜位，沒多久就死了，整個義大利聯合陣線也隨之瓦解。托斯卡

BC

— 0　耶穌基督出生

— 100

— 200

— 300
君士坦丁統一羅馬

羅馬帝國分成兩部
— 400

— 500　波斯帝國

— 600　回教建立

— 700

— 800
凡爾登條約

— 900
神聖羅馬帝國建立
— 1000

— 1100　十字軍東征

— 1200
蒙古第一次西征

— 1300
英法百年戰爭開始

— 1400

哥倫布發現新大陸
— 1500

英國大破無敵艦隊
— 1600

發明蒸汽機
— 1700

美國獨立
— 1800

美國南北戰爭開始
— 1900
第一次世界大戰
第二次世界大戰

— 2000

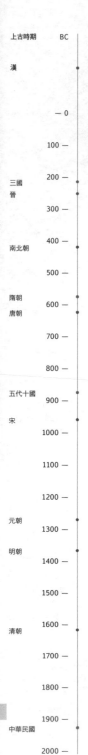

尼大公國、教皇國一度發生革命，建立了共和政府，隨後也被奧地利、法國及那不勒斯等國軍隊鎮壓下去，馬志尼、加里波底等領袖逃亡國外。威尼斯軍民抵抗了奧地利軍隊一百天，最終淪陷。「第一次義大利獨立戰爭」完全失敗了，但這畢竟是第一次義大利各國、各階層聯合起來，為了民族而戰鬥。從這個意義上講，1848年革命算是為20年後義大利的真正獨立做了一次演習。

威猛！獅子頭貓咪

法蘭西第二共和國建立後，鎮壓「六月起義」的將軍卡芬雅克企圖建立獨裁統治。他控制議會通過了第二共和國憲法，賦予總統極大權力。卡芬雅克覺得，接下來自己一定能當選總統。沒想到，這時候出現了一個法國人熟悉的名字——拿破崙·波拿巴！

什麼！拿破崙不是早死了嗎？其實此拿破崙非彼拿破崙，這位乃是皇帝拿破崙一世的侄子路易·拿破崙·波拿巴。他父親是拿破崙的弟弟，母親則是拿破崙前妻約瑟芬跟前夫生的女兒。路易·拿破崙自幼生長在拿破崙的宮中，對伯父無限崇拜，又有一些自由主義傾向，參加過義大利的反奧地利起義。後來，他的堂弟拿破崙二世（拿破崙唯一的兒子）死了，於是路易·拿破崙決定，自己要肩負起恢復拿破崙王朝的偉大使命！他想學習伯父在西元1815年建立「百日王朝」的壯舉，於是在西元1836年打扮成拿破崙的樣子，叫上幾個拿破崙的忠心士兵，大搖大擺地跑到一個兵營演說，號召大家推翻七月王朝，擁戴他當皇帝，結果當場被抓了起來，流放到美洲去。後來他從美洲逃回來，再次帶上幾個穿舊軍裝的英國僕人去軍營發表演說，又被抓起來被判處無期徒刑，關了6年才越獄逃出。

看見這麼一個荒唐的小子出來跟自己競選，卡芬雅克哈哈大笑，不以為然。誰知道選舉結果出來，波拿巴居然獲得了將近75%的選票！卡芬雅克這個武夫哪裡想得到，波拿巴為了競選下了很多苦功。他組建了一個高效的競選團隊，在基層把宣傳工作做得非常好。波拿巴這個姓氏

BC
— 0　耶穌基督出生
— 100
— 200
— 300
君士坦丁統一羅馬
羅馬帝國分成兩部
— 400
— 500　波斯帝國
— 600　回教建立
— 700
— 800
凡爾登條約
— 900
神聖羅馬帝國建立
— 1000
— 1100　十字軍東征
— 1200
蒙古第一次西征
— 1300
英法百年戰爭開始
— 1400
哥倫布發現新大陸
— 1500
英國大破無敵艦隊
— 1600
發明蒸汽機
— 1700
美國獨立
— 1800
美國南北戰爭開始
— 1900
第一次世界大戰
第二次世界大戰
— 2000

上古時期　BC

漢

　　－ 0

　　100 —

三國

晉　　200 —

　　300 —

南北朝　400 —

　　500 —

隋朝　600 —

唐朝

　　700 —

　　800 —

五代十國 900 —

宋　　1000 —

　　1100 —

　　1200 —

元朝　1300 —

明朝

　　1400 —

　　1500 —

清朝　1600 —

　　1700 —

　　1800 —

　　1900 —

中華民國

　　2000 —

讓法國人一看就充滿了憧憬，尤其是廣大農民，拿破崙當初保障了他們擁有土地的權利，是他們的大恩人，他們感激拿破崙，也希望拿破崙的後人當總統。而卡芬雅克早已鬧得民怨沸騰，當然只能落選。波拿巴上任之後，法國政客們主要分三派：一派是追隨總統波拿巴的，一派是與卡芬雅克等人同道的共和派，而勢力最大的則是以「秩序」為口號的秩序黨（保王派）。為了和這些人周旋，波拿巴費盡心思。一開始他羽翼未豐，只能委曲求全，有時候還要被迫換掉自己的手下，免得被秩序黨攻擊；同時他還故意縱容秩序黨，藉秩序黨之手來打擊共和派。這麼一來，秩序黨人也就放鬆了戒備。他們內部也分成兩派，一派是擁護波旁王朝的正統派，另一派是擁護「七月王朝」的奧爾良派。等他們正鬥得激烈，波拿巴趁機反攻，逐漸掌握了權力，還拉攏了不少秩序黨人到自己這邊。

　　等秩序黨人意識到波拿巴不是他們想像中的「小白兔」時，為時已晚。波拿巴開始對他們步步進逼。他先是請求修改憲法，延長自己的總統任期。雖然這個要求沒有通過，但波拿巴從中看出有越來越多的人在支持自己。接下來，他提議廢除限定選舉權的法令，讓所有法國公民都擁有選舉權。代表有錢人的秩序黨人當然不願意讓窮人投票，這條法案也沒有得到通過。但是這樣一來，秩序黨就成了法國公敵，廣大窮人對其恨之入骨。

　　就這樣，波拿巴先把秩序黨人推到前台，又令他們受到大眾的憤恨。西元1851年12月2日，波拿巴從銀行強行提了一筆錢，收買一支軍隊發動政變，逮捕了許多秩序黨人，然後在全國舉行公投。結果800多萬選民裡，有700萬人支持波拿巴。波拿巴終於真正坐穩了統治者的位置。而法國人也滿心期待，這個和拿破崙一世有相同姓氏、相同血脈的總統，能讓他們再次重溫拿破崙一世時期的美夢。

　　波拿巴掌控國家大權後，規規矩矩地當了一年總統。在這一年裡，

法國表面上仍然是共和國，但是總統已經在悄悄地修改憲法，把國徽改成拿破崙帝國時期的國徽，然後向國民灌輸：「大家看看，拿破崙一世退位後，波旁王朝、奧爾良派把法國搞成什麼樣子？唯有總統波拿巴是拿破崙一世的後裔，應該由他來重新建立帝國，帶領法國走出困境！」西元1852年12月2日，在超過90%的選民的贊成下，波拿巴稱帝，建立法蘭西帝國，史稱第二帝國。路易·波拿巴終於名正言順地繼承了拿破崙一世的衣缽，成為「拿破崙三世」。

拿破崙三世知道時代不同了，一味蠻橫是不能長久的。過了幾年之後，他開始稍微放鬆一點權力，讓議會參與國家管理，甚至賦予議會限制皇帝的權力。拿破崙三世這樣做看起來有點「自縛雙臂」，卻令他的帝位更加穩固。因為反對者們很難給這位「尊重」議會、尊重人權的皇帝挑出毛病。人民歡呼：我們偉大的皇帝多麼民主啊，拿破崙家族的血統真不是蓋的！

用種種手段穩固了自己的帝位後，拿破崙三世施展拳腳大力發展工商業。之前復辟的波旁王朝、「七月王朝」之所以那麼短命，很大原因在於他們沒有解決人民最基本的需求——吃飯。拿破崙三世在位期間，正逢歐洲工業革命如火如荼展開。拿破崙三世在位的這十幾年間，法國工業取得了突破性的發展，工人的收入增長了一成左右。商業也不落後，銀行和商場鱗次櫛比，當時成立的一些大商場甚至到今天仍然存在，成為百年老字號。在農村，農民的生活也比以前更好了，大家吃得起肉，耶誕節還能來上幾杯紅酒。這些都是老百姓最需要的，拿破崙三世給了他們。正因為如此，拿破崙三世的反對者更加拿他無可奈何。

不過拿破崙三世的志向遠遠不僅於此。他頭頂著「拿破崙」的名號，希望像伯父那樣能在戰場上叱吒風雲，恢復法國過去歐洲第一大國的地位。為了施行這個計畫，拿破崙三世展開了一連串對外戰爭。戰爭的第一個目標，指向了沙皇俄國。

BC

— 0　耶穌基督出生

— 100

— 200

— 300
君士坦丁統一羅馬
羅馬帝國分成兩部
— 400

— 500　波斯帝國

— 600　回教建立

— 700

— 800
凡爾登條約
— 900
神聖羅馬帝國建立
— 1000

— 1100　十字軍東征

— 1200
蒙古第一次西征
— 1300
英法百年戰爭開始
— 1400

哥倫布發現新大陸
— 1500

英國大破無敵艦隊
— 1600

發明蒸汽機
— 1700

美國獨立
— 1800
美國南北戰爭開始
— 1900
第一次世界大戰
第二次世界大戰
— 2000

　　俄國當時是歐陸首強,而俄國西南的另一個龐然大物——鄂圖曼土耳其帝國,當年也曾威脅整個歐洲,如今早就淪為二流國家。在拿破崙戰爭期間,土耳其曾是拿破崙的盟友,沙俄發動「第七次俄土戰爭」,不但併吞了羅馬尼亞的比薩拉比亞和喬治亞西部,還消除了被拿破崙和土耳其夾擊的危險。十多年後,土耳其統治下的希臘爆發獨立戰爭,沙俄趁機發動「第八次俄土戰爭」,聯合英國、法國,摧毀了土耳其的艦隊,最後獲得多瑙河口及其附近島嶼和黑海東岸,併吞喬治亞、伊梅列季、明格列利亞等地。西元1853年7月,沙皇又出兵佔領鄂圖曼帝國的屬地——多瑙河畔的摩爾多瓦和瓦拉幾亞兩個公國,挑起了「第九次俄土戰爭」,也就是克里米亞戰爭。

　　拿破崙三世對此非常不滿,正巧,英國也不願意俄國占太多便宜,於是英、法兩國聯合起來,向沙俄宣戰。由於俄國最近一段時間四處爭戰,連他的「神聖同盟」的盟友奧地利都站到了英國、法國一邊,而普魯士則和奧地利簽訂「聯防條約」。還有義大利的薩丁尼亞王國,也投靠了拿破崙三世。俄國雖然身強力壯,但也擋不住這麼多國家一起圍攻。西元1855年9月,英法聯軍攻佔黑海要塞塞內堡,俄軍戰敗。次年各方簽約,俄國放棄所有佔領地區,且不得駐軍在黑海海域。

　　克里米亞戰爭是19世紀下半葉屈指可數的一次大戰,「歐洲憲兵」沙俄挨了當頭一棒,被打得原形畢露。而拿破崙三世不但報了當年伯父兵敗俄國的一箭之仇,更拆散了英俄、奧俄兩個聯盟,可謂是最大的贏家。法軍也一洗拿破崙一世戰敗後的頹風,嘗到了勝利的滋味。拿破崙三世熱淚盈眶說:「伯父,您看到了嗎?」接下來,他還要收拾另一個對手——奧地利。而戰場,則選擇在四分五裂的義大利。

偷雞！義大利獨立

　　回頭說說義大利，在西元1848年獨立戰爭失敗後，新國王維托里奧·埃馬努埃萊二世任命了一位很出色的首相——「胖子」加富爾。加富爾出生在大貴族世家，是個很厲害的大學問家和大實業家，學富五車，富可敵國。他贊成溫和的自由主義和君主立憲制，希望資產階級和貴族聯盟。加富爾西元1852年當上首相後，與各大國簽訂經濟協定，推行自由貿易政策，發行公債，修築鐵路，改革稅制，在增加收入的同時減少底層負擔，保護基礎產業，從而大大促進了薩丁尼亞王國的經濟發展。加富爾還建立了「義大利獨立統一協會」，聚集了數萬名不怕犧牲的愛國義士。加富爾是一個典型的政客，詭計多端，善於玩弄花招，欺騙、賄賂、出賣、威脅，為達目的不擇手段，而且喜歡借刀殺人、驅虎吞狼。這一點，與馬志尼、加里波底等為獨立拋頭顱，灑熱血的義士恰好相反。他能夠立足於現實，充分利用國際政治局勢為義大利的利益服務。加富爾、馬志尼、加里波底被稱為義大利獨立的「三傑」。獨立需要馬志尼的熱血號召，需要加里波底的軍事天才，也需要加富爾的縱橫捭闔，需要三傑的合力，哪怕未必同心同德。

　　對於國際環境，加富爾分析道：「義大利獨立、統一，直接的敵人就是奧地利。因為北部的倫巴底（米蘭）和威尼斯都是奧地利的禁臠。打不過奧地利怎麼辦？沒關係！看看歐洲其他四個強國，英國一直積極支持義大利獨立，不過他們奉行中立政策，別指望獲得多少實質性支援。普魯士在義大利的利益較少，而且和奧地利為了爭德意志老大

— 0　耶穌基督出生

— 100

— 200

— 300　君士坦丁統一羅馬
　　　羅馬帝國分成兩部
— 400

— 500　波斯帝國

— 600　回教建立

— 700

— 800
　　　凡爾登條約
— 900
　　　神聖羅馬帝國建立
— 1000

— 1100　十字軍東征

— 1200
　　　蒙古第一次西征
— 1300
　　　英法百年戰爭開始
— 1400

　　　哥倫布發現新大陸
— 1500

　　　英國大破無敵艦隊
— 1600

　　　發明蒸汽機
— 1700

　　　美國獨立
— 1800
　　　美國南北戰爭開始
— 1900
　　　第一次世界大戰
　　　第二次世界大戰
— 2000

上古時期　BC
漢
　　　—0
　　100—
三國
晉　　200—
　　300—
　　400—
南北朝
　　500—
隋朝
唐朝　600—
　　700—
　　800—
五代十國
　　900—
宋
　　1000—
　　1100—
　　1200—
元朝
　　1300—
明朝
　　1400—
　　1500—
　　1600—
清朝
　　1700—
　　1800—
　　1900—
中華民國
　　2000—

存在矛盾，對我們威脅不大，甚至可能成為外援。而法國呢，幾百年來和奧地利是世仇，拿破崙三世還曾親自參加過義大利革命，可能會提供最大的援助！俄國是奧地利的後台，這才是目前最大的威脅。先等等看吧。」

　　結果，克里米亞戰爭一開始，英、法對俄宣戰，奧地利也站到英、法那邊去了。加富爾大為歡喜，趕緊也派兵參加聯軍一方。國內很多人不理解，克里米亞和我們有什麼關係，這麼勞民傷財圖什麼呢？加富爾心中卻自有算計。薩丁尼亞這一出兵，首先加強了和英、法的關係，尤其是給了拿破崙三世面子。其次，薩丁尼亞站在奧地利一邊參戰，麻痺了奧地利的神經，縱容奧地利進一步向俄國下手，從而徹底得罪俄國，埋葬了俄奧同盟。最後，藉由此次參戰，薩丁尼亞王國憑「戰勝國」身份參加了列強的和談。加富爾趁機在會上把話題引到了義大利問題上，痛斥奧地利對義大利的野蠻欺負，博得了各國的同情。有趣的是，俄國居然第一個跳出來支持薩丁尼亞，因為俄國對背信棄義的奧地利實在太痛恨了。

　　從此以後，加富爾頻繁出沒國際會場，和拿破崙三世成了好朋友。加富爾幾次請求：「我們讓奧地利欺負苦了，您要主持公道啊！」拿破崙三世心裡琢磨，出兵扶持一個親近法國的義大利，既能揚我大法蘭西國威，又能增強力量，何樂而不為？思慮再三，他同意了，約定兩國一起對付奧地利，打贏之後，薩丁尼亞王國獲得義大利北方的倫巴底（米蘭）、威尼斯，作為回報，薩丁尼亞王國把薩伏依和尼斯兩塊地方割讓給法國。注意，加富爾沒有想統一整個義大利。他同意中部保留教皇國和幾個小國家，南方還是歸波旁王室的那不勒斯和西西里王國統治。他只要統一義大利北部就滿意了。

　　萬事齊備後，西元1859年加富爾和拿破崙三世玩了個花招，先是激怒奧地利先行宣戰，跟著拿破崙三世帶著軍隊進入義大利，薩丁尼亞王

國也出動主力夾擊，英雄加里波底更是帶領精銳的阿爾卑斯軍團大膽穿插，深入敵後。奧地利軍隊哪裡擋得住，聯軍很快收復了倫巴底地區。義大利中部的托斯卡尼、帕爾馬、摩德納等國也都爆發起義。老百姓轟走了君主和主教，宣布加入薩丁尼亞王國。一時之間，義大利獨立運動席捲半島，眼看就要大功告成。

然而此時的局勢卻發生了變化。奧地利皇帝法蘭茲·約瑟夫（茜茜公主的老公）覺得拿破崙三世欺人太甚，要傾全國之兵，和法軍血戰到底。普魯士雖然樂於看奧地利的笑話，但好歹大家都是德意志人，不能讓法國人過分欺負。沙皇俄國表示樂於看到法國和薩丁尼亞在義大利北部進攻奧地利，但對於義大利中部的革命，也很生氣。

正好法國-薩丁尼亞聯軍與奧地利軍隊在索爾弗利諾打了一場惡戰，聯軍贏了，但雙方死傷好幾萬人，戰場上傷兵呻吟，極為悲慘，以至於讓目睹此情的亨利·杜南奮而創立了「國際紅十字會」。法國輿論也開始質疑，我們有必要在義大利這麼拼命嗎？拿破崙三世就勢「順應民心」，對奧和談。雙方達成協議：倫巴底交給薩丁尼亞王國，奧地利保留威尼斯。拿破崙三世簽完協議，笑著對加富爾說：「兄弟，趕緊把說好的薩伏依和尼斯兩塊土地割讓給我吧。」

加富爾很生氣。當初說好要取得倫巴底和威尼斯，現在威尼斯還在奧地利人手裡呢。但沒辦法，好在除了拿回倫巴底，中部還占了幾個小國家。他聽從馬志尼的建議，在西元1860年1月通過公投，把義大利中部的帕爾馬、摩德納、托斯卡尼和羅馬涅地區都併入薩丁尼亞王國。之後，按照約定把尼斯和薩伏依地區給了法國。拿破崙三世眼看自己這次既抽了奧地利一耳光耍了威風，又扶持了一個比較強的小弟，還得了兩塊地盤，感到十分滿意。

薩丁尼亞王國占了半個義大利，滿朝君臣也都喜笑顏開，歡天喜地慶祝「獨立戰爭」取得勝利。只有一個人不高興，他就是加里波底。加

BC

— 0　耶穌基督出生

— 100

— 200

— 300　君士坦丁統一羅馬
　　　　羅馬帝國分成兩部
— 400

— 500　波斯帝國

— 600　回教建立

— 700

— 800
　　　　凡爾登條約
— 900
　　　　神聖羅馬帝國建立
— 1000

— 1100　十字軍東征

— 1200
　　　　蒙古第一次西征
— 1300
　　　　英法百年戰爭開始
— 1400

— 1500　哥倫布發現新大陸

— 1600　英國大破無敵艦隊

— 1700　發明蒸汽機

　　　　美國獨立
— 1800
　　　　美國南北戰爭開始
— 1900
　　　　第一次世界大戰
　　　　第二次世界大戰
— 2000

上古時期　BC

漢

－ 0

100 －

三國　200 －
晉
300 －

400 －
南北朝
500 －

隋朝　600 －
唐朝
700 －

800 －

五代十國　900 －
宋
1000 －

1100 －

1200 －
元朝
1300 －
明朝
1400 －

1500 －

1600 －
清朝
1700 －

1800 －

1900 －
中華民國
2000 －

里波底想，義大利還有一半土地被外國人占著，你們居然還有臉大吃大喝，不管那些同胞了？我要繼續革命，把整個義大利收復！

正巧，義大利南部的那不勒斯王國、西西里島爆發了起義。其實西西里島起義每隔幾年就要來一次，加里波底卻立刻跳出來：「我要組織一支義勇軍，去支援正義的事業，把打下的地盤都合併到薩丁尼亞王國！」維托里奧國王一想不錯，打仗是加里波底去，打下地盤還歸我，何樂而不為呢？他立即拍板：「去吧。」加富爾呢，他不好直接反對，只說：「你要去就去吧，但我們剛在北方打完戰爭，沒辦法幫你補充武器彈藥，也沒軍餉。」

加里波底一瞪眼：「為國家出力，要什麼武器軍餉！」西元1860年5月5日，加里波底率領1000多名志願兵，乘坐兩艘輪船從熱那亞啟程，去進攻900萬人口，10萬軍隊的那不勒斯-西西里王國。看似以卵擊石，但加里波底義無反顧，只因他心中有統一義大利的信念，這信念讓千千萬萬義大利人的力量彙集在一起，形成了洶湧的大潮。

5月11日，加里波底在西西里島登陸，直撲西西里首府巴勒摩。2000名那不勒斯軍前來攔截，彈如雨下。加里波底身先士卒，帶領志願兵撲了上去，那不勒斯士兵哪裡見過這等亡命之徒？一個個嚇得掉頭就跑。加里波底首戰告捷，他們勇敢無畏的精神也激勵了西西里島上的人，不斷有人前來投奔加里波底，那不勒斯軍隊則軍無戰心，紛紛投降。7月，整個西西里島都被光復。8月，加里波底又帶著幾千人馬渡過海峽，攻打那不勒斯本土，一路勢如破竹，那不勒斯軍隊不是潰逃，便是倒戈投降，那不勒斯國王和王后也匆忙逃離國土。9月下旬，忠於那不勒斯國王的3萬人的軍隊在沃爾圖諾與2萬人的加里波底軍展開了一場血戰。這是加里波底在南部征途上的唯一一次慘烈血戰。加里波底使出渾身解數，殲滅了那不勒斯國王的主力。至此，整個那不勒斯再無兵力可以阻擋加里波底了。這下子全歐洲都看傻了，怎麼一眨眼工夫，整個

義大利南部都被加裡波第一個人給占了？薩丁尼亞王國軍隊趕緊朝南進軍，先是佔領了教皇國大片領土，接著進入那不勒斯地區，與加里波底會師。11月7日，加里波底陪同薩丁尼亞國王維托里奧，一起在那不勒斯巡視，大路兩邊的人群歡呼著。此後，西西里島、那不勒斯和教皇國大部都併入了薩丁尼亞王國。

外國列強對於薩丁尼亞王國短時間內併吞這麼大的領土，心裡還是有些難以接受。這時候，加富爾先前在國際戰略中布下的局就發揮了作用。各大國相互牽制，誰都不願意真的出來干涉。西元1861年2月，整個義大利半島除了北部的威尼斯和羅馬附近地區，全部都被薩丁尼亞王國控制，史稱「第二次義大利獨立戰爭」勝利結束。薩丁尼亞王國軍隊依舊表現平平，卻靠著法軍和加里波底的孤膽進擊，「偷」到了一隻金鳳凰。3月14日，義大利王國正式建立，維托里奧‧埃馬努埃萊二世擔任「義大利國王」。在一千多年的分裂之後，義大利人終於有了統一國家和統一君主。當然，在義大利人看來還有一點美中不足：北邊的威尼斯依然被奧地利人占著，中部的羅馬城附近還在教皇統治下。這些地方，也在幾年後的普奧戰爭、普法戰爭中趁勢收回。

拿破崙三世在義大利統一的時候，在東方勾結英國入侵中國，發動了第二次鴉片戰爭；在西半球拉上英國、西班牙一起入侵墨西哥。他不但把墨西哥首都打了下來，還扶持哈布斯堡家族的馬克西米連王子跨洋過海去當了墨西哥皇帝。可惜好景不長，沒幾年美國打完了南北戰爭，威脅拿破崙三世，他最終只得退兵。可憐的馬克西米連被墨西哥游擊隊捉起來槍斃了。

雖然在美洲失去墨西哥，但是整體來說拿破崙三世還是相當威風的，堪稱是十九世紀5、60年代的歐陸霸王，有點重拾伯父舊業的味道了。不幸的是，他遭遇上了一個可怕的對手——普魯士的首相俾斯麥。

BC

— 0　耶穌基督出生

— 100

— 200

— 300
君士坦丁統一羅馬
羅馬帝國分成兩部
— 400

— 500　波斯帝國

— 600　回教建立

— 700

— 800

凡爾登條約
— 900
神聖羅馬帝國建立
— 1000

— 1100　十字軍東征

— 1200
蒙古第一次西征
— 1300
英法百年戰爭開始
— 1400

哥倫布發現新大陸
— 1500
英國大破無敵艦隊
— 1600

發明蒸汽機
— 1700

美國獨立
— 1800
美國南北戰爭開始
— 1900
第一次世界大戰
第二次世界大戰
— 2000

上古時期　BC

漢

　— 0

100 —

三國
晉　200 —

300 —

南北朝　400 —

500 —

隋朝　600 —
唐朝

700 —

800 —

五代十國　900 —
宋
1000 —

1100 —

1200 —

元朝
1300 —
明朝
1400 —

1500 —

清朝　1600 —

1700 —

1800 —

1900 —
中華民國
2000 —

統一！德意志之劍

　　德國1848年革命雖然失敗，但經濟繼續騰飛，煤、鐵產量十年翻一番。財源滾滾的大資本家越來越有錢，在國家政治中也發揮著越來越重要的作用。而封建貴族們遭到市場經濟的衝擊，有些人破產了，另一些人則對自己的莊園進行商業經營，變成了有資本家特色的貴族。貴族與資本家逐漸產生緊密聯繫。

　　統一德意志的呼聲，再度成為主流。這一次，不但民眾，就連各國君主也開始談論統一。而德意志諸邦中奧地利、普魯士兩大強國的競爭也更加激烈。奧地利依仗數百年來執德意志牛耳的政治傳統，普魯士則依靠經濟實力和關稅同盟，互爭雄長。這樣，在德意志統一的問題上，就形成了兩種觀點：「大德意志」和「小德意志」。「大德意志」是奧地利帝國的想法。大致做法是在現有德意志「同盟」的基礎上，加強中央集權，設立一些中央機構，繼續由奧地利皇帝主導，形成一個德意志「聯邦」。「小德意志」則是普魯士左翼自由派和民主派的想法。核心是把奧地利踢出德意志，由普魯士併吞其他中小邦國，形成一個單一的德意志「帝國」，由普魯士國王擔任皇帝。在他們看來，奧地利既落後又反動，留在德意志境內就是個禍害。

　　德意志各邦的資產階級看重經濟利益，贊同普魯士的小德意志路線；而各邦君主基於政治立場，對普魯士的狼子野心則非常害怕，贊同奧地利的大德意志路線。圍繞著這兩種思路，老二普魯士和老大奧地利展開了激烈的抗爭。雙方鬥了幾個回合，不相上下。

但從19世紀50年代開始，局勢發生了變化。奧地利在克里米亞戰爭中支持英、法，得罪了俄國。緊跟著，在義大利獨立戰爭中，奧地利又敗給拿破崙三世，割讓了經濟發達的米蘭。奧地利逐漸勢微。

這時，普魯士國王病死，他弟弟威廉繼位。威廉才能平庸，但他有個最大的優點，就是知道自己無能，懂得把權力給有能力的人，並且用人不疑。西元1862年，普王威廉啟用奧托·馮·俾斯麥伯爵擔任首相，從此揭開了德意志統一的序幕。

俾斯麥是德意志的傳奇鐵腕人物。他父親是貴族，母親是大資本家的千金，他身上同時流著貴族與資本家的血，也受著兩方面的教育。俾斯麥身材高大，性情粗暴，大學時和人決鬥過27次。年輕時的俾斯麥，是一個狂熱的封建貴族保守派，反對任何統一德意志的觀點，人稱「鐵桿反動容克」「封建等級制度的唐吉訶德」。到4、50年代，俾斯麥開始經營農場。他不像多數容克貴族，抱著貴族的架子坐吃山空；相反，他很懂得變通，頭腦又靈活，沒多久就賺了很多錢，俾斯麥再接再厲，又投資金融業，賺得盆滿缽滿。這時候，他也由原先的封建保守，轉為支持德國統一的資產階級人物。

就像加富爾一樣，俾斯麥比所有的貴族都更懂資本家和現代國家政治，又比所有的資本家都更懂貴族和德意志的實際國情。他雖然贊同現代國家，卻不像那些激進的共和分子，要推翻君主。相反，他認為應該建立一個君主立憲國家，而且應該不同於英國，國王應該有實權。要統一，就得把奧地利踢出去，由普魯士當老大。

俾斯麥上台之後，他首先想擴軍。議會不同意，俾斯麥就說：「你們這些人太不懂事了！我們要統一德意志，難道靠開開會、辯論幾句就行了？統一靠的是鐵和血！不擴軍能行嗎？」嚇得議員們戰戰兢兢：「鐵和血？你這是要發動戰爭啊！」這就是歷史上有名的「鐵血演說」。

BC

— 0 　耶穌基督出生

— 100

— 200

— 300
　　君士坦丁統一羅馬

　　羅馬帝國分成兩部
— 400

— 500 　波斯帝國

— 600 　回教建立

— 700

— 800

　　凡爾登條約
— 900

　　神聖羅馬帝國建立
— 1000

— 1100 　十字軍東征

— 1200
　　蒙古第一次西征

— 1300
　英法百年戰爭開始

— 1400

　　哥倫布發現新大陸
— 1500

　　英國大破無敵艦隊
— 1600

　　發明蒸汽機
— 1700

　　美國獨立
— 1800
　　美國南北戰爭開始
— 1900
　　第一次世界大戰
　　第二次世界大戰

— 2000

上古時期　BC

漢

　　—　0

　　100 —

三國　　200 —

晉　　　300 —

南北朝　400 —

　　　　500 —

隋朝　　600 —
唐朝

　　　　700 —

　　　　800 —

五代十國　900 —

宋　　　1000 —

　　　　1100 —

　　　　1200 —

元朝　　1300 —

明朝　　1400 —

　　　　1500 —

清朝　　1600 —

　　　　1700 —

　　　　1800 —

　　　　1900 —

中華民國　2000 —

一開始，「鐵血演說」並未打動普魯士的資本家，反而讓俾斯麥陷入「裡外不是人」的境地。資產階級進步黨認為他窮兵黷武，其他各邦諸侯更把俾斯麥看成戰爭狂人。威廉皇帝也被嚇壞了，對俾斯麥說：「你這麼鬧下去，要不了多久，我們的腦袋就都要搬家了。」

但俾斯麥毫不在乎。他很瞭解德意志資本家們的弱點和需求，於是恩威並舉，先是繞開議會擴軍搞獨裁，然後執行較為進步的經濟政策，還號召「全民直接選舉」議員，讓資產階級自由派嘗到「民主」的甜頭。俾斯麥還高舉統一大旗。這樣，保守派和進步黨都知道了俾斯麥的厲害，也發現俾斯麥確實是在為了普魯士的利益而努力。他們紛紛歸順，普魯士各階層凝聚成為一個整體。俾斯麥又建立了一支龐大的軍隊，由軍事家卡爾・馮・毛奇擔任參謀總長，採用了新的編制和戰術，戰鬥力提升一個層次。

接下來，俾斯麥準備開戰了。第一個對手是丹麥。西元1864年，為了爭奪德意志西北的三個小邦，普魯士聯合奧地利進攻丹麥。丹麥哪裡是普、奧的對手？幾個月就求和了。於是普、奧瓜分了這三個小公國。

對俾斯麥而言，打丹麥不過是一道「開胃菜」，奧地利才是「大餐」。西元1866年6月，俾斯麥挑起了普奧戰爭。大部分德意志的諸侯都支持奧地利，俾斯麥則去拉攏剛獨立的義大利。義大利正想收復威尼斯，趕緊答應。俾斯麥還偷偷勾結奧地利的盟友法國，含糊地答應讓拿破崙三世併吞萊茵河以西地區，於是拿破崙三世也保持中立。

戰火一開，普軍猛攻奧地利的盟軍薩克森、漢諾威等國，一路告捷。不過同時，南線的義大利卻被奧地利打得滿地找牙。這樣，普、奧兩軍都發現盟友是靠不住的。要分出勝敗，還得雙方親自過招。西元1866年7月，29萬普軍與24萬奧軍在薩多瓦展開決戰，普軍在毛奇指揮下大獲全勝，奧地利求和。

這下子普王威廉和將軍們得意忘形了，紛紛放言要打進維也納。俾

斯麥制止了他們。他看得更清楚：真要把奧地利逼急了，全力跟普魯士拼命，就算能打贏也要付出慘重代價。更重要的是，普、奧成了死敵，最後只會讓法國坐收漁利。俾斯麥的目標是以普魯士為核心來統一德意志，不是要滅掉奧地利。相反，同屬日爾曼人的奧地利未來還可以作為中歐的盟友。所以，俾斯麥認真地與奧地利和談。8月，普、奧簽訂和約。奧地利的直接損失並不太大：把威尼斯割讓給義大利，把上次從丹麥那裡拿來的地盤割讓給普魯士，再支付一點點戰爭賠款。然而有一個政治條件：奧地利不能再干涉德意志各邦的事務。換言之，奧地利被踢出了德意志同盟。這個當了幾百年德意志皇帝，多次領導德意志諸侯東抗鄂圖曼、西戰法蘭西的國家，就這樣傷感地退出了德意志的舞台。

奧地利皇帝法蘭茲・約瑟夫真是倒楣，他境內的匈牙利人、斯拉夫人也紛紛鬧起獨立來，尤其是匈牙利貴族。幸虧皇后茜茜公主和匈牙利人關係不錯，從中幹旋。西元1867年，「奧地利帝國」改為「奧匈帝國」，簡單說就是全國分為奧地利帝國和匈牙利王國兩個組成部分，兩邊各有一個政府和議會，但軍隊、外交則是統一的。奧地利皇帝兼任匈牙利國王。

幾家歡樂幾家愁。奧地利在哀歎世事無常時，義大利則為收服威尼斯而歡呼雀躍。普魯士更是春風得意。在俾斯麥的主持下，西元1867年成立了「北德意志聯邦」，大部分德意志邦國都加入了。聯邦主席是普魯士國王威廉一世，總理大臣是俾斯麥。這個聯邦與之前形同虛設的「德意志同盟」相比，不但有統一的國家議會和聯邦議會，而且有統一的內部關稅與貿易，普魯士國王還兼任聯邦軍隊總司令。

如今，要完全統一德意志，只剩下南邊的巴伐利亞等幾個邦了。但要併吞這幾個邦，還必須越過最後一個對手，他就是拿破崙三世。拿破崙三世絕不會允許一個強大統一的德意志在中歐出現。他威脅說，只要普魯士敢合併南德意志邦，法國就立刻宣戰。

BC

— 0　耶穌基督出生

— 100

— 200

— 300
　　　君士坦丁統一羅馬
　　　羅馬帝國分成兩部
— 400

— 500　波斯帝國

— 600　回教建立

— 700

— 800
　　　凡爾登條約
— 900
　　　神聖羅馬帝國建立
— 1000

— 1100　十字軍東征

— 1200　蒙古第一次西征

— 1300　英法百年戰爭開始

— 1400

— 1500　哥倫布發現新大陸
　　　英國大破無敵艦隊
— 1600
　　　發明蒸汽機
— 1700
　　　美國獨立
— 1800
　　　美國南北戰爭開始
— 1900
　　　第一次世界大戰
　　　第二次世界大戰
— 2000

上古時期　BC

漢

— 0

100 —

三國

200 —

晉

300 —

南北朝

400 —

500 —

隋朝

600 —

唐朝

700 —

800 —

五代十國

900 —

宋

1000 —

1100 —

1200 —

元朝

1300 —

明朝

1400 —

1500 —

1600 —

清朝

1700 —

1800 —

1900 —

中華民國

2000 —

　　面對這種威脅，俾斯麥其實不在乎，因為普魯士兵精將良。可是，光靠打仗，是無法讓德意志邦國們臣服的。俾斯麥決定想個計策，讓法國先出兵。這樣一來，普魯士的戰爭行為就成了「自衛」，而且可以高舉「保衛德意志民族免遭法國人入侵」的民族旗號，爭取德意志各邦支持，把他們統一起來。於是，俾斯麥讓國王威廉的堂兄去爭西班牙國王的寶座，這事果然激怒了拿破崙三世。拿破崙三世立刻威脅，叫普魯士立刻退出角逐。眼看雙方就要翻臉，俾斯麥大喜。誰知道關鍵時刻，普王威廉妥協了，居然乖乖地撤回了申請，讓俾斯麥十分生氣。

　　拿破崙三世蹬鼻子上臉，又要求普王威廉保證以後再也不幹這種事，普王又氣又怕，就隨口敷衍過去了。俾斯麥得知，計上心來，他動動筆桿，把普王含糊的回答改成了針鋒相對的拒信，並讓全歐洲媒體廣而告之。這下子，拿破崙三世火冒三丈：小小普魯士，敢挑釁我大法國！西元1870年7月19日，法國向普魯士宣戰。普魯士趁機舉起「保衛德意志」的大旗，團結了北德和南德各邦，迎頭痛擊法軍。

　　普法戰爭中，法國除了自信心，什麼都沒有。法軍兵不如德軍多，戰鬥力也更弱。雖然有奧地利和義大利兩個盟國，但奧地利剛被普魯士打敗不久，義大利更是幫不上什麼忙，還等著坐收漁利。相反，俾斯麥利用英、俄對拿破崙三世的不滿，爭取到了他們的支持，俄國還表示願意出兵牽制奧地利。

　　就這樣，天時、地利、人和一樣都不占的法軍，糊裡糊塗地衝入德意志邊境，很快被打得一敗塗地。8月2日兩軍初次交鋒，才4天戰爭就轉入法國境內。8月，德軍包圍了法軍主力。9月1日，拿破崙三世帶著10萬大軍在色當作了俘虜。到西元1871年初，德軍已佔領法國三分之一的領土，巴黎投降。最終，法國賠償普魯士50億法郎，割讓亞爾薩斯-洛林地區。

　　在這場揚眉吐氣的戰爭中，俾斯麥和普王威廉得到了德意志各邦君

主和人民的擁戴。西元1871年1月18日，在法國凡爾賽宮的鏡廳，新的德意志帝國（即第二帝國）宣布成立，普王威廉成為皇帝。相比幾十年前被拿破崙滅掉的「第一帝國」（即神聖羅馬帝國），第二帝國並非虛有其名的鬆散組織，而是實實在在的中央集權帝國。「德意志」終於由一個地理名詞，變成了一個不折不扣的國家。

從中獲益的還有義大利王國。他們趁著拿破崙三世垮台的機會，把羅馬城給收復了，並作為義大利的首都。擁有千年歷史的教皇國就此滅亡，教皇庇護九世氣得躲進梵蒂岡不出來。

此後，德意志這艘大船，在舵手俾斯麥的引領下，乘風破浪前行。統一的德國帶來了統一的國內市場，普法戰爭中法國賠償的50億法郎帶來了資金，亞爾薩斯-洛林帶來了豐富的礦藏。德國的經濟繼續突飛猛進，煤、鐵產量超越法國，鐵路增加到4萬公里，實現了義務教育，民族文化素養大幅度提升。科學技術領域也湧現出大量成果：赫茲的無線電波；倫琴發現X射線；魏爾肖的細胞病理學；維爾納·西門子的西門子公司……在電氣、化工等新的產業中，德國人領先於世界。

從政體上說，德國與英國不同。宰相執掌大權，而宰相由國王任命，不經過選舉。立法權在聯邦議會（上院）手中，這個議會是由各邦國高官貴族組成的。民眾選舉的帝國議會（下院）只有討論、建議的權力。所以，德國還是一個君主專制國家。當然，俾斯麥不會一味用強權，他也懂得對下懷柔。他推動了勞動立法事業，規定6天工作制，企業不得拖欠工資、不得僱用童工，並開創了社會保險制度。

在國際事務上，俾斯麥同樣八面玲瓏。他知道，如果一味恃強爭霸，很容易成為眾矢之。為此，必須在歐洲建立一種均勢，讓德國和儘量多的國家保持友好關係，然後集中對付法國。俾斯麥一方面拉攏傳統盟友俄國，一方面對奧匈帝國伸出手來，結成了「三皇同盟」。三皇同盟內部也有矛盾。俄國和奧匈帝國為了爭奪巴爾幹地區彼此鉤心鬥角。

BC

— 0　耶穌基督出生

— 100

— 200

— 300　君士坦丁統一羅馬

— 羅馬帝國分成兩部
— 400

— 500　波斯帝國

— 600　回教建立

— 700

— 800

— 凡爾登條約
— 900

— 神聖羅馬帝國建立
— 1000

— 1100　十字軍東征

— 1200
— 蒙古第一次西征

— 1300
— 英法百年戰爭開始

— 1400

— 哥倫布發現新大陸
— 1500

— 英國大破無敵艦隊
— 1600

— 發明蒸汽機
— 1700

— 美國獨立
— 1800

— 美國南北戰爭開始
— 1900
— 第一次世界大戰
— 第二次世界大戰
— 2000

這種情況下，俾斯麥一邊支持奧匈帝國併吞波赫，一邊儘量籠絡怒氣衝天的俄國。

　　逐漸強大的德國，在全球擴張上與英國產生了衝突。俾斯麥利用英國與法國、俄國的矛盾，儘量和英國保持良好關係。俾斯麥甚至還鼓勵法國在非洲擴張。這樣，一方面分散法國在歐洲的力量，另一方面又讓法國和英國、義大利的矛盾加劇，俾斯麥趁機把義大利拉到德國這邊。西元1882年，德國、義大利、奧匈帝國在維也納簽訂盟約，這就是「三國同盟」。在俾斯麥的領導下，新興的德意志帝國，已經成為全世界屈指可數的強大國家。

三國
晉

200 —

300 —

南北朝

400 —

500 —

隋朝

600 —

唐朝

700 —

800 —

普法戰爭中的法國

　　聽說皇帝拿破崙三世被俘虜，巴黎議會中一片嘩然。好在法國人有革命傳統，一些共和派議員直接宣布：皇帝沒了，帝國也沒了，但我們再建立共和國！這樣，法蘭西第二帝國結束了，第三共和國成立。新政府照樣擋不住德軍，最後只好投降，還爆發了資產階級和無產階級的內鬥。

五代十國

900 —

宋

1000 —

1100 —

1200 —

元朝

1300 —

明朝

1400 —

1500 —

清朝

1600 —

1700 —

1800 —

1900 —

中華民國

2000 —

崛起！共產主義在強大

隨著資本主義經濟的發展，大批勞工出現了。他們比過去的農民還窮，兩手空空，只能賣命。但同時，他們成天跟弟兄們一起幹活，更容易建立組織。那時候工人的條件是很差的，每天工作10多個小時，累死、病死、事故死亡是家常便飯，工資卻很菲薄，簡直不能養家糊口。這麼多人一輩子就這樣被禁錮在殘酷的勞役中，看不到希望，看不到未來，自然會苦悶，會思索：這到底是怎麼回事啊！我們為什麼這麼受苦，我們應該怎麼辦？在19世紀前期，一些精英階層成員開始探索這個問題，認為私有制導致剝削，是罪惡之源，應該採用公有制，大家一起勞動，一起享受果實。前面章節講到的聖西門、傅立葉、歐文做了理論分析，還進行了試驗，但都失敗了。同樣，一些工人罷工、請願、暴動、起義，展現出了很強的組織力量，也迫使政府和議會做出了一些改善。資方和勞方都在不斷地調整。

回說西元1840年，柏林大學有位猶太人學生，在論文中主張「哲學高於神學」。恰逢普魯士國王腓特烈‧威廉四世繼位，頒佈了更嚴格的審查制度，這篇論文肯定不能被審核通過。沒辦法，那位學生只好把論文發表到薩克森王國的耶拿大學，獲得了博士學位。這位學生名叫卡爾‧馬克思。

19世紀的德國，已經是哲學思想的聖殿。馬克思從黑格爾、費爾巴哈等人的思想中吸取養分，從社會現實中考察實例，逐漸形成了自己的觀點。他投身《萊茵報》，此報作為資產階級自由派的喉舌，專門反對

BC

— 0　耶穌基督出生

— 100

— 200

— 300　君士坦丁統一羅馬
　　　羅馬帝國分成兩部
— 400

— 500　波斯帝國

— 600　回教建立

— 700

— 800
　　　凡爾登條約
— 900
　　　神聖羅馬帝國建立
— 1000

— 1100　十字軍東征

— 1200
　　　蒙古第一次西征
— 1300
　　英法百年戰爭開始

— 1400

　　　哥倫布發現新大陸
— 1500

　　　英國大破無敵艦隊
— 1600

　　　發明蒸汽機
— 1700

　　　美國獨立
— 1800
　　美國南北戰爭開始
— 1900
　　　第一次世界大戰
　　　第二次世界大戰
— 2000

專制，爭取民主。這種報紙在半封建的普魯士當然待不久，很快就被封了。

　　馬克思只好背井離鄉前往法國，從事社會工作。在那裡，他遇見了一位普魯士工廠主的兒子——弗里德里希·恩格斯。兩個德意志青年結為親密戰友，共同改變了歷史。他們從資產階級自由派轉向了社會主義，主張實現公有制，建立無產階級專政。馬克思把一輩子的精力都拿出去研究政治經濟學，窮得常常沒飯吃。恩格斯一邊和馬克思共同研究，一邊還要去工作賺錢接濟馬克思，不然馬克思早餓死了。

　　19世紀中葉歐洲各地革命不斷，法國本來就是運動大國，就在法國，德意志流亡者和工人在西元1836年組成了「正義者同盟」。他們的宗旨很淳樸，就是想建立財產公有的太平盛世。因此，這裡成為各種流派思想的彙集地。什麼布朗基主義、魏特林空想共產主義、普魯東主義和「真正社會主義」，不一而足。這個同盟的力量逐漸擴大。後來，他們接觸到馬克思、恩格斯的「科學社會主義」，覺得這個講得更加合理翔實，於是邀請馬克思、恩格斯幫忙改組同盟。

　　馬克思、恩格斯欣然前往。在他們的指導下，西元1847年6月「正義者同盟」在倫敦秘密舉行了第一次代表大會，「正義者同盟」改組為「共產主義者同盟」。原先的口號是「人人皆兄弟」，而「共產主義者同盟」提出了「全世界無產者，聯合起來！」的口號。年底的第二次代表大會上規定同盟的目的是：推翻資產階級，建立無產階級統治，建立沒有階級、沒有私有制的新社會。馬克思、恩格斯起草了一篇同盟綱領，這就是赫赫有名的《共產黨宣言》。從此，國際共產主義運動誕生了。工人們的抗爭不再是盲目的、分散的，而是有組織的、有目的的。也不難理解，當時的各國政府對這個號召推翻私有制的組織，會抱著怎樣的敵視態度。

　　《共產黨宣言》剛一發表，全歐洲就爆發了1848年革命，尤其是

上古時期　　BC
漢
　　　　　　— 0
　　　　　100 —
三國
晉　　　　　200 —
　　　　　300 —
南北朝　　　400 —
　　　　　500 —
隋朝　　　　600 —
唐朝
　　　　　700 —
　　　　　800 —
五代十國　　900 —
宋
　　　　　1000 —
　　　　　1100 —
　　　　　1200 —
元朝　　　1300 —
明朝
　　　　　1400 —
　　　　　1500 —
清朝　　　1600 —
　　　　　1700 —
　　　　　1800 —
　　　　　1900 —
中華民國
　　　　　2000 —

德國的3月革命如火如荼。馬克思發表了《共產黨在德國的要求》，指出：

1.要把德國統一起來，推翻君主，建立共和國；

2.所有成年人都有選舉權和被選舉權；

3.給人民代表發薪，讓窮人也能去開會；

4.武裝民眾；

5.打官司不要錢；

6.廢除封建義務……

這個綱領比當時正在發生的革命要激進多了。同盟的很多成員回到德國後，發現革命形勢一片大好，奧地利、普魯士和各小邦都建立了資產階級政權，大為歡喜，到處出風頭，參與政治活動。馬克思勸他們先踏實點，趁這個機會進行組織工作，他們不聽。結果轉過年，革命被沙皇俄國勾結普、奧鎮壓下來，共產主義者同盟也損失慘重。西元1852年，普魯士政府在科隆審判一群共產主義者，趁機大肆打擊迫害。「共產主義者同盟」宣告解散。

此後的十餘年，馬克思和恩格斯繼續關注歐洲和世界格局，寫了許多文章，總結過去的革命經驗教訓。他們批判英國侵略中國，支持波蘭工人反抗沙俄統治，還和其他政見不同的社會主義者論戰。到50年代末60年代初，國際工人運動又開始興盛，各國都建立了自己的工人組織，每個工人組織都有自己的路線。比如說，英國工人團體是搞「工聯主義」，就是工人團結起來，組成工會，採用罷工、遊行示威等方式爭取提高工資。法國、比利時、義大利和西班牙的很多工人信奉「普魯東主義」，亦即無政府主義。德國則是拉薩爾派的天下，主張工人組織自己的政黨去參加議會，在合法架構下爭取權益。這麼多工人團體觀點不一，力量分散。而馬克思、恩格斯一心想把無產者聯合起來，共同抗爭。

BC

— 0　　耶穌基督出生

— 100

— 200

— 300
君士坦丁統一羅馬

羅馬帝國分成兩部
— 400

— 500　　波斯帝國

— 600　　回教建立

— 700

— 800

凡爾登條約
— 900

神聖羅馬帝國建立
— 1000

— 1100　十字軍東征

— 1200
蒙古第一次西征

— 1300
英法百年戰爭開始

— 1400

哥倫布發現新大陸
— 1500

英國大破無敵艦隊
— 1600

— 1700　發明蒸汽機

美國獨立
— 1800

美國南北戰爭開始
— 1900
第一次世界大戰
第二次世界大戰

— 2000

西元1863年，波蘭爆發反抗沙俄的起義，英國工人聯合會召開大會聲援波蘭人民，法國工人也派代表參加大會，這兩批工人就此加強了聯合。西元1864年，英國「工聯」又在倫敦召開群眾大會，這次不光有法國工人，德國、義大利、波蘭、愛爾蘭的工人代表也都來了。大家看見這麼多階級兄弟，心頭一熱，就商量建立一個國際性的工人協會。工人兄弟都是耿直人，當即選出了臨時委員會。於是，「國際工人聯合會」成立了，簡稱為「國際」，也就是歷史上的「第一國際」。

馬克思被選入了委員會。一些資產階級的民主人士也參加了大會，試圖用資產階級民主思想指導組織。但他們顯然沒有馬克思有眼光，大會最終決定以共產主義為指導思想，把各國的不同政黨都團結在一起。協會目的就是推翻資本主義，建立工人階級政權，並且「工人階級的解放應該由工人階級自己去爭取」。協會的組織原則是民主集中制，換言之，各國的分支組織都要服從「代表大會」的決議。這一點讓這個協會具有超越國界的強大力量。

「第一國際」成立後，最大的外部行動是對巴黎公社的支援。

那是在普法戰爭後期，新上台的第三共和國「國防政府」抵擋普軍不力，節節敗退，屈膝求和。巴黎老百姓怒了，他們拿起武器走上街頭，轟走了國防政府，建立了世界上第一個無產階級政權——巴黎公社。他們舉行了史無前例的民主選舉，當選的代表們大多數是工人、無產者代表。選出的政府官員都是人民的公僕，領著和工人差不多的薪水，少數服從多數地去執行政策。在公社成員眼中看來，他們將會建立一個完美的社會。不過，這些可愛的工人似乎把城外的普魯士軍隊和國防政府都忘了。西元1871年3月28日，也就是巴黎公社正式成立的那一天，法國國防政府首領梯也爾和俾斯麥達成協議，從普魯士軍那裡要來了10萬被釋放的法軍俘虜，然後帶著他們浩浩蕩蕩地殺向巴黎。梯也爾的兵在城外打，城內的無產階級卻還在忙著開會、吵架、要民主，於是

－ 0

100 —

三國
晉

200 —

300 —

南北朝

400 —

500 —

隋朝
唐朝

600 —

700 —

800 —

五代十國

900 —

宋

1000 —

1100 —

1200 —

元朝

1300 —

明朝

1400 —

1500 —

清朝

1600 —

1700 —

1800 —

1900 —

中華民國

2000 —

公社很快慘敗，梯也爾大開殺戒，殺害了數以萬計的革命者。

在巴黎公社時期，「第一國際」組織了增援，一批外國的革命者趕到巴黎，共同保衛公社。不過整體來說，由於巴黎公社覆滅得太快，而且梯也爾的兵封鎖了巴黎附近城郊，這種增援更多只是象徵意義。在公社失敗後，「第一國際」為了援救公社成員，也做出了很大努力。由於第一國際表現出了廣泛的組織和影響能力，因而被稱為歐洲的「第七強國」，位列英、法、俄、德、奧、義六大國之後。

此外，「第一國際」內部抗爭也十分激烈，主要是馬克思、恩格斯的科學社會主義對普魯東、巴枯寧這些無政府主義者的抗爭，還有主張直接起兵造反，一步跨入共產主義的「左傾」布朗基主義等。到70年代中期，馬克思、恩格斯認為現在各國工人應該建立適合各國特色的群眾組織，「第一國際」再存在下去，只會樹大招風，成為工人運動的桎梏。於是，「第一國際」於西元1876年宣布解散。

在這期間，德國工人走在了世界各國工人之前。他們在西元1875年成立了社會主義工人黨（後來改名為社會民主黨），參加議會選舉，並在西元1877年獲得了50萬選票，12個議席。儘管這只占全部議席的3%，卻已經讓俾斯麥膽戰心驚了。「鐵血宰相」遂在西元1878年通過「非常法」，禁止一切社會主義宣傳，政府可以不按法律隨意逮捕和流放「社工黨」黨員。這個黨內部本身也是有分歧的，面對鎮壓，馬克思一派主張堅決抗爭，拉薩爾一派主張服從政府，甚至自行解散。最終，德國工人透過罷工、示威抗爭，迫使帝國取消了非常法，「社民黨」也一躍成為帝國議會的一流大黨。雖然「第二帝國」的議會本來就只是個論壇，沒什麼實權，但這畢竟也是一大進步：又窮又沒地位的工人也開始有了代表自己的政黨。

BC

— 0　耶穌基督出生

— 100

— 200

— 300
君士坦丁統一羅馬

羅馬帝國分成兩部
— 400

— 500　波斯帝國

— 600　回教建立

— 700

— 800

凡爾登條約
— 900

神聖羅馬帝國建立
— 1000

— 1100　十字軍東征

— 1200
蒙古第一次西征

— 1300
英法百年戰爭開始

— 1400

哥倫布發現新大陸
— 1500

英國大破無敵艦隊
— 1600

發明蒸汽機
— 1700

美國獨立
— 1800

美國南北戰爭開始
— 1900
第一次世界大戰
第二次世界大戰

— 2000

上古時期　BC

漢

— 0

100 —

三國　　　200 —
晉
300 —

南北朝　　400 —

500 —

隋朝　　　600 —
唐朝
700 —

800 —

五代十國　900 —
宋
1000 —

1100 —

1200 —
元朝
1300 —
明朝
1400 —

1500 —

清朝　　　1600 —

1700 —

1800 —

1900 —
中華民國
2000 —

黑格爾和費爾巴哈

　　黑格爾，近代德國「客觀辯證唯心主義」哲學大師，繼承和發展了康德的哲學體系。他認為世界本源是「精神」的，包括主觀精神（社會中的道德風俗和制度）、客觀精神（主觀精神的外部發現，如國家精神、民族精神）和絕對精神（主客觀精神的統一，世界的本質）。他同時認為普魯士君主專制就是絕對精神的最好展現。費爾巴哈則是近代「形而上學唯物主義」的哲學家。他原本是黑格爾的學生，但後來認為黑格爾的體系錯誤，轉而對其批判。費爾巴哈是一個無神論者，並被革命者們奉為同道。但他同時否認人的社會性，認為自然屬性就是本質屬性。

拉薩爾

　　拉薩爾出生在猶太商人家庭，充滿個人英雄主義的氣概。他是黑格爾的信徒，痛罵資產階級的敲骨吸髓式剝削。拉薩爾的觀點是，工人應該組織自己的政黨，去參加選舉，投票把自己的代表選進議會。拉薩爾擁護普魯士國王和俾斯麥，被稱為「王家社會主義者」。

第九章：烽煙萬里——世界大戰時期

（西元19世紀末到20世紀上半葉）

　　實力，實力，實力！地盤，地盤，地盤！歐洲六大強國瘋狂地爭搶，終於引發了第一次世界大戰。戰爭摧毀了四個歐洲帝國，卻讓美國得以躍居世界首強。一方的宰割與另一方的屈辱，只能帶來新的隱患。20年後，又一次規模更大的戰爭爆發，法西斯軸心雖然被摧毀，但是依然給歐洲和世界帶來了傷痛和災難。

1. 芬蘭	11. 德國	21. 匈牙利	31. 義大利	41. 冰島
2. 瑞典	12. 荷蘭	22. 奧地利	32. 西班牙	
3. 挪威	13. 英國	23. 列支敦士登	33. 葡萄牙	
4. 愛沙尼亞	14. 愛爾蘭	24. 瑞士	34. 馬其頓	
5. 拉脫維亞	15. 烏克蘭	25. 法國	35. 科索沃	
6. 立陶宛	16. 摩爾多瓦	26. 保加利亞	36. 蒙特內哥羅	
7. 俄羅斯	17. 斯洛伐克	27. 塞爾維亞	37. 阿爾巴尼亞	
8. 丹麥	18. 捷克	28. 波斯尼亞	38. 梵蒂岡	
9. 白俄羅斯	19. 比利時	29. 克羅埃西亞	39. 希臘	
10. 波蘭	20. 羅馬尼亞	30. 斯洛維尼亞	40. 盧森堡	

爭鋒！帝國主義

19世紀後期，工業革命進入高潮，生產力不斷提高，歐洲強國的國力也不斷提高。以普法戰爭為例，戰爭後期普魯士率領下的德軍總兵力達100多萬！戰後法國需賠款50億法郎，折合清末的白銀約7.2億兩，超過清政府《馬關條約》《辛丑條約》賠款的總和，而法國僅僅3年就把它全部賠清了。

歐洲列強相繼進入「帝國主義」階段，簡單說就是大資本家形成壟斷財團，控制國政，為了搶佔市場、原材料基地，瘋狂對外擴張，不惜發動戰爭。歐洲的六大強國——英、法、德、俄、奧、義紛紛對外擴張，包括一些二三流國家，比如西班牙、葡萄牙、荷蘭、比利時，也都想分一杯羹。他們掀起了瓜分世界的狂潮。

歐洲列強首先把目標對準非洲。他們如餓狼般直撲過去，瓜分豆剖，經過數十年的搶奪，把非洲95%以上的領土都占為殖民地。這裡面，英國、法國拿了大頭，各占了1000多萬平方公里土地和幾千萬人口，德國、比利時、葡萄牙、義大利各占了200多萬平方公里土地，西班牙也搶了33萬平方公里土地。偌大個非洲只剩下兩個獨立國家，一個是美國黑人建立的賴比瑞亞（其實是美國殖民地），另一個是千年古國衣索比亞。衣索比亞本來也要被瓜分的，但入侵他們的義大利實力較弱，被埃軍打得全軍覆沒，義大利只好賠款求和。

在非洲還打了一場大戰，那就是波耳戰爭。南非最初是荷蘭殖民地，後來被英國搶了過去。但荷蘭移民的後裔「波耳人」不想乖乖就

BC

— 0　耶穌基督出生

— 100

— 200

— 300
君士坦丁統一羅馬

羅馬帝國分成兩部
— 400

— 500　波斯帝國

— 600　回教建立

— 700

— 800

凡爾登條約
— 900

神聖羅馬帝國建立
— 1000

— 1100　十字軍東征

— 1200
蒙古第一次西征

— 1300
英法百年戰爭開始

— 1400

哥倫布發現新大陸
— 1500

英國大破無敵艦隊
— 1600

發明蒸汽機
— 1700

美國獨立
— 1800

美國南北戰爭開始
— 1900
第一次世界大戰
第二次世界大戰
— 2000

上古時期　BC

漢

— 0

100 —

三國
晉　200 —

300 —

南北朝　400 —

500 —

隋朝　600 —
唐朝

700 —

800 —

五代十國　900 —

宋
1000 —

1100 —

1200 —

元朝　1300 —

明朝
1400 —

1500 —

清朝　1600 —

1700 —

1800 —

中華民國　1900 —

2000 —

範，就在19世紀末和英國大戰一場，英國最後調集幾十萬大軍，才把波耳人打敗，確立了對南非的統治。

爭奪世界的過程中，歐洲列強還遭遇了兩個強大對手，一個是美洲的美國，一個是亞洲的日本。昔日牛氣哄哄的西班牙就不敵美國。西元1898年時，西班牙在美洲僅剩的殖民地——古巴鬧起了獨立，美國趁機插手，發動「美西戰爭」，不但把古巴搶了，還順手把西班牙在亞洲的殖民地菲律賓也收入囊中。西班牙只好守著在非洲僅剩的一塊殖民地。

亞洲最大的目標當然是中國，列強爭著啃咬，其中的高峰是西元1900年的八國聯軍入侵。這個過程中為了搶肥肉吃，各國之間也相互拆台。沙皇俄國就被日本捅了一刀，在西元1904—1905年的「日俄戰爭」中被打得大敗，朝鮮半島和中國東北的勢力範圍都被日本搶去了。

非洲、美洲、亞洲都在爭奪，歐洲本土也不能消停，最好的欺凌目標就是鄂圖曼土耳其帝國。六大強國一窩蜂撲上去，將鄂圖曼土耳其帝國瓜分了。沙皇俄國在西元1877年發動了「第十次俄土戰爭」，出動70萬大軍直驅伊斯坦堡。土耳其慘敗，儘管有不願意俄國坐大的英國、奧匈帝國出面干涉，但鄂圖曼還是丟了不少領土，巴爾幹半島的塞爾維亞、保加利亞、羅馬尼亞、摩爾達維亞、蒙特內哥羅等都獲得了獨立。奧匈帝國則在西元1908年併吞了波赫。到西元1912年「巴爾幹戰爭」時，鄂圖曼帝國又被希臘、保加利亞、門的內哥羅、塞爾維亞組成的「巴爾幹同盟」打得大敗，連阿爾巴尼亞也獨立了。鄂圖曼在非洲的領土（埃及和北非）則被英國、法國、義大利瓜分一空。

在這場虎狼的饕餮盛宴中，利益和力量激烈地碰撞。英國和法國是老牌強國，擁有大量殖民地，但是他們的相對力量有所下降。而德國在「普法戰爭」後已經成為歐陸第一強國，他是個後起之秀，沒有來得及搶到太多殖民地。這種反差，原本就使德國的位置挺尷尬。偏偏這時候，德國又換上一位「傻」皇帝，終於把德國帶上了一條不歸路。

原來，西元1888年德國開國皇帝威廉一世去世，享年91歲。他的太子繼位僅3個月便死於喉癌。接下來登基的皇帝，是威廉一世的孫子威廉二世。老皇帝威廉一世飽經風霜，知道創下這家業不容易，能夠信任俾斯麥。而威廉二世年輕氣盛，充滿了豪情壯志和表現欲望，覺得俾斯麥太保守，德國這麼強大，為什麼要窩窩囊囊地看人眼色？誰不服？打啊！德國缺少殖民地，怎麼辦？搶啊！誰拳頭大就是誰的！

威廉二世罷免了俾斯麥，還把俾斯麥的政策拋在腦後。德國想要擴張，難免和全球霸主英國衝突。在過去，俾斯麥儘量避免和英國矛盾激化，必要時候放慢擴張步伐，就算從英國嘴裡搶肉，也不忘適時玩懷柔。威廉二世卻不管這些，他先和英國在非洲搶地盤，不惜支持波耳人跟英國打仗；他還勾結土耳其在中東擴張勢力。威廉二世還試圖奪取海洋霸權，建造了龐大艦隊，推出一支世界第二強的海軍，這更是犯了英國的大忌。原本英、法在非洲有矛盾，英、俄在亞洲有矛盾，英、德還算傳統友好國家。如今在威廉二世的「努力」下，英、德之間的矛盾迅速成為主要矛盾。

俄國和奧匈帝國一直在搶巴爾幹半島，過去俾斯麥竭力走鋼絲，一面支持奧匈帝國，一面安撫俄國，避免徹底翻臉。如今威廉二世可不管這麼多，他終止和俄國的條約，把俄國徹底推到了對立面。而老對頭法國呢？俾斯麥當年鼓勵法國在摩洛哥等地擴張，挑起法國、英國和義大利的衝突。威廉二世沒這個耐心，他乾脆自己衝進去，跟法國一起搶摩洛哥，這下子反而把英、法給擠到了同一戰線。最後，德國扛不住英、法的壓力，灰溜溜地從摩洛哥撤退，這又讓英德、法德矛盾都進一步激化。

當年俾斯麥竭力在歐洲列強之間維持的平衡，被威廉二世徹底打破了。到20世紀初，英德衝突（世界霸權）、法德衝突（世仇）和俄奧衝突（搶巴爾幹半島）形成了所謂的「三大主要衝突」。原本也是矛盾重

BC

— 0　耶穌基督出生

— 100

— 200

— 300　君士坦丁統一羅馬
　　　　羅馬帝國分成兩部
— 400

— 500　波斯帝國

— 600　回教建立

— 700

— 800

　　　　凡爾登條約
— 900
　　　　神聖羅馬帝國建立
— 1000

— 1100　十字軍東征

— 1200
　　　　蒙古第一次西征
— 1300
　　　　英法百年戰爭開始
— 1400

　　　　哥倫布發現新大陸
— 1500
　　　　英國大破無敵艦隊
— 1600

— 1700　發明蒸汽機

　　　　美國獨立
— 1800
　　　　美國南北戰爭開始
— 1900　第一次世界大戰
　　　　第二次世界大戰
— 2000

重的英國、法國、俄國，則在威廉二世的「努力」下越走越近，最終在西元1907年結成了「三國協約」。德、奧、義「三國同盟」和英、法、俄「三國協約」在歐洲形成了兩大軍事集團的對峙。

歷史證明，在三國同盟中奧匈帝國是靠不住的，而義大利則是更加指望不上。威廉二世想靠這倆盟友，和英、法、俄這三個都曾經稱霸歐洲的大國對抗，實在是有些天真。

三大衝突、兩大集團，世界大戰一觸即發。當時，在很多國家，民眾和輿論都並不反感戰爭。比如德國流行民族沙文主義，他們主張日爾曼民族是世界上最優秀的民族，要建立一個強大的泛日爾曼國家，領土包括德意志帝國以及荷蘭、比利時、奧匈帝國、波蘭、羅馬尼亞、塞爾維亞等地。他們認為，這個偉大的德意志國家要佔領大片海外殖民地，而且應該稱霸世界。他們支持打一場世界大戰，希望如當初「七年戰爭」那樣打出了歐洲強國普魯士，「普法戰爭」打出了世界強國德意志那樣，用戰爭把德意志推上巔峰。

法國人呢，他們也時刻牢記「普法戰爭」的恥辱，總想著報當年的仇。包括在摩洛哥危機中，法國最後明明取得了勝利，佔有了摩洛哥，只是在非洲中部割讓一小塊土地給德國，法國人民對此也大為不滿，覺得是喪權辱國，最後逼得總理下台，換上一個戰爭狂人普恩加萊。

歐洲各大強國都在瘋狂擴充軍隊，陷入窮兵黷武的競賽中。尤其是在「歐洲火藥桶」巴爾幹地區，各國矛盾重重。最尖銳的矛盾是在奧匈帝國、塞爾維亞和沙皇俄國之間。當時奧匈帝國已經併吞了波赫，企圖進一步併吞塞爾維亞。塞爾維亞則反過來想從奧匈帝國手裡奪回波赫，建立一個南斯拉夫國家。沙皇俄國打著「援助斯拉夫兄弟」的旗號，支持塞爾維亞。

西元1914年，導火線被點燃了。奧匈帝國皇帝的侄兒斐迪南王儲前往波士尼亞檢閱軍事演習，塞爾維亞激進組織「黑手黨」派出殺手，於

6月28日在波士尼亞首府塞拉耶佛將斐迪南夫婦刺死。這下子，兩大集團都跳了出來。奧匈帝國在德國的支持下，向塞爾維亞下達了最後通牒。英、法、俄等國一面出面「調停」，一面積極備戰。7月28日，因為最後通牒沒被全部接受，奧匈帝國向塞爾維亞宣戰。7月30日，俄國宣布總動員令。德皇威廉二世隨即對俄國宣戰，又在8月3日對法國宣戰。4日，英國對德國宣戰。6日，奧匈帝國對俄國宣戰。這樣，歐洲六大強國已經有五國參戰，第一次世界大戰正式爆發。

讓人無語的是，各國國內不少民眾對戰爭也並不反感。德國全國上下幾乎都擁護威廉二世，柏林街頭舉行了盛大的遊行，群眾向德軍獻上鮮花。各黨派達成共識，停止黨爭，全力支持皇帝，工人政黨——社會民主黨也投票贊成戰爭撥款。只有少數德國人在反對戰爭，包括社民黨左派卡爾·李卜克內西和羅莎·盧森堡等革命者，還有愛因斯坦等一些教授。而在法國，符合服兵役條件的人居然有95%都自覺地到徵兵站去報名了。女人們一個個歡呼雀躍，把鮮花掛在士兵們的槍上，說要等他們早日凱旋。在這些民眾看來，藉由戰爭洗雪國恥，或者為國家民族爭取更大的利益，是一件光榮的事。同時，他們大概覺得這次戰爭跟以往歷次戰爭一樣，只要幾個星期或幾個月就能打完吧。誰也想不到，接下來他們面臨的將是一場曠日持久的戰爭。

第二次工業革命

19世紀中後期開始的第二次工業革命，讓人類從「蒸汽時代」進入到「電氣時代」。發電機和各種電力設備開始投入應用，內燃機也得到應用，石油用量大幅度增加。電話、電報等電訊技術將整個地球聯繫起來。第一次工業革命主要是由「能工巧匠」主導，第二次工業革命則由科學家掌旗。而世界主要資本主義強國則隨著第二次工業革命，先後進入「帝國主義」階段。

0 耶穌基督出生
100
200
300 君士坦丁統一羅馬
羅馬帝國分成兩部
400
500 波斯帝國
600 回教建立
700
800
凡爾登條約
900
神聖羅馬帝國建立
1000
1100 十字軍東征
1200
蒙古第一次西征
1300 英法百年戰爭開始
1400
哥倫布發現新大陸
1500
英國大破無敵艦隊
1600
發明蒸汽機
1700
美國獨立
1800
美國南北戰爭開始
1900 第一次世界大戰
第二次世界大戰
2000

第二國際

　　第一國際解體後，歐美各資本主義強國發展穩定，這段時間各國工人運動的主要方式是組織政黨，參加合法的議會抗爭，10年間建立了十多個工人政黨。西元1889年，在恩格斯的領導下，建立了「國際社會主義者大會」，即第二國際。相比第一國際來說，第二國際屬於「同盟」組織，對各國工人黨派不是上下級關係。「第二國際」主要組織罷工來爭取工人權益，宣布每年5月1日為國際勞動節，3月8日為國際婦女節，並創始了八小時工作制運動。後來「一戰」爆發，儘管「左派」分子號召各國工人都不要參加帝國主義戰爭，要在戰壕裡聯歡，但實際上各國的工人政黨多數都支持本國政府參戰，第二國際遂停止活動。今日世界最大的政黨組織「社會黨國際」，實際上是第二國際的延續。

上古時期　　BC

漢

— 0

100 —

三國
晉　　　200 —

300 —

南北朝　　400 —

500 —

隋朝　　600 —
唐朝
700 —

800 —

五代十國　900 —

宋

1000 —

1100 —

1200 —

元朝
1300 —

明朝　　1400 —

1500 —

清朝　　1600 —

1700 —

1800 —

1900 —

中華民國

2000 —

絞殺！第一次世界大戰

　　西元1914年夏天，德國被俄國從東邊，英國、法國從西邊包圍。為了擺脫這種局面，德國老早就制定了「施里芬計畫」，簡單說就是在戰爭初期，東線和西線南翼都只放少數兵力，集中絕大部分兵力在西線北翼，德軍猛然穿過比利時，殺入法國東北邊境，一路長驅直入大迂迴，掃蕩法國北部，從西面攻入巴黎，順便把英吉利海峽沿岸都佔領，防止英軍登陸。這樣，只用短短幾個星期就能徹底打敗法國、擋住英國，然後，再掉頭向東對付俄國。但是「一戰」爆發之初的德軍參謀總長小毛奇卻擔心東線南翼兵力太少會被敵人突破，因此適當加強了這兩處兵力，而削弱了西線北翼的突擊部隊。

　　8月2日，上百萬德軍浩浩蕩蕩出發，轉眼間佔領了盧森堡，隨後入侵中立國比利時。經過苦戰，他們攻佔了比利時的列日要塞，攻入了法國境內，然後直撲巴黎，沿途擊潰前來攔截的英軍、法軍。德軍南翼部隊也打退了法軍的猛攻，法軍傷亡數十萬人。看起來，似乎戰爭要結束了。

　　然而，由於小毛奇削弱了西線北翼兵力，導致北翼無法展開那麼長的戰線，只好從巴黎的東面展開正面強攻。而法軍則換上了經驗豐富的老將加利埃尼指揮巴黎的部隊，巴黎深壕高壘，固若金湯。德軍穿過比利時一路殺奔過來，雖然屢戰屢勝，也成了疲憊之師，而且無線電通訊也發生故障，各個集團軍之間資訊不通，戰線出現了缺口。英法聯軍趁機抓住破綻，猛烈反攻。9月初，雙方200萬大軍在馬恩河激烈廝殺，幾

BC

— 0　耶穌基督出生

— 100

— 200

— 300　君士坦丁統一羅馬

羅馬帝國分成兩部
— 400

— 500　波斯帝國

— 600　回教建立

— 700

— 800

凡爾登條約
— 900

神聖羅馬帝國建立
— 1000

— 1100　十字軍東征

— 1200　蒙古第一次西征

— 1300　英法百年戰爭開始

— 1400

哥倫布發現新大陸
— 1500

英國大破無敵艦隊
— 1600

— 1700　發明蒸汽機

美國獨立
— 1800

美國南北戰爭開始
— 1900　第一次世界大戰
第二次世界大戰

— 2000

上古時期　BC

漢

— 0

100 —

三國　200 —
晉
300 —

南北朝　400 —

500 —

隋朝　600 —
唐朝
700 —

800 —

五代十國　900 —

宋
1000 —

1100 —

1200 —

元朝
1300 —

明朝
1400 —

1500 —

清朝　1600 —

1700 —

1800 —

1900 —
中華民國

2000 —

天之間，雙方各傷亡數十萬人，德軍被迫後撤。這一戰，德軍速戰速決的計畫完全破滅，整個法國動員起來，英軍也源源不斷地渡海前來，德軍陷入了持久的兩線作戰。小毛奇為此大傷腦筋，沒多久就被免職了。之後幾個月，西線的雙方都挖塹壕，修堡壘，豎起鐵絲網，架上機關槍，開始了漫長的對峙。

在西線一片哀歎聲中，東線卻傳來好消息。原來沙皇俄國拼湊了70萬大軍，一半在北翼打德國，一半在南翼打奧匈帝國。德軍兵力只有俄軍一半，但西線總司令興登堡、參謀魯登道夫利用俄軍兩個集團軍司令之間的矛盾，對其各個擊破，殲滅俄軍20萬人，自損才幾萬，史稱「坦能堡之戰」。不過，德軍雖勝，奧匈帝國卻被俄軍和塞爾維亞軍隊打得大敗。因此整個東線還是平局。

至於「三國同盟」中的第三個盟國義大利，這會兒還厚著臉皮「中立」看戲，鐵了心坐收漁利。英國的盟友日本向德國宣戰，立馬出兵搶奪德國在中國山東的殖民地。土耳其在西元1914年10月底向俄國宣戰，加入同盟國。

西元1915年，德國新任參謀總長法金漢決定，既然西線的英國、法國不容易戰勝，那就先把東線的沙皇俄國打垮再說。於是德國把機動部隊都調到東線，帶著奧匈軍隊猛攻俄國。俄軍數量龐大，但裝備差、後勤差、指揮差，只能欺負奧匈帝國。在興登堡和魯登道夫的指揮下，德奧聯軍一路向東挺進，佔領了整個波蘭。西元1915年，同盟國殲滅和俘虜俄軍200萬人。這時候保加利亞也宣布參戰，這是同盟國的第四個成員，也是最後一個。西元1915年冬天，德國在巴爾幹戰線帶著奧匈帝國、保加利亞等把塞爾維亞給滅了；至於西線，只打了幾場有限的攻防戰。另外英法聯軍還出動50萬大軍向土耳其的加里波底進攻。德國派顧問前往協助土耳其指揮，經過一年的鏖戰，雙方不分勝敗，英法聯軍被迫撤退。整體來看，西元1915年，同盟國一方是處於優勢地位的。但

是，義大利在這一年背信棄義，加入了協約國！這也難怪，義大利和奧匈帝國有領土糾紛，威尼斯北面的一點領土還被奧地利占著。德國拼命勸說奧匈帝國做一些讓步，可是協約國方面卻更加慷慨地把奧匈和土耳其的領土許諾給義大利。於是義大利在西元1915年5月向奧匈宣戰。這樣，世界八強中，德、奧兩國要抵抗英、法、俄、義、日五國了。幸好義大利戰鬥力很弱，用2～3倍的優勢兵力，在邊境的伊松佐河仍被奧軍擋住。義大利兩年多裡發動了11次伊松佐河戰役，傷亡了上百萬人，卻僅僅前進了幾公里。到了西元1916年，法金漢決定把重心移回西線，先打垮法國。為此發動了凡爾登戰役。法金漢計畫集中優勢兵力攻打凡爾登，迫使法軍源源不斷地調兵進來防守，德軍則用優勢的兵力和火力把法軍消滅，直到「讓法國把血流盡」。西元1916年2月21日，德軍集中了13個師、1000多門大炮（包括13門巨炮）和500多個擲雷器，向凡爾登大舉進攻。德軍火炮的輪軸挨著輪軸，每小時打出10萬發炮彈，把法軍陣地夷為平地。3天後，德軍已攻破法軍主要防線，眼看勝利在望。但這時候，法國老將貝當臨危受命，保衛凡爾登。他依靠一條二等公路，每天用6000輛卡車運送援兵和彈藥，總共往凡爾登運送了50萬法軍。原先德軍占的絕對優勢，變成了勢均力敵。到12月，德軍停止進攻。在這場史稱「凡爾登絞肉機」大戰中，德軍雖然殲滅了50萬法軍，自己也損失了40萬人。法金漢的戰略失敗，被迫辭職，興登堡元帥成為新的參謀總長。凡爾登鏖戰期間，英法聯軍為了緩解凡爾登方面的局勢，於7月發動了索姆河戰役。打到11月，英法聯軍和德軍各損失60萬人，又是一場平手。

在東線，緩過勁來的俄軍於下半年再次發動進攻，又一次打得奧匈帝國丟盔棄甲，德國也急匆匆地前去支援。3個月戰爭中，俄軍損失了100萬人，但德奧軍也損失50萬人。羅馬尼亞也在西元1916年月加入協約國，和俄國並肩作戰。當然，羅馬尼亞的戰鬥力更弱，很快被德軍打

BC

— 0　耶穌基督出生

— 100

— 200

— 300　君士坦丁統一羅馬

　　　羅馬帝國分成兩部
— 400

— 500　波斯帝國

— 600　回教建立

— 700

— 800

　　　凡爾登條約
— 900

　　　神聖羅馬帝國建立
— 1000

— 1100　十字軍東征

— 1200
　　　蒙古第一次西征

— 1300
　　　英法百年戰爭開始

— 1400

　　　哥倫布發現新大陸
— 1500

　　　英國大破無敵艦隊
— 1600

　　　發明蒸汽機
— 1700

　　　美國獨立
— 1800

　　　美國南北戰爭開始
— 1900　第一次世界大戰
　　　　第二次世界大戰

— 2000

上古時期　BC

漢

— 0

100 —

三國
晉　　200 —

300 —

南北朝　400 —

500 —

隋朝　　600 —
唐朝

700 —

800 —

五代十國　900 —

宋　　1000 —

1100 —

1200 —

元朝　1300 —

明朝

1400 —

1500 —

清朝　1600 —

1700 —

1800 —

中華民國　1900 —

2000 —

敗，首都被佔領。

　　海上也打得很厲害。從戰爭一開始，英國就憑藉海上優勢，全面封鎖了德國的對外貿易，使德國不能得到海外的原材料和其他資源供應。德國海軍做夢都想打破英國的封鎖。

　　西元1916年5月，德國的公海艦隊主動出擊，與強大的英國海軍展開日德蘭海戰。德軍表現相當不錯，取得了幾乎2：1的戰績，但依然未能打破英國海軍在戰略上的絕對優勢地位。為此，德國海軍只好依靠潛艇戰破壞英國的貿易和物資運輸。這樣的戰法確實給英國帶來了很大麻煩，但也導致很多無辜者遇難，使德國在道義上遭到譴責。

　　第一次世界大戰打了兩年多，幾個主要參戰國都是筋疲力盡。壯丁戰死的、傷殘的、被俘的不止幾萬或幾十萬人，而是上百萬人。大家都在咬緊牙關苦撐，誰能撐到對方撐不住，誰就贏了。

　　這時候，德國大權落到興登堡和魯登道夫手中。政府成為軍隊的附庸，甚至連皇帝威廉二世都變成了傀儡。全國實行絕對的軍事專制，敢集會、罷工或者談論改革的，一律抓起來，也禁止任何人「和談」。德國人繼續被緊緊地綁在戰車上，氣喘吁吁地向前奔命。

　　法國人早已經厭倦了戰爭。當年歡送丈夫去前線，指望男人在耶誕節就凱旋的婦女們早已成了怨婦，前線的士兵已經戰到麻木了，目光散亂地在戰壕裡等待德國人來。法國國內出現了和談的輿論；但是，假如在這裡洩氣了，那之前上百萬的士兵就白白犧牲了。危急之時，「老虎總理」克雷孟梭上台了。他一上台就表明了自己的立場：「戰爭將會一直下去，直到我們獲得勝利為止！」76歲的克雷孟梭拄著拐杖，戴上士兵的鋼頭盔，來到前線視察，感動了士兵們。他毫不留情地鎮壓了那些所謂的和平主義者，從此再也沒人敢提「和平」二字。

　　最先頂不住的是東線的俄國。俄國地域廣闊，經濟落後，官僚腐朽，前線士兵們吃的苦頭最多。苦熬了兩年多之後，生不如死的士兵和

工人終於忍無可忍，起來造反，西元1917年先後發動了「二月革命」和「十月革命」，沙皇尼古拉二世也被抓了起來，後來還被槍斃。新生的蘇俄接受了屈辱的《布列斯特條約》，德國在東線不戰而勝。羅馬尼亞失去靠山，也退出了戰爭。德國和奧匈帝國趁機把東線的部隊調到南線，狠狠地教訓了義大利，打得義大利差點投降。在西線，德軍接連挫敗法軍和英軍的進攻。在海上，德國潛艇在短短4個月內，擊沉200多艘船隻，整個英國一度只剩下6週的糧食。

從各方面情況看，形勢都對德國有利，只有一個例外，那就是美國。美國一直保持「中立」，主要和協約國的英、法做生意。英、法要打仗，就跟美國買軍工產品，一時沒有現金，就直接找美國金融公司借錢。美國公司和股民賺得盆滿缽滿。可是他們漸漸發現，英國、法國都欠了自己幾十億美元，要是英、法被德國打敗了，這欠的帳跟誰要去啊？於是乎，美國為了自己的利益，也非得支持英、法不可。西元1917年4月初，美國終於向德國宣戰。對同盟國來說，腐朽的沙皇俄國退出，換上強大的美國，絕不是什麼好消息。此後，葡萄牙、巴西、中國等也都向德國宣戰。

為了趕在美國參戰前取勝，魯登道夫發動了最後的猛攻。西元1918年5月，德軍逼進到距離巴黎59公里的地方，成千上萬的法軍丟下武器和軍服逃走。但是，法國總理克雷孟梭堅定地留在巴黎，穩住了人心。隨後，美軍頂了上來。美國大兵肌肉發達，裝備精良，而且勇氣十足，潮水般地向德軍反撲上去。德國人第一次遇上這些強悍的對手，很快停住了進攻的步伐。

不可一世的德軍成了強弩之末。200萬美國大兵帶著罐頭、巧克力和堆積如山的槍支彈藥，源源不斷地來到歐洲，迅速彌補了協約國的人力、物力損失。德軍的力量則不斷地消耗，逐漸力不從心。沒多久，德軍兵力只有敵人的三分之一，而且士兵連飯都吃不飽，這仗還怎麼打？

BC

— 0　耶穌基督出生

— 100

— 200

— 300
君士坦丁統一羅馬

羅馬帝國分成兩部
— 400

— 500　波斯帝國

— 600　回教建立

— 700

— 800

凡爾登條約
— 900

神聖羅馬帝國建立
— 1000

— 1100　十字軍東征

— 1200
蒙古第一次西征

— 1300
英法百年戰爭開始

— 1400

哥倫布發現新大陸
— 1500

英法大破無敵艦隊
— 1600

發明蒸汽機
— 1700

美國獨立
— 1800

美國南北戰爭開始
— 1900
第一次世界大戰
第二次世界大戰

— 2000

上古時期　BC

漢

－ 0

100 －

三國　200 －
晉

300 －

南北朝　400 －

500 －

隋朝　600 －
唐朝

700 －

800 －

五代十國　900 －
宋

1000 －

1100 －

1200 －

元朝
1300 －

明朝
1400 －

1500 －

1600 －
清朝

1700 －

1800 －

1900 －
中華民國

2000 －

其他同盟國家更是招架不住，西元1918年9月29日，保加利亞求和；10月30日，土耳其投降。奧匈帝國本來就是多民族國家，如今國內四面楚歌，徹底分崩離析。捷克、匈牙利宣告獨立，克羅埃西亞、斯洛維尼亞、波赫等則與塞爾維亞合併成南斯拉夫。奧匈皇帝卡爾一世退位。德國的容克貴族、資本家和老百姓也發生衝突。軍隊、工人的起義蔓延到全國。德國政府為了安撫人心，讓社民黨主席艾伯特當首相，這是歷史上第一位工人階級出身的首相，可是為時已晚。11月9日，柏林發生了大起義，社民黨的左派卡爾・李卜克內西、羅莎・盧森堡帶領工人們直接把皇宮、警察局和司令部全佔領了，宣布推翻帝制，建立共和國！艾伯特看民心不可違，也只得同意成立共和國，史稱「威瑪共和國」。德國皇帝威廉二世狼狽逃走，「德意志第二帝國」滅亡。

11月11日，德國簽約停戰。第一次世界大戰以同盟國戰敗，協約國勝利而告終。這場大戰雖然主要在歐洲展開，卻波及整個世界。在四年多戰爭中，總共有數千萬士兵上戰場廝殺，其中戰死的約1000萬人，受傷的約2000萬人，還有幾百萬平民因為饑荒、疫病等死亡，「一戰」給全世界帶來了空前的災難。

塹壕戰

在19世紀戰爭中，進攻方集中優勢兵力，炮火猛轟，騎兵衝擊，往往就能打垮防守方。因此無論是「拿破崙戰爭」還是「普法戰爭」，都慣於採用大兵團機動作戰，速戰速決。但到了「一戰」時期，隨著塹壕、鐵絲網、機關槍等防禦武器的優化，進攻方往往被阻擋在敵人的陣地前遭受火力掃射。這使得雙方都不大敢主動正面進攻，從而陷入長期對峙。

蘇維埃！紅色的聯盟

第一次世界大戰打垮了四個帝國——同盟國的三個（德國、奧匈帝國、鄂圖曼土耳其帝國），協約國的一個（沙皇俄國）。四國的皇帝下台的下台，流亡的流亡，喪命的喪命。其中沙皇俄國、奧匈帝國和鄂圖曼土耳其帝國圍繞著巴爾幹爭鬥了上百年，結果全被這火藥桶給炸沒了。

同盟國的三個帝國屬於戰敗陣營，國內局勢動盪並不令人驚奇。倒楣的是沙皇俄國，它本是戰勝方協約國陣營的，可惜沒能熬到勝利，在戰爭最艱苦的時候倒下了。沙皇俄國在西元1917年春天發生了「二月革命」，推翻了沙皇統治，建立了資產階級的臨時政府。緊跟著冬天又爆發了「十月革命」，列寧領導的工人政黨——布爾什維克把臨時政府也推翻了，建立了「俄羅斯蘇維埃聯邦社會主義共和國」，簡稱「蘇俄」。其中，「蘇維埃」指的是「群眾代表會」，是一種比較新鮮的組織方式，不管在工廠還是軍隊裡，都是由群眾推選的代表來當權。

蘇俄在西元1917年建立後宣布退出戰爭，可是幾面不討好。同盟國的德國和奧匈帝國想趁它內亂時多撈點好處，協約國的英、法對這個「叛徒」恨之入骨，「臨時政府」的餘黨和忠於沙皇的帝國將軍更是咬牙切齒，組織了大批「白衛軍」。國內的地主當然支持「白軍」，就連農民也擔心自己的利益受到損害而態度消極。新生的蘇俄政權遭到了四面八方的圍攻。之後數年，俄國大地上展開了慘烈而殘酷的內戰。最終，列寧先是與德國簽訂屈辱的《布列斯特條約》，消除了德軍的威

BC

— 0　耶穌基督出生

— 100

— 200

— 300
君士坦丁統一羅馬
羅馬帝國分成兩部
— 400

— 500　波斯帝國

— 600　回教建立

— 700

— 800

凡爾登條約
— 900
神聖羅馬帝國建立
— 1000

— 1100　｜宇軍東征

— 1200
蒙古第一次西征
— 1300
英法百年戰爭開始

— 1400

哥倫布發現新大陸
— 1500
英國大破無敵艦隊
— 1600

發明蒸汽機
— 1700
美國獨立
— 1800
美國南北戰爭開始
— 1900
第一次世界大戰
第二次世界大戰
— 2000

脅，隨後在工人的全力支持下，打退了沙皇將軍高爾察克、尤登尼奇、鄧尼金、弗蘭格爾，轟走了烏克蘭獨立派將領彼得留拉，抗住了協約國軍隊的多次進攻，終於保住了蘇維埃政權。這也是世界上第一個完全成功建國的無產階級政權。在蘇俄的影響下，世界無產階級革命運動高漲。匈牙利的社會黨和共產黨聯合實現了不流血的奪取政權的革命，建立了蘇維埃共和國。匈牙利畢竟不是俄羅斯，實力較弱，很快，匈牙利蘇維埃共和國便被法國、捷克斯洛伐克、羅馬尼亞和南斯拉夫聯合鎮壓下去，代之以霍爾蒂的獨裁統治。

　　在內戰時期，蘇俄採取的是「戰時共產主義」，簡單說就是把一切物資全部公有化，吃的、穿的都用配給制。打贏了戰爭後，列寧知道不能再這樣建設國家，就改採「新經濟政策」，准許農民賣糧，開放自由市場，允許私人辦企業。這樣，國家經濟恢復了。俄國本來就土地廣袤、資源豐富，是過去落後的體制拖了後腿。如今列寧既允許市場調節，又透過蘇維埃制度保證國家強大的執行力，還以全新的姿態與歐美的企業合作，蘇俄經濟迅速得到了恢復。

　　沙皇俄國是個龐大的國家，除了俄羅斯民族外，還有不少其他民族。在蘇俄革命期間，如烏克蘭、白俄羅斯、高加索這些地方也都建立了一些蘇維埃共和國。西元1922年底，俄羅斯、白俄羅斯、烏克蘭、外高加索四個蘇維埃共和國一起，建立了「蘇維埃社會主義共和國聯盟」，也就是「蘇聯」。

　　西元1924年，列寧去世，史達林成為領導人。史達林取消了「新經濟政策」，大力發展工業，蘇聯的工業實力躍居歐洲第一、世界第二。

　　俄國獲得了涅槃，在帝國屍體上誕生了一個強大的聯盟。其他三個「同盟國」的帝國就沒那麼好運了。世界大戰停火後，戰勝國召開了「巴黎和會」，其實就是幾個大國爭奪戰利品的分贓大會。和會上，真正起決定意義的是英國首相勞合‧喬治、法國總理克雷孟梭和美國總統

威爾遜這三巨頭，同屬強國的義大利、日本只能扮演配角，其他中小國家就更別說了。會上，威爾遜原本想憑藉美國強大的實力，主宰戰後世界。然而最終還是勞合・喬治和克雷孟梭老奸巨猾，最後達成的《凡爾賽條約》更多的是照顧了英、法利益。甚至威爾遜一手促成的「國際聯盟」，最後也為英、法所把持，美國辛辛苦苦地為他人做了嫁衣裳。

「巴黎和會」是勝利者的饕餮盛宴，對戰敗國毫不留情，肆意宰割，要錢要地。最慘的是奧匈帝國，除了割讓不少領土外，本土還被生生拆分成了奧地利、匈牙利和捷克斯洛伐克三個國家（波赫則與塞爾維亞等組成南斯拉夫）。奧地利昔日是與法國爭雄的歐陸頭等霸主，戰前好歹也是世界八強，如今連二流國家都算不上了。

鄂圖曼土耳其也很慘。戰前雖然已經淪為任人宰割的魚肉，好歹在亞洲的中東地區還有大片屬地。戰爭中，阿拉伯地區在英軍攻擊和策反下盡數變色，停戰時又被割走不少地。土耳其共和國僅剩下小亞細亞，以及歐洲伊斯坦堡附近的一小片土地。幸虧有凱末爾出現，他推行了富國強兵的改革，又打退了協約國支持的希臘軍隊的入侵，這才勉強保住了土耳其。

至於德意志帝國，雖然英、美都不想把德國搞得太慘，但法國咬著牙要「殺」，於是德國終究被送進了「屠宰場」。當年普法戰爭搶的亞爾薩斯-洛林地區還給法國外，東邊的西普魯士等地區也劃歸給重新復國的波蘭，還有一些領土被割讓給比利時、捷克斯洛伐克和立陶宛。德國領土減少了13%，人口減少了10%，海外殖民地大部分歸了英國，少部分歸了日本。德國軍隊被限制在陸軍10萬人，海軍15000人的規模，且不得擁有各種新式武器。萊茵河西岸地區由協約國佔領15年，萊茵河東岸不得駐軍。此外還要有戰爭賠款，協約國最初要德國賠償2260億金馬克，德國實在支持不住，終於把賠款總額打了個對折，減少到1320億金馬克。

— 0　耶穌基督出生

— 100

— 200

— 300　君士坦丁統一羅馬

羅馬帝國分成兩部
— 400

— 500　波斯帝國

— 600　回教建立

— 700

— 800

凡爾登條約

— 900

神聖羅馬帝國建立
— 1000

— 1100　十字軍東征

— 1200
蒙古第一次西征

— 1300
英法百年戰爭開始

— 1400

哥倫布發現新大陸
— 1500

英國大破無敵艦隊
— 1600

發明蒸汽機
— 1700

美國獨立

— 1800
美國南北戰爭開始
— 1900
第一次世界大戰
第二次世界大戰

— 2000

第三國際

　　「一戰」後，各國工人政黨發展更為迅速，英國工黨、德國社民黨都上台執政。但他們執政後同樣會鎮壓工人運動。對此，列寧在西元1919年組建了「共產國際」，即第三國際，宗旨是抵制改良主義，發動世界革命。各國工運中的積極分子紛紛從保守左派政黨脫離，另行建立各國共產黨，加入共產國際。與「第二國際」不同，某國政黨一旦加入共產國際，則作為共產國際在該國的支部，應服從共產國際的指示。西元1943年，「共產國際」宣告解散。

上古時期　BC

漢

　— 0

100 —

200 —
三國
晉
300 —

400 —
南北朝

500 —

600 —
隋朝
唐朝
700 —

800 —

五代十國　900 —

宋
1000 —

1100 —

1200 —

元朝　1300 —

明朝　1400 —

1500 —

1600 —
清朝
1700 —

1800 —

1900 —
中華民國
2000 —

埋葬！凡爾賽體系

戰爭結束了，參戰各國簽訂了《凡爾賽條約》，成立了「國際聯盟」，接下來似乎該一起和平發展了。然而，各國打完仗，卻發現雖然不需要再冒著炮火填人命，但煩心事一點沒少。各種矛盾糾結在一起，整個歐洲依舊危機四伏。

比如法國，雖然位列戰勝國三巨頭，可是數百萬人死亡，75萬平方公里的國土被炮火蹂躪得一塌糊塗，國家的生產力減少了20%，還欠了美國幾十億外債。貨幣貶值，物價飛漲，法國人民依然處在水深火熱之中。原本還指望德國賠款，可是德國自己的經濟也已經崩盤，哪裡賠得出來。法國為此還一度出兵佔領了德國的魯爾煤礦區，可是占了煤礦區，當地德國人消極怠工，法國從裡面挖出來的煤甚至抵不上出兵佔領的花費，最後不得不放棄。

英國算相對好一點，但也受了損失。英國殖民地中那幾個比較發達的自治領，比如南非、加拿大、紐西蘭、澳大利亞等，藉著在「一戰」中立下的功勞，紛紛要求取得更多權力。最後，英國只好通過《1931西敏寺法》，讓這幾個自治領成為與英國平等的主權國家，不過還留在「英聯邦」裡面。還有英國之前搶佔的「保護國」埃及，經過抗爭也取得了獨立。當然，英國軍隊還駐紮在蘇伊士運河，沒有放棄這塊核心利益。

再說另一個戰勝國義大利，犧牲了百萬人，結果先前協約國說好的報酬居然賴帳了一大半！更嚴重的是，義大利經濟基礎較弱，戰後

BC

— 0　耶穌基督出生

— 100

— 200

— 300
君士坦丁統一羅馬
羅馬帝國分成兩部
— 400

— 500　波斯帝國

— 600
　　　　回教建立
— 700

— 800
　　　　凡爾登條約
— 900
神聖羅馬帝國建立
— 1000

— 1100　十字軍東征

— 1200
蒙古第一次西征
— 1300
英法百年戰爭開始
— 1400
哥倫布發現新大陸
— 1500
英國大破無敵艦隊
— 1600
發明蒸汽機
— 1700
美國獨立
— 1800
美國南北戰爭開始
— 1900
第一次世界大戰
第二次世界大戰
— 2000

上古時期　BC

漢

－0

100 —

三國　200 —
晉　300 —

南北朝　400 —

500 —

隋朝　600 —
唐朝

700 —

800 —

五代十國　900 —
宋
1000 —

1100 —

1200 —

元朝　1300 —

明朝
1400 —

1500 —

清朝　1600 —

1700 —

1800 —

1900 —
中華民國

2000 —

英、法的廉價產品潮水般湧進來，國內工業受到嚴重衝擊。再加上幾百萬退伍軍人失業，怨聲載道。這種情況下，義大利共產黨發展很快。大資本家、財團慌了，為了對抗共產黨，他們開始支持右派政黨中最強大的「法西斯」黨。法西斯原本是古羅馬時代的執政官儀仗，在一捆木棍的中間綁著一把斧頭，象徵群眾緊密團結在領袖周圍，其實就是專制獨裁。義大利法西斯的首領叫墨索里尼，此人野心勃勃，富有煽動力。他拉攏退伍軍人和農民對抗工人，毆打「左派」人士，衝擊罷工隊伍。得到大資本家的支持後，法西斯黨的力量越來越強大，還建立了自己的武裝。

西元1922年，法西斯分子向羅馬「進軍」。義大利國王見法西斯聲勢浩大，就任命墨索里尼為義大利首相。此後，墨索里尼一邊玩弄制度花招，一面直接暴力鎮壓反對者，在義大利建立了法西斯獨裁。

還有中東歐的一些中小國家，比如奧地利、匈牙利、捷克斯洛伐克、波蘭、羅馬尼亞、保加利亞、南斯拉夫，法國想在這裡拼湊一個「小協約國」，一方面牽制德國，另一方面擋住蘇聯。但這些國家彼此之間矛盾重重，法國光想著當老大的威風，也不會替其他國家考慮，越鬧越亂。

戰敗國德國呢，新成立的威瑪共和國倒是挺「民主」，當權的是「工人政黨」——社會民主黨。但這個政權處在風雨飄搖之中。右翼分子和軍隊的勢力把他們看作叛徒，說是因為他們拖後腿，導致起義戰敗；工人群眾和共產黨也把他們看作叛徒，因為他們為了討好「右派」和軍隊，不惜用武力鎮壓工人運動。整個共和國危機四伏，一會兒這裡右翼軍人造反，一會兒那裡工人在示威遊行。《凡爾賽條約》對德國的宰割，更是讓所有德國人都十分氣憤。儘管後來在英、美等國的斡旋下，德國逐漸與「協約國」改善了外交關係，賠款也一再減少；但是德國內部的種種矛盾，卻已經激化到了爆發的邊緣。

西元1923年，德國納粹黨首領希特勒在巴伐利亞發動了「啤酒館政變」，企圖推翻威瑪共和國。雖然政變很快被員警部隊鎮壓，但希特勒反而得到了表現的機會，他在法庭上滔滔不絕地闡述自己的理念，每次一講就是幾個小時。他公然宣布，「十一月革命」就是叛亂，威瑪共和國就是罪惡之源，他們出賣了德意志民族，他要推翻這個「德奸政權」。希特勒還毫不隱瞞地說，他就是想做一個獨裁者，要建立一個強大的德國，要恢復一支強大的德軍，因為這是上天交給他的使命。希特勒的野心反而引起了一片喝彩。因為他的這些觀點很對右派勢力——大資本家、容克貴族和軍隊的胃口，甚至也讓德國老百姓有些心動。最後，希特勒只被判處五年徒刑，而且幾個月之後就被放出來了。在監獄中，希特勒寫下了著名的《我的奮鬥》，其中心思想是：日爾曼民族是世界上最優秀的民族，應該奴役其他民族，領導全世界。為此，要建立一個統一的日爾曼國家，要打垮法國，要從蘇聯那裡搶得大片土地，還要消滅猶太人、斯拉夫人等「劣等民族」。要實現這個偉大目標，必須由一個天才人物來搞獨裁，這個天才人物當然就是希特勒本人。

希特勒出獄之後，德國執政黨已經換成了「右傾」的「天主教中央黨」。希特勒繼續大展「宏圖」，納粹黨實力日益增長。加上恰逢20世紀20年代末的全球經濟危機，德國工業產量下降了一半，失業人數飆升到600多萬人。希特勒趁亂大力宣傳，說「只要我上台，一定能讓德國強大，人人都有活幹，有飯吃」。西元1930年大選，納粹黨一躍成為國會第二大黨，共產黨則升為第三大黨。希特勒又拼命地討好大資本家，組織「衝鋒隊」破壞共產黨集會。這樣大資本家決定支持希特勒，避免共產黨上台。希特勒又一再宣稱要打破《凡爾賽條約》對德國軍方的限制。西元1932年，納粹黨成為議會第一大黨，希特勒當上了德國總理。當上總理還不夠，希特勒還要不受限制的權力。他指使心腹戈林在國會大廈放火，然後嫁禍給共產黨人，趁機把共產黨和社民黨議員抓起來。

BC

— 0　耶穌基督出生

— 100

— 200

— 300　君士坦丁統一羅馬
　　　羅馬帝國分成兩部
— 400

— 500　波斯帝國

— 600　回教建立

— 700

— 800
　　　凡爾登條約
— 900
　　　神聖羅馬帝國建立
— 1000

— 1100　十字軍東征

— 1200
　　　蒙古第一次西征
— 1300　英法百年戰爭開始

— 1400
　　　哥倫布發現新大陸
— 1500
　　　英國大破無敵艦隊
— 1600

— 1700　發明蒸汽機
　　　美國獨立
— 1800
　　　美國南北戰爭開始
— 1900　第一次世界大戰
　　　第二次世界大戰
— 2000

然後藉著反對派議員人數不足的時機，使國會投票通過了《授權法》，至此希特勒成為完全的獨裁者。接下來，希特勒利用獨裁權力解散了其他政黨，把全國要職都換成納粹黨員。西元1934年德國總統興登堡去世，德國沒有任何人能制約希特勒了。希特勒大權獨攬，開始逐步實現自己的目標。對內，他迫害猶太人，抓捕共產黨黨員和社民黨黨員，把納粹黨的觸角深入到德國民眾的工作、生活、娛樂中，把德意志變成了鋼鐵般的整體。對外，他開始反抗《凡爾賽條約》對德國的限制。

希特勒是一個冒險戰略家，十分懂得各國政客和老百姓的心理。他知道，英國人、法國人被第一次世界大戰打怕了，現在厭惡戰爭。只要能「和平」，他們不惜做出讓步。因此希特勒的慣用伎倆是：嘴裡高唱和平調子，手上實實在在地撈好處；而每撈到一個好處，又不忘再高喊幾聲和平，就這麼一步一步地得寸進尺。他首先秘密擴充海軍、空軍，還製造潛艇。西元1935年，希特勒宣布把陸軍人數從10萬人擴充到50萬人；西元1936年，希特勒更派德軍進駐萊茵蘭地區，這些舉動都是在突破《凡爾賽條約》。希特勒的每一步都是如履薄冰，戰戰兢兢，就憑德國現在這點力量，要是英、法一反擊，他只能乖乖下台。可是英、法呢，他們沒有魄力和德國翻臉，反而一步步退讓。希特勒的冒險取得了完全成功。德國老百姓目睹《凡爾賽條約》被一步步地突破，紛紛高呼希特勒萬歲。德國軍方也認可了希特勒，於是希特勒在國內的地位更穩固了。英、法的退讓，不但助長了希特勒的野心，也讓義大利法西斯領袖墨索里尼犯了嘀咕，覺得英、法這麼做，誰還會遵守《凡爾賽條約》。西元1935年，墨索里尼出兵入侵衣索比亞。英、法操縱的「國聯」宣布譴責侵略，並且對義大利實行了制裁。但是石油不在被制裁之列，它照樣可以被輸送到義大利，蘇伊士運河也還對義大利開放，結果制裁不但沒影響到義大利的侵略，反而讓墨索里尼直接退出了「國聯」，和希特勒越走越近。

— 0

100 —

三國
晉   200 —

300 —

南北朝 400 —

500 —

隋朝
唐朝 600 —

700 —

800 —

五代十國
900 —
宋

1000 —

1100 —

1200 —

元朝
1300 —
明朝

1400 —

1500 —

1600 —
清朝

1700 —

1800 —

1900 —
中華民國

2000 —

西元1936年，西班牙爆發了共和國政府和法西斯頭目佛朗哥之間的內戰。墨索里尼和希特勒一起出兵援助佛朗哥，幫助他贏得了勝利，三個法西斯國家對昔日的歐陸首領法國形成了三面包圍。西元1936年11月，義大利和德國簽訂《德意協定書》；次年，義大利又加入了德國和日本簽訂的《反共協議》，並且退出國際聯盟。這樣，「三國軸心」初步形成。「一戰」後各國費盡心力建立的「凡爾賽體系」已然崩塌。

德、義勾結在一起，侵略的步伐越來越大。西元1938年3月，希特勒併吞了奧地利。此後，希特勒和墨索里尼又利用英、法的軟弱，威逼利誘，製造了「慕尼黑陰謀」，德國不費一兵一卒就佔領了捷克斯洛伐克的蘇台德地區，並在幾個月後併吞整個捷克斯洛伐克。捷克斯洛伐克是法國的盟友，也是其在東方遏制德國的重要堡壘。盟友遭難的時候，法國不但不伸出援手，反而坐視不管，這種行為不僅卑鄙，而且愚蠢。這樣一來，其他東歐國家如波蘭、匈牙利、南斯拉夫等都覺得英、法靠不住，紛紛轉而投靠希特勒。奇怪的是，當英國首相張伯倫、法國總理達拉第從慕尼黑回到本國後，居然受到萬民歡呼擁戴，大家都覺得他們為和平做出了莫大貢獻。可以說，這時候的英、法全民只顧著追求和平，已經喪失了基本的理智。同時，墨索里尼則出兵併吞了東歐小國阿爾巴尼亞。

這時候，在歐洲形成了以德國、義大利為軸心的法西斯勢力，依附於他們的還有西班牙、葡萄牙、芬蘭、匈牙利、羅馬尼亞、保加利亞、南斯拉夫等國。這個邪惡的同盟，將向歐洲乃至世界發動全面戰爭。

BC

— 0　　耶穌基督出生

— 100

— 200

— 300
　　　　君士坦丁統一羅馬

　　　　羅馬帝國分成兩部
— 400

— 500　　波斯帝國

— 600
　　　　回教建立

— 700

— 800
　　　　凡爾登條約
— 900
　　　　神聖羅馬帝國建立
— 1000

— 1100　十字軍東征

— 1200
　　　　蒙古第一次西征
— 1300
　　　　英法百年戰爭開始

— 1400

　　　　哥倫布發現新大陸
— 1500

　　　　英國大破無敵艦隊
— 1600

　　　　發明蒸汽機
— 1700

　　　　美國獨立
— 1800

　　　　美國南北戰爭開始
— 1900
　　　　第一次世界大戰
　　　　第二次世界大戰

— 2000

凶狂！法西斯鐵蹄

　　在接連併吞奧地利、捷克斯洛伐克等國之後，希特勒又將目標指向了波蘭。西元1938年底，希特勒重施故技，向波蘭提出領土要求——但澤自由市，並說這是德國在歐洲的最後一次要求。這次，英、法嚴厲拒絕：你敢動波蘭，我們就打你！

　　面對英、法，希特勒一改過去「反共」的態度，拼命向蘇聯搖尾巴。本來蘇聯想和英、法商討遏制德國、保衛波蘭的事，可是英國首相張伯倫對蘇聯抱有深深的懷疑，而波蘭人對蘇聯比對德國更仇視。史達林的熱臉貼了個冷屁股，轉而與納粹德國達成了《蘇德互不侵犯條約》，雙方還悍然在東歐劃分了各自的勢力範圍。

　　得到蘇聯的支持，希特勒的膽子壯了。西元1939年9月1日，150萬德軍攻入波蘭。他們首次採用「閃電戰」，先用空軍轟炸，然後以重炮轟擊伴隨坦克部隊突破防線，後面跟隨著摩托化步兵，快速推進。波蘭這邊雖然也拼湊了100萬軍隊，但裝備落後，戰術更落後，很快全線崩潰。面對波蘭的求救，英、法雖然向德國宣戰，但他們100多個師的軍隊依舊按兵不動。這就是所謂的「靜坐戰爭」、「奇怪戰爭」。同時，蘇聯也從東邊攻入波蘭。10月初，波蘭滅亡。德國占了波蘭大部分領土，蘇聯則收回了西白俄羅斯和西烏克蘭，同時趁機併吞了拉脫維亞、愛沙尼亞、立陶宛三國。

　　佔領波蘭之後，希特勒在西元1940年4月兵鋒指向北歐的丹麥和挪威。丹麥很快不戰而降，雙方加在一起只死了不到50人。挪威抵抗較為

頑強一些，雖然首都被佔領，軍隊還是在各地抵抗。英、法也投入了陸軍和海軍艦隊增援。到6月，挪威全國被占。另一個北歐國家瑞典也屈服於希特勒，答應幫納粹的忙。

北歐烽煙未滅，希特勒又於西元1940年5月調集136個師、2000多輛坦克、3000多架飛機，向西大舉進攻法國。這時英國、法國、比利時、荷蘭等聯軍的總兵力和德國相當，但是戰術思想和戰略頭腦卻十分落後。德軍集中主力從中央的阿登森林突破，一下子把盟軍截成兩半，接下來再次上演「閃電戰」，飛速推進，盟軍一路後撤。北面的幾十萬英法聯軍逃到敦克爾克海邊，勉強從海上回到英國。南邊的法軍拼湊了百萬大軍，卻是一觸即潰。德軍名將古德林的裝甲部隊10天長驅400多公里，刀切豆腐一樣把沿途法軍直接碾平。到6月中旬，德軍就耀武揚威地進入巴黎，法國投降。至於法、德邊境的「馬其諾防線」，被德軍直接繞過，沒派上半點用場。號稱歐陸頭號強國的法國，居然一個多月就投降了。希特勒的盟友墨索里尼呢，他一直等到德軍取得優勢才向法國宣戰，結果30多個師的義軍卻被6個師的法軍擋住，寸步不能前進，直到法國投降。

之後，德軍佔領了法國北部，法國南部則由貝當將軍的傀儡政權統治。這個「偽政權」完全是納粹的傀儡，不但盡力搜刮民脂民膏供應德國，還幫助德國一起屠殺猶太人。法國人的食物、藥品都被德國人拿走了，孩子們連牛奶都喝不起，一個個臉色蠟黃。生活苦到這地步了，還要被過去的盟友英國轟炸，連法國海軍也被英國艦隊給滅了。沒辦法，誰讓你投降了德國啊。只有以戴高樂為首的少數法國志士逃出歐陸，在非洲殖民地建立了「自由法國」，繼續抵抗。法國在非洲還有廣闊的殖民地，北非、西非也跟著投降了德國，而赤道非洲則表示擁護戴高樂，成為「自由法國」的根據地。

希特勒開戰不到一年，在東、北、西三線均取得大勝。「第三帝

BC

— 0　耶穌基督出生

— 100

— 200

— 300　君士坦丁統一羅馬

羅馬帝國分成兩部
— 400

— 500　波斯帝國

— 600　回教建立

— 700

— 800

凡爾登條約
— 900

神聖羅馬帝國建立
— 1000

— 1100　十字軍東征

— 1200　蒙古第一次西征

— 1300　英法百年戰爭開始

— 1400

哥倫布發現新大陸
— 1500

英國大破無敵艦隊
— 1600

發明蒸汽機
— 1700

美國獨立
— 1800

美國南北戰爭開始
— 1900　第一次世界大戰　第二次世界大戰

— 2000

上古時期　BC

漢

—0

100—

三國　200—
晉　　300—

400—

南北朝
500—

隋朝　600—
唐朝
700—

800—

五代十國　900—
宋
1000—

1100—

1200—

元朝　1300—

明朝　1400—

1500—

清朝　1600—

1700—

1800—

1900—

中華民國
2000—

國」的疆域，已經超過了歷史上的神聖羅馬帝國。之後，羅馬尼亞、匈牙利、保加利亞等國先後加入德、義、日軸心，法西斯陣營實力大增。希特勒覺得這下英國怎麼也該投降了吧。他就再次熱情洋溢地呼喚：我一向尊敬大英帝國，不想占你們的土地。我們做朋友，好不好啊？

然而，這時英國首相已經換成了邱吉爾。邱吉爾鏗鏘有力地給予迎頭痛擊：「……我們將毫不動搖，戰鬥到底！我們將在空中作戰，我們將在海上作戰，我們將在田野和街頭作戰，我們將在山區作戰。我們決不投降……」面對希特勒的「和平」倡議，邱吉爾一針見血地指出：「要和平可以，把你先前併吞和佔領的國家全部恢復獨立，我們再談！」

希特勒氣得發瘋，立刻制定了「海獅計畫」，準備登陸英國。但是英國海軍實力很強，隔著英吉利海峽怎麼過去呢？希特勒決定先用空軍轟炸英國，炸得差不多了再出兵登陸。史稱的「不列顛空戰」就此爆發。一開始，德國空軍占壓倒性優勢，擁有戰鬥機、轟炸機各1000多架，而英國只有700多架戰鬥機。但英軍是本土作戰，又有先進的雷達，可以預先發現德國飛機的蹤跡予以半路攔截。打了幾天，德軍損兵折將。然而畢竟雙方力量懸殊，德機輪番上陣，英國飛行員疲於奔命，損失也越來越多。眼看再這麼下去，英國空軍就要垮了。

誰知就在這個節骨眼上，有幾架德國飛機誤炸了倫敦市區。英國人隨即派飛機夜襲了柏林。這下希特勒受不了了，英國人竟敢炸我首都！我要百倍報復！於是從西元1940年9月上旬起，德國飛機放過了英國的軍用設施和空軍基地，轉而轟炸倫敦等大城市。這樣的愚蠢行為雖然傷害了更多的英國人，卻給了英國空軍喘息之機。英國加速製造飛機，培養飛行員，再加上美國的支援，實力漸漸恢復。德國空軍已經無法再占上風，入侵英國的戰略破產了。

希特勒很是鬱悶。他左思右想，為何英國人守著個孤島就敢和我

們對抗？明白了，他們是想靠蘇聯啊。那我先打蘇聯！再說，希特勒原本就想併吞蘇聯的領土，消滅斯拉夫人。納粹黨和共產主義也是不共戴天。蘇、德先前在簽署盟約時本來就是各懷鬼胎，誰信誰白癡！希特勒調兵遣將，準備痛擊蘇聯。這會兒墨索里尼也想撈一把，就進攻希臘，不料被希臘打得丟盔棄甲。義大利在非洲對戰英國，更是兵敗如山倒。無奈何，墨索里尼只好來求希特勒。恰好南斯拉夫又發生政變，推翻了親德的政權。希特勒就派隆美爾帶著一支德軍去非洲幫義大利打英國，三個月就打到了埃及。希特勒又在西元1941年4月出兵巴爾幹，聯合義大利、保加利亞等國，把希臘、南斯拉夫都佔領了，南斯拉夫的克羅埃西亞分出來成為一個傀儡國家。

等到忙完了這些事，希特勒在東線部署了一支史上最龐大的部隊。包括德國陸軍150多個師，再加上盟友羅馬尼亞、芬蘭、匈牙利等國的30多個師，陸軍、海軍、空軍、黨衛隊，總兵力達500萬人，坦克3000多輛，飛機5000多架，大炮幾萬門，車輛幾十萬輛。進攻蘇聯的代號是「巴巴羅薩」，也就是「神聖羅馬帝國」時代的那位傳奇的「紅鬍子」腓特烈皇帝。

西元1941年6月22日，德軍兵分三路，在北起波羅的海，南到黑海的1500多公里戰線上，發動了「閃電戰」。蘇聯在西邊雖然也有大軍300萬人，但對戰爭準備不足，被德軍閃電般一衝，頓時紛紛潰敗。到9月，三路德軍已經佔領了蘇聯100多萬平方公里土地，殲滅蘇軍200萬人。換成其他國家早就該束手投降了，然而蘇聯的戰爭後勁十足。德軍在前面殲滅蘇軍十幾個師，後方又有十幾個師補充上來。德軍雖然一路高歌猛進，但自己也死傷了好幾十萬。等到蘇聯最高統帥部和軍隊逐漸從最初被打懵的狀態清醒過來後，德國的日子就更不好過了。

西元1941年10月，德國執行「颱風計畫」，猛攻蘇聯首都莫斯科。德軍打到莫斯科城下時已成強弩之末，屢次突擊都被挫敗。再加上嚴冬

BC

— 0　耶穌基督出生

— 100

— 200

— 300
　　君士坦丁統一羅馬

羅馬帝國分成兩部
— 400

— 500　波斯帝國

— 600　回教建立

— 700

— 800
　　凡爾登條約

— 900

神聖羅馬帝國建立
— 1000

— 1100　十字軍東征

— 1200
　　蒙古第一次西征

— 1300
英法百年戰爭開始

— 1400

哥倫布發現新大陸
— 1500

英國大破無敵艦隊
— 1600

　　發明蒸汽機
— 1700

　　美國獨立
— 1800

美國南北戰爭開始
— 1900
第一次世界大戰
第二次世界大戰

— 2000

上古時期　BC

漢

— 0

100 —

三國　200 —
晉
300 —

400 —
南北朝
500 —

隋朝　600 —
唐朝
700 —

800 —
五代十國
900 —
宋
1000 —

1100 —

1200 —
元朝
1300 —
明朝
1400 —

1500 —

1600 —
清朝
1700 —

1800 —

1900 —
中華民國
2000 —

到來，天氣嚴寒，被迫轉為防守。12月，蘇軍大舉反攻，德軍被迫後撤。莫斯科戰役德軍損失50萬人，是參戰以來的第一次重大失敗。「德國陸軍天下無敵」的神話被打破了。到西元1941年底，東線整體戰局陷入膠著狀態。西元1941年底，日本偷襲珍珠港，美國宣布參戰。至此第二次世界大戰的重要角色全部登場。此時，法西斯陣營整體上還是占優勢。西元1942年上半年，日本橫掃東南亞，殲滅大量美軍、英軍，奪取了英國、法國、荷蘭、美國等國的大片殖民地；隆美爾在北非繼續發動攻擊，大敗英軍；東線，曼施坦因在克里米亞殲滅20萬蘇軍。這時候，歐洲的法西斯陣營國家及其盟國，包括德國（併吞了奧地利和捷克）、義大利、羅馬尼亞、匈牙利、西班牙、保加利亞、芬蘭、維希法國、克羅埃西亞、斯洛伐克等。比利時、荷蘭、盧森堡、波蘭、丹麥、挪威、南斯拉夫、希臘、阿爾巴尼亞等國則或被佔領或併吞。法西斯陣營還在北非和蘇聯西部佔領了大片領土，地中海也大致變成了法西斯的「內海」。

　　但這也是法西斯擴張的頂峰了。幾個關鍵的「釘子」他們都無法拔除。在西邊，英國屹立不倒；在南邊，蒙哥馬利率英軍堅守非洲；在東邊，龐大的蘇軍更是讓德軍徹底陷入泥潭。而在地球的另一端，擁有可怕人力、物力的美國正式參戰，不但給蘇聯和英國大量援助，美國大兵也源源不斷地走上戰場。

勝利！神聖的戰爭

　　西元1942年，第二次世界大戰開始進入轉折階段。西元1942年6月，日本在「中途島海戰」中敗給美國，從此太平洋戰爭攻守易位。東線德軍在南翼發動重點進攻，9月初直奔史達林格勒即今（即今伏爾加格勒）城下，在這裡又遇上了蘇聯第一名將朱可夫。兩軍在史達林格勒激烈巷戰，每一棟樓房甚至每一堵牆都要反覆爭奪。11月11日，德軍最後一次攻擊衝到了窩瓦河西岸時，徹底成為強弩之末。這時候，德軍面向蘇軍形成了一個巨大的突出部，戰線長達1600公里。德軍的兵力根本守不住這麼長的戰線。德軍將領都勸希特勒後退一步，希特勒的倔脾氣上來了，他高叫：「絕不！德國士兵打到哪裡，就要守到哪裡！」朱可夫調集大量後備部隊，從兩翼向德軍發動鉗形反擊。德軍兩翼主要是羅馬尼亞、義大利這些僕從國軍隊，他們很快被打得潰不成軍，蘇軍打穿突出部，把幾十萬德軍包圍在史達林格勒，此後又擊退了來解圍的曼施坦因部隊。史達林格勒的德軍被重重圍困，彈盡糧絕，終於在西元1943年2月初投降。

　　同期，英軍元帥蒙哥馬利在阿拉曼也戰勝了隆美爾；而英軍和美軍在非洲西北部登陸，從西向東打過來。東西兩面夾擊，隆美爾再也抵擋不住，只好退守突尼西亞。西元1943年5月，英、美聯軍攻佔突尼斯，俘虜了德、義軍20萬人，完全收復了非洲。

　　西元1943年7月，蘇、德兩軍在庫爾斯克地區決戰。經過一個多月的血戰，德軍損失50萬人，被迫後撤。自此，東線的主動權完全落在了

BC

— 0　　耶穌基督出生

— 100

— 200

— 300　君士坦丁統一羅馬
　　　　羅馬帝國分成兩部
— 400

— 500　　波斯帝國

— 600　　回教建立

— 700

— 800

　　　　凡爾登條約
— 900

　　　神聖羅馬帝國建立
— 1000

— 1100　十字軍東征

— 1200　蒙古第一次西征

— 1300
　　　英法百年戰爭開始
— 1400

　　　哥倫布發現新大陸
— 1500

　　　英國大破無敵艦隊
— 1600

　　　　發明蒸汽機
— 1700

　　　　　美國獨立
— 1800

　　　美國南北戰爭開始
— 1900
　　　第一次世界大戰
　　　第二次世界大戰
— 2000

上古時期　BC

漢

— 0

100 —

三國　200 —
晉
300 —

400 —

南北朝

500 —

隋朝　600 —
唐朝

700 —

800 —

五代十國　900 —

宋
1000 —

1100 —

1200 —

元朝
1300 —

明朝
1400 —

1500 —

清朝　1600 —

1700 —

1800 —

1900 —
中華民國

2000 —

蘇軍手中。接下來，蘇軍全線追擊。西元1941年時被德軍佔領的大塊蘇聯領土，現在又被蘇軍大塊地收復了。

　　光復北非後，美、英聯軍在西元1943年7月攻上了西西里島，這下子義大利人慌了。義大利法西斯黨的高層勾結國王、大臣，大家一起發動政變，把墨索里尼抓起來，然後跟盟軍聯繫停戰投降的事。不過，這會兒雙方發生分歧，為了算「投降」還是「起義」討價還價一個多月，卻忘了對付在義大利的德軍。相反，希特勒雷厲風行，一聽墨索里尼被抓，馬上派隆美爾率德軍攻入義大利，佔領大部分義大利領土，又派出特種部隊把墨索里尼救了出來。這樣，義大利陷入短暫的分裂。北方被德軍控制，希特勒在這裡建立了一個「義大利社會共和國」，由墨索里尼擔任元首。但昔日威風八面的墨索里尼早已嚇破了膽，而作為希特勒的一個傀儡，成天只知道尋歡作樂。南方則由推翻了墨索里尼的義大利王國政府控制。此後盟軍一點一點地往北面推進，到西元1945年4月才收復整個義大利。

　　義大利實際上在西元1943年已經扳正，德國內部反對納粹的力量也在積極活動。比如貴族精英知識份子的「克萊騷集團」，他們成天開會聲討納粹罪行，規劃如果納粹滅了該怎麼管理德國，卻沒有任何行動的魄力。德國大學生中的「白玫瑰」組織就要勇敢得多，他們在索爾兄妹的領導下，散發傳單、公開示威，抗議納粹暴政。後來索爾兄妹被捕，面對酷刑和死刑威脅，他們堅貞不屈，壯烈殉難。這一年，哥哥漢斯25歲，妹妹蘇菲21歲。德國共產黨和社民黨攜手建立了地下組織反抗納粹，並和蘇聯取得了聯繫。最有力量的是陸軍中的反納粹團體，隨著西元1943年德軍各條戰線的全面敗退，他們覺得再讓希特勒這麼折騰下去，別說陸軍，德國也得給毀了。這時，就連德軍英雄「沙漠之狐」隆美爾元帥也參加進來。他們策劃了多次暗殺希特勒的行動，但始終沒能成功。

就在這些人磨蹭的時候，反法西斯陣營繼續突飛猛進。東線，蘇軍收復大片失地，接近了原先的邊境。在西線，美、英聯軍在西元1944年6月6日登陸諾曼第。7月中旬，德軍防線被衝破，美、英大軍鋪天蓋地向東殺來，戴高樂也帶著「自由法國」的軍隊加入。法西斯陣營在歐洲陷入了被三面夾擊的境地。反納粹志士們呢，他們終於在7月20日實施了一次暗殺，在希特勒的作戰會議室裡放了一顆定時炸彈。誰知人算不如天算，原本放在希特勒腳邊的炸彈，被人無意中挪到桌子後面去了。這張厚重的實木桌子保護了希特勒。更糟糕的是，這幫反納粹志士在炸彈爆炸後，行動遲緩，不但沒有及時掌握軍隊，連電台都沒有佔領，於是很快被鎮壓下去了。一大批將領和軍官被當眾絞死，隆美爾元帥則被勒令自殺。「克萊騷集團」的成員也被一網打盡，前後幾千人死於此事。

希特勒雖然大難不死，可是戰勢是每況愈下。在東線，蘇軍越過邊境線，6個星期推進了600公里。法西斯僕從國芬蘭、保加利亞、羅馬尼亞見風使舵，紛紛退出戰爭。在西線，美、英、法聯軍也打到了德國本土。希特勒孤注一擲，於西元1944年12月在阿登發動一次反攻，雖然一時打得盟軍陣腳大亂，終究因為兵力不足最後敗下陣來。跟著東線蘇軍大踏步衝殺過來，匈牙利反戈一擊也向德國宣戰，捷克斯洛伐克、波蘭先後解放。西邊的英、美聯軍也渡過了萊茵河。

東西夾擊下，希特勒開始變得越發癲狂起來。他下令採取焦土政策，把整個德國的所有軍事、工農業和民用設施全部毀掉。他要把德意志變成一片焦土，而且要讓戰後的德國人民活活餓死。但是再怎樣的瘋狂也改變不了法西斯的命運。西元1945年4月16日，朱可夫元帥指揮蘇聯紅軍向柏林發動進攻。幾天後，美、蘇兩軍分別在易北河和奧地利會師，把法西斯切成三段。希特勒困守在帝國大廈的地下室裡，聽著蘇軍的炮聲一條街一條街逼進。4月28日，希特勒和他的情婦伊娃舉行了婚禮。就在同一天，墨索里尼和他的情婦被義大利游擊隊捕獲後槍斃，屍

體先被吊在路燈上，又被扔到水溝裡。4月30日，希特勒和伊娃自殺。5月7日，德國「總統」鄧尼茲簽署了無條件投降書，歐洲大陸的戰火平息下來。三個多月後，最後一個軸心國日本也投降，第二次世界大戰正式結束。這次戰爭給全人類帶來了巨大的災難，據估計死亡人數就高達7000萬人，物資損失高達4萬億美元。除了戰爭損失外，納粹德國在歐洲各佔領區執行了一種讓人毛骨悚然的「新秩序」，把猶太人直接送入集中營，用毒氣室屠殺數百萬人，對波蘭、俄羅斯等斯拉夫民族也採取近乎滅絕的政策，加以牛馬不如的奴役，使之餓死、累死、病死。「二戰」中被俘虜的500萬蘇軍，最後被折磨死的就有300萬人。納粹德國還瘋狂地鎮壓一切反抗。他們採用「人質制度」，只要有1個德國人被反抗組織殺死，他們就殺死10個乃至100個當地的無辜居民來報復，有時甚至還為此屠滅整個村莊。此外，德國科學家還用所謂的「低級人種」來進行殘忍的活體實驗，蘇軍戰俘、猶太人、波蘭人、吉普賽人等都成為試驗品。

　　從這個意義上講，盟軍的勝利結束了這種恐怖的秩序，拯救了人類的未來。為了清算這一罪孽，「二戰」後的戰勝國組織了紐倫堡法庭，對納粹頭目們進行審判。法庭上揭示出來的納粹的種種殘酷罪行，經常讓法官和陪審員都嚇得呆若木雞。最後，21名納粹頭目中有戈林等11人被判絞刑，7人判監禁，3人被釋放。納粹的暴行終於被釘在了歷史的恥辱柱上。

第十章：興衰輪迴──當代歐洲
（西元20世紀中期以後）

　　消滅了德、義、日三國軸心，又迎來美、蘇兩強「冷戰」，整個歐洲變成一個大兵營，歐洲人在核彈威脅下戰戰兢兢。經過數十年對峙，東歐劇變，「冷戰」結束，「歐盟」建立。但歐洲並未迎來傳說中的大同盛世。相反，「北約」霸權下的兵火不絕、難民如潮、金融危機、國家破產……讓這個最發達的大洲，憂喜交加地進入新世紀……

1. 芬蘭	11. 德國	21. 匈牙利	31. 義大利
2. 瑞典	12. 荷蘭	22. 奧地利	32. 西班牙
3. 挪威	13. 英國	23. 列支敦士登	33. 葡萄牙
4. 愛沙尼亞	14. 愛爾蘭	24. 瑞士	34. 馬其頓
5. 拉脫維亞	15. 烏克蘭	25. 法國	35. 科索沃
6. 立陶宛	16. 摩爾多瓦	26. 保加利亞	36. 蒙特內哥羅
7. 俄羅斯	17. 斯洛伐克	27. 塞爾維亞	37. 阿爾巴尼亞
8. 丹麥	18. 捷克	28. 波斯尼亞	38. 梵蒂岡
9. 白俄羅斯	19. 比利時	29. 克羅埃西亞	39. 希臘
10. 波蘭	20. 羅馬尼亞	30. 斯洛維尼亞	40. 盧森堡

41. 冰島

沉重！冷戰風雲

1945年德國、日本相繼投降，第二次世界大戰結束了。戰後歐洲滿目瘡痍，戰敗國德國、義大利自不必說，就連英、法兩強國都很慘。法國1940年建立了偽政權，雖然1944年光復成功，還是丟臉得很。美國甚至一度想把法國變成自己的附庸國，在法國駐軍。當時戴高樂據理力爭，一會兒跑英國，一會兒跑蘇聯，拉攏兩國站在自己這邊，增加法國和美國談判時的籌碼，這才獲得了「出兵佔領德國」的權利，成為聯合國安理會的常任理事國。英國當然比法國要好得多，至少在歐洲、非洲抵抗了德國、義大利好幾年，在亞洲、太平洋戰場也跟日本人打得很凶，當之無愧地位居反法西斯陣營三巨頭。但他們在戰爭中實力受損嚴重，面對實力大增的美國，英、法只能屈居第二。而面對東邊蘇聯的八百萬大軍，英、法也只有甘拜下風。唯一在戰爭中提升實力和地位的歐洲國家是蘇聯，戰後穩居世界雙雄之一。但蘇聯的大片領土也曾慘遭法西斯踐躪。

法西斯陣營雖然被打垮了，世界可並未和平。美國和英國是搞資本主義的，蘇聯則是以共產主義為目標，雙方從意識形態上就是勢不兩立。過去為了對抗法西斯軸心國，大家勉強捐棄前嫌，攜手抗敵。如今打倒了法西斯，就該算算舊帳了。於是，兩大強國展開競爭，隱隱有翻臉之勢。

早在「二戰」後期，英、美從西往東打，蘇聯從東往西打的過程，也就是雙方搶地盤、劃勢力範圍的過程。蘇聯在它打下的東歐各國裡，

BC

— 0　耶穌基督出生

— 100

— 200

— 300
君士坦丁統一羅馬
羅馬帝國分成兩部
— 400

— 500　波斯帝國

— 600　回教建立

— 700

— 800
凡爾登條約
— 900
神聖羅馬帝國建立
— 1000

— 1100　十字軍東征

— 1200
蒙古第一次西征
— 1300
英法百年戰爭開始
— 1400

哥倫布發現新大陸
— 1500

英國大破無敵艦隊
— 1600

發明蒸汽機
— 1700

美國獨立
— 1800
美國南北戰爭開始
— 1900
第一次世界大戰
第二次世界大戰
— 2000

上古時期　BC

漢

— 0

100 —

三國
晉

200 —

300 —

南北朝

400 —

500 —

隋朝
唐朝

600 —

700 —

800 —

五代十國

900 —

宋

1000 —

1100 —

1200 —

元朝

1300 —

明朝

1400 —

1500 —

1600 —

清朝

1700 —

1800 —

1900 —

中華民國

2000 —

支持當地的共產黨建立了社會主義國家。在1946年初，也就是「二戰」剛剛結束半年的時候，一貫反共反蘇的英國首相邱吉爾就跑到美國，發表了著名的「鐵幕演說」。他說：「現在蘇聯已經從波羅的海到亞得里亞海拉開了一張鐵幕，它還要繼續西進威脅我們『自由國家』。我們應該聯合起來對抗蘇聯！」美國人對此深以為然。1947年，美國總統杜魯門宣稱，美國要援助「自由的人民」抵抗蘇聯！

美、蘇爭霸在全球開始了。在中國，美國支持的蔣介石被打敗，退守台灣。在朝鮮半島，北邊的蘇占區和南邊的美戰區分別建立了朝鮮和韓國，不久兩邊就大打出手。不過，美、蘇兩國爭霸的重中之重還是在歐洲。「二戰」後不久，希臘發生了保皇派和共產黨的內戰，美國支持保皇派，從而在蘇聯控制的東歐保留了一個資本主義的橋頭堡。

為了對抗蘇聯，杜魯門推行「馬歇爾計畫」，向美國的盟友們提供大筆資金。在美元的輸血下，西歐各國都得到飛速發展，從1948年到1952年，經濟增長35%以上，農業恢復到戰前水準，並繼續保持20多年的穩定發展。美國又在1949年建立了軍事聯盟「北大西洋公約組織」（北約），絕大部分成員是歐洲國家。蘇聯方面，也在東歐社會主義國家內部建立諸多合作，並於1955年建立了「華沙公約組織」（華約）。

「北約」和「華約」兩大集團武裝對峙數十年，把整個歐洲變成了龐大的兵營。由於雙方都擁有雄厚的兵力，也都擁有大量核武器，一旦全面開戰，必然會造成兩敗俱傷局面，誰也討不到好。因此美、蘇雙方都不敢輕舉妄動，更多採用政治攻勢、軍事威懾、扶持代理人、打局部戰爭等方式進行交鋒，這就是所謂的「冷戰」。兩大巨頭的核導彈相互瞄準，總量夠把人類毀滅幾百次，稍有不慎，地球也可能毀於一旦。所以「冷戰」時全世界都盯著美國和蘇聯，尤其是他們對峙的主戰場歐洲，完全籠罩在核戰陰霾之下。

最倒楣的是德國。作為戰敗國，他們被英、美、法、蘇四國軍隊

分割佔領，這裡也就成為「冷戰」的最前線。1949年，美、英、法三國把他們佔領的德國西部地區合成一塊，建立了聯邦德國（西德）。隨後，史達林領導下的蘇聯也在他們佔領的德國東部建立了民主德國（東德）。德國首都柏林位於東德境內，可是按照之前約定，依然有美、英、法三國的佔領區，這三塊也就合成了「西柏林」，作為西德在東德境內的一塊領地。在威廉一世建國不到80年，德國又一次分裂了。隨著美、蘇之間的冷戰愈演愈烈，兩個德國都宣稱自己是正統，互相不承認。

尤其在柏林，美、蘇雙方可以說是刀尖對刀尖。早在1948年東德和西德建立前，美、蘇就發生了「第一次柏林危機」，當時蘇聯封鎖了西柏林，美軍則用飛機給西柏林空運糧食補給。1958年，東德宣布收回西柏林，再一次引發柏林危機，最後美國用原子彈威脅，蘇聯領導人赫魯雪夫才退讓了。到1961年，美、蘇「第三次柏林危機」爆發後，蘇聯和東德方面乾脆修了一道牆，把整個柏林分隔成兩半，井水不犯河水。隔著柏林圍牆，北約和華約的坦克往來對峙，西德和東德的老百姓隔牆相望。柏林圍牆成為德國分裂的標誌，同時也是「北約」和「華約」交鋒的最前沿。

其他國家也幸福不到哪裡去。那麼多核武器懸在頭頂，誰知道哪天一個不小心就挨炸，另外還要受彼此盟主的氣。蘇聯的大國沙文主義很嚴重，對「華約」成員國十分強勢。1956年10月，匈牙利發生了武裝暴動，蘇聯立刻派出20萬大軍鎮壓，被稱為「十月事件」。1968年，捷克共產黨想進行改革，蘇聯又派出大軍殺入捷克，用武力將其終止。西歐的國家相對上好一點，美國作為老大，不像蘇聯這麼蠻橫，手段也更委婉一些，但國土上遍地是美國導彈基地。可憐的歐洲國家，就這樣在夾縫中惴惴不安地過了差不多40年提心吊膽的日子。

BC

— 0　耶穌基督出生

— 100

— 200

— 300
君士坦丁統一羅馬

羅馬帝國分成兩部
— 400

— 500　波斯帝國

— 600　回教建立

— 700

— 800

凡爾登條約
— 900

神聖羅馬帝國建立
— 1000

— 1100　十字軍東征

— 1200
蒙古第一次西征

— 1300
英法百年戰爭開始

— 1400

哥倫布發現新大陸
— 1500

英國大破無敵艦隊
— 1600

發明蒸汽機
— 1700

美國獨立
— 1800

美國南北戰爭開始
— 1900
第一次世界大戰
第二次世界大戰

— 2000

上古時期　BC

漢

　　　— 0

　　100 —

　　200 —

三國
晉　　300 —

　　400 —

南北朝
　　500 —

隋朝　600 —
唐朝
　　700 —

　　800 —

五代十國
　　900 —
宋
　　1000 —

　　1100 —

　　1200 —

元朝　1300 —

明朝　1400 —

　　1500 —

　　1600 —
清朝
　　1700 —

　　1800 —

　　1900 —
中華民國
　　2000 —

「二戰」後領土調整

　　「二戰」後最主要的領土調整是在東歐。蘇聯吸收了拉脫維亞、愛沙尼亞、立陶宛三個加盟共和國，又從戰前波蘭疆域中拿走了西烏克蘭、西白俄羅斯。作為給波蘭的補償，把戰前德國東部的東普魯士等地給了波蘭。這樣，波蘭領土向西邊「平移」了一截。

北約和華約

　　1949年「北約」成立時共有美國、加拿大、英國、法國、比利時、盧森堡、荷蘭、丹麥、挪威、冰島、葡萄牙和義大利等12國。此後，希臘、土耳其於1952年加入，聯邦德國於1955年加入，西班牙於1982年加入北約。1955年建立「華約」時共有蘇聯、匈牙利、捷克斯洛伐克、波蘭、保加利亞、羅馬尼亞、阿爾巴尼亞、民主德國等8國，其中阿爾巴尼亞在1968年退出。奧地利、瑞典、瑞士等資本主義國家沒加入「北約」，社會主義國家南斯拉夫也沒加入「華約」。

垮台！殖民帝國

　　幾百年來，以英國、法國、西班牙、葡萄牙為代表的歐洲列強，在美洲、亞洲、非洲都佔領了大片殖民地。後來從美國獨立戰爭開始，美洲的殖民地在之後的一百年中紛紛獨立建國，只剩下為數不多的一些邊緣地區，不過歐洲列強在非洲、亞洲依然是「大地主」。

　　在經歷了第二次世界大戰後，舊的體系被進一步打亂，歐洲列強的國力相對下降，作為新霸主的美國和蘇聯，他們都反感殖民地，從利益上也不願意讓英、法繼續把持殖民地。亞、非民眾的民族意識也逐漸高漲。在這種情況下，英、法等國再也控制不住了，亞、非等地的「獨立運動」風起雲湧，昔日的殖民帝國很快土崩瓦解。

　　首先是亞洲。在「二戰」中，亞洲的西方殖民地多數都被日本軍隊占領，日本打出「反對白人殖民」的旗號，來收買拉攏當地的民族主義者。等到日本投降之後，這些民族主義者紛紛宣告獨立。英國人比較聰明，知道現在時代不同了，與其再千方百計地控制殖民地，不如乾脆放手。英國於是通過了一連串法案，逐漸放手讓亞洲殖民地獨立。這樣，緬甸、印度、巴基斯坦、馬來西亞等先後獨立。

　　而法國呢，他們終結了被納粹德國摧毀的法蘭西第三共和國，重新修訂憲法，建立了第四共和國，這個共和國裡議會權力很大，總統受到牽制。法國議會由三個黨派組成——法國共產黨、人民共和黨、社會黨，可他們成天正事不幹，光顧著爭權奪利，最後把總統戴高樂都逼得下台了。他們面對殖民地風起雲湧的獨立大潮，很難有正確判斷。他們

— 0　耶穌基督出生

— 100

— 200

— 300　君士坦丁統一羅馬
　　　　羅馬帝國分成兩部
— 400

— 500　波斯帝國

— 600　回教建立

— 700

— 800
　　　　凡爾登條約
— 900
　神聖羅馬帝國建立
— 1000

— 1100　十字軍東征

— 1200
　　　蒙古第一次西征
— 1300
　英法百年戰爭開始
— 1400
　哥倫布發現新大陸
— 1500
　英國大破無敵艦隊
— 1600
　發明蒸汽機
— 1700
　　　　美國獨立
— 1800
　美國南北戰爭開始
— 1900
　　第一次世界大戰
　　第二次世界大戰
— 2000

上古時期　BC

漢

－ 0

100 －

三國　200 －
晉
300 －

南北朝　400 －

500 －

隋朝　600 －
唐朝
700 －

800 －

五代十國　900 －
宋
1000 －

1100 －

1200 －

元朝　1300 －

明朝
1400 －

1500 －

清朝　1600 －

1700 －

1800 －

1900 －

中華民國

2000 －

咬死越南不肯放手，企圖用武力鎮壓，結果前後打了10年仗，死傷10多萬軍隊，最後還是乖乖撤出越南，損失慘重。

接著非洲國家紛紛鬧獨立。英國沒辦法，照例通過各種法案，讓殖民地逐漸獨立。從1956年蘇丹獨立、1957年迦納獨立開始，到1979年辛巴威獨立，23年間，英國在非洲的十多塊殖民地全部獨立。

法國依然不死心，總想把殖民地保留在國內，作為法蘭西的「海外省份」。這種態度除了激化問題外沒有任何意義。在北非的摩洛哥、突尼西亞，法國人逮捕了獨立運動的領袖，鎮壓民族運動，結果原本的示威遊行升級成了武裝游擊隊。沒辦法，法國只好同意兩國在1956年獨立。對北非大國阿爾及利亞，法國更是捨不得放手。畢竟這裡法國已經佔領了一百餘年，移民都有上百萬，當時還發現了石油，丟了實在可惜。阿爾及利亞本地人是豁出性命也要獨立，雙方就此開戰。不但法國員警、軍隊都過去鎮壓，法國移民也組建了民兵團，與阿爾及利亞人開戰。戰爭越打越激烈，法國兵增到50萬人，還學習納粹德國大搞集中營，可就算這樣也無法擋住阿爾及利亞獨立的呼聲，殘暴的手段更遭到了法國國內民眾的反對。而這場戰爭，竟然導致「法蘭西第四共和國」垮台。德高望重的戴高樂將軍重新出山收拾爛攤子，修改憲法建立了第五共和國。面對非常尖銳的阿爾及利亞民族衝突，以及雙方血債累累的情況，戴高樂審時度勢，最終同意公投決定阿爾及利亞是否獨立。1962年，阿爾及利亞正式獨立。法國其他殖民地也紛紛舉旗獨立。到1977年，吉布地獨立，稱雄一時的法蘭西在非洲只剩下留尼旺島這一個孤零零的海外省份。

英、法兩國都保不住殖民地，其他歐洲國家當然也不可能逆歷史潮流。比利時、西班牙很快也都讓自己的殖民地獨立了。當然，獨立歸獨立，這些殖民地建立的國家，很多和原先的宗主國繼續保持密切關係。比如前法國殖民地，基本都繼續認法國當老大哥，連貨幣都是「非洲法

郎」。

這裡面卻有一個另類，那就是葡萄牙。葡萄牙曾是歐洲第一個擁有海上霸權的殖民大國，如今由於地狹人少，論國力連二流都算不上。可是葡萄牙獨裁者薩拉查偏偏死抱著剩下的幾塊殖民地不放。為了保住殖民地，葡萄牙甚至不惜派出原本就不足的人力，兵戈相向。葡萄牙在印度有一塊殖民地果亞，已經佔據了幾百年。印度獨立後，要求收回果亞，葡萄牙堅決不肯：「你要打便打，果亞絕不能給！」可是印度人口是葡萄牙的幾十倍，而且當時屬於發展中國家的領袖，又得到美、蘇兩國的支持，葡萄牙憑什麼千里迢迢跟人搶地盤啊？

1961年，印度出兵幾萬，配合上百架戰機，輕易掃平了只有幾千人的葡軍，將果亞收復。在非洲，葡萄牙同樣堅持到底，堅決不肯讓莫三比克、安哥拉和幾內亞比索這些殖民地獨立。殖民地的民眾忍無可忍，展開了持久的游擊戰爭。為了鎮壓獨立運動，葡萄牙軍隊全耗在非洲殖民地。一直打了十多年，直到葡萄牙軍隊政變推翻了薩拉查的繼任者卡埃塔諾，這才接受事實，承認印度佔有果亞，並同意非洲殖民地獨立。

第二次中東戰爭

埃及在「一戰」後已經獨立，但英、法依舊控制著蘇伊士運河的股票，英國還在運河區駐軍。1952年埃及發生革命，納瑟推翻了國王，建立了共和國。之後納瑟驅逐了英軍，把英、法的運河股票都收歸國有。英、法聯合以色列一起攻打埃及，史稱「第二次中東戰爭」。英、法、以遭到埃及的頑強抵抗，美、蘇也出面威脅，阿拉伯各國更是群起而攻之。英、法只得撤軍。

BC

— 0　耶穌基督出生

— 100

— 200

— 300
　　君士坦丁統一羅馬
　　羅馬帝國分成兩部
— 400

— 500　波斯帝國

— 600　回教建立

— 700

— 800
　　凡爾登條約
— 900
　　神聖羅馬帝國建立
— 1000

— 1100　十字軍東征

— 1200
　　蒙古第一次西征
— 1300
　　英法百年戰爭開始
— 1400
　　哥倫布發現新大陸
— 1500
　　英國大破無敵艦隊
— 1600
　　發明蒸汽機
— 1700
　　美國獨立
— 1800
　　美國南北戰爭開始
— 1900
　　第一次世界大戰
　　第二次世界大戰
— 2000

上古時期　BC

漢

　　　　—0

　　　　100 —

　　　　200 —
三國
晉
　　　　300 —

　　　　400 —
南北朝
　　　　500 —

隋朝　　600 —
唐朝
　　　　700 —

　　　　800 —

五代十國　900 —
宋
　　　　1000 —

　　　　1100 —

　　　　1200 —
元朝
　　　　1300 —
明朝
　　　　1400 —

　　　　1500 —

　　　　1600 —
清朝
　　　　1700 —

　　　　1800 —

　　　　1900 —
中華民國
　　　　2000 —

震盪！東歐劇變

　　西歐和美國的「北約」、東歐的「華約」兩大陣營，從20世紀40年代末開始對峙。「冷戰」之初，北約在亞洲等地連連失利。朝鮮戰爭中，蘇聯支持下的朝鮮幾個月就把美國支持的韓國從三八線給打到了釜山。美國直接派兵將戰線反推到鴨綠江，最後戰線還是穩定在三八線。美國又接替法國，在東南亞的越南、寮國、柬埔寨扶持親西方勢力，結果從20世紀50年代一直打到70年代，還是無法取勝，只得撤出越南，其扶持的偽政權也很快覆滅。美國一貫的指手畫腳、趾高氣揚，使很多歐洲國家相當不滿。再這麼下去，美國就要輸掉「冷戰」了。

　　幸虧這時美國總統換上了尼克森，制定了新的戰略「尼克森主義」。簡單地說，就是全面退守，其最大的手筆是從越南撤軍。然後，對內部盟友如西歐、日本，不再如過去那樣指手畫腳，而是建立相對平等的夥伴關係。對頭號敵人蘇聯，美國也從軍事爭霸，改為以實力為後盾的談判，同時展開意識形態滲透，將美式自由民主觀念悄然間輸送到蘇聯內部。尼克森還改善了與中國的關係。

　　從20世紀70年代開始，表面上看似美國全面退縮，蘇聯則在布里茲涅夫領導下霸氣十足。蘇聯的勢力範圍迅速擴大，蘇聯的盟友在其支持下紛紛入侵別國，比如印度入侵巴基斯坦，越南入侵柬埔寨。而這種「威武」舉動，卻讓蘇聯取代美國成了眾矢之的。尤其是1979年蘇聯入侵阿富汗，不但使其陷入十年戰爭泥潭，損失數萬士兵，耗費大量財力，而且遭到全世界譴責，更得罪了阿拉伯國家，可謂既輸了面子又輸

了裡子。而美國則趁勢養精蓄銳，拉攏盟友。原本西歐的經濟基礎就比東歐要夯實，加上「二戰」中整個東歐連同蘇聯的核心區域都被戰火侵襲，而西歐不但遭遇的戰爭烈度相對較低，戰後還有美國這個完好無損的後方基地輸血。再加上蘇聯一味爭霸，片面發展重工業，一切強調計畫。當西歐各國根據各自國情發展時，東歐各國則在蘇聯威逼下，套用蘇聯僵化的模式。更由於官僚階層以權牟利，腐敗漸生，引起了民怨。東歐許多國民，尤其是知識份子精英階層既恨蘇聯的大棒干涉，也不喜歡乖乖地聽蘇聯話的本國政府。

比如民主德國，本是東歐經濟最發達的一國，領導人烏布利希曾進行過一些「新經濟」的改革，把企業決策權力下放給企業，結果立竿見影，民主德國經濟迅速發展，人均收入遠遠超過蘇聯，物價低廉。但改革卻被蘇聯和民主德國內部保守派打斷，烏布利希於1971年被迫辭職。換上台的昂奈克重拾國家一管到底的計劃經濟老路子。到20世紀70年代中期，民主德國一個工人的勞動價值，只抵得上聯邦德國一個工人的三分之二。經濟不如人，老百姓生活不如人，這是最實在的對比，東德老百姓不停地往西德跑。

這麼折騰下去，等到80年代，蘇聯成了強弩之末。再加上布里茲涅夫老邁昏庸，無力治國。這時候，美國再由柔轉剛，對蘇聯迎頭痛擊。尤其是雷根在1981年上台後，推廣「星球大戰」計畫，將蘇聯拖入軍備競賽中，同時加強意識形態攻勢。蘇聯迅速轉入下風，空剩下強大的軍力，經濟開始惡化，東歐盟國也紛紛生了異心。

1985年上台的蘇共總書記戈巴契夫目睹此景，決定改革。怎麼改呢？戈巴契夫覺得，現在蘇聯的各種問題都是因為和美國對抗、搞意識形態抗爭造成的，為此他面對美國的各種攻勢時步步退讓，同時又放棄了共產黨的執政地位，還大力支持東歐各國也都搞社會改革。美國趁勢揮軍反攻，蘇聯在東歐的盟國紛紛開始動亂。

BC

— 0　耶穌基督出生

— 100

— 200

— 300　君士坦丁統一羅馬

　　　　羅馬帝國分成兩部
— 400

— 500　波斯帝國

— 600　回教建立

— 700

— 800

　　　　凡爾登條約
— 900

　　　　神聖羅馬帝國建立
— 1000

— 1100　十字軍東征

— 1200
　　　　蒙古第一次西征

— 1300
　　　　英法百年戰爭開始

— 1400

　　　　哥倫布發現新大陸
— 1500

　　　　英國大破無敵艦隊
— 1600

　　　　發明蒸汽機
— 1700

　　　　美國獨立
— 1800

　　　　美國南北戰爭開始
— 1900
　　　　第一次世界大戰
　　　　第二次世界大戰
— 2000

上古時期　BC

漢

－0

100 －

三國
晉　　200 －

300 －

南北朝　400 －

500 －

隋朝　600 －
唐朝

700 －

800 －

五代十國　900 －
宋
1000 －

1100 －

1200 －

元朝　1300 －

明朝　1400 －

1500 －

清朝　1600 －

1700 －

1800 －

1900 －
中華民國
2000 －

　　波蘭在1989年2月同意反對黨「團結工會」合法化，並改行總統制和議會民主。6月議會大選，團結工會大獲全勝，奪取了政權。1990年，原執政黨「波蘭統一工人黨」解散。捷克斯洛伐克也發生了所謂的「天鵝絨革命」，「波蘭統一工人黨」在選舉中敗給反對派「公民論壇」，次年「波蘭統一工人黨」解散。這兩個國家是新黨把舊黨趕下台了。1993年，捷克斯洛伐克分裂為捷克和斯洛伐克。

　　匈牙利執政黨社工黨發生了內部分裂，1989年10月改名為「社會黨」；匈牙利也改用多黨制和議會民主，社會黨與自民盟聯合執政。保加利亞共產黨在1990年2月放棄原來的政治體制，黨名也改為「保加利亞社會黨」，同年6月開始多黨選舉。這兩個國家屬於原執政黨自己改弦易轍。

　　最暴力的是在羅馬尼亞，1989年12月22日直接爆發內戰，不少軍隊倒戈，首都當天就被反對派「救國陣線」的軍隊佔領。羅馬尼亞領導希奧塞古夫婦企圖逃亡國外，卻被抓獲。12月25日，「救國陣線」判處兩人死刑，並在次日將他們槍殺。「救國陣線委員會」隨即取代羅馬尼亞共產黨執政。

　　東德因為緊臨西德，「德國統一」的呼聲很高。尤其是匈牙利、波蘭、捷克斯洛伐克等變換體制後，東德老百姓就紛紛跑到這些國家，再假道前往聯邦德國去。短短一個多月，就有8萬多人逃離東德。老百姓紛紛上街遊行示威，戈巴契夫也勸東德改革。面對內外壓力，執政黨「統一社會黨」頂不住了。幾十年前合併到執政黨「統一社會黨」的社民黨重新獨立。1989年11月9日，東德開放柏林圍牆關卡，數以萬計的東德人潮水般衝過柏林圍牆，西柏林的老百姓前去歡迎。密密麻麻的德國人擁抱親吻在一起，哭聲和笑聲直衝雲霄。第二天，老百姓開始自發拆毀柏林圍牆，然後在被拆毀的牆邊上載歌載舞。「統一社會黨」在壓力下改名「民主社會主義黨」，而西德總理柯爾則趁機爭取了各方面的支持。

1990年3月，東德選舉，前執政黨只拿到400個席位中的66個，而聯盟黨和社民黨則一共拿下280個席位，達到可以修改憲法的實力。10月3日，東德和西德正式統一，民主德國各州加入聯邦德國中，國名依然是「德意志聯邦共和國」。

就這樣，蘇聯在東歐的六個盟國已經全部退出社會主義陣營，華沙條約組織也在1991年7月解體。另外，南斯拉夫和阿爾巴尼亞兩個社會主義國家也跟隨著劇變。「南斯拉夫共產主義者同盟」在1990年發生分裂，6個共和國都建立了多黨制，原本在共產主義旗號下統一的政權，現在大都落到民族主義者手中。1991年，波赫、克羅埃西亞、馬其頓、斯洛維尼亞的新政府先後宣布各自國家退出南斯拉夫獨立。南斯拉夫只剩下塞爾維亞和蒙特內哥羅兩國組成「南聯盟」。此後，前南斯拉夫各國兵連禍結，烽煙不絕，蒙特內哥羅也在2006年與塞爾維亞分家。阿爾巴尼亞在1990年底實行多黨制，放棄「社會主義專政」，原阿爾巴尼亞勞動黨改名為阿爾巴尼亞社會黨。

此時，蘇聯也頂不住了。蘇聯在20世紀80年代早已貪腐橫行，特權階層一手遮天，損公自肥，搞得民生艱苦。戈巴契夫從1988年開始實行政治「多元化」和多黨制，放棄了蘇共的領導地位，反對派趁勢崛起，結果不但沒有改善問題，反而讓社會動盪日益加劇。加之從沙皇俄國時期起，民族問題就很嚴重，蘇聯的一些加盟共和國當初也是用武力強行合併的。眼看東歐紛紛變色，各地民族主義分子也蠢蠢欲動了。1990年3月，波羅的海的立陶宛率先宣布獨立，蘇聯軍方立刻派出部隊鎮壓。但此刻蘇聯高層已經鬥得雞飛狗跳，以葉利欽為代表的一派人對蘇聯欲置之死地而後快。在他們的壓力下，蘇軍在1991年從波羅的海撤退。此後幾個月，各國紛紛宣布獨立。

這時，蘇聯內部希望維護統一的強硬派孤注一擲，發動了「819政變」。他們建立了「緊急狀態安全委員會」，軟禁了戈巴契夫，並派出

BC

— 0　耶穌基督出生

— 100

— 200

— 300
　　君士坦丁統一羅馬
　　羅馬帝國分成兩國
— 400

— 500　波斯帝國

— 600　回教建立

— 700

— 800
　　凡爾登條約
— 900
　　神聖羅馬帝國建立
— 1000

— 1100　十字軍東征

— 1200
　　蒙古第一次西征
— 1300
　　英法百年戰爭開始
— 1400
　　哥倫布發現新大陸
— 1500
　　英國大破無敵艦隊
— 1600
　　發明蒸汽機
— 1700
　　美國獨立
— 1800
　　美國南北戰爭開始
— 1900
　　第一次世界大戰
　　第二次世界大戰
— 2000

一些軍隊，企圖以武力制止蘇聯解體的進程。但是其中負責指揮軍隊的亞佐夫元帥（1923—）不願意政變流血，下令參與政變的軍隊絕對禁止開槍。被派去對付葉利欽的特種部隊也拒絕了命令。葉利欽逃過一劫後，當即帶著支持他的軍隊和民眾反攻過來。蘇軍許多將領都要求軍隊採取行動，亞佐夫元帥還是堅持「絕不能讓同胞流血」的原則。於是，葉利欽取得成功。他宣布「蘇共」為非法組織，把亞佐夫等人當作「陰謀家」投入監獄，並開始把蘇聯政府的重要權力逐漸收歸到俄羅斯總統手中。

戈巴契夫原本還試圖在加強各國自主權的同時保留蘇聯，可是葉利欽沒有給他這個機會，而美國為首的西方國家當然也樂意看到蘇聯解體。

1991年12月25日，戈巴契夫把軍隊最高指揮權和核按鈕交給葉利欽，宣布辭職。克里姆林宮降下了蘇聯的鐮刀鐵錘國旗，升上白藍紅三色的俄羅斯國旗。曾經雄踞東歐數十年，並讓全球戰慄的蘇聯，就此退出歷史舞台。

蘇聯轉制的代價是巨大的，不但完全喪失了之前的國際地位，還造成經濟嚴重下滑。部分老百姓希望改制能夠遏制腐敗，結果原先那些官僚巨頭反而藉由轉制的混亂，公然攫取大批國家財富，成為新國家的土豪、寡頭，廣大民眾缺吃少穿，民生不進反退。

三國
晉

南北朝

隋朝
唐朝

五代十國

宋

元朝

明朝

清朝

中華民國

— 0

100 —

200 —

300 —

400 —

500 —

600 —

700 —

800 —

900 —

1000 —

1100 —

1200 —

1300 —

1400 —

1500 —

1600 —

1700 —

1800 —

1900 —

2000 —

團結！歐洲一體化

「二戰」打完了，中西部歐洲幾個傳統大國看著殘破不堪的家園，再瞧瞧大西洋對岸趾高氣揚的美國，心中不是滋味。幾百年來，歐洲中西部一直是世界的絕對中心。20世紀初，美國的工業產值雖然躍居世界第一，卻欠了歐洲國家大批外債。甚至「一戰」過後，美國在全球的影響力也未能蓋過英國和法國，更別說跟整個歐洲抗衡了。

歐陸上的大國，法國人想，法國「一戰」前是全世界的大債主，可是「二戰」打完後居然成了這樣，差點被美國駐軍。想來想去，無非是因為法國和德國都想當霸王，在「普法戰爭」就結下了梁子。可是結果呢？打完兩次大戰，誰也當不了霸王了，讓美國、蘇聯爬上頭去！現在想來，真傻！為什麼不聯合起來發展呢？歐洲聯合起來，也足以跟美國抗衡了！德國人想，德意志是如此優秀的民族，怎麼會跟隨希特勒走上反人類的不歸之路？說來說去，還是狹隘的民族觀作祟，一心想爭取「陽光下的地盤」，「一戰」「二戰」都是為這個發動的。結果怎樣呢？「陽光下的地盤」沒搶到，原來的地盤反而丟了不少！其實，「陽光下的地盤」大得很，不必非要打仗爭取啊！既然德國科技發達，為什麼不透過合作尋求共贏呢？義大利想，義大利雖然是「一戰」的戰勝國，但是似乎得不償失啊，得了巴掌大的幾塊地盤，死了一百多萬人，經濟被折騰得那麼糟糕；「二戰」更別說了，損失慘重，萬事皆休。

幾個大國都這麼想，自然一拍即合。最先在1950年，法國外交家讓·莫內和法國外長舒曼提出了「舒曼計畫」，希望建立一個聯合機

BC

— 0　耶穌基督出生

— 100

— 200

— 300
君士坦丁統一羅馬

羅馬帝國分成兩部
— 400

— 500　波斯帝國

— 600　回教建立

— 700

— 800

凡爾登條約
— 900

神聖羅馬帝國建立
— 1000

— 1100　十字軍東征

— 1200
蒙古第一次西征

— 1300
英法百年戰爭開始

— 1400

哥倫布發現新大陸
— 1500

英國大破無敵艦隊
— 1600

— 1700　發明蒸汽機

美國獨立
— 1800

美國南北戰爭開始
— 1900
第一次世界大戰
第二次世界大戰
— 2000

上古時期　BC

漢

－ 0

100 —

三國
晉　　200 —

300 —

南北朝　400 —

500 —

隋朝　600 —
唐朝

700 —

800 —

五代十國　900 —
宋

1000 —

1100 —

1200 —

元朝　1300 —

明朝　1400 —

1500 —

清朝　1600 —

1700 —

1800 —

1900 —
中華民國

2000 —

構，統一管理法國、德國兩國的煤礦和鋼鐵。法國、德國是歐陸經濟最發達的兩個國家，這個計畫把兩國從經濟上綁在一起，也使得兩國在政治上也有了共同利益。當然，「舒曼計畫」還有制約德國，防止德國再次對法國造成威脅的意味。而西德總理艾德諾正在尋求與歐洲各國發展良好關係的機會，對法國的提議當即滿口贊同。這樣，歐洲史無前例的「法德同盟」成立了，並且歡迎其他歐洲國家加入進來。義大利總理加斯貝利也忙不迭參加，還有荷蘭、比利時、盧森堡三個中小國家也加入進來。

1951年，這六個國家簽訂了為期50年的《歐洲煤鋼共同體條約》，一個龐大的煤鋼合作組織正式建立。建立後各國都感到十分滿意，人多力量大，不管內部建設還是對外外交，信心都足。因此大家考慮在煤炭和鋼鐵之外的領域也採取這種合作。1957年，六國又簽訂了《羅馬條約》，建立了「歐洲經濟共同體」和「歐洲原子能共同體」。到了1965年，六國再簽了一個《布魯塞爾條約》，把此前建立的3個共同體合併成一個，統稱為「歐洲共同體」，總部設在比利時的布魯塞爾。「歐共體」建立以後，逐漸在政治、經濟方面實現一體化。這等於把六個國家變成了一個共同體，內部互通有無，外部共同發聲。這樣，在東邊可以抵抗蘇聯，在西邊也可以制約美國。

法國、德國、義大利在建立共同體的時候，本來是想把英國一起拉進來的，畢竟英國是歐洲一等一的巨頭，生產力在當時雄冠歐洲，還擁有廣大的殖民地，拉英國進來不但能壯大「共同體」的實力，也更有助於內部合作。可是英國不這麼想。他們在「百年戰爭」後的幾百年裡一直奉行「孤立政策」，平衡歐陸各個大國的實力，藉此維持英國的超然地位。如今你們居然抱成一團，這還叫我怎麼平衡？我要是加入了，豈不是反而要被你「法德同盟」制約？再說，英國自以為還擁有大片殖民地，夢想著依靠這個實力，在美、歐之間自成一家，他們不甘心僅僅當

一個共同體中的成員。所以，英國最初並不願意加入共同體。不但不加入，英國還設法破壞。

當聽說六國簽署《羅馬條約》的時候，英國大吃一驚。他也趕緊拉攏了瑞士、挪威、瑞典、丹麥、奧地利、葡萄牙這6個國家，於1960年建立了「歐洲自由貿易聯盟」，又稱「七國聯盟」，和「歐共體」抗衡。1970年，冰島也加入進來成為「八國聯盟」。

英國的「歐貿聯」國家雖然多，但除了英國外都是些中小國家，而「歐共體」則有德、法、義三個大國。「歐共體」人口比「歐貿聯」多一倍，經濟強五、六成，更要命的是「歐貿聯」這些國家的經濟，很大程度上都仰仗著和「歐共體」國家的貿易。後來英國殖民地不斷獨立，英國自身經濟和歐陸大國的聯繫也更緊密了。於是，英國便在1973年厚著臉皮退出了「歐貿聯」，加入了「歐共體」，丹麥也如法炮製。1985年芬蘭加入「歐貿聯」，1986年葡萄牙又「跳槽」了。這樣，歐貿聯只剩下6個小國家。而「歐共體」又加入了愛爾蘭、希臘和西班牙，總共擁有12個成員，且中西歐前六強均在其中。兩者根本無法抗衡，好在原本都是經濟一體化的組織，於是「歐貿聯」乾脆也和「歐共體」簽了條約，彼此取消內部關稅。這樣一來，「歐洲自由貿易聯盟」其實成為「歐共體」的「外圍」組織。

隨著1989—1991年的東歐劇變，東邊的軍事威脅消除了，歐洲各國加速了一體化建設。1992年2月7日，歐共體的12個國家在荷蘭的馬斯垂克開會，簽訂了《歐洲聯盟條約》（通稱《馬斯垂克條約》，簡稱「馬約」）。於是，「歐共體」變成了「歐洲聯盟」，簡稱「歐盟」。

此後，「歐盟」繼續擴大。1995年，原「歐貿聯」的奧地利、芬蘭、瑞典加入歐盟。2004年，馬爾他、賽普勒斯、波蘭、匈牙利、捷克、斯洛伐克、斯洛維尼亞、愛沙尼亞、拉脫維亞、立陶宛10個國家加入歐盟。這其中包括3個蘇聯加盟共和國和5個原東歐社會主義國家。

BC

— 0　耶穌基督出生

— 100

— 200

— 300
君士坦丁統一羅馬
羅馬帝國分成兩部
— 400

— 500　波斯帝國

— 600　回教建立

— 700

— 800

凡爾登條約
— 900
神聖羅馬帝國建立
— 1000

— 1100　十字軍東征

— 1200
蒙古第一次西征

— 1300
英法百年戰爭開始

1100

哥倫布發現新大陸
— 1500

英國大破無敵艦隊
— 1600

發明蒸汽機
— 1700

美國獨立
— 1800

美國南北戰爭開始
— 1900
第一次世界大戰
第二次世界大戰

— 2000

上古時期　BC

漢

－ 0

100 －

三國　　200 －
晉
　　　300 －

南北朝　400 －

　　　500 －

隋朝　　600 －
唐朝
　　　700 －

　　　800 －

五代十國 900 －
宋
　　　1000 －

　　　1100 －

　　　1200 －

元朝　　1300 －

明朝　　1400 －

　　　1500 －

清朝　　1600 －

　　　1700 －

　　　1800 －

　　　1900 －
中華民國
　　　2000 －

2007年，羅馬尼亞、保加利亞加入歐盟。2013年，克羅埃西亞加入歐盟。這樣，歐盟已經擁有28個成員國，另外還有近10個國家在排著隊等待加入。但2016年6月23日，英國突然變卦，經過公投決定退出歐盟。

　　一體化的歐盟，其經濟實力與美國相當，占世界國內生產總值（GDP）的四分之一；人口是美國的兩倍。歐盟擁有自己的理事會、委員會、歐洲議會、歐洲法院、歐洲統計局、歐洲審計院、歐洲中央銀行、歐洲投資銀行，並且擁有自己的憲法、貨幣（歐元）、快速反應部隊和憲兵。團結起來的歐洲，確實表現出強大的實力和發展潛力。自從西羅馬帝國崩潰之後，歐洲從未曾像今日般統一。

「歐共體」的一體化政策實施

　　1962年實行共同農業政策；1967年起對外實行統一關稅率；1968年成員國內部取消商品關稅和限額，實行農產品價格統一；1969年取消農產品內部關稅；1971年對農產品貿易實施貨幣補貼；1973年實現統一的外貿政策；1986年簽署歐洲單一法案，對國際外交統一立場；建設內部統一大市場。

喜與憂！新世紀之門

　　歐洲擁有數千年的文明史，在近代幾百年裡也一直是世界文明的中心。經歷過兩次「熱戰」和一次「冷戰」，歐洲在20世紀末一片欣欣向榮。兩大軍事集團的對峙停止了，核武器削減了，歐盟建立了，全球化時代到來了……然而繁華之中，憂患仍存。

　　歐洲自己的內部問題也很多。隨著社會發展，觀念變化，人口出生率降低，包括德國、義大利在內的一些國家的人口甚至開始負增長。同時，大量外來移民湧入，又帶來了人種衝突、宗教衝突、貧富衝突，反過來促使極端右翼勢力如新納粹黨、光頭黨的壯大，也算是短時間內移民大批入歐，難以融合帶來的負面影響。

　　歐陸主要國家講求社會公正，相對於更喜歡「叢林競爭法則」的英、美等國，他們的社會福利更好。尤其在一些小國家，政客為了競選上台，不惜給選民許下諸多諾言。民眾雖然生活得很好，但太舒服了也會影響其競爭力，並給國家財政帶來嚴重負擔。加之貪腐和金融震盪，在新世紀，不少歐洲國家因不堪重負而瀕臨破產。2008年的冰島，2009年的拉脫維亞，還有2015年的希臘都戰戰兢兢，如履薄冰……

　　不管如何，歐洲有繁榮的經濟，高素質、受過良好教育的人口資源，先進的科技，還有悠久的文化傳統。在可以預見的年歲裡，歐洲依舊將在全球的發展中佔有自己的一席之地。

BC

— 0　耶穌基督出生

— 100

— 200

— 300　君士坦丁統一羅馬
　　　　羅馬帝國分成兩部
— 400

— 500　波斯帝國

— 600　回教建立

— 700

— 000
　　　　凡爾登條約
— 900
　　　　神聖羅馬帝國建立
— 1000

— 1100　十字軍東征

— 1200
　　　　蒙古第一次西征
— 1300
　　　　英法百年戰爭開始
— 1400

　　　　哥倫布發現新大陸
— 1500

　　　　英國大破無敵艦隊
— 1600

　　　　發明蒸汽機
— 1700

　　　　美國獨立
— 1800

　　　　美國南北戰爭開始
— 1900
　　　　第一次世界大戰
　　　　第二次世界大戰

— 2000

附錄：歐洲大事年表

古希臘羅馬時代

約西元前3—4萬年：歐洲最早人類遺跡（舊石器時代）

約西元前70—80世紀：歐洲進入新石器時代

約西元前30—10世紀：愛琴文明出現

約西元前30世紀：克里特人開始用青銅器

約西元前20世紀：邁錫尼等希臘城邦建立

約西元前10世紀：克里特文明衰落

約西元前12—11世紀：傳說中的特洛伊之戰；邁錫尼文明衰落

約西元前12—9世紀：希臘黑暗時代

西元前8世紀：古希臘文明重新繁榮

西元前753年：羅馬城建立

西元前594年：雅典梭倫改革

西元前509年：羅馬推翻王權建立共和國

西元前490年：馬拉松戰役

西元前480年：薩拉米斯海戰

西元前479年：布拉底之戰

西元前450年：羅馬頒佈《十二銅表法》

西元前449年：《卡里阿斯和約》，波希戰爭以希臘獲勝告終

西元前431—前404年：伯羅奔尼撒戰爭

西元前334—前325年：馬其頓國王亞歷山大東征

西元前334年：亞歷山大佔領小亞細亞

西元前332年：亞歷山大佔領埃及

西元前331年：高加米拉戰役，亞歷山大擊潰波斯軍主力

西元前326年：亞歷山大擊敗印度

西元前323年：亞歷山大病逝，帝國分裂

西元前3世紀初：羅馬控制義大利中部

西元前275年：羅馬擊敗皮洛士

西元前264—前241年：第一次布匿戰爭

西元前218—前201年：第二次布匿戰爭

西元前216年：坎尼會戰

西元前149—前146年：第三次布匿戰爭，迦太基滅亡

西元前138—前132年：第一次西西里奴隸起義

西元前133年：貴族派血腥屠殺格拉古改革派

西元前113—前101年：辛布里人戰爭（日爾曼人大入侵）

西元前111—前105年：朱古達戰爭

西元前104—前101年：第二次西西里奴隸起義

西元前90—前89年：同盟者戰爭

西元前88年：蘇拉率軍攻入羅馬城

西元前73—前71年：斯巴達克斯起義

西元前60年：凱撒、龐培、克拉蘇結盟

西元前49年：凱撒、龐培爆發內戰

西元前44年：凱撒被任命為終身執政官，遭貴族共和派刺殺

西元前43年：安東尼、屋大維、李必達結盟

西元前30年：安東尼被屋大維擊敗後，與埃及豔后雙雙自殺

西元前30年：屋大維又名「奧古斯都」，古羅馬進入帝國時代

西元1世紀：傳說耶穌降生

9年：條頓堡森林戰役

192—197年：羅馬帝國大規模內戰

235—284年：羅馬帝國三世紀危機

313年：君士坦丁頒佈《米蘭敕令》，基督教合法化

378年：阿德里安堡戰役，哥特人殺死東羅馬皇帝瓦倫斯

392年：狄奧多西一世宣布基督教成為羅馬國教

395年：羅馬帝國正式分裂為西羅馬和東羅馬

410年：西哥特人攻佔焚掠羅馬城

5世紀：西羅馬帝國遭日爾曼各部族全面入侵，建立多個國家

451年：特洛伊之戰，羅馬、西哥特、勃艮第、法蘭克聯軍擊退匈人、東哥特聯軍

455年：汪達爾人劫掠焚燒羅馬城

475年：歐瑞斯特政變，扶持兒子羅慕路斯登上皇位

476年：奧多亞塞殺歐瑞斯特，廢黜羅慕路斯，自稱「義大利國王」；西羅馬帝國滅亡

中世紀

486年：克洛維建立法蘭克王國

534年：查士丁尼滅汪達爾王國，佔領北非

555年：查士丁尼滅東哥特王國，佔領義大利

7世紀初—9世紀初：英格蘭「七國時代」

638年：阿拉伯帝國擊敗東羅馬帝國，完全佔領西亞，包括耶路撒冷

642年：阿拉伯帝國佔領埃及

698年：阿拉伯帝國佔領迦太基

714年：阿拉伯帝國滅西哥特王國，佔領伊比利半島，半島開始「收復失地運動」

732年：普瓦捷戰役，查理馬特率法蘭克軍大破阿拉伯軍

751年：丕平篡位建立加洛林王朝

756年：丕平獻土，教皇國建立

800年：查理曼大帝在羅馬加冕稱帝

9世紀：威尼斯從東羅馬帝國取得自治權

843年：法蘭克帝國分裂為三塊，即今法國、德國、義大利的雛形

862年：諾曼將軍留里克在羅斯地區建國

882年：奧列格建立「基輔羅斯」

896年：羅貝爾受封「法蘭西公爵」

911年：諾曼人受封為西法蘭克國王下屬的公爵，封地稱「諾曼第」；東法蘭克加洛林王朝絕嗣，法蘭克尼亞公爵康拉德被選為國王。

920年：東法蘭克國王亨利一世改國號為「德意志」

955年：德王奧托一世在奧格斯堡大破匈牙利軍

962年：奧托一世在羅馬加冕為皇帝，德意志第一帝國（神聖羅馬帝國）建立

987年：于格・卡佩稱國王，卡佩王朝建立

1000年：聖史蒂芬一世加冕匈牙利國王

1016年：克努特大帝統一英格蘭

1025年：波列斯瓦夫一世加冕波蘭國王

1054年：基督教教會徹底分裂為羅馬天主教和希臘東正教

1066年：諾曼第公爵威廉渡海擊殺英王哈羅德二世，征服英格蘭

1071年：曼齊刻爾特之戰，塞爾柱突厥人活捉東羅馬皇帝

1077年：亨利四世「卡諾莎之行」向教皇格里高利七世請罪

1097年：義大利米蘭市民選出執政官

1130年：諾曼貴族建立西西里王國

1137年：亞拉岡與加泰隆尼亞合併

1143年：阿方索擊敗伊斯蘭軍隊，建立葡萄牙

1155年：德皇腓特烈在羅馬加冕

1177年：德皇腓特烈放棄武力征服義大利

1206年：法王腓力從英王約翰手中收復大片法國領地

1215年：英王約翰簽署《大憲章》

1236—1242年：蒙古軍第二次西征，攻滅羅斯諸國

1244年：耶路撒冷被花剌子模殘餘勢力佔領

1247年：耶路撒冷被埃宥比王朝佔領

1257年：德意志七大選侯選舉皇帝

1261年：尼西亞帝國攻滅拉丁帝國，恢復東羅馬帝國

1266年：安茹查理奪取西西里王國

1282年：佛羅倫斯建立共和國；「西西里晚禱」反法起義（黑手黨建立）最終使西西里島被亞拉岡王國所佔領

1273年：哈布斯堡家族的魯道夫一世當選德皇

1299年：鄂圖曼帝國建國

13—15世紀：德意志漢薩城市同盟興盛期

14—16世紀：文藝復興運動

1303年：法王腓力四世生擒教皇博義八世

1307年：法王腓力四世消滅聖殿騎士團

1356年：德皇查理四世頒佈《金璽詔書》

1337—1453年：英法百年戰爭

1358年：蘇格蘭正式獨立

1389年：鄂圖曼在科索沃大敗巴爾幹聯軍

1396年：鄂圖曼在尼科波利斯大敗歐洲聯軍

1430年：聖女貞德被俘

1453年：鄂圖曼攻佔君士坦丁堡，東羅馬帝國滅亡

1479年：卡斯提爾和亞拉岡兩國因為聯姻合併成西班牙王國

1480年：莫斯科大公伊凡三世擊敗欽察汗國，獲得獨立

1486年：迪亞士發現非洲好望角

1492年：西班牙攻滅奈斯爾王朝，收復失地運動告終；哥倫布發現美洲

1494—1559年：義大利戰爭，西班牙成為最大贏家

1498年：達伽馬從葡萄牙到達印度

1517年：馬丁・路德發表《95條論綱》，開始宗教改革

1519年：查理五世競選德皇成功，擁有一個空前龐大的帝國

1522年：麥哲倫完成環球航行；德意志騎士起義

1524年：德意志農民起義

1525年：條頓騎士團改建普魯士公國

1533年：英王亨利八世改教

1536年：喀爾文發表《基督教原理》

1547年：伊凡四世自稱沙皇，改國號為俄羅斯

1555年：奧格斯堡和約確定新教合法

1558年：英女王伊莉莎白一世繼位，英國正式成為新教國家

1562—1598年：法國胡格諾戰爭

1569年：波蘭-立陶宛王國建立

1580—1640年：西班牙、葡萄牙合併時期

1581年：荷蘭共和國建立

1588年：英軍殲滅西班牙「無敵艦隊」

1598年：法王亨利四世頒佈《南特敕令》，確定兩教平等

1607年：英國開始北美殖民

1618年：布蘭登堡-普魯士公國建立

1618—1648年：三十年戰爭

近代

18世紀：啟蒙運動

1649年：英王查理一世上斷頭台

1655—1660年：第一次北方戰爭，瑞典擊敗多國聯軍

1658年：英王查理二世復辟

1667—1668年：法王路易十四的遺產戰爭

1672—1679年：法王路易十四的法荷戰爭

1688—1697年：法王路易十四的大同盟戰爭

1689年：英王威廉接受《權利法案》，英國成為君主立憲制國家；沙皇彼得一世親政

1700—1721年：第二次北方戰爭，沙皇彼得一世擊敗瑞典，奪取波羅的海出海口

1701年：腓特烈一世稱「普魯士國王」

1701—1714年：西班牙王位繼承戰爭

18世紀末到19世紀中葉：第一次工業革命（蒸汽時代）

1740—1747年：奧地利王位繼承戰爭，普魯士腓特烈奪取西利西亞

1756—1763年：七年戰爭，英國成為世界頭號霸主

1762年：凱薩琳二世殺死沙皇彼得三世上台

1768—1774年：第五次俄土戰爭，沙俄獲得黑海出海口

1772—1795年：普、俄、奧三國三次瓜分波蘭-立陶宛王國

1783年：美國獨立戰爭勝利

17—19世紀：俄土戰爭

1789年：法王路易十六召開三級會議，國民議會成立

1791年：法國宣布成為君主立憲制國家

1792年：法國與普、奧開戰，法蘭西第一共和國建立

1793年：法王路易十六上了斷頭台，雅各賓派消滅吉倫特派，開始恐怖統治

1794年：熱月政變，雅各賓派羅伯斯比等上了斷頭台

1796年：拿破崙擊潰第一次反法同盟

1799年：拿破崙發動霧月政變成為第一執政

1801年：拿破崙擊潰第二次反法同盟

1804年：拿破崙稱帝，建立法蘭西第一帝國；奧地利從大公國改帝國

1805年：拿破崙擊潰第三次反法同盟

1806年：萊茵邦聯成立，神聖羅馬帝國解散

1807年：拿破崙擊潰第四次反法同盟，普魯士成為附庸；拿破崙攻滅葡萄牙

1807年：拿破崙攻滅西班牙

1809年：拿破崙擊潰第五次反法同盟

1812年：拿破崙遠征俄國慘敗

1814年：拿破崙被第六次反法同盟擊敗，退位，遭流放

1815年：拿破崙重返法國建立「百日王朝」，被第七次反法同盟擊敗，再次退位。歐陸各國透過維也納會議大肆復辟

1820年：西班牙、葡萄牙革命確立君主立憲

1821—1830年：希臘獨立戰爭

1830年：法國入侵阿爾及利亞；七月革命推翻波旁王朝，建立七月王朝；比利時獨立

1834年：德意志關稅同盟建立

1848年：歐洲大革命；七月王朝垮台，法蘭西第二共和國建立；拿破崙三世當選總統；第一次義大利獨立戰爭

1852年：拿破崙三世稱帝，建立法蘭西第二帝國；共產主義者同盟解散

1853—1856年：克里米亞戰爭

1859—1861年：第二次義大利獨立戰爭

19世紀末：第三次工業革命（電氣化革命）開始

1864年：普、奧對丹麥戰爭；國際工人協會（第一國際）成立

1866年：普奧戰爭，奧地利退出德意志同盟

1867年：奧地利帝國改為奧匈帝國；北德意志聯邦成立

1870—1871年：普法戰爭，拿破崙三世被俘；法蘭西第二帝國滅亡，

法蘭西第三共和國成立；巴黎公社；德意志帝國（第二帝國）建立；義大利收復羅馬城

　　1875年：德國社會主義工人黨（即後來的社民黨）成立

　　1877—1878年：第十次俄土戰爭，塞爾維亞、保加利亞、羅馬尼亞、摩爾達維亞、蒙特內哥羅等國獨立

現代與當代

　　1882年：三國同盟成立

　　1889年：國際社會主義者大會（即第二國際）成立

　　1907年：三國協約成立

　　1912—1913年：兩次巴爾幹戰爭，阿爾巴尼亞獨立

　　1914年：第一次世界大戰爆發；第二國際停止活動

　　1915年：德、奧軍攻佔塞爾維亞；加里波利會戰；義大利參加協約國

　　1916年：凡爾登戰役；索姆河戰役；日德蘭海戰

　　1917年：俄國爆發二月革命和十月革命，沙皇垮台，蘇俄建立，內戰開始；美國參加協約國

　　1918年：美軍登陸歐洲，同盟國戰敗，「一戰」結束；德意志帝國覆滅，建立威瑪共和國；奧匈帝國解體；土耳其喪失大部分領土

　　1919年：《凡爾賽條約》簽訂；共產國際（第三國際）建立

　　1922年：蘇聯成立；墨索里尼成為義大利首相

　　1933年：希特勒成為德國總理

　　1934年：希特勒建立獨裁統治，開始逐步突破《凡爾賽條約》

　　1935年：墨索里尼入侵衣索比亞

　　1936年：希特勒、墨索里尼援助西班牙法西斯頭目佛朗哥打贏內戰

1938年：希特勒併吞奧地利、捷克，墨索里尼併吞阿爾巴尼亞

1939年：希特勒攻佔波蘭，「二戰」在歐洲全面爆發

1940年：《德意志三國同盟條約》簽訂

1941年：希特勒攻佔希臘、南斯拉夫；德軍參戰北非；希特勒進攻蘇聯；莫斯科會戰

1942年：北非阿拉曼戰役；史達林格勒會戰

1943年：突尼西亞戰役；庫爾斯克戰役；盟軍攻佔西西里島；墨索里尼垮台

1944年：盟軍諾曼地登陸；蘇軍收復失地；刺殺希特勒事件；芬蘭、保加利亞、羅馬尼亞等退出戰爭

1945年：墨索里尼被處死，希特勒自殺；第二次世界大戰結束

1947年：邱吉爾發表《鐵幕演說》，冷戰開始

1948年：第一次柏林危機

1949年：北約成立；聯邦德國和民主德國建立

1951年：歐洲煤鋼共同體成立

1955年：華沙公約組織成立

1956年：匈牙利十月事件

1957年：歐洲經濟共同體和歐洲原子能共同體成立

1958年：第二次柏林危機

1961年：第三次柏林危機，柏林圍牆建立

1965年：歐洲共同體成立

1968年：捷克「布拉格之春」事件

1989—1991年：東歐各國變色；兩德統一；華約解散；蘇聯解體；南斯拉夫分裂

1991年：斯洛維尼亞戰爭

1991—1995年：克羅埃西亞戰爭

1992—1995年：波士尼亞戰爭

1993年：歐洲聯盟成立

1994—1996年：第一次車臣戰爭

1999年：歐元開始發行；科索沃戰爭

1999—2000年：第二次車臣戰爭

2001年：馬其頓紛爭

2008年：俄羅斯-喬治亞戰爭

2009年：歐債危機

作者	楊益
美術構成	騾賴耙工作室
封面設計	斐類設計工作室
發行人	羅清維
企劃執行	張緯倫、林義傑
責任行政	陳淑貞
企劃出版	海鷹文化
出版登記	行政院新聞局局版北市業字第780號
發行部	台北市信義區林口街54-4號1樓
電話	02-2727-3008
傳真	02-2727-0603
E-mail	seadove.book@msa.hinet.net
總經銷	知遠文化事業有限公司
地址	新北市深坑區北深路三段155巷25號5樓
電話	02-2664-8800
傳真	02-2664-8801
網址	www.booknews.com.tw
香港總經銷	和平圖書有限公司
地址	香港柴灣嘉業街12號百樂門大廈17樓
電話	（852）2804-6687
傳真	（852）2804-6409
CVS總代理	美璟文化有限公司
電話	02-2723-9968
E-mail	net@uth.com.tw
出版日期	2021年06月01日　二版一刷
	2022年12月10日　二版五刷
定價	380元
郵政劃撥	18989626　戶名：海鴿文化出版圖書有限公司

汲古閣 09
你一定想看的歐洲史

國家圖書館出版品預行編目（CIP）資料

你一定想看的歐洲史 ／ 楊益作.
-- 二版. -- 臺北市 ： 海鴿文化，2021.06
面 ； 公分. --（汲古閣；9）
ISBN 978-986-392-377-0（平裝）

1. 歷史　2. 歐洲

740.1　　　　　　　　　　　　　　110006180